普通高等教育规划教材

Tielu Keyun Zuzhi
铁路客运组织

李卫红　徐　琳　主　编
易晨阳　严利鑫　副主编

人民交通出版社股份有限公司
China Communications Press Co.,Ltd.

内 容 简 介

本书为普通高等教育规划教材。全书主要针对站、车客运工作组织的基本原理、基本方法、主要规章及铁路客运计划编制与管理的相关知识进行介绍和分析。具体涵盖铁路客运运价、旅客运送及行包运送、旅客运输计划与组织、站车工作组织、特种运输、客运安全与运输事故处理等内容。

本书可作为铁路运输专业本、专科教学教材,也可作为铁路运输企业职工的培训教材和科技工作者的学习参考用书。

*** 本书配有课件,读者可加入职教铁路教学研讨群(教师专用 QQ 群:211163250)索取。**

图书在版编目(CIP)数据

铁路客运组织/李卫红,徐琳主编. —北京:人民交通出版社股份有限公司,2019.4

ISBN 978-7-114-15371-6

Ⅰ.①铁… Ⅱ.①李… ②徐… Ⅲ.①铁路运输—客运组织—教材 Ⅳ.①U293.3

中国版本图书馆 CIP 数据核字(2019)第 043510 号

普通高等教育规划教材

书　　名: 铁路客运组织
著 作 者: 李卫红　徐　琳
责任编辑: 袁　方
责任校对: 刘　芹
责任印制: 刘高彤
出版发行: 人民交通出版社股份有限公司
地　　址: (100011)北京市朝阳区安定门外外馆斜街 3 号
网　　址: http://www.ccpress.com.cn
销售电话: (010)59757973
总 经 销: 人民交通出版社股份有限公司发行部
经　　销: 各地新华书店
印　　刷: 北京虎彩文化传播有限公司
开　　本: 787×1092　1/16
印　　张: 18.375
字　　数: 452 千
版　　次: 2019 年 4 月　第 1 版
印　　次: 2024 年 1 月　第 3 次印刷
书　　号: ISBN 978-7-114-15371-6
定　　价: 53.00 元

前言

为适应我国铁路运输发展对铁路客运管理及技术人才的需求,本教材针对铁路客运组织的基本知识与相关理论展开了全面、系统的介绍,由此希望能为铁路运输培养专业的管理和技术人才提供借鉴。“铁路客运组织”作为铁路运输专业课之一,主要是培养学生在铁路旅客运输方面的系统知识和能力,其教材既要突出创新性和实践性,也要追求课程体系的传承性和系统性。因此,本教材在编写过程中注重理论与实践相结合,兼顾了教材内容的先进性和系统性。

本教材共九章,主要内容包括:绪论,铁路客运运价,铁路旅客运输,行李、包裹运输,旅客运输计划与组织,站车工作组织,特种运输,铁路客运安全与运输事故处理,铁路客运记录及电报。

本教材由华东交通大学李卫红、南昌铁路干部学校徐琳主编,华东交通大学易晨阳、严利鑫担任副主编。参加编写人员有:易晨阳、严利鑫、杨静、钟自锋、施杨丹、饶宇声、万中平。本教材的编写也得到了一些专家、领导、同仁的关心、指导与帮助;同时在编写过程中,收集整理了一批具有一定参考价值的教学案例,参考引用了国内外有关专家学者的专著、教材和研究成果,在此一并致以衷心感谢!

由于水平及精力所限,本教材内容可能存在一些不足与疏漏,欢迎读者和国内外专家及同行给予批评指正。

作　者

2018 年 4 月

目　录

第一章 绪 论

本章内容简介

本章主要介绍铁路旅客运输的特点、任务；介绍铁路旅客运输的生产管理系统和铁路旅客运输产品特性等。重点了解我国铁路旅客运输生产管理系统的特点；掌握铁路旅客运输产品的概念。本章内容是学习本教材内容的基础。

第一节 铁路旅客运输概述

四通八达的交通运输网和现代化的交通工具是社会生产力发展的重要手段，国家要现代化，交通必须先行。现代化的旅客运输系统是社会进步的重要标志。旅客运输的目的是为人们进行经济、文化等社交活动和生产生活提供必要的出行条件。铁路是我国交通运输的骨干力量，是国民经济的大动脉，铁路旅客运输是整个铁路运输的重要组成部分。

一、铁路旅客运输的任务和特点

1. 铁路旅客运输的任务

(1)最大限度地满足广大旅客在旅行上的需要。

(2)安全、迅速、准确、便利地运送旅客、行李、包裹和邮件。

(3)在旅途中为旅客创造舒适愉快的环境。

(4)提高服务质量，为旅客提供优质服务。

2. 铁路旅客运输的特点

(1)铁路旅客运输的主要服务对象是旅客，其次是行李、包裹和邮件。

(2)铁路旅客运输生产向社会提供的是无形产品，其核心产品是旅客的空间位移。它被旅客本身所消耗，其使用价值具有不确定性，其创造的社会经济效益远大于自身的经济效益。

(3)铁路客运产品具有易逝性。旅客运输产品的生产和消费过程同时进行，产品不能储存，不能调拨。

(4)铁路旅客运输在时间上具有较大的波动性。

(5)铁路客运站的位置宜设在客流易于集散处，使旅客便于换乘不同的交通方式。一般应靠近城镇，并与市内交通及其他各种交通工具有良好的配合。旅客列车到发线及站台一般应按方向和车次予以固定，不宜随便变更。

(6)旅客在旅行中有不同的物质文化生活需求，如饮食、盥洗、休息、适宜的通风、照明、温度等。旅客运输企业不仅应满足这些需求，而且还应积极创造良好的旅行环境并提供优质的服务，使旅客心情愉悦。

(7)铁路旅客列车是根据需要事先编组并按固定时刻表运行的,旅客根据自己旅行的需要选择乘车日期、到站、车次、座别。

(8)铁路运输企业应向旅客提供不同服务等级、不同旅行速度的运输产品,供不同需要、不同消费水平的旅客选择消费。

(9)客运服务质量的控制主要在于过程控制。它不同于工业产品质量(最终产品或生产过程)控制,客运服务必须对售票、候车、乘降工作、列车服务等全过程进行控制。

二、铁路旅客运输工作的原则

(1)交通整体布局,相互协调配合。必须认真执行党和国家的各项方针政策,保证各种运输方式之间有良好的配合。

(2)确保客运生产安全。衡量客运生产的效用,不仅是改变旅客的空间位置,而且还必须保证旅客在旅行中的生命、财产安全。客运生产的安全性,是衡量客运质量的重要指标之一。

(3)节省旅行时间,提高旅行的舒适度。随着市场经济的深入发展和人们生活水平的提高以及生活节奏的加快,人们的时间观念增强了,消费观念改变了,因此,快速和舒适成了选择客运交通方式的主要原则。

(4)提高服务质量,树立良好形象。客运生产必须以方便旅客为中心,文明服务、礼貌待客,安全、快速、便捷、经济、舒适地运送旅客和行李、包裹到达目的地,从而树立客运企业的良好形象。

(5)加强营销管理。随着经济的发展、人们生活水平的提高,客运市场成为买方市场,为此,客运企业必须加强市场营销管理。

(6)加强系统管理。旅客运输系统的整体性强,要使有限的人力、物力、财力充分发挥作用并提高效益,必须加强系统管理,使系统内各部门协调配合,把旅客的流动过程作为一个系统来组织。

第二节　铁路旅客运输生产管理系统

一、旅客运输方式的分类

社会系统,可以看作是劳动、文化和居住组织的实体,这些实体在地域上是分散的,它们之间的联系通过交通运输系统来实现。根据运输对象的不同,交通运输系统可以分为两个子系统:客运系统和货运系统。现代交通运输业由铁路、水运、公路、航空和管道5种基本运输方式构成。我国的客运交通系统主要由铁路、水路、公路和民航4种方式构成。客运交通系统又可以分为轨道交通和非轨道交通。轨道交通又分为高速轨道交通(包括高速铁路、磁悬浮铁路等)和非高速轨道交通(包括铁路、地下铁路、高架铁路、轻轨铁路等);非轨道交通也分为高速交通(包括高速公路、民航和海上快速航线)和非高速交通(包括道路交通和水上交通)。

(1)高速铁路:一般指列车时速在200km以上的铁路运输系统。1986年,国际铁路联盟(UIC)提出定义:列车最高运行速度至少达到200km/h的铁路为高速铁路。

(2)磁悬浮铁路:是利用电磁原理使火车悬浮于地面钢轨之上,由车上和地面导线线圈的相互感应作用推动火车前进。时速一般在500km左右，是一个高速、安全、舒适、无公害的最理想的地面交通方式。磁悬浮列车按悬浮方式又分为常导型及超导型两种。我国现已建成的上海磁悬浮列车运营线，西起地铁2号线龙阳路站，东至浦东国际机场，线路全长33km，最大时速430km，单向运行时间仅8min。长沙磁浮快线是中国首条拥有完全自主知识产权的中低速磁浮铁路。长沙中低速磁浮工程是中国国内第一条自主设计、自主制造、自主施工、自主管理的中低速磁悬浮铁路，长沙是继上海之后，中国第二个开通磁悬浮铁路的城市，长沙磁浮快线连接长沙火车南站和长沙黄花国际机场，全程高架敷设，线路全长18.55km，初期设车站3座，预留车站2座，设计速度为每小时100km。

(3)地铁：是指轴重相对较重、单向运输能力在3万人次/h以上的城市轨道交通系统。地铁一般采用全封闭线路形式，在城市中心区全部或大部分位于地下隧道内。

(4)高架铁路：与地面交通完全分离，其规模小于普通铁路，而且是轻型、高性能的，故也属于轻轨范畴。

(5)轻轨铁路：是在有轨电车的基础上发展起来的，具有电气牵引、轮轨导向、车辆编组运行等特点的中运量城市轨道交通系统。轻轨线路可因地制宜地修建在城市市区街道、地下隧道或高架桥上。从修建特点来看，主要可分为三种类型：第一种是由有轨电车改造而成，主要代表为德国的轻轨；第二种为新建城市地面或高架轨道交通系统，目前多采用部分隔离或全部隔离的线路形式；第三种则是利用原有城市间铁路或市郊铁路线路改造而成。

(6)高速公路：指汽车时速在120km以上的专用公路。

二、铁路旅客运输生产管理系统

按照“统一指挥、分级管理”的原则，我国铁路客运系统目前采用三级管理机构：一是国家级，即中国铁路总公司；二是区域级，即根据全国区域划分为18个集团有限公司；三是地方级，即各铁路局集团有限公司管辖范围内的站段。三级机构实行统一指挥、上下协调、分级管理的模式，各级单位分设多个部门，负责客运组织工作。

我国现行的铁路旅客运输管理系统，如图1-1所示。

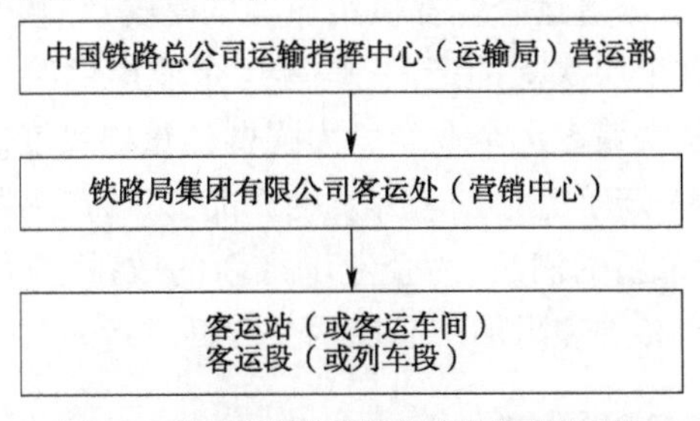

图1-1　我国现行的铁路旅客运输管理系统

(1)中国铁路总公司运输局营运部，负责从全国铁路网层面研究客流并编制全国铁路旅客运输年度计划和长远计划；负责编制直通旅客列车运行图和时刻表，并对跨及三个铁路局以上的直通列车，确定客流的分配计划；确定各种旅客列车的编组内容，指定客车运营计划等。

(2)各铁路局集团有限公司客运处，主要从铁路局集团有限公司层面的客流组织展开客流调查、客流分析和预测、编制列车开行方案，并协助编制运行图和制订车底运用计划等工作，服从上级计划安排，并及时汇报现场情况。

(3)各铁路局集团有限公司所管辖的铁路车站的客运车间(或客运段)，主要进行车站客流组织工作及列车旅客运输服务，服从上级计划安排，并及时汇报现场情况。

第三节　铁路旅客运输产品

一、旅客运输产品的基本概念

现代营销理论认为，产品的概念应是一个整体性概念。它包含3个层次，即核心产品、形式产品和附加产品。客运产品的整体概念也包括这3个层次，如图1-2所示。

1. 核心产品

从核心产品层次上说，客运产品就是旅客的位移。这是从客运产品使用价值的角度定义的。旅客购买了客运产品，在正常情况下就能满足自己从出发地到目的地的需求，这个层次的产品，是产品的核心内容。任何形式的客运产品，包括铁路、公路、水路、航空，都必须具备旅客位移这个内容，否则，客运产品就失去了存在的意义。

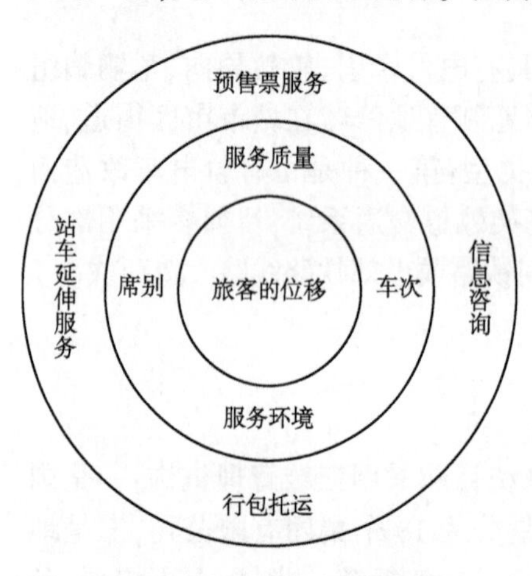

图1-2　客运产品整体概念示意图

2. 形式产品

从形式产品层次上说，铁路客运产品就是可供旅客选择乘坐的不同档次的列车或同一档次列车的不同席别，是核心层产品的载体。它是核心层产品在形式上的表现，客运产品的基本效用只有通过形式产品才能得以实现。在形式产品层次上，铁路客运产品具有可被旅客身心感知的属性，如车次、席别、乘车环境、服务质量等。客运企业必须着眼于旅客购买位移产品时所追求的旅行需求，并以此为依据去改造已有产品或设计新产品。

3. 附加产品

从附加产品层次上说，铁路客运企业提供给旅客的是购票、候车、行包托运、列车上的旅行服务及其他延伸服务。这个层次上的产品，是客运企业提供给旅客的各种服务和旅行生活所需的保障条件。这也是铁路客运企业竞争力强弱的重要尺度。

运输企业的新产品，不一定是完全创新开发的产品，只要产品的三个层次中有一个层次有较大的变化，能为旅客带来新的满足，为企业增加新的效益，就可以称之为新产品。一般设计新产品主要是在形式产品层和附加产品层两个方面进行。

二、铁路旅客运输产品的特征

铁路旅客运输产品属服务性产品。旅客运输服务是指在旅行的全过程中，向旅客提供时空运动的运载工具和必要的服务设施，并提供安全、舒适和便捷的服务，最大限度地满足旅客的旅行需求，以实现从始发地到达目的地的位移。因此，旅客运输产品具有服务性产品的4大特性，即无形性、不可分割性、差异性和不可储存性。

1. 无形性

无形性，即在购买之前看不见，摸不着。它是以“活动”形式提供的无形服务。旅客在客运市场上购买到某种“旅行服务”后，并未因此取得任何实际持有物，只是改变了空间的方位。旅客在出行方式的选择时，见不到客运服务产品的形体，只能根据自己以往的旅行经验、相关群众介绍或者通过媒体宣传获得的印象来选择。另外，无形性还表现在铁路客运服务产品的价值和使用价值不是凝结在具体的实物上，而是凝结在无形的服务中。

2. 不可分割性

不可分割性，即生产和消费同时进行。站、车工作人员和旅客直接发生联系，生产过程也是消费过程。两者在时间上和空间上是不可分割的。在实现旅客位移的生产过程中，一直有旅客的亲身参与，所以客运产品质量的好坏很大程度上受旅客自身的影响。

3. 差异性

差异性，即服务的水准和质量常因人、因时、因地而异。差异性是指运输产品的构成及其质量水平是经常变化的。一方面受运输组织管理和员工自身因素（如心理状态等）的影响；另一方面消费者本身的因素（如知识水平、层次等）也直接影响运输服务的效果。

4. 不可储存性

不可储存性，即服务不可储存。客运企业提供的运输服务产品不可能像工业企业提供的实物性产品那样被储存起来，生产出来的旅行服务如当时不消费掉，就会造成损失，如列车座位和铺位空闲，表现为客运收入的损失和设备折旧的产生。

三、铁路旅客运输产品的计量和质量特性

1. 铁路旅客运输产品的计量

铁路旅客运输产品以人公里为计量单位，旅客运输的产品总量称为旅客周转量。因此，铁路旅客运输在各种运输方式中的市场份额是以旅客周转量所占比例来衡量的。旅客周转量和货物周转量是铁路运输工作中最重要的数量指标之一。它是计算运输成本和劳动生产率的依据。在铁路运输工作中，通常采用换算周转量来表示。换算周转量的计量单位为换算吨公里，是将旅客人公里数和货物吨公里数直接相加而得到的（目前规定 1 人公里等于 1 个换算吨公里，换算系数为 1）。

产品与产品计量单位是两个不同的概念，把计量单位混淆为产品时，就无法对产品的质量进行评价。

2. 铁路旅客运输产品的质量特性

铁路客运服务系统是一个复杂的系统，服务质量的优劣是众多因素相互影响、相互作用的结果，是铁路各部门工作质量的综合体现。要使旅客对服务质量感到满意，必须使旅客在旅行前、旅行中和旅行后直接得到全方位的优质服务。在旅行前主要是购票便捷；在旅行中主要是指在列车上服务方式多样化，对不同层次的旅客提供不同需求的服务，最大限度地满足旅客的要求；旅行后要考虑不同客运方式衔接方便，组织不同运输方式的联运，同旅行社服务的衔接等。因此，铁路运输业产品的基本质量特征应包括安全、快速、准确、经济、方便、舒适等。

（1）安全性。确保人身安全，是客运工作的头等大事。目前在世界范围内每年因车祸造成的伤亡人数数以百万计，成为众所瞩目的“公害”。各国政府采取了许多确保安全的措施。在我国，旅客运输市场基本上属于供不应求的卖方市场，客运设备还不够现代化，可能产生火灾、爆炸、跳车、坠车、挤伤、烫伤、摔伤、击伤、轧伤、砸伤以及食物中毒等旅客伤亡事故。因此，千方百计保证旅客的安全，是客运人员的基本职责。

旅行过程中，除了要保障旅客人身安全外，还应保证旅客财产安全。旅客携带的行李、

包裹，在旅行过程中应做到完好无损。

(2)快速性。旅客运送速度，是旅客运输服务最重要的质量指标之一。旅客在旅途中的各种时间消耗长短，是评价旅客旅行生活质量高低的主要影响因素之一。它包括如下两个方面：

①列车的运行速度；

②旅客在候车、托运行李、中转、与其他运输方式衔接过程中所需的时间和方便程度。

运送速度越快，旅客在旅途中所耗费的时间和精力就越少，这样可以减少旅途的劳累与不适，把更多的时间和精力投入到工作、学习和休息中去。

(3)准确性。它包括时间准确和空间准确两个方面。

①时间准确是指旅客列车应当按列车时刻表的规定正点将旅客运送到目的地，不应随便晚点，更不能无故停运；

②空间准确，是指铁路必须按照客票的规定将旅客准确地运送到目的地。

铁路运输方式的全天候性(不受时间、气候的影响)也是实现其客运产品准确性的重要保障。准确、及时是广大旅客对客运工作的共同要求之一。因此，客运企业必须采取一切措施，准时发车，正点运行，准时到达，防止误乘、误降，以满足旅客对准确性方面的要求。

(4)经济性。它是指铁路客运服务产品的价格要经济合理。客票的票价直接影响广大旅客的经济负担，是影响国计民生的大事。铁路应充分发挥规模经济和运量密度经济效应，努力降低成本，尽可能减少旅客运杂费的开支，为旅客提供经济的旅行条件。

(5)方便性。狭义的便利是指旅客在办理旅行手续方面的便利，如购票、上车、下车、行包托运及提取等，手续要力求简便；一切要从方便旅客出发，增加售票点和窗口的设置，改进客票预售、送票、行包接取送达等业务组织，提供网上售票服务等。广义的便利还包括铁路运输事业的发展，路网四通八达，与其他运输方式之间良好衔接。总之，铁路运输越便利，旅客为旅行所花费的时间、物力、财力也就越少。因此，铁路应扩大运能，增加营业网点，采取各种有效措施，减少不必要的手续和中间环节，为旅客创造便利的旅行条件。

(6)舒适性。随着人们物质文化生活水平的提高及交通运输业的发展，人们对旅行中舒适性的要求不断提高。因此，要不断改善铁路客车车辆的技术性能和车厢内部设备、客运站服务设施等，最大限度地满足旅客对舒适性的要求。同时，在服务内容、服务形式和服务方法方面需不断改进和完善，达到全面提高铁路旅客运输服务质量的目的。

在西方国家，通常将质量等级和成本、价格的关系绘制成相应的曲线，并按照最大利润原则确定企业产品的最优质量点，如图1-3所示。

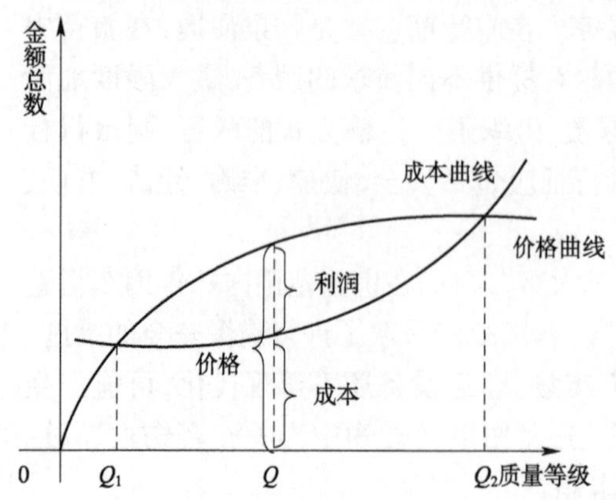

图1-3 最优质量点的确定

由图1-3可知，成本曲线与价格曲线的两个交点是盈亏转折点，其相应的两个质量等级就是Q_1和Q_2。当生产出质量高于Q_1而低于Q_2的产品时，企业均可赢利，所以$Q_1 \sim Q_2$称为赢利区。在赢利区内，价格和成本差额最大的质量点Q就是最优质量点。

在不同的国家，由于科学技术水平不同，人民文化水平、消费水平不同，同类产品的质量标准也不尽相同。特别是对旅行服务质量，不同层次的旅客消费水平不同，旅行服务需求也不同。各国铁路客运在多年运营活动中，并没有采用产品质量标准这一概念，但在实际工作中确实存在着产品质量及其标准的问题，一般习惯用运输质量这一概念来泛指铁路运输生产的各种质量。

众所周知，铁路客运企业对自己的各种业务质量，包括安全、准确、迅速、便利等都有具体的规定和要求。铁路旅客运输在自己的长期生产实践中，为了提高运营效果（其中包括数量和质量），建立、健全了一整套反映客运生产情况的运营指标体系，但这些指标主要是客运企业内部用来考核和评价用的。

复习思考题

1. 铁路旅客运输有哪些特点？
2. 简述铁路旅客运输生产管理系统。
3. 旅客运输产品三个层次的概念是什么？产品的计量单位和产品总量是什么？
4. 铁路旅客运输产品质量特性有哪些？

第二章　铁路客运运价

本章内容简介

本章主要是研究铁路旅客运输的价格问题，它包括铁路旅客车票票价、行包运价、特定运价和客运杂费。重点了解全国铁路客运接算站示意图、《铁路客运运价里程表》《铁路客运运价规则》和各种车票票价的组成要素，能够根据公式计算《铁路旅客票价表》《行李包裹运价表》中的数值，掌握各种车票的计价方法。掌握特定运价、客运杂费定价体制及考虑的因素。

第一节　运价的定价理论

一、运价的含义与特点

1.运输价值与价格

运输业作为一个独立的物质生产部门，其产品同其他企业一样具有商品属性；而运输业所生产出售的产品，其本质就是实现场所的变动，它产生的是地点效用，是和运输生产过程不可分割地结合在一起的。

运输业是特殊的物质生产部门。运输业有自己的产品，也创造价值。运输产品的社会劳动消耗量或社会生产费用构成了运输产品的价值，简称运输价值。运价就是运输价值的货币体现，表现为运输单位产品的价格。基于运输产品具有的一般性和特殊性，其运价的制定必须遵循价值规律的客观要求，以运输价值为基础，并反映运输市场的供求关系；而另一方面运输业作为国民经济的基础，又要体现一定的公益性。

运输产品作为一般商品，其运价也具有一般商品价格的作用。如果运价过高，可能使运输需求减少、设备闲置和运力浪费，与运输有关部门的发展受到影响和限制，收入较低的居民得不到必要的运输服务或不得不耗费其收入的较大份额来满足其运输需求，从而降低生活质量。如果运价过低，同样不利于资源的合理配置和有效利用，导致过量的运输需求，造成种种不合理运输，运输业本身的发展也受到限制，运力紧张，一定程度上会制约国民经济发展。因此，在运输经营中，不同的运价结构、运价水平以及表现形式均能起到不同的调节、核算和分配的作用。

2.运输产品价值形成的特点

运输价格的制定一般要受国家宏观运价政策的指导和监控。随着我国经济体制改革的不断深化，运输市场竞争机制已经基本形成。制定运价是一项复杂的工作，运输成本、盈利水平、市场供求关系、运价政策等因素都将影响运输价格的制定。运输产品价值形成的特点主要有如下几点：

(1)作为运输生产过程劳动对象的货物和旅客,不构成运输产品的实体;货物和旅客本身价值不加入运输价值。

(2)运输业固定资产损耗的价值补偿(即基本折旧和大修折旧)。

(3)客货流构成和时空不均衡,运输路径、运送方式、运输条件等因素对运输劳动消耗量有不同程度的影响。

(4)运输产品是复合计算的,单位为人公里、吨公里;单位运输产品的价值量存在着递远递减的规律。

(5)运输产品的使用价值具有时空上的不可替代性;相同价值的运输产品在使用价值上是不可替换的。

(6)运输产品的价值是以它的使用价值为承担者。如运输产品用于生活消费,那么,它的价值就会随运输过程的终止而消失;如用于生产消费,它的价值就会追加到所运输的商品价值中去。

二、运价的定价理论

运价的制定,必须在价格理论的基础上,根据运输成本、运输市场的供需状况和竞争状况、主客观条件,因地制宜、灵活决策。通常采用的定价方法为以下3大类。

1.成本导向定价法

(1)平均成本定价

为了保证企业能够回收投资和运营成本,并能获得正常的利润,往往采用平均成本定价法。成本由固定成本和可变成本构成。按照平均成本定价时,单位可变成本加上单位固定成本,再加平均利润等于运输价格。在短期内,单位可变成本认为是不变的,总可变成本随运量成比例增加,总固定成本在一定运量范围内可保持不变,运量越大,单位固定成本就越小。运价 P 用公式表示如下:

$$P = \frac{\mathrm{TFC}}{Q} + r + V_c$$

式中:TFC——总固定成本;

Q——运输周转量;

r——单位人公里的利润;

V_c——单位周转量可变成本。

在一定条件下,运距越长、运输批量越大,单位运价就越低。

平均成本定价适于竞争不太激烈、运输市场不活跃、资源比较稳定的运输线路或运输方式。平均成本在不同地区、不同方式、不同线路上存在很大的差异,这些差异并非完全由企业经营差异所造成。以平均成本定价,一方面以平均成本作为竞争价格,违背公平原则;另一方面,必然使各线路和地区运输赢利畸高畸低,运量向低成本线路集中,高成本的线路运输趋向萎缩,限制该地区经济发展。在竞争比较激烈、货源比较紧张的运输市场内,始终按平均成本定价是不可能的,因此,又认为平均成本定价不适于交通运输业。

(2)边际成本定价

边际成本指增加单位运量而引起的总成本的增加量,是总成本对运量的导数。边际成本定价是为了提高经济效益而采用的一种定价方法,用公式表示为:

$$P_m = \frac{\mathrm{d}T_c}{\mathrm{d}Q}$$

式中：P_m——用边际成本确定的单位运价；

T_c——运输总成本；

Q——运输量。

在生产规模不变(即固定成本不变)时，边际成本实际上就是所增加的可变成本。边际成本随运量的变化而变化，它和平均成本的关系见图2-1。

边际成本定价具有很大的现实性和适用性。对运力过剩的线路，平均成本很高，边际成本却很低，利用边际成本定价可以刺激运输需求，提高运输设备的利用率，为社会节约运费，帮助企业摆脱亏损；对运能不足的线路，固定设备制约生产规模，当运量超过一定水平时，边际成本就会迅速增加，超过平均成本，按边际成本定价，可以限制运量增长，使运输布局趋于合理。但是，按边际成本定价，不是对所有运输消耗的补偿，只是对增加单位运量而多支付费用的补偿，长期按此定价，就会造成运输企业的亏损。

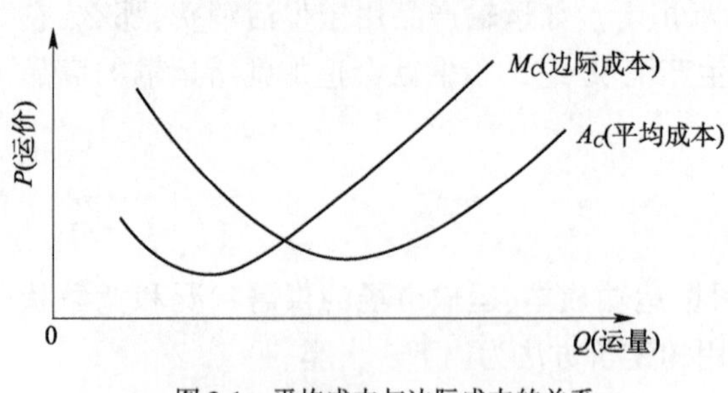

图2-1　平均成本与边际成本的关系

(3)完全成本定价

按照平均成本或边际成本定价存在如下几点缺陷：

①只反映运输企业财务账户上的成本状况，而设备改造及科研技术实验等费用却未能在运价上反映出来。

②根据现有设施和设备的成本统计资料制定的，是一种历史成本，未能反映将来的成本支出状况。

因此，有些经济学家提出了完全成本定价理论。按该理论定价，固定成本、可变成本都要考虑；既考虑直接成本，又考虑间接成本；既要考虑目前支付的成本，又要考虑可能要支付的成本，有利于资金在各种运输方式间的合理配置。但这种方法仍处于理论探讨阶段，还没有实际的运用。

2. *动态定价法*

动态定价是指企业根据市场需求和自身供应能力，以不同的价格将同一种产品适时地销售给不同顾客或不同细分市场，以实现收益最大化的策略。动态定价是一种面向市场而不是面向成本的定价方法，它面向的是细分的微观市场，这种动态性主要体现在产品的价格一般会随时间的变化而变化，

采用动态定价策略的前提条件有如下4点：

(1)需求随时间和价格波动。

(2)产品市场可以细分。

(3)细分后的市场在一定时期内相对独立、互不干扰。

(4)价格差异适度，不会引起消费者的反感。

3. *竞争导向定价法*

基于运输市场竞争的激烈性，通过研究竞争对手的生产条件、服务状况、运价水平等因素，依据自身的竞争实力，针对市场竞争的形势来制定运输价格。

由于运输市场竞争的激烈性，在定价决策时，不能只从企业利益、货主的承受力来考虑，

还要根据市场供求状态和竞争对手的运价水平去考虑。在运用竞争导向定价方法时，可以根据企业的内部条件与外部环境、企业与货主的关系、企业的长期目标与短期目标等具体情况，决定选择运价与竞争对手的运价水平完全一致、比竞争对手的运价水平略高、低于竞争对手的运价水平等不同的策略。

三、运价结构

铁路客运运价结构从不同角度可分为按距离别的差别运价和按客运类型别的差别运价两种结构形式。

1. 按距离别的差别运价结构

按距离别的差别运价是最基本的运价结构形式，由于运输成本是递远递减的，所以按距离别的差别运价也是递远递减的。

按距离别制定差别运价，衡量其单位运价水平的运价率与运输距离的关系主要有如下4种情况：

(1)运价率的递远递减变化与运输成本随距离的变化基本一致。

(2)运价率在一定距离范围内递远递减，当运输距离超出这个范围后，运价率不再递减，保持不变。

(3)运价率在一定距离范围内递远递减，当运输距离超出这个范围后，运价率不再递减，反而递增，这种结构主要是为了限制某种过远的运输。

(4)运价率始终保持一定的水平，不随运距的变化发生改变。

2. 按客运类型别的差别运价结构

按客运类型别的差别运价结构，是指不同的列车等级或席(铺)别适用高低不同的运价。这是由于在同一运输中不同的客运类型所需要的设备、设施，占用的运输能力及消耗的运输成本存在着差异。例如，硬座车厢与软座车厢、普通客车与新型空调客车就有很大差别；相应地，其所能提供的旅客舒适程度和旅行速度也大有不同。因此在制定运价时，要根据不同类别的列车和席(铺)别制定相应的运价。

在具体运价的表现上，根据以上运价结构划分的客观依据，同时又能适应不同层次需求和特殊情况，应制定相应的运价形式。目前，铁路客运的运价形式主要有以下6种。

(1)统一运价。它适用于全国各个地区，实行按距离别、按客运类型别的差别运价。

(2)特定运价。根据铁路客运运价政策，对按特定运输条件办理或在特殊运价区段的运输，制定特殊的客运运价，如包车、租车的运价，直通运输、过轨运输的运价等。

(3)浮动价格。对于不同季节、忙闲不均的线路或客运列车的类型，经国务院有关部门批准，铁路客运运价可根据不同的运输供求情况，以基本运价为基础，在一定范围内浮动，如新型空调客车。

(4)地方(合资)铁路运价。国家为鼓励地方(合资)修建铁路的积极性，允许地方(合资)铁路采用单独的客运运价，如广深线、金温线开行的列车，运价由企业自主制定。

(5)新路新价。对于新建的国家铁路线路以及进行双线或电气化改造的铁路线路，实行高于统一运价水平的新路新价。

(6)合同运价，也称协议运价。其运价水平由旅客与铁路双方根据运输市场供求关系及各自的利益协商制定。国外运输企业采用这种运价较为普遍。

铁路客运运价，包括旅客票价和行李、包裹运价。客运运价与客运杂费构成全部运输费用。

第二节 车票票价

铁路旅客运输是直接为城乡广大居民提供运输服务的,其中个人出行占相当大的比重。旅客票价的高低,对旅客流量、乘车座别以及客运量在各种运输方式之间的分配,都有一定的影响。因此,在确定旅客票价时,必须考虑人民生活水平,以及各种运输工具的合理利用等因素。

一、铁路旅客票价的分类、构成及其要素

(一)铁路旅客票价的分类与构成

1.旅客票价的分类

目前,铁路旅客票价根据旅客选择乘坐的列车等级种类、车辆类型、设备条件、客票使用期间以及减收票价的有关规定,分为客票票价和附加票票价两大类。客票票价包括硬座和软座票价;附加票票价包括普快、快速以及特快列车的加快票价、硬卧卧铺票价、软卧卧铺票价和空调票价。

2.旅客票价的构成

旅客客票票价由基本票价和附加费用构成。

基本票价是以每人每公里的票价率为基础,按照旅客旅行距离和规定的旅客票价里程区段,采取递远递减的办法确定的。

附加费用包括软票费、候车室空调费、订票费(原有保险费2013年已取消)。

(二)铁路旅客票价的构成要素

1.基本票价率与票价比价关系

基本票价率是各类旅客票价的定价基础,基本票价率的高低是决定旅客票价整体水平的最重要的因素。铁路以硬座客票票价率为基本票价率。因此,在制定硬座客票票价率时,应综合考虑国家有关方针、政策、铁路旅客运输成本、人民生活水平和出行需要等多方面因素,参照同期其他运输方式的旅客票价,在调查研究的基础上通过核算加以确定。当硬座客票票价率确定后,其他各种票价率就以此为基准,按相应的加成或减成比例计算确定。铁路现行硬座票价率及与各种票价的比例关系,如表2-1所示。

铁路现行硬座票价率及与各种票价的比例关系 表2-1

<table>
<tr><th colspan="3">票 种</th><th>票价率[元/(人·km)]</th><th>比例(%)</th></tr>
<tr><td rowspan="2">基本客票</td><td colspan="2">硬座</td><td>0.05861</td><td>100</td></tr>
<tr><td colspan="2">软座</td><td>0.11722</td><td>200</td></tr>
<tr><td rowspan="2" colspan="2">加快票</td><td>普快</td><td>0.01172</td><td>20</td></tr>
<tr><td>快速、特快</td><td colspan="2">按普快票价2倍计算</td></tr>
<tr><td rowspan="5">硬卧票</td><td rowspan="3">开放式</td><td>上铺</td><td>0.06447</td><td>110</td></tr>
<tr><td>中铺</td><td>0.07033</td><td>120</td></tr>
<tr><td>下铺</td><td>0.07619</td><td>130</td></tr>
<tr><td rowspan="2">包房式</td><td>上铺</td><td colspan="2">按开放式硬卧中铺票价另加30%计算</td></tr>
<tr><td>下铺</td><td colspan="2">按开放式硬卧下铺票价另加30%计算</td></tr>
<tr><td rowspan="4">软卧票</td><td rowspan="2">普通</td><td>上铺</td><td>0.10257</td><td>175</td></tr>
<tr><td>下铺</td><td>0.11429</td><td>195</td></tr>
<tr><td rowspan="2">高级</td><td>上铺</td><td rowspan="2" colspan="2">双人间在乙种本普通票价表的软卧(含客、快、卧、空调)票价上加180%和相关附加费用(软票费、订票费)计算而得</td></tr>
<tr><td>下铺</td></tr>
<tr><td colspan="3">空调票</td><td>0.01465</td><td>25</td></tr>
</table>

2. 旅客票价里程区段

同一运输条件下，旅客旅行距离不同，票价肯定也不相同。但考虑使旅客较为合理的支付票价，铁路旅客票价并不完全按运输里程计算，而是将运输里程按一定的距离标准划分成若干区段，即旅客票价里程区段。旅客实际运输里程按票价里程区段的划分，以其所属区段的中间里程作为旅客票价的计价里程。铁路现行旅客票价里程区段划分，如表2-2所示。

铁路旅客票价里程区段 表2-2

里程区段(km)	划分标准(km/小区段)	小区段数(个)
1~20	20	1
21~200	10	18
201~400	20	10
401~700	30	10
701~1100	40	10
1101~1600	50	10
1601~2200	60	10
2201~2900	70	10
2901~3700	80	10
3701~4600	90	10
4601以上	100	—

旅客票价的运价里程按旅客实际径路计算。同时，考虑运输成本及分流的问题，对旅客票价的计算还规定了起码里程：客票20km、空调票20km、加快票100km、卧铺票400km(特殊区段另有规定者除外)。

旅客票价要按里程区段划分，区段间距随里程的增长而逐渐加大，对同一小区段，核收同一票价。旅客票价按运价里程在其所属旅客票价里程区段中的最后一个小区段的中间里程计算，即：

计价里程=票价里程区段中的最后一个小区段的中间里程

这一中间里程，可通过以下两种方法确定：

(1)按区段里程推算。例如，南昌—上海的客运运价里程为844km，按旅客票价里程区段表，属于701~1100km区段，每一小区段按40km划分，则属于821~860km区段，这一区段的中间里程840km就是旅客票价的计价里程。

(2)按公式计算。对于票价里程的确定，除按区段推算外，还可按下式计算：

$$L_{中间}=L_{基}+(n\pm0.5)L_{段}$$

$$n=\frac{(L_{实}-L_{基})}{L_{段}}$$

式中：$L_{中间}$——区段中间里程；

$L_{基}$——实际运输里程所属里程区段的起算里程；

$L_{段}$——实际运输里程所属里程区段划分小区段的里程；

$L_{实}$——实际里程；

n——小区段数(尾数四舍五入取整，舍去前式取“+”，进入或整除前式取“-”)。

【例2-1】 北京—包头客运运价里程为824km，其区段中间里程计算如下：

$$n=\frac{824-700}{40}=3.1\approx3$$

$$L_{中间} = 700 + (3 + 0.5) \times 40 = 840(\text{km})$$

3. 递远递减率

实际上单位运输成本是随着运距的增加而相应降低的,同时为减轻长途旅客的经济负担,并照顾边远地区,促进地区间往来,旅客票价是按运输里程递远递减计算的。在计算票价时,基本票价率随运输里程的增加而减少的幅度叫递远递减率,以百分比表示。

现行铁路旅客票价,对市郊票价以外(市郊旅客的运距不超过100km,不实行递减)的各种票价,从201km起在基本票价率的基础上实行递远递减,如表2-3所示(以硬座票价为例)。

普通硬座票价递远递减率和递减票价率　表2-3

区段(km)	递减率(%)	票价率[元/(人·km)]	区段全程票价(元)	区段累计票价(元)
1~200	0	0.05861	11.722	—
201~500	10	0.052749	15.8247	27.5467
501~1000	20	0.046888	23.444	50.9907
1001~1500	30	0.041027	20.5135	71.5042
1501~2500	40	0.035166	35.166	106.6702
2501以上	50	0.029305	—	—

二、旅客票价的计算

旅客票价构成的三要素——票价率与比例关系、票价里程区段和递远递减率具备后,即可以计算旅客票价。

现行旅客客票票价计算方法是在原客票票价的计算基础上减去保险费(被减的保险费以5角为单位,5角及以下为5角,5角以上进为元)。

原客票票价的计算方法:分别计算基本票价和保险费,然后两项加总,再加上相关附加费用,即为应收票价。以元为单位,元以下按四舍五入处理;但半价票价、市郊单程票价及折扣票价以角为单位,角的尾数按四舍五入处理。票价中保险费的计算,不论软、硬座客票,均按硬座客票的基本票价的2%计算(各类附加票不计保险费),以角为单位,不足1角进为1角。

基本票价的计算,除初始区段不足起码里程以及最后一个区段按中间里程计算外,其余各区段均分别根据其递远递减票价率求出各区段的全程票价和最后一个区段按中间距离求出的票价加总,即为基本票价。各种附加票价的计算,以基本票价为基础,按与基本票价率的比例关系,进行加成或减成。

1. 客票票价的计算

(1)确定计价中间里程,如前所述。

(2)原硬座客票票价:

$$F = E + B_1 + R + H$$

$$E = C_0 L_0 + C_1 L_1 + C_2 L_2 + \cdots + C_n L_n$$

或

$$E = C_0[L_0 + L_1(1 - D_1) + L_2(1 - D_2) + \cdots + L_n(1 - D_n)]$$

$$B_1 = 2\% \cdot E$$

式中: F——原硬座客票票价,以元为单位,元以下四舍五入;

E——硬座客票基本票价,保留全部小数;

B_1——保险费,以角为单位,不足1角进为1角;

R——软票费,1元(当客票票价不超过5元时,软票费为0.5元);

H——候车室空调费,超过200km的硬座客票票价,内含1元的候车室空调费,但软席和市郊票无候车室空调费;

C_0——硬座基本票价率,0.05861元/(人·km);

L_0——不递减区段的计价里程,km;

C_1、C_2、…、C_n——各区段递减票价率,元/(人·km);

L_1、L_2、…、L_n——递减票价率相应区段的里程,km。

(3)现行客票票价:

$$F' = F - B_2$$

式中:F'——现行客票票价,以5角为单位,不足2.5角的尾数舍去,2.5角(含)以上不足7.5角的计为5角,7.5角(含)以上的进为1元;

B_2——对应区段扣减的保险费,以5角为单位,5角及以下为5角,5角以上进为1元(详见表2-4)。

对应区段减扣的保险费 表2-4

起止里程(km)	保险费(元)	起止里程(km)	保险费(元)
1~460	0.5	3141~3970	3.0
461~980	1.0	3971~4800	3.5
981~1600	1.5	4801~5700	4.0
1601~2340	2.0	5701~6000	4.5
2341~3140	2.5	6001以上	4.5

注:原软座客票票价 $=2E+B_1+R$,现行软座客票票价 = 原软座客票票价 $-B_2$。

2. 附加票票价的计算

计算加快票、卧铺票、空调票等票价时,根据硬座基本票价,参照表2-1的比例关系进行推算。当涉及卧铺票时,还应另加10元订票费。

$$F_{附加} = X\% \cdot E$$

式中:$F_{附加}$——附加票票价,元;

$X\%$——相应票种所占硬座基本票价的百分率;

E——硬座客票基本票价,保留全部小数。

【例2-2】 计算北京—上海硬座客票、快速加快票、硬卧中铺票及空调票的票价。

(1)确定区段中间里程。

北京—上海客运运价里程为1463km,其区段中间里程为:

$$n = (1463 - 1100)/50 = 7.267 \approx 7$$

$$L_{中间} = 1100 + (7 + 0.5) \times 50 = 1475\text{km}$$

(2)计算硬座客票票价。

$$E = 0.05861 \times 200 + 0.052749 \times 300 + 0.046888 \times 500 + 0.041027 \times 475 = 70.478525(元)$$

或 $$E = 0.05861 \times [200 + 300 \times (1 - 10\%) + 500 \times (1 - 20\%) + 475 \times (1 - 30\%)] = 70.478525(元)$$

$B_1 = 2\% \mathrm{E} = 70.478525 \times 2\% = 1.4095705 \approx 1.5$ 元

$F = 70.478525 + 1.5 + 1 + 1 \approx 74$ 元

$F' = 74 - B_2 = 74 - 1.5 = 72.5$ 元

(3)计算快速加快票票价。

$$F_{普快} = 20\% \times 70.478525 = 14.09571 \approx 14.00 \text{ 元}$$

$$F_{快速} = 2 \times F_{普快} = 28 \text{ 元}$$

(4)计算硬卧中铺票票价。

$$F_{硬卧(中)} = 120\% \times 70.478525 + 10.00 = 94.57423 \approx 95.00 \text{ 元}$$

(5)计算空调票票价。

$$F_{空调} = 25\% \times 70.478525 = 17.619631 \approx 18.00 \text{ 元}$$

软座、软卧票票价的计算与上述方法相同。

根据上述计算方法,将各种旅客票价计算结果汇编,形成《铁路旅客票价表》。

三、《旅客票价表》的应用

车站在发售车票时,实际不可能也不必要按前述的方法进行计算,而是根据计算机打印的软票票面的票价或常备票票面印有的票价(事先已计算好的)核收。遇特殊情况,则根据发、到站间客运运价里程(不足起码里程按起码里程计算)依据《铁路旅客票价表》进行计算。

1. 确定运价里程

计算运价所应用的里程,称为运价里程。运价里程分为客运运价里程和货运运价里程。全路的客运运价里程列在“铁路客运运价里程表”内,它是计算客运运价的依据。

具体在确定客运运价里程时,首先从汉语拼音或笔画站名首字索引表中,查出站名索引表的页数,再按此页数从站名索引表中查出发、到站的站名里程表页数,并从站名里程表中确认到站有无营业办理限制。然后根据规定的或旅客指定的乘车径路和乘坐列车车次,从铁路客运运价里程表中查出乘车里程,或分段计算出全部乘车里程。当发、到站在同一线路上时,以两站到本线路起点或终点的里程相减,即可求出两站间的里程;当发、到站跨及两条及两条以上线路时,应按规定的接算站接算。所谓规定的接算站,就是为了将发、到站间跨及两条以上不同的线路衔接起来,进行里程加总计算票价和运价所规定的接算衔接点。接算站主要有下列几种形式:

(1)两条及两条以上线路相互衔接的接轨站。大多数接算站都是这种形式,如石家庄站、长春站。此类接算站,查找、计算里程都比较方便,如图 2-2 所示。

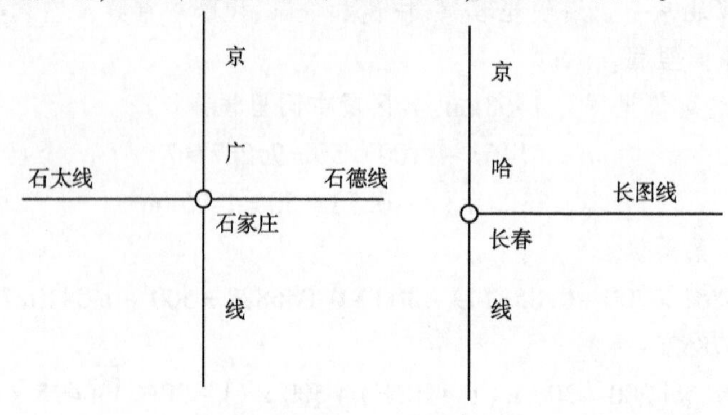

图 2-2　接算站示意图例之一

(2)部分接算站是接轨站附近的城市所在站。由于接轨站线路设备、车站设备、列车开行等,都受一定的限制,同时,多数旅客从附近大站乘车,因此,为了铁路工作及旅客乘车的方便,指定城市站为接算站。凡是这样的接算站,接轨站和城市站相互间要往返乘车。这部分往返里程已列入里程表中,确定运价里程时,不再另计。如京哈线与魏塔线的接轨点为塔山站,但接算站规定为锦州站;再如京哈线与京广线的接轨点为丰台站,但接算站规定为北京站,如图 2-3 所示。

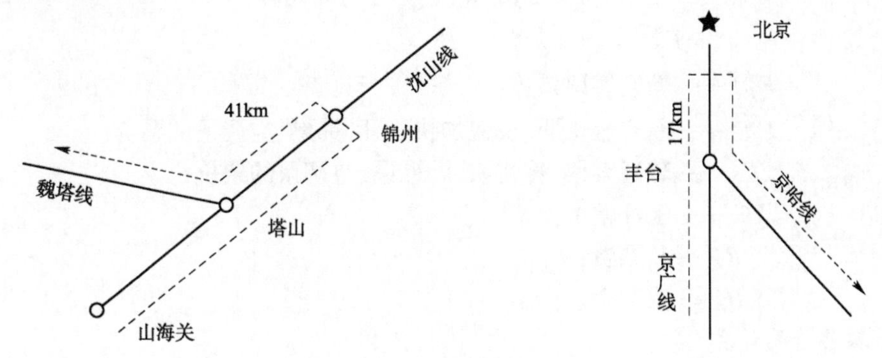

图 2-3　接算站示意图例之二

(3)同一城市无线路衔接的车站。个别在同一城市的两个车站,由于城市建设的关系,相互间未能铺轨连接,为了便于计算,特定该两站为同一的接算站。如昆明站与昆明北站之间相隔 5km,即视为两站相互衔接,并为同一的接算站,如图 2-4 所示。

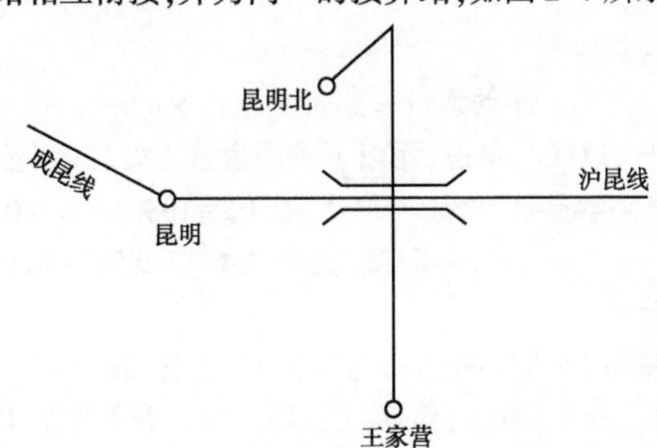

图 2-4　接算站示意图例之三

确定运价里程时,还应考虑相关特殊规定,例如,国际旅客联运经由国境线时,应另加国境站到国境线的里程。如通过轮渡时,应将规定的轮渡里程加入运价里程。如经芜湖北—芜湖间渡轮,应另加 20km 轮渡里程。

2. 查找旅客票价

旅客票价根据发、到站间的运价里程和不同的车辆设备,以及旅客所购票种,从《铁路旅客票价表》相应栏内直接查得该票种应收的票价。

四、几种票价计算方法

1. 新型空调客车(下文简称“新空”)票价的计算

计算依据:《关于提高铁路新型空调客车票价的复函》(〔1992〕价工字 342 号)。

内容:新型空调客车的票价,是在普通票价的基础上,扣除有关附加费用,上浮 30% ~ 50%,然后又加上有关附加费用计算而得。上浮 50% 的称新型空调车票价,上浮 40% 的称新型空调车票价(折扣一档),上浮30%的称新型空调车票价(折扣二档)。

计算公式:

$$F_{客}^{新空}=(1+X\%)\times(F_{客}-R-H)+R+H$$

$$F_{普快}^{新空}=(1+X\%)\times F_{普快}$$

$$F_{快速}^{新空}=2F_{普快}^{新空}$$

$$F_{卧}^{新空}=(1+X\%)\times(F_{卧}-10)+10$$

$$F_{空}^{新空}=(1+X\%)\times F_{空}$$

式中: $F_{客}^{新空}$——新空客票票价;

$F_{普快}^{新空}$、$F_{快速}^{新空}$、$F_{卧}^{新空}$、$F_{空}^{新空}$——新空普快票、快速加快票、卧铺票、空调票的票价;

$F_{客}$、$F_{普快}$、$F_{卧}$、$F_{空}$——普通客票、普快票、卧铺票、空调票的票价;

$X\%$——上浮幅度;

R——软票费;

H——候空费。

2.浮动票价的计算

计算依据:《关于旅客票价浮动计算等有关事项的通知》(铁运电〔2010〕110号):票价浮动时,动车组列车以公布票价,其他列车以现行《铁路旅客票价表》的联合票价为基础进行计算。

计算公式:

当浮动幅度为$a(a>-1)$时,

$$浮动票价=票价+票价\times a$$

式中,"票价$\times a$"部分,以元为单位,元以下按四舍五入处理(半价票也同理处理)。

【例2-3】 原硬座普快学生票价为57.5元,现下浮10%($a=-0.1$),试计算浮动票价。

解:57.5+57.5×(−0.1)=57.5−5.75(处理尾数)=57.5−6.00=51.5元

3.高级软卧票价的计算

计算依据:《关于高级软卧票价问题的通知》(铁运电〔2003〕31号)规定:每铺票价在《铁路旅客票价表·普通乙种本》软卧(含客、快、卧、空调)票价上加180%,并加相关计算费用而得。同时,可根据市场状况在±10%范围内浮动。《铁路旅客票价表·普通乙种本》是根据理论计算出来的普通车票价,并不含软票费、候空费、订票费3项有关费用的仅供内部使用的原始票价表。

计算公式:

$$F_{软座}^{高级}=F_{软座}^{乙种本}\times(1+180\%)+R$$

$$F_{普快}^{高级}=F_{普快}^{乙种本}\times(1+180\%)$$

$$F_{快速}^{高级}=2F_{普快}^{高级}$$

$$F_{软卧}^{高级}=F_{软卧}^{乙种本}\times(1+180\%)+10$$

$$F_{空调}^{高级}=F_{空调}^{乙种本}\times(1+180\%)$$

式中:$F_{软座}^{高级}$、$F_{普快}^{高级}$、$F_{快速}^{高级}$、$F_{软卧}^{高级}$、$F_{空调}^{高级}$——高级软座、普快、快速、软卧、空调的票价;

180%——加价幅度;

R——软票费;

$F_{软座}^{乙种本}$、$F_{普快}^{乙种本}$、$F_{软卧}^{乙种本}$、$F_{空调}^{乙种本}$——乙种票价表的软座、普快、软卧、空调的票价。

【例 2-4】 试计算南宁—北京西(2566km)T190 次新空车的高级软卧下铺(含客、快、卧、空调)的票价。

解：$F^{高级}_{软座}=221.00\times(1+180\%)+1.00=619.80\approx620.00$ 元

$F^{高级}_{普快}=22.00\times(1+180\%)=61.60\approx62.00$ 元

$F^{高级}_{快速}=2\times62.00=124.00$ 元

$F^{高级}_{软卧下}=213.00\times(1+180\%)+10.00=606.40\approx606.00$ 元

$F^{高级}_{空调}=27.00\times(1+180\%)=75.60\approx76.00$ 元

合计：620.00 + 124.00 + 606.00 + 76.00 = 1426.00 元

五、高等级列车及动车组票价

高等级列车及动车组的票价制定经历了三个阶段。

1. 票价的政府指导阶段（1997—2007 年）

1997 年国家计委关于高等级软座快速列车票价的问题复函铁道部，相关内容如下。

北京铁路局开行北京—秦皇岛 25K 型高等级软座快速列车，票价可比照《国家计委关于 25K 型高等级软座列车暂定票价问题的复函》(计价管〔1997〕470 号)中确定的票价执行。

二等车软座基准价：二等车软座基准价参照现行软座票价确定 即：旅行速度达到每小时 110 千米以上的，二等软座客票基准价为每人千米 0.2805 元；旅行速度在每小时 110 千米以下的，二等软座客票基准价为每人千米 0.2330 元。

一等车和特等车软座基准价：以二等车基准价为基础，一等车软座客票基准价按高出 20% 确定，特等车按高出 50% 确定。其中，旅行速度达到每小时 110 千米以上的，一等车客票基准价为每人千米 0.3366 元；特等车客票基准价为每人千米 0.4208 元；旅行速度在每小时 110 千米以下的，一等车客票基准价为每人千米 0.2796 元，特等车客票基准价为每人千米 0.3495 元。

浮动幅度：以上述基准价格为基础，铁道部可根据市场情况，在上下 10% 的幅度内，确定具体票价。

2. 票价明确实施阶段（2017—2015 年）

(1)定价依据

2007 年铁道部发布了《关于确定 CRH1、CRH2 和 CRH5 型动车组座车等级为软座车的通知》，要求动车组的定价依据《国家计委关于高等级软座快速列车票价问题的复函》(计价管〔1997〕1068 号)的规定，旅行速度达到每小时 110 千米以上的动车组列车软座票价基准价：每人千米一等座车为 0.3366 元，二等座车为 0.2805 元，可上下浮动 10%。

(2)动车组公布票价

①普通动车组座车公布票价

$$一等座车公布票价=0.3366\times(1+10\%)\times运价里程$$

$$二等座车公布票价=0.2805\times(1+10\%)\times运价里程$$

②普通动车组软卧票价

$$软卧上铺公布票价=0.3366\times(1+10\%)\times1.6\times运价里程$$

$$软卧下铺公布票价=0.3366\times(1+10\%)\times1.8\times运价里程$$

③普通动车组高级软卧票价

$$高级软卧上铺票价=0.3366\times(1+10\%)\times3.2\times运价里程$$

高级软卧下铺票价 = 0.3366 × (1 + 10%) × 3.6 × 运价里程

④动车组软卧儿童票价

软卧儿童票价 = 动车组软卧公布票价—动车组一等座公布票价/2

⑤特等座公布票价 = 0.2805 × (1 + 10%) × 1.8 × 运价里程[或 = 0.3366 × (1 + 10%) × 1.5 × 运价里程]

商务座公布票价 = 0.2805 × (1 + 10%) × 3.0 × 运价里程[或 = 0.3366 × (1 + 10%) × 2.5 × 运价里程]

(3)票价执行

动车组票价可按公布票价打折,但应符合下列条件:

①根据不同区域、不同季节、不同时段的市场需求,实行不同形式的打折票价。

②二等座车公布票价打折后不得低于相同运价里程的新空软座票价。在短途,公布票价低于新空软座票价时,按公布票价执行。70km 及以下运价里程的动车组不进行任何形式打折优惠,一律按公布票价执行。

③经过相同途径、相同站间、相同时段,不同车次应执行同一票价。

④同一车次,各经停站在里程上不能倒挂。

⑤一等座车与二等座车的比价为 1:1.2 ~ 1:1.25。

(4)管理权限

公布票价由中国铁路总公司决定。

折扣票价由铁路运输企业决定,并在公布前 3 天报中国铁路总公司备案。但下列 3 种情况,铁路运输企业要在公布前 10 天报中国铁路总公司备案。

①跨局开行的动车组列车;

②折扣率低于 6 折时;

③铁路运输企业之间意见有分歧时。

公布票价的折扣率和折扣后票价由上车站所在铁路局提出车次别、发到站别的动车组列车点到点票价,商讨有关担当铁路局后,按管理权限执行。

3. 动车组客票的企业定价阶段 (2016 年 1 月 1 日)

2015 年年末, 国家发展和改革委员会发布了《国家发展改革委关于改革完善高铁动车组旅客票价政策的通知》。该通知主要内容如下。

2008 年以来,部分高铁动车组实行铁路运输企业自主制定试行票价,市场运行总体平稳,对促进旅客运输市场竞争、提升铁路客运服务水平、方便群众快捷舒适出行、吸引社会资本投入铁路建设等发挥了重要作用。依据《中华人民共和国价格法》《中华人民共和国铁路法》《中共中央国务院关于推进价格机制改革的若干意见》(中发 28 号)和《中央定价目录》等规定,现就改革完善高铁动车组旅客票价政策、同步加强价格行为监管做出相关规定。

(1)对在中央管理企业全资及控股铁路上开行的设计时速 200 公里以上的高铁动车组列车一、二等座旅客票价,由铁路运输企业依据价格法律法规自主制定;商务座、特等座、动卧等票价,以及社会资本投资控股新建铁路客运专线旅客票价继续实行市场调节,由铁路运输企业根据市场供求和竞争状况等因素自主制定。

(2)铁路运输企业制定高铁动车组一、二等座旅客票价时,应当制定无折扣的公布票价(以下简称公布票价),同时,可根据运输市场竞争状况、服务设施条件差异、客流分布变化规律、旅客承受能力和需求特点等实行一定折扣,确定实际执行票价。公布票价和实际执行票价要按照明码标价制度规定,及时通过网络和售票窗口等渠道告知旅客。制定公布票价应当在售票前对外公告,调整公布票价应当提前30天对外公告。

对符合《中华人民共和国警察法》《军人抚恤优待条例》规定条件的伤残军人、人民警察以及符合《铁路旅客运输规程》规定条件的学生,继续分别按照现行规定幅度实行票价优惠。

(3)铁路运输企业要依据《价格法》《铁路法》等法律法规规定,按照"合法、公平、诚信"原则,建立健全高铁动车组票价内部管理制度,明确制定、调整公布票价、执行票价的办法;要建立健全高铁动车组运输成本核算制度,强化内部成本管理,自觉规范定价行为。

(4)铁路运输企业要完善运输组织,保证与高铁动车组同方向的其他旅客列车种类不减少,并合理安排运力投入。要加强管理,优化客票销售、旅客进出站等服务流程,切实提升服务质量,不断满足广大旅客出行需要。

(5)中国铁路总公司要加强对高铁动车组票价和运输市场供求变化的监测分析,建立统计分析制度和评估体系,按季度将高铁动车组公布票价、执行票价、各区段旅客运量、旅客运输周转量和票价收入变动情况书面报告国家发展改革委。要加强对所属铁路运输企业、客票销售代理单位的信用管理,研究推动建立企业信用信息共享平台,及时主动公开信用记录,接受社会监督。

(6)各级价格主管部门要加强对铁路运输企业价格行为的监督检查,依法查处价格欺诈、标价外另行收费、不执行优惠票价政策、不执行明码标价规定等各类价格违法行为,维护市场正常价格秩序。要充分发挥12358价格举报系统作用,鼓励社会共同参与价格监督,认真及时查处群众举报。

第三节　行李、包裹运价

行李是旅客凭有效客票或有关证明托运的物品。行李运输随同旅客运输而产生,是旅客运输的组成部分。通过铁路客车运输的行李仅指为方便旅客的旅行生活所限定的少量物品(如旅客自用的被褥、衣服、个人阅读的书籍等旅行必需品)和残疾旅客代步所用的残疾人车。超过规定范围应按包裹运输。

一、行李、包裹运价体系

行李、包裹使用行李车随旅客列车运送,送达速度快,并由行李员全程负责运送,运输质量高。但另一方面,由于行李、包裹自身的特点,以及装载方法等因素,行李车的载重利用率低、容量低。因此,根据行李、包裹的运输条件和与其他运输工具合理分工的原则,参照铁路零担货物和民航等其他运输部门的行李、包裹运价,铁路行李、包裹运价高于铁路零担货物,但低于民航行李、包裹的运价。

1.基本运价率

行李运价率根据惯例和各交通运输部门通用的办法计价:每100kg·km行李运价等于每人·km的硬座基本票价,即行李的基本运价率是基本票价率的1%,0.0005861元/(kg·km)。

包裹运价率以三类包裹运价率为基本运价率,其他各类包裹的运价率按其加成或减成比例计算。铁路现行四类包裹运价率及比例关系,如表2-5所示。

铁路现行四类包裹运价率及比例关系　　表 2-5

包 裹 类 别	运价率[元/(kg·km)]	运价比例(%)
三类	0.001518(基价率)	100
一类	0.0003036	20
二类	0.0010626	70
四类	0.0019734	130

2. 行李、包裹计价里程

行李、包裹运价与旅客票价的制定原理相同。行李运输属于旅客运输的组成部分,所以其运价里程同样也参照旅客票价里程区段的划分(见表 2-2),取其所属区段的中间里程为计价里程。行李运价里程区段划分及中间里程的推算与旅客票价完全相同。同时,考虑运输成本及分流的问题,行李运价的计算也规定起码里程为 20km。包裹属物资运输,所以运价里程区段单独规定。包裹计费的起码里程为 100km。铁路现行包裹运价里程区段划分,如表 2-6 所示。

包裹运价里程区段划分　　表 2-6

里程区段(km)	区段里程(km/小区段)	小区段数(个)
1~100	100	1
101~300	20	10
301~600	30	10
601~1000	40	10
1001~1500	50	10
1501 及以上	100	—

3. 递远递减率

同样,由于实际上单位运输成本是随着运距的增加而相应降低的,同时为减轻长途旅客和托运人的经济负担,行李、包裹的运价也是以各自的基本运价率为基数,按里程递远递减计算的。行李、包裹运价从 201km 起实行递远递减。

行李运价的递远递减率与旅客票价的递远递减率规定相同。其递减运价率,如表 2-7 所示。

行李递远递减率和递减运价率　　表 2-7

区段(km)	递减率(%)	运价率[元/(kg·km)]	区段全程运价(元)
1~200	0	0.0005861	0.11722
201~500	10	0.00052749	0.158247
501~1000	20	0.00046888	0.23444
1001~1500	30	0.00041027	0.205135
1501~2500	40	0.00035166	0.35166
2501 以上	50	0.00029305	—

包裹运价的递远递减率单独规定,如表 2-8 所示(以三类包裹为例)。

三类包裹递远递减率和递减运价率　　表 2-8

区段(km)	递减率(%)	运价率[元/(kg·km)]	区段全程运价(元)
1~200	0	0.001518	0.3036
201~500	10	0.0013662	0.40986
501~1000	20	0.0012144	0.6072
1001~1500	30	0.0010626	0.5313
1501~2000	40	0.0009108	0.4554
2001 以上	30	0.0010626	

二、行李、包裹运价计算

行李、包裹运价的构成，是以基本运价率乘以不递减区段的里程（初始区段不足起码里程，按起码里程计算），加上各递减运价率乘以其相应的递减区段的里程（最后一个区段取中间里程），即得到每千克行李、包裹的运价基数，在运算过程中，保留三位小数，第四位四舍五入；其他重量的运价，以1kg的运价基数进行推算，尾数保留到角，角以下四舍五入。最后汇总编制1kg的行李、包裹运价表，由中国铁路总公司公布实行。

1. 计算中间里程

计算行李、包裹运价时，其中间里程与旅客票价中间里程的推算方法相同，可以按行李、包裹运价里程区段推算，也可以按公式求算。行李运价里程区段与旅客票价里程区段相同，包裹运价里程区段，见表2-6。

2. 计费重量

一般情况下，行李、包裹均按实际重量计算运价，但有规定计价重量的物品，应按规定重量计算运价，见表2-9。同时，为了简化计算，规定行李、包裹的起码计费重量均为5kg；不足5kg的按5kg计算，超过5kg时，不足1kg的尾数进为1kg。

行李、包裹规定计费重量 表2-9

物品名称	单位	规定计价重量(kg)	备注
残疾人用车	辆	25	包裹托运时，按实际重量计
自行车	辆	25	
助力自行车	辆	40	含机动自行车
两轮轻便摩托车	辆	50	①含轻骑；②气缸容量50cm^3以下时
两轮重型摩托车	辆	按气缸容量1cm^3折合1kg计	气缸容量超过50cm^3时
警犬、猎犬	头	20	超过20kg时，按实际重量计

在运能不能满足运量要求的情况下，为了保证旅客必需的行李运输，对按行李运输、包裹托运的物品，除在品名上做了规定外，在重量上也做了一定限制。旅客托运的行李重量在50kg以内，按行李运价计算；超过50kg时（行李中有残疾人用车时为75kg），对超过部分按行李运价加倍计算。

3. 行李、包裹运价的理论计算

（1）先求算1kg为单位的运价基数

$$E = C_0L_0 + C_1L_1 + C_2L_2 + \cdots + C_nL_n$$

或
$$E = C_0L_{计价} = C_0[L_0 + L_1(1-D_1) + L_2(1-D_2) + \cdots + L_n(1-D_n)]$$

式中：E——以1kg为单位的运价基数，元；

C_0——行李、包裹的基本运价率，元/(kg·km)；

L_0——行李、包裹不递减区段的里程，km；

C_1、C_2、…、C_n——各递减区段的递减运价率，元/(kg·km)；

L_1、L_2、…、L_n——递减运价率相应区段的里程，km。

（2）求算实际重量的运价

$$F = G_{计费}E$$

式中：F——行李、包裹运价，元；

$G_{计费}$——行李、包裹的计费重量,kg。

【例2-5】 计算信阳—北京997km的21kg行李以及25kg三类包裹的运价。

(1)确定区段中间里程。

行李：

$$n=\frac{997-700}{40}=7.425\approx7$$

$$L_{中间}=700+(7+0.5)\times40=1000\text{km}$$

包裹：

$$n=\frac{997-600}{40}=9.925\approx10$$

$$L_{中间}=600+(10-0.5)\times40=980\text{km}$$

(2)计算运价。

1kg行李运价：$E=0.0005861\times200+0.00052749\times300+0.00046888\times500=0.509907\approx0.510$ 元

21kg行李运价：$F=21\times0.510=10.71\approx10.70$ 元

1kg三类包裹运价：$E=0.001518\times200+0.0013662\times300+0.0012144\times480=1.296372\approx1.296$ 元

25kg三类包裹运价：$F=25\times1.296=32.40$ 元

三、行李、包裹运费核收的有关规定

1.运价里程

行李、包裹的运价里程,以《铁路客运运价里程表》为计算依据。行李运价里程,按实际运送径路计算,即按旅客旅行的客票指定的径路运输。但旅客持远径路的客票,要求行李由近径路运送时,如近径路有直达列车,也可以按近径路计算。

包裹运价里程,按最短径路计算,有指定径路时,按指定径路计算。押运包裹按实际径路计算,其中:有直达列车的(指挂有行李车,下同)按直达列车径路计算,有多条直达径路的,按其中最短径路计算;没有直达列车的,按中转次数最少的列车径路计算,中转次数相同,按最短列车径路计算。

2.运费计算

行李、包裹的运费按《行李、包裹运价表》计算。如旅客凭一张客票第二次托运行李时,不论第一次托运重量是多少,都按包裹运价计算。但因残疾人用车系残疾人以车代步的工具,是残疾人行动中必不可少的,为照顾残疾人的旅行,不限托运次数,也不受第二次托运按包裹运价计算的限制,都按行李运价计费。

旅客托运行李至客票到站以远的车站时,应分别按行李和包裹运价计算,加总核收。不足起码里程时,分别按起码里程计算,不足起码运费时,还应核收起码运费。

类别不同的包裹混装为一件时,按其中运价高的计算。

行李、包裹运费按每张票据计算,起码运费为1元,运费除另有规定外,都按现付办理。

第四节 特定运价

特定运价是对一些特殊运输方式和特殊运价区段而制定的客运运价,包括以下两个方面:

(1)包车、租车、挂运、行驶等运价的计价规定。

(2)国家铁路、合资铁路、地方铁路及特殊运价区段间办理直通、过轨运输的计价规定。

一、包车、租车及租用、自备车辆的挂运和行驶

(一)包车

凡旅客要求单独使用加挂车辆(含普通客车、公务车)或加开专用列车(含豪华列车)时,均按包车办理。包车人应与承运人签订包车合同。包车合同应载明:包车人、承运人的名称、地址、联系人姓名及电话;包用车辆的种类、数量、时间;发站和到站站名;包车运输费用;违约责任;双方商定的其他内容。包用客车、公务车、专用列车、豪华列车时,包车人应预先缴付相当于运输费用20%的定金。

1.包车运输费用

包车或加开专用列车,应按以下标准,根据运行里程(或根据使用日数)核收票价、运费、使用费、包车停留费、空驶费及其他费用等。并且包车或加开专用列车的运输费用,在全部运行途中,里程采取通算。

(1)票价

①座车(含合造车的座车部分),按座车种别、定员核收全价客票票价。

②卧车(含合造车的卧车部分),按卧车种别、定员核收客票及卧铺票的全价票价。

③公务车,按40个定员核收软座客票及高级软卧票(上、下铺各1/2)的全价票价。

④豪华列车,每辆按32个定员核收软座客票及高级软卧票(上、下铺各1/2)的全价票价。

⑤棚车代用客车,按车辆标记载重计算定员(每吨按1.5人折算)核收棚车客票票价。

乘坐包车或专用列车的旅客,票价高的与票价低的(如成人与儿童,享受减价优待的学生、伤残军人等)混乘一辆包车时,如果实际乘车人数不足定员,按定员和票价高的核收;但如果实际乘车人数超过定员,对超过的人数则按实际分别核收全价或半价票价。

包用的客车、公务车加挂在普通快车、快速列车、特别快车上或加开的专用列车、豪华列车按上述等级的快车速度运行时,都应根据核收客票票价的人数核收相应的加快票价;途中发生中转换挂(或开行)不同列车等级时,按首次挂运(或开行)的列车等级核收加快票价。

包用车辆使用空调设备时,还应按核收客票票价的人数核收空调费。娱乐车、餐车的空调费按使用费的25%计算。

(2)运价

行李车和合造车的行李车部分,按车辆标记载重核收行李或包裹运费。用棚车代用行李车时,按行李或包裹的实际重量核收行李或包裹运费。起码计费重量按标记载重的1/3计算(不足1t的尾数进整为1t)。行李、包裹混装时,按其中运价高的核收。

加开专用列车、豪华列车时,隔离车或宿营车不另计费,但如用隔离车装运行李、包裹,应核收包车费用。

(3)使用费

娱乐车、餐车按每日每辆核收使用费,不足1d,按1d计算;但餐车合造车按每日每辆减半核收使用费。

(4)包车停留费

包车停留费是指包车或加开的专用列车,根据包车人提出的要求,在发站、中途站、折返站停留时(因换挂接续列车除外),所应付的费用。

包车停留费按每日每辆核收,并根据产生停留的自然日计算,即0点起至24点止为1d,

停留当日不足12h减半核收。

根据运输成本并考虑减少计费标准、简化手续等要求，将各种不同车辆予以归类，每个类别规定统一的收费标准。铁路现行的车辆归类如下：

①娱乐车、餐车（餐车合造车按2500元减半核收）每日每辆5000元；

②公务车、高级软卧车每日每辆3300元；

③软座车、软卧车、软硬卧车、硬卧车、软座硬卧合造车每日每辆1800元；

④硬座车、行李车、软硬座合造车、行李邮政车、软座行李合造车、硬座行李合造车每日每辆1400元；

⑤棚车每日每辆139元。

包用娱乐车、餐车，1d内同时发生停留费和使用费两项费用时，只收一项整日费用。

（5）空驶费

空驶费是指包车人指定要在某日包用某种车辆，而乘车（装运）站没有所需车辆，需从外站（车辆所在站）向乘车（装运）站空送时，以及用完后送至车辆原所在站，所产生空驶应付的费用。

对车辆空驶区段（里程按最短径路并采取通算），不分车种，按每车每公里核收空驶费，但棚车不核收空驶费。

（6）其他费用

①包用公务车、豪华列车的服务费，按车票票价15%核收。

②包用专用列车、豪华列车，如列车编成辆数不足12辆时，根据实际运行日数，按每日每辆核收欠编费；当日不足12h的减半核收。

【例2-6】 包用软卧车、餐车（人数超过定员，含使用费、空调费、停留费、空驶费）

西安××集团26人，携带身高1.2~1.5m的儿童8人，身高1.2m以下儿童6人，在西安站要求包用定员32人的软卧车和餐车各一辆（均使用空调设备）。根据包车路程单，挂5月30日始发的K165次（西安$\overset{\text{宝、成}}{——}$昆明、“新”）到成都站，停留后，挂6月3日始发的K1139次（成都$\overset{\text{内、六}}{——}$昆明，“新”）到昆明站，停留后，挂6月7日始发的T62次（昆明$\overset{\text{六、贵、怀、株}}{————}$北京西，“新”）到北京西站后停止使用，包用车辆回送西安站（已知：K165次，西安站22:18开，次日14:30到成都站；K1139次，成都站14:52开，次日13:01到昆明站；T62次，昆明站21:50开，第三日11:12到北京西站）。西安站以RW504231、CA854321应如何办理？

（1）票价

应按32人全价、2个儿童核收票价。

西安$\overset{\text{宝}}{——}$成都$\overset{\text{内、六}}{——}$昆明$\overset{\text{六、贵、怀、株}}{————}$北京西5187km

32人全价软座票价：555.00×32=17760.00元

2人半价软座票价：277.50×2=555.00元

32人全价快速票价：112.00×32=3584.00元

2人半价快速票价：56.00×2=112.00元

32人全价空调票价：69.00×32=2208.00元

2人人半价空调票价：34.50×2=69.00元

16人全价软卧（上）票价：495.00×16=7920.00元

16人全价软卧（下）票价：549.00×16=8784.00元

票价合计:17760.00+555.00+3584.00+112.00+2208.00+69.00+7920.00+8784.00=40992.00元

(2)餐车使用费、空调费

餐车5月30、31日,6月3、4、7、8、9日使用,共7日。

餐车使用费:5000.00×7=35000.00元

餐车空调费:35000.00×25%=8750.00元

(3)包车停留费

餐车:成都站整日停留2日,昆明站整日停留2日,共停留4日。

餐车停留费:5000.00×4=20000.00元

软卧车:成都站停留3.5日,昆明站停留3.5日,共停留7日。

软卧车停留费:1800.00×7=12600.00元

(4)包车空驶费

①空驶区间

$$\text{北京西}\xrightarrow{\text{石、鸣、华}}\text{西安 1137km}$$

②空驶费

$$3.458\times1137=3931.746=3931.70\text{元}$$

$$3931.70\times2=7863.40\text{元}$$

(5)费用合计

40992.00+35000.00+8750.00+20000.00+12600.00+7863.40=125205.40元

2.包车变更费用

包车人包用的车辆由于某种原因需要变更时,可以办理包车变更,但包车人在未交付运输费用前取消用车计划时,定金不退。如已交付运输费用时,则按以下规定办理:

(1)包车人在始发站停止使用时,除退还已收空驶费与已产生的空驶区段往返空驶费差额外,其他费用按以下方式计算核收:

①开车前48h前,退还全部费用,核收票价、使用费、运费10%的停止使用费;

②开车前不足48h至开车前6h,退还全部费用,核收票价、使用费、运费20%的停止使用费;

③开车前不足6h退还全部费用,核收票价、使用费、运费50%的停止使用费;

④开车后要求停止使用时,只退还尚未产生的包车停留费。

(2)包车人在始发站延期使用,在开车前6h以前提出时,按规定核收包车停留费;在开车前不足6h提出时,核收票价、使用费、运费50%的延期使用费,并重新办理包车手续。

(3)包车人在中途站延长使用区段或延长停留时间时,需经中途变更站报请铁路局(集团公司)同意后,核收票价、使用费、运费或包车停留费。如包车人当时付款有困难时,应根据其书面要求,由变更站电告发站或到站补收应收费用。

中途缩短停留时间或缩短使用区段时,所收费用不退。

(4)包车人在中途站要求变更径路时,应补收新旧径路里程的票价、运费差额。要求变更到站时,应补收自变更站至新到站与自变更站至原到站的票价、运费差额。

变更径路、到站均不退还票价、运费差额。

如包车中承运人违约,应双倍返还定金。

【例2-7】 北京××有限公司54人,在北京站要求包用定员66的硬卧车一辆(使用空调设备)。根据提交的包车路程单,要求挂6月18日T17次(北京$\xrightarrow{\text{京哈线}}$哈尔滨,“新”)到哈尔滨站,停留后,挂6月22日T262次(哈尔滨$\xrightarrow{\text{京哈、沈大线}}$大连,“新”)到大连站后停止使用,包用车辆回送北京站。经批准北京站以YW714567办理,6月15日办理了运输费用的交纳手续。因特殊情况,该单位6月17日15:00提出停止使用(已知:T17次,北京站21:23开,次日8:26到哈尔滨站;T262次,哈尔滨站21:19开,次日6:39到大连站)。北京站应如何办理?

【办理过程】

T17次北京站21:23开,17日15:00至18日21:23,计30h23min,应退还全部票价、停留费、空驶费,核收票价20%的停止使用费。

(1)退还全部费用

①票价

按定员66人核收全价票价。

北京$\xrightarrow{\text{京哈线}}$哈尔滨$\xrightarrow{\text{京哈、沈大线}}$大连2195km

66人硬座票价:146.00×66=9636.00元

66人特快票价:58.00×66=3828.00元

66人空调票价:36.00×66=2376.00元

22人硬卧(上)票价:168.00×22=3696.00元

22人硬卧(中)票价:181.00×22=3982.00元

22人硬卧(下)票价:196.00×22=4312.00元

票价小计:9636.00+3828.00+2376.00+3696.00+3982.00+4312.00=27830.00元

②停留费

哈尔滨站,共停留4日。

停留费:1800.00×4=7200.00元

③空驶费

大连$\xrightarrow{\text{海、五、盘、秦}}$北京922km

3.458×922=3188.276=3188.30元

退还费用合计:27830.00+7200.00+3188.30=38218.30元

(2)核收停止使用费

27830.00×20%=5566.00元

填写退款证明书和“客运杂费”。

(二)租车及租用、自备车辆的挂运和行驶

1.租车

租用人向承运人租用客运车辆时,租用人应与承运人签订租车合同。租车合同主要载明:租用人和承运人名称、地址、联系人姓名及电话,租用车辆种类、数量;租用时间和区段;租车费用;违约责任;双方商定的其他事项等。按包车停留费标准,按日核收租车费。单独租用发电车时,租车费每日每辆2100元。

2.挂运和行驶

企业自备机车车辆或租用车,利用承运人动力挂运或线路运行时,应向承运人提出书面要求,经协商同意并对机车车辆的技术状态检查合格后方能办理,核收挂运费用或行驶费。

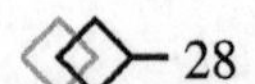

长期挂运或行驶时,承运人应与企业或租用人签订合同。

(1)挂运。企业自备客车或租用客车在国家铁路的旅客列车或货物列车挂运时,按下列标准核收挂运费。

①空车。不分车种,按0.534元/(轴·km)核收。随客运列车挂运的空客车,如有随车押运人员时,应购买所挂运列车等级的硬座车票,随货物列车挂运的空客车的随车押运人员,按货运押运人收费标准核收押运费。

②重车:

a. 客车,按标记定员票价的80%核收;

b. 行李车,按标记载重及所装行李或包裹品类运费的80%核收;

c. 餐车、娱乐车、发电车,按租车费的80%核收。

【例2-8】 2016年6月11日,宝钢集团在上海站将自备车硬卧车一辆(重车、定员60人)、行李车一辆(空车、4轴)挂1228次(上海—阜新)到济南站。上海站应如何办理?

【办理过程】

上海站应核收挂运费。

上海—济南968km。

80%的60人硬座普快卧重车挂运费:

$$(125.00\times20+130.00\times20+135.00\times20)\times80\%=6240.00\text{ 元}$$

4轴行李车空车挂运费:

$$0.534\times4\times968=2067.648\approx2068.00\text{ 元}$$

费用合计:6240.00+2068.00=8308.00元

填写“客运杂费”。

(2)行驶。企业自备动力牵引租用客车或企业自备客车,利用国家铁路线路运行时,不论空车或重车,均按0.468元/(轴·km)(含机车轴数)核收行驶费。

铁路机车车辆工厂(包括车辆研究所)新造车或检修车出厂在正式营业线上进行试验时,同样收取挂运费或行驶费。

军运、邮政部门租车和自备车辆挂运及行驶的收费标准,按军运和邮政有关规定办理。

挂运费和行驶费不足1元的尾数,按四舍五入处理。

【例2-9】 上海局于6月9日下达0222号调度命令,同意宝钢集团自备机车一台(10轴)牵引硬座车8辆(每节定员108,4轴)、硬卧车4辆(每节定员60,4轴)、行李车一辆(4轴)6月13日从上海站行驶到泰山站。上海站应如何办理?

【办理过程】

按0.468元/(轴·km)核收行驶费,共62轴。

上海—泰山895km。

行驶费:$0.468\times62\times895=25969.38\approx25969.00$ 元

填写“客运杂费”。

二、过轨运输

国家铁路、合资铁路、地方铁路及特殊运价区段间办理直通旅客、行包运输业务为过轨运输。在办理旅客直通运输时应分别按各段里程计算车票票价,加总核收。国家铁路涉及几个地段时,里程采取通算。上述各段由于分段计算,有不足起码里程区段时,按起码里程计算,但卧铺票价按表 2-10 所列比例计算。

卧铺票价比例计算表　　　　表 2-10

里程(km)	占 400km 卧铺票价的比例(%)	里程(km)	占 400km 卧铺票价的比例(%)
1 ~ 100	25	201 ~ 300	75
101 ~ 200	50	301 ~ 400	100

在办理行李包裹直通过轨运输时,执行中国铁路总公司行李包裹统一运价及相关计费标准,里程通算,运费在发站一次核收。

客运杂费按实际产生的核收。

【例 2-10】 旅客 1 人,在北京西站购买 k106 次(北京西—深圳)新型空调车至深圳的硬席客特快卧(下)票。

(1)国家铁路段票价:

北京西—龙川 2102km。

硬座票价 145 元,特快票价 58 元,硬卧(下)192 元,空调 35 元,合计 430 元。

(2)地方铁路段票价:

龙川—东莞 213km。

硬座票价 30 元,特快票价 10 元,硬卧(下)50 元,空调 8 元,合计 98 元。

(3)特殊运价区段票价:

东莞—深圳 57km。

硬座票价 10 元,特快票价 8 元,硬卧(下)17 元,空调 4 元,合计 39 元。

(4)费用总计:430 + 98 + 39 = 567 元

第五节　客运杂费

客运杂费是指在铁路运输过程中,除去旅客车票票价,行李、包裹运价,特定运价以外,铁路运输企业向旅客、托运人、收货人提供的辅助作业、劳务及物资损耗等所收的费用。

客运杂费是铁路旅客运输收入的组成部分。

一、客运杂费的种类

铁路现行客运杂费收费项目主要有以下几类:

1. 付出劳务所核收的费用

付出劳务所核收的费用,包括搬运费、送票费、接取送达费、手续费、行李包裹变更手续费、查询费、装卸费等。

核收这类费用,是因为旅客或托运人、收货人提出要求,为其特殊服务时而收取;要贯彻既为旅客或托运人、收货人服务,又要收费合理的原则。

2. 违反运输规定所核收的费用

违反运输规定所核收的费用,包括各种无票乘车加收的票款及违章运输加倍补收的运费等。

为了维护站、车秩序,对无票乘车或持失效车票乘车的人员,应根据铁路法及客运规章有关规定加收票款。

3.使用有关单据及其他用品所核收的物耗费用

使用有关单据及其他用品所核收的物耗费用,包括货签费、安全标志费、其他用品费等。对这类费用应本着为人民服务的精神,核收适当的费用。

4.为加强资金与物资管理所核收的费用

为加强资金与物资管理所核收的费用,包括迟交金、保价费、保管费等。这类费用是按照有关款额的百分比或保管的天数进行计算收取。

二、客运杂费收费标准

客运杂费的收费项目和收费标准,根据《中华人民共和国铁路法》规定,由国务院铁路主管部门规定。现行收费项目和收费标准,见表2-11。

客运杂费收费项目及收费标准　　表2-11

收费项目		计费条件	收费标准	备注
1	站台票		1元/张	
2	手续费	列车上补卧铺	5元/人次	同时发生时按最高标准核收一次手续费
		其他	2元/人次	
3	退票费	按每张车票面额计算	开车前15d(不含)以上退票的,不收取退票费。票面乘车站开车前48h以上的,按5%;开车前24h以上、不足48h的,按10%;开车前不足24h的,按20%核收	尾数以0.50元为单位,0.25元以下舍去,0.25元及以上不足0.75元计为0.50元,0.75元及以上进整为1.00元。最低按2.00元计收
4	标签费	货签费	0.25元/个	
		安全标志费	0.20元/个	
5	铁路异地售票手续费	铁路运输企业直接设立的售票点,向旅客发售同城以外其他地方车站登乘的铁路车票	每张车票最高不得超过5元	
6	行李、包裹变更手续费	装车前	5元/票次	
		装车后	10元/票次	
7	行李、包裹查询费	行李、包裹交付后,旅客或收货人还要求查询时	5元/票次	
8	行李、包裹装卸费	从行李房收货地点至装上行李车,或从行李车卸下至交付地点,各为一次装卸作业	2元/件次	超过每件规定重量的,按其超重倍数增收
9	行李、包裹保管费	超过免费保管期限,每日核收	3元/件	超过每件规定重量的,按其超重倍数增收

续上表

收费项目		计费条件	收费标准	备注
10	行李、包裹搬运费	从车站广场停车地点至行李包裹房办理处或从行李包裹交付处搬运至广场停车地点各为一次搬运作业;由火车、汽车搬上、搬下时,每搬一次,另计一次搬运作业	1元/件次	超过每件规定重量的,按其超重倍数增收
11	行李、包裹接取送达费	接取、送达各为一次作业,每5km(不足5km按5km计算)核收	5元/件次	超过每件规定重量的,按其超重倍数增收

复习思考题

1. 旅客票价构成要素有哪些?

2. 铁路旅客票价体系由哪些票价组成?

3. 如何运用客运运价里程表、旅客票价表来确定旅客票价?

4 行李、包裹运价的比例关系如何?

5. 行李、包裹运费的核收有哪些规定?

6. 何谓特定运价?

7. 包车及包车变更有关费用如何计算?

8. 租车及租用、自备车辆的挂运和行驶有关费用如何计算?

9. 什么是过轨运输?其费用如何计算?

10. 何谓客运杂费?其分类及收费标准是怎样规定的?

11. 试用理论计算法计算柳州—上海(1827km)软座客票、快速加快票、软卧下铺票、空调票票价。

12. 旅客持柳州—长沙的客票一张,第一次托运行李2件,重63kg,第二次托运行李一件,重16kg,均要求托运到武昌,试用理论计算法计算运费。已知:柳州—长沙724km,长沙—武昌362km。

第三章　铁路旅客运输

本章内容简介

本章主要讲述了铁路旅客运输合同的含义及凭证；车票的作用和分类，车票的发售规定；特种方式售票；旅客乘车基本条件和车票签证，车票的有效期，旅客乘车中发生特殊情况的处理，车票的查验和违章乘车的处理；各种旅行变更的处理；旅客携带品的范围及旅客违章携带物品的处理。重点掌握车票的发售规定，旅客的乘车条件及不符合乘车条件的处理，旅行变更的处理，旅客违章携带物品的处理；了解实名制售票、互联网售票和电话订票的有关规定。

第一节　车　　票

一、铁路旅客运输合同

1. 含义

铁路旅客运输合同是明确承运人与旅客之间权利、义务关系的协议。起运地承运人与旅客订立的旅客运输合同，对所涉及的承运人都有连带关系，具有同等约束力。

2. 凭证

铁路旅客运输合同的基本凭证是车票。

除车票外，还有铁路乘车证和特种乘车证。特种乘车证包括：

(1)全国铁路通用乘车证。

(2)国家和各省(市)、自治区机要部门使用的软席乘车证(限乘指定的乘车位置)。

(3)邮政部门使用的机要通信人员免费乘车证，包括押运员、检察员(只限乘坐邮车及铁路指定的位置)。

(4)邮局押运人员免费乘车证(只限乘坐邮车及铁路指定的位置)。

(5)邮局视导员免费乘车证(只限乘坐邮车及铁路指定的位置)。

(6)口岸站的海关、边防军、银行使用的往返免费乘车书面证明。

(7)我国铁路主管部门邀请的外国铁路代表团使用的中华人民共和国铁路免费乘车证。

(8)用于到外站装卸作业及抢险的调度命令。

另外，为了加强对铁路运输企业执行国家政策法令的监督，使用国务院铁路主管部门邀请的其他政府部门和新闻单位检查铁路工作乘车时所使用的“全国铁路免费乘车证”可乘坐除国际列车以外各种等级、席别的列车。“全国铁路免费乘车证”由国务院铁路主管部门制发和管理。

3. 有效期限

铁路旅客运输合同从售出车票时起成立,至按票面规定运输结束旅客出站时止,为合同履行完毕。

4. 旅客运送期间

自检票进站起至到站出站时止计算。

二、旅客的基本权利和义务

旅客指持有铁路有效乘车证的人和同行的免费乘车儿童。根据铁路货物运输合同,押运货物的人视为旅客。

1. 权利

(1)依据车票票面记载的内容乘车。

(2)要求承运人提供与车票等级相适应的服务并保障其旅行安全。

(3)对运送期间发生的身体损害有权要求承运人赔偿。

(4)对运送期间因承运人过错造成的随身携带物品损失有权要求承运人赔偿。

2. 义务

(1)支付运输费用,当场核对票价,妥善保管车票,保持票面信息完整可识别。

(2)遵守国家法令和铁路运输规章制度,听从铁路车站、列车工作人员的引导,按照车站的引导标志进、出站。

(3)爱护铁路设施、设备,维护公共秩序和运输安全。

(4)对造成铁路或其旅客的损失予以赔偿。

三、承运人的基本权利和义务

承运人指与旅客或托运人签有运输合同的铁路运输企业。铁路车站、列车及与运营有关人员在执行职务中的行为代表承运人。

1. 权利

(1)依照规定收取运输费用。

(2)要求旅客遵守国家法令和铁路规章制度,保证安全。

(3)对损害他人利益和铁路设施、设备的行为有权制止、消除危险和要求赔偿。

2. 义务

(1)确保旅客运输安全正点。

(2)为旅客提供良好的旅行环境和服务设施,不断提高服务质量,文明礼貌地为旅客服务。

(3)对运送期间发生的旅客身体损害予以赔偿。

(4)对运送期间因承运人过错造成的旅客随身携带物品损失予以赔偿。

四、车票的作用和分类

1. 作用

(1)旅客乘车的凭证。

(2)旅客和铁路缔结运输合同发生运输关系的依据。

(3)旅客支付票价的单据。

2. 分类

车票是乘车票据的总称,车票票面(特殊票种除外)主要应当载明发站、到站、径路、座

别、票价、车次、乘车日期、有效期等内容。其分类情况如下：

（1）按载体形式分

①纸质车票。它包括软纸票（票面粉红色，俗称红票，见图3-1）、磁介质车票（票面浅蓝色，俗称蓝票，见图3-2）、代用票（见图3-3）等。

图3-1 软纸车票样张

图3-2 磁介质车票样张

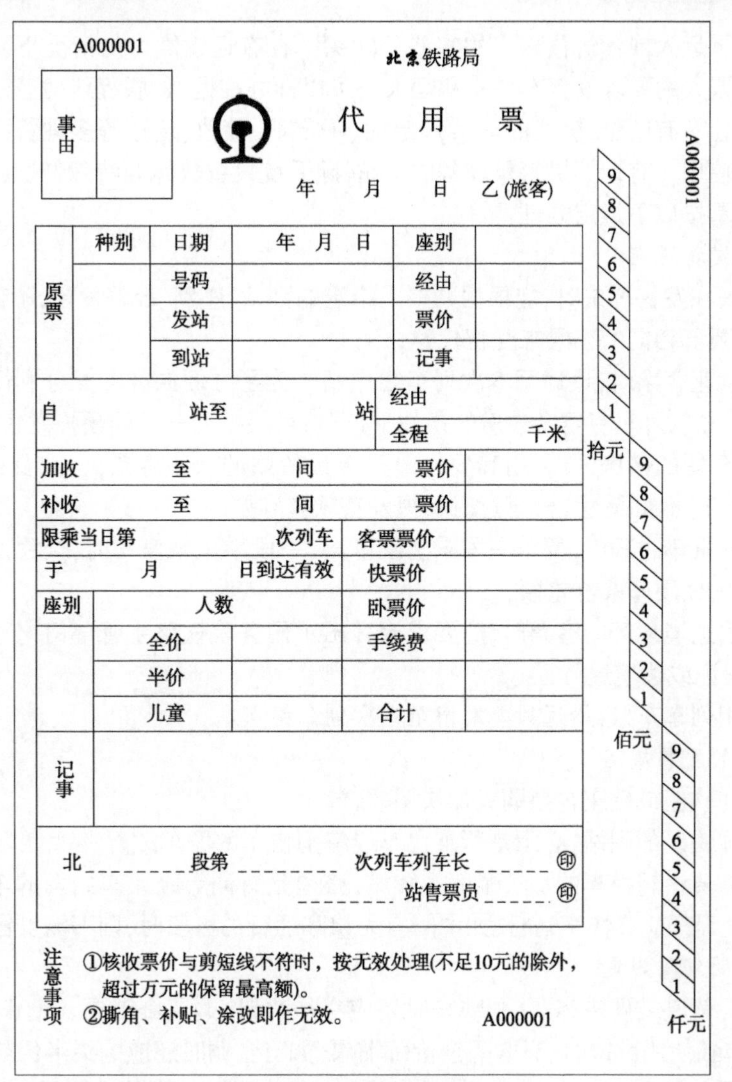

A000001

北京铁路局

代　用　票

事由

年　月　日　乙（旅客）

原票	种别	日期	年　月　日	座别	
		号码		经由	
		发站		票价	
		到站		记事	

自　　站至　　站	经由
	全程　　千米

加收　至　间	票价	
补收　至　间	票价	
限乘当日第　次列车	客票票价	
于　月　日到达有效	快票价	
座别　人数	卧票价	
全价	手续费	
半价		
儿童	合计	

记事

北________段第________次列车列车长______印

________站售票员______印

注意事项 ①核收票价与剪短线不符时，按无效处理(不足10元的除外，超过万元的保留最高额)。
②撕角、补贴、涂改即作无效。

A000001

A000001

9 8 7 6 5 4 3 2 1 拾元

9 8 7 6 5 4 3 2 1 佰元

9 8 7 6 5 4 3 2 1 仟元

图3-3 代用票样张

②铁路电子客票。它是以电子数据形式体现铁路旅客运输合同内容,以承运人接受的可识别特定载体作为有效乘车凭证,是纸质车票的替代形式。

③铁路乘车卡。它是指承运人接受并在指定范围内使用,在旅客进出站时由自动检票机(闸机)自动识读并记录相关信息,到站后扣付票款的电子卡片式凭证。

(2)按用途分

①客票,包括软座客票、硬座客票。

②附加票,包括加快票、卧铺票、空调票。附加票是客票的补充部分,除免费儿童外,不能单独使用。

(3)按乘客是否中转分

①直达票:指从发站至到站不需中转换乘的车票。

②通票:指从发站至到站需中转换乘的车票。

此外,还有为某些旅客发售的专用半价票、国际联运票等。

五、车票的发售规定

车票应在承运人或销售代理人的售票处购买。在有运输能力的情况下,承运人或销售代理人应按购票人的要求发售车票。承运人还可以开办往返票、联程票(指在购票地能够买到换乘地或返地带有席位、铺位的车票)、定期、不定期、储值、定额等多种售票业务,以便于购票人购票和使用。有计算机售票设备的车站,除系统设备故障等特殊情况,不得发售手工车票。发售车票按以下规定办理:

1. 客票的发售规定

(1)承运人在发售客票时,应根据购票人指定的到站、座别、径路发售,不得为图方便,使用到站不同而票价相同的客票来互相代替。

(2)发售软座客票时,最远至本次列车终点站。为了方便旅客和充分利用运输能力,白天乘车的旅客,在软卧车有空余包房的条件下,车站可根据列车长的预报发售软座客票。始发站给中途站预留的包房,可利用其发售最远至预留站的软座客票,但涉及夜间(20:00 至次日 7:00)乘车时不得超过 2h,超过时不得发售软座客票。

(3)旅客在乘车过程中,要求一段乘坐硬座车、一段乘坐软座车时,全程发售硬座客票,另收软座区间的软硬座票价差额。

(4)发售去边境地区的客票时,应要求旅客出示国务院铁路主管部门、公安部规定的边境居民证、身份证或边境通行证。

(5)动车组列车车票,最远只能发售至本次列车终点站。

2. 加快票的发售规定

(1)旅客凭软座或硬座客票购买加快票。

(2)发售加快票的到站,必须是所乘快车或特别快车的停车站。

(3)发售需要中转换车的加快票的中转站,必须是有同等级快车始发的车站,还应具备发、到站之间全程都应有快车运行,如中间有无快车运行的区段时,则不能发售全程加快票。

3. 卧铺票的发售规定

(1)旅客凭软座或硬座客票(乘快车时还应有加快票)购买卧铺票。免费乘车身高不够 1.2m 的儿童单独使用卧铺时,只购买全价卧铺票,如有空调时还应购买半价空调票。

(2)卧铺票必须和客票的座别、到站相同,但对持通票的旅客其卧铺票只发售至中转站。

4. 空调票的发售规定

(1)旅客乘坐提供空调的列车(或车厢)时,应购买相应等级的车票或空调票。由于旅客乘坐空调的列车(或车厢)不同,票价也不相同。如乘坐新型空调列车或新型空调成组车列时,按《铁路客运运价规则》规定,该列车(或车列)的票价可上浮50%计算;如乘坐不成组的普通空调车厢,该票价是不上浮的,为此,根据旅客所乘坐的空调列车(或车厢),支付相应等级的票价。

(2)旅客在全部旅途中分别乘坐空调车和普通车时,可发售全程普通车的车票,对乘坐空调车区段另行核收空调车与普通车的票价差额。

5. 减价票的发售规定

减价票包括儿童减价票、学生减价票和伤残军人半价票。减价票应按下列规定发售:

(1)儿童减价票(简称儿童票)。身高1.2~1.5m的儿童乘车时,可购买半价客票、加快票和空调票。超过1.5m的儿童和不足1.5m的成人,均应购买全价票。每一成人旅客可免费携带身高不足1.2m的儿童1名,超过1名时,超过的人数应购买儿童票。

为了确保儿童旅行的安全,承运人一般不接受儿童单独旅行(乘火车通学的学生和承运人同意在旅途中监护的除外)。因此,儿童应随同成人乘车,购买与成人座别相同的儿童票。儿童票的到站,原则上应与成人的客票到站相同。在成人能保证儿童安全的条件下,儿童票的到站,可近于成人的到站,但不能超过成人的到站,以免无人照顾发生意外。

【例3-1】 售儿童直达票

【模拟情境】

2016年3月19日,襄阳站一旅客要求乘坐K1064次(重庆北—哈尔滨)空调列车硬座去郑州,其随同身高1m、1.3m的儿童各一名。襄阳站应如何办理?

【办理过程】

襄阳—郑州499km

空调硬座快速票价:72.00元

1.3m儿童空调硬座快速票价:36.00元

费用合计:72.00+36.00=108.00元

【操作技巧】

随同成人旅行身高1.2~1.5m的儿童,应当购买儿童票。可享受客票、加快票和空调票的优惠,儿童票票价按相应客票和附加票价的50%计算。

【例3-2】 儿童单独使用卧铺

【模拟情境】

2016年3月19日,北京西站一旅客要求乘坐K269次(北京西—洛阳)空调列车硬卧去洛阳,携带身高1.1m、1.4m儿童各一名,儿童分别单独使用卧铺,5车1组有票额。北京西站应如何办理?

【办理过程】

北京西—洛阳813km

空调硬座快速卧(上)票价:184.00元

1.4m儿童空调硬座快速票价:52.50元

空调硬卧(中)票价:85.00元

1.1m儿童空调票价:7.50元

空调硬卧(下)票价:91.00 元

合计:184.00 + 52.50 + 85.00 + 7.50 + 91.00 = 420.00 元

【操作技巧】

儿童票可享受客票、加快票和空调票的优惠,其票价按相应票价的50%计算。免费乘车及持儿童票乘车的儿童单独使用卧铺时,应另收全价卧铺票价、有空调时还应加收半价空调票票价。

(2)学生减价票。在普通大专院校(含国家教育主管部门批准有学历教育资格的民办大学),军事院校,中、小学和中等专业学校,技工学校就读,没有工资收入的学生、研究生,家庭居住地和学校所在地不在同一城市时,凭附有加盖院校公章的减价优待证的学生证(小学生凭书面证明),每年可享受家庭至院校之间4次单程普速旅客列车半价硬座客票、加快票、空调票。动车组列车只发售二等座车学生票,学生票为全价票的75%。当年未使用的次数,不能留作次年使用。

学生票限定在寒假(12月1日至3月31日)、暑假(6月1日至9月30日)期间发售。

学生父母都不在学校所在地,并分居两处居住时,由学生选择其中一处,并登记在学生减价优待证上。如学生父母迁居时,根据学生申请,经学校确认,可将学生减价优待证上的乘车区段更改并加盖公章或更换新证。

学生回家后,院校迁移或调整,也可凭院校证明和学生减价优待证,发售从家庭所在地到院校新所在地的学生票。

应届毕业生从学校回家,凭院校书面证明,可购买一次学生票。新生入学凭院校的录取通知书,也可购买一次从接到录取通知书地点至院校的学生票。

在乘降所上车的学生(其减价优待证上注明上车地点为乘降所),可以在列车上售给全程学生票,并在减价优待证相应栏内,由列车长注明"×年×月×日乘××次列车",加盖名章,作为登记一次乘车次数。

学生票应按近径路发售,但有直达列车或换车次数少的远径路也可发售。

学生购买联程票或乘车区间涉及动车组列车的,可分段购票。

学生票分段发售时,由发售第一区段车站在学生优惠卡上划销次数,中转站凭上一段车票发售,不再划销乘车次数。

减价优待证记载的车站是没有快车或直通车停靠的车站时,离该站最近的大站(可以超过减价优待证规定的区间)可以发售学生票。

符合减价优待条件的学生无票乘车时,除补收票款(含应补的半价票及加收已乘区间应补票价50%的票款)外,同时应在减价优待证上登记盖章,作为登记一次乘车次数。

持学生证要求使用软席,应全部购买全价票,不再享受减价待遇。

持学生证要求使用硬卧时,应购买半价的客票、加快票、空调票及全价的卧铺票。

但下列情况不能发售学生票:

①学校所在地有学生父或母其中一方时;

②学生因休学、转学、复学、退学时;

③学生往返于学校与实习地点时;

④学生证未按时办理学校注册的;

⑤学生证优惠区间更改但未加盖学校公章的;

⑥没有"学生火车优惠卡""学生火车优惠卡"不能识别或者与学生证记载不一致的。

【例 3-3】 售动车组学生票

【模拟情境】

2016 年 3 月 19 日,太原站一旅客持有效学生证,其区间为太原—北京,要求购买当日 D2002 次列车由太原—北京西的二等座票一张。太原站应如何办理?

【办理过程】

太原—北京西 505km

动车组二等座公布票价:152.00 元

学生票价:152.00 ×75% =114.00 元

【操作技巧】

学生票可享受动车组列车二等座票价的优惠,票价为公布票价的 75%。学生乘坐动车组一等座时,按普通旅客购票。

【例 3-4】 售学生软座直达票

【模拟情境】

2016 年 3 月 19 日,长虹站一旅客持有效学生证,其区间为长虹—哈尔滨,要求购买当日 2704 次(丹东—哈尔滨东)列车由长虹—哈尔滨的软座票一张。长虹站应如何办理?

【办理过程】

长虹$\overset{\text{沈}}{——}$哈尔滨东 746km

软座客快票价:88.00 元

【操作技巧】

学生票可享受硬座客票、加快票和空调票的优惠,票价按相应客票和附加票价的 50% 计算。学生乘坐软座时,按普通旅客购票。

(3)伤残军人减价票。中国人民解放军、中国人民武装警察部队和人民警察因公致残人员凭“中华人民共和国伤残军人证”或“中华人民共和国伤残人民警察证”享受半价的软、硬座客票和附加票。

“中华人民共和国伤残军人证”和“中华人民共和国伤残人民警察证”由国家有关部门颁发,铁路运输企业有权进行核对。

6. 团体旅客票

凡 20 人以上乘车日期、车次、到站、座别,经由相同的旅客集体乘车时为团体旅客,即可发售团体旅客票。承运人对团体旅客乘车应优先安排并在计价上给予一定的优惠。其具体规定如下:

(1)满 20 人时,给予免收 1 个人票价的优惠,20 人以上每增加 10 人,再免收 1 个人的票价,但每年春运期间(起止日期以春运文件为准)不予优惠。

(2)团体旅客中有分别乘坐座、卧车或成人、儿童同一团体时,按其中票价高的免收。

(3)发售优惠团体旅客票时,实行计算机售票的车站,优惠票的票面打印“团优”字样,票价为零元,其余票的票面打印“团”字样。用计算机售票的车站,免收的人数填写代用票时,事由栏填“优惠团体”,发到站按实际填写,票价栏全部划销,人数栏中“全价”改为“免收”,人数按免收实际数填写;记事栏记载免收人所乘坐的座(铺)位号,同时记载计算机起止票号。

非计算机售票的车站发售优惠团体旅客票时,一律填发代用票;人数栏的其中一栏可以改为免收栏,记事栏记录团体旅客证起止号码。

7. 代用票

代用票是根据需要临时填发的票据。代用票为一式三页,即甲、乙、丙三页。甲、丙页为薄纸,乙页为厚纸。甲页为存根页,乙页为旅客用,丙页为报告页。

(1)填写代用票的几种情况

遇有下列情况时填写代用票:

①计算机或移动售票机发生故障时;

②办理团体旅客乘车;

③包车;

④旅行变更;

⑤承运人误撕车票重新补办车票;

⑥误售、误购车票补收差价;

⑦办理旅游专列。

(2)发售代用票的填写规定

发售代用票应按下列规定填写:

①办理代用客票、加快票、卧铺票、空调票、包车票、团体票时:

a.事由栏,为了填写简便,可按规定的略语填写(同时办理两种以上内容时,应分别填写事由):

代用客票——“客”;

代用普通加快票——“普快”;

代用快速加快票——“快速”;

代用特别加快票——“特快”;

代用客快联合票——“客快”;

代用客快速联合票——“客快速”;

代用客特快联合票——“客特快”;

代用卧铺票——“卧”;

代用客快卧联合票——“客快卧”;

代用客快速卧联合票——“客快速卧”;

代用客特快卧联合票——“客特快卧”;

代用空调票——“空调”;

办理包车票——“包车”;

办理团体票——“团体”。

b.原票栏,不用填写。

c.人数栏,应按实际收费人数,分别用大写数字填写,不用栏用“#”符号抹销。办理包车代用票时,如实际乘车人数不足车辆定员数时,填记定员人数(即收费人数)。

d.票价栏,按收费种别,分别在适当栏内填写。其他费用应在空白栏内注明收费种别和款额,卧铺栏前加“上、中、下”字样,加快栏前加“普、快速、特”等字样。

e.记事栏,办理包车时,应注明包车的车种、车号和定员数。办理团体旅客票时,应注明团体旅客证的起止号码。代用学生、伤残军人减价票时,应注明㊫、㊋等字样及证件号码。

②办理变更径路、变更座席、变更卧铺、越站乘车、旅客分乘、误售误购、误撕车票、退加快票、退卧铺票、改乘高等级列车时:

a.事由栏,按规定略语填写:

变更座别——“变座”;

变更铺别(包括软座变硬卧)——“变铺”;

变更径路——“变径”；
越站乘车——“越站”；
旅客分乘——“分乘”；
误售、误购——“误售”“误购”；
误撕车票——“误撕”；
退加快票——“退快”；
退卧铺票——“退卧”；
改乘高等级列车补收票价差额——“补价”。

b. 原票栏，根据原票转记。

c. 乘车区间栏，填记变更的发到站名、经由等有关事项。

d. 票价栏，对变径、变座、变铺及改乘高等级列车发生补费时，应填写在补收区间票价栏内，其他则填记在相应的票价栏，不用的票价栏划斜线。软座变硬卧发生补费时，应在空白栏列出退软硬座差价，以“—”号注明；卧铺票价栏列明硬卧上、中、下铺票价，核收手续费，票价合计栏填写冲抵后补收款额。

e. 记事栏，原票在原票栏转记并收回时，应注明“原票收回”字样。

③办理无客票、无加快票、乘车日期和车次不符、越席乘车、客票中途过期、不符合减价规定、儿童超高、丢失车票、持站台票送人来不及下车时：

a. 事由栏，按规定略语填写：
无客票——“无票”；
无普通加快票——“无快”；
无快速加快票——“无快速”；
无特别加快票——“无特快”；
乘车日期、车次、径路不符——“不符”；
越席乘车——“越席”；
不符合减价规定——“减价不符”；
有效期终了——“过期”；
丢失车票——“丢失”；
儿童超高——“超高”；
持站台票送人来不及下车——“送人”。

b. 原票栏，除无票乘车、丢失车票、无加快票以及儿童超过1.2m时，不填记原票栏外，其他情况都应将原票有关事项，记入原票栏内。

c. 乘车区间栏，填记补票区间的发、到站名。

d. 票价栏，对无票等情况加收的票款，应填写在加收区间票价栏内，其他核收的费用，按收费种别，填记在适当的票价栏内。

e. 记事栏，原票收回时，应注明“原票收回”字样，以及其他需记载的事项。

发售代用票时，乙页应按票价合计栏的款额，在“款额剪断线”的相当款额右侧剪断，将实收款额留在本页交给旅客，剩余部分附在丙页上报。收回原票换发代用票时，应将原票随丙页上报。

填写代用票时，字体要清楚、不潦草、不写自造简化字、不涂改、项目填写齐全，不用栏划斜线。发、到站间有两条及其以上径路和发、到站间涉及两条线路时，应填写经由；发、到站均在一条线路上，一般情况下不必填写经由。

第二节　特种方式售票

一、实名制售票

1. 实施范围

自2011年9月30日起全路对动车组实行实名制购票、乘车。

自2012年1月8日起对直通快车、始发站实行实名制的旅客列车实行车票实名制，但免费乘车的儿童及持儿童票乘车的儿童除外。

2. 有效身份证件种类

有效身份证件主要包括对外公告的有效身份证件、内部掌握的扩展有效身份证件等。

对外公告的有效身份证件包括：居民身份证、临时身份证、户口簿、旅行证、中国人民解放军军人保障卡、军官证、武警警官证、士兵证、军队学员证、军队文职干部证、军队离退休干部证、按规定可使用的有效护照、港澳居民来往内地通行证、中华人民共和国居民来往港澳通行证、台湾居民来往大陆通行证、大陆居民往来台湾通行证、外国人居留证、外国人出入境证、外交官证、领事馆证、海员证、外交部开具的外国人身份证明、地方公安机关出入境管理部门开具的护照报失证明、铁路公安部门填发的乘坐旅客列车临时身份证明（以下简称“临时身份证明”）等24种。

身高1.5m以上16周岁以下的未成年人有效身份证件，还包括学生证。

3. 旅客须持有效身份证件购票

购票人可以使用有效身份证件原件或复印件购买车票，也可以持乘车人的有效身份证件原件或复印件替乘车人代购车票。

一张有效身份证件同一乘车日期同一车次只能购买一张实名制车票。

学生优惠票、残疾军人或伤残人民警察优待票、使用残疾人专用票额的车票，均需乘车人的有效身份证件及规定的证件原件。

4. 实名制车票办理始发改签、中转签证、退票的证件要求

实名制车票办理退票时，需核实车票及其票面所载的有效身份证件的一致性，票、证一致的方予办理。

对实名制车票办理始发改签、中转签证时，无须出示有效身份证件。

5. 不同订票方式所需证件

电话订票仅受理居民身份证、港澳居民来往内地通行证、台湾居民来往大陆通行证、护照。

自助售票机仅受理二代居民身份证的购票和取票。

二、互联网售票

1. 基本规定

铁路互联网售票是指通过中国铁路客户服务中心网站（www.12306.cn）销售铁路列车电子客票及办理改签、退票等业务。

铁路列车电子客票与纸质车票具有同等法律效力。

在中国铁路客户服务中心网站，购买铁路电子客票，以确认交易成功的时间作为铁路旅客

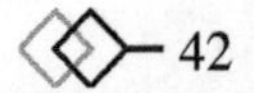

运输合同生效的时间，退票以网站确认交易成功的时间作为铁路旅客运输合同终止的时间。

旅客或购票人应当妥善保管铁路电子客票信息及购票时所使用的有效身份证件。

2. 售票规定

在中国铁路客户服务中心网站购票可使用的有效身份证件包括：

(1) 中华人民共和国居民身份证。

(2) 港澳居民来往内地通行证。

(3) 台湾居民来往大陆通行证。

(4) 按规定可使用的有效护照。

购买儿童票的乘车儿童没有办理有效身份证件的，应当使用同行成年人的有效身份证件信息。

一张有效身份证件同一乘车日期同一车次只能购买一张车票。

在中国铁路客户服务中心网站购买学生优惠票（以下简称“学生票”）、残疾军人或伤残人民警察优待票（以下简称“残疾军人票”）时，应当符合规定的减价优惠（待）条件。

在中国铁路客户服务中心网站购票应当在车票预售期内且不晚于开车前30分钟，并在提示的支付时间内完成网上支付。

网上支付应使用中国铁路客户服务中心网站支持的在线支付工具。

中国铁路客户服务中心网站收到在线支付工具支付成功的信息后，进行购票交易确认；收到在线支付工具支付失败的信息或超过规定的支付时间未收到在线支付工具支付成功信息的，取消购票交易，席位不再保留。

中国铁路客户服务中心网站确认购票交易成功后，根据购票人提供的手机、电子邮箱将所购车票信息以短信、电子邮件的方式通知购票人。购票人应及时通知乘车人，并妥善保管有关信息。

3. 换取纸质车票的规定

(1) 在中国铁路客户服务中心网站购票后，遇以下情形，应当在购票后、开车前换取纸质车票后进站乘车：

①使用居民身份证购票但乘车站或下车站不具备居民身份证检票条件的。

②使用居民身份证购票但进站检票时无法出示居民身份证原件或居民身份证无法在自动检票机上识读的。

③使用居民身份证以外的其他有效身份证件购票。

④使用同行成年人有效身份证件信息购买儿童票的。

⑤购买学生票、残疾军人票的。

⑥按所购车票的乘车日期、车次在中途站进站乘车的。

旅客换取纸质车票后，不能再在中国铁路客户服务中心网站办理改签、变更到站、退票，应凭纸质车票到车站办理改签、变更到站、退票，以及进站乘车过程中实名制验证、检票、验票。

(2) 换取纸质车票时，按如下规定办理：

①使用居民身份证购票的，可凭购票时所使用的乘车人有效居民身份证原件到车站售票窗口、铁路代售点或车站自动售票机上办理。

②居民身份证无法自动识读或者使用居民身份证以外的其他有效身份证件购票的，需出示购票时所使用的乘车人有效身份证件原件和订单号码，到车站售票窗口或铁路运输企业授权的铁路代售点，由售票员录入证件号码和订单号码并核实后办理。

③学生票凭购票时所使用的有效身份证件和附有学生火车票优惠卡的学生证(均为原件)到安装有学生火车票优惠卡识别器的自动取票机、车站售票窗口或铁路代售点办理。

④残疾军人票凭购票时所使用的有效身份证件和“中华人民共和国残疾军人证”“中华人民共和国伤残人民警察证”(均为原件)到车站售票窗口办理。

⑤有效身份证件信息、订单号码等经核实一致的,予以换票;不一致的,不予换票。学生票、残疾军人票同时核对减价优惠(待)凭证。学生票还应核减优惠乘车次数。

购票后、换票前,有效身份证件丢失的,乘车人本人应到乘车站铁路公安制证窗口办理临时乘车身份证明,并按换取纸质车票的有关规定,办理换票手续。

(3)办理临时乘车身份证明时,须符合下列条件之一,并提供一英寸照片一张:

①出具所在地公安机关的户籍证明信。

②学生旅客出具所在学校的证明信。

③中国人民解放军、武警部队现役人员持所在单位出具的证明信。

④外籍旅客持当地使领馆出具的证明信。

⑤凭其他有效证件购买车票的旅客持发证部门出具的证明信。

⑥通过其他方式能够证明本人身份的。

旅客提供的证明(信)的内容应包括旅客姓名、性别、出生年月、籍贯、身份证件号码等信息,与购票所使用的有效身份证件信息一致,并加盖证明单位公章。

车站铁路公安部门办理的临时乘车身份证明一式两联,载明旅客姓名、性别、年龄、有效身份证件类型和号码等内容,一联为公安部门留存,一联供旅客换票、改签、变更到站、退票、验证检票以及乘车使用,由旅客自行妥善保管,站车不予收回。

纸质车票票面载明购票时所使用的乘车人有效身份证件号码和姓名,并标记“网”字。

旅客应当妥善保管车票,保持票面信息清晰、可识读,并妥善保护票面身份信息。

4.使用居民身份证进站乘车

在中国铁路客户服务中心网站使用居民身份证购票且乘车站和下车站都具备居民身份证检票条件的,可凭购票时所使用的乘车人有效居民身份证原件,直接通过车站自动检票机(闸机)办理进、出站检票手续。

自动检票机(闸机)在识读居民身份证时所做的进站、出站记录分别为铁路旅客运输合同运送期间的起、止证明。

旅客在所购车票乘车区间中途站出站的,自动检票机验证后予以放行。

列车验票时,应核对旅客所持的居民身份证原件及车票等信息;经确认没有旅客车票信息的,应当先行补票。旅客因居民身份证丢失、补票后,又找到居民身份证的,列车确认后开具客运记录交旅客;旅客持客运记录和居民身份证原件到下车站退票窗口退还后补车票,不收退票费。

客运记录应填写旅客居民身份证号码、姓名、席位等有关内容。

到站检票时,确认旅客没有车票信息的,应当按规定补票。

旅客乘车后需换取纸质车票的,不晚于自车票所载乘车日期之日起31日;逾期不予办理。换取的纸质车票仅作为报销凭证。

使用居民身份证作为乘车凭证的旅客,在车站、列车发生意外伤害事故的,站车工作人员应当在客运记录中记录其居民身份证号码等身份信息;事故案卷中应附有居民身份证复印件。

5.改签、变更到站和退票

铁路电子客票可以在中国铁路客户服务中心网站或车站售票窗口办理改签、变更到站、退票。

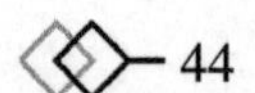

旅客在中国铁路客户服务中心网站购票后，尚未换取纸质车票的，可以在中国铁路客户服务中心网站办理铁路电子客票改签、变更到站、退票；已经换取纸质车票的，只能在车站办理。在中国铁路客户服务中心网站办理时，改签、退票应不晚于开车前30分钟，变更到站不晚于开车前48小时。

旅客在车站办理铁路电子客票改签、变更到站、退票的，应当到车站售票窗口按相关规定办理。

(1)已经换取纸质车票的，凭纸质车票按现行规定办理改签、变更到站、退票。

(2)在具备居民身份证检票条件的乘车站，持居民身份证已经办理进站检票但未乘车的，经车站确认后按规定办理改签、退票。

(3)乘车站和下车站均具备居民身份证检票条件，持居民身份证检票乘车；因伤、病或者承运人责任中途下车的，凭列车长出具的客运记录在下车站按规定办理退票。

在中国铁路客户服务中心网站办理改签、变更到站、退票后，需退票费报销凭证的，应当凭购票时所使用的有效身份证件原件在办理退票之日起10日内(含当日)到车站退票窗口索取。

三、电话订票

订票电话统一为：95105105。实行"通订通取"，即可在非乘车站所在地订取火车票。

拨打订票电话95105105、人工咨询电话12306，运营商按规定收取本地通话费用，无其他增值费用。

1~3日内车票不接受预订；可订第4日至预售期内各次列车车票(以上订票日期均含当日)。如遇调整，请以车站公告为准或拨打12306铁路客户服务中心电话进行相关业务咨询。

每日12点前预订的车票，必须在订票成功次日24点前，在取票点营业时间范围内取票；每日12点后预订的车票，必须在订票成功第三日12点前，在取票点营业时间范围内取票。否则，系统将自动取消订单，票额返库。

旅客凭订单号到各车站及客票代售点可办理取票业务，客票代售点信息可登录中国铁路客户服务中心网站查询。取票时需出示本人有效身份证原件(学生票须提供学生票识别卡)，通过验证后(本人身份证与订票单中的身份证一致)方可取票；遇特殊情况，确须他人代取时，须同时出示本人和代取人的身份证原件，在客票代售点取票，按照有关文件规定办理，可收取5元/张客票销售服务费。

第三节　旅客乘车条件

一、旅客乘车基本条件和车票签证

1. 基本条件

旅客须按票面载明的乘车日期、车次、径路、席别乘车，在票面规定的有效期内抵达到站。持通票的旅客中转换车时，应当办理中转签证手续。

乘坐卧铺的旅客的车票由列车员保管。为此，卧车列车员应及时收票换发卧铺证，列车开车后还应通过广播提示持卧铺票的旅客到卧铺车换票。

为了维护卧铺车的正常秩序，卧铺只能由持票本人使用，成人带儿童或儿童与儿童可共用一个卧铺。

为了确保广大旅客的人身健康和安全,对烈性传染病患者、精神病患者或健康状况危及他人安全的旅客,站、车可以不予运送。车站发现时应告知铁路规定并对已购的车票按旅客退票的有关规定处理;列车上发现时,列车长编制客运记录交车站处理,必要时应通知铁路防疫部门处理污染现场。车站应退还已收车票票价与已乘区间车票票价的差额,已乘区间不足起码里程时,按起码里程计算,并核收退票费。

对违反国家法律、法规,在站内、列车内寻衅滋事、扰乱公共秩序的旅客,站、车均可拒绝其上车或责令其下车,车站工作人员应将站内发现的和列车移交的上述旅客带出站,情节严重的送交公安部门处理;对未使用至到站的票价不予退还,并在车票背面做相应的记载,运输合同即行终止。

2. 车票签证

(1)旅客购票后如不能按票面指定的日期和车次乘车时,在不延长票面有效期间和列车有能力的前提下,可办理一次提前或改晚乘车签证手续。

改签是指旅客变更乘车日期、车次、席(铺)位时需办理的签证手续。改签以铁路有运输能力(即可售车票)为前提,只变更乘车日期、车次、席(铺)位,不变更发站和到站(同城车站除外)。

在有运输能力的前提下,开车前48小时(不含)以上,可改签预售期内的其他列车;开车前48小时以内,可改签开车前的其他列车,也可改签开车后至票面日期当日24:00之间的其他列车,不办理票面日期次日及以后的改签;动车组列车开车之后,旅客仍可改签当日24:00前其他列车,但只能在票面发站办理改签,且开车后改签的车票不能退票。开车前48小时至15天期间内,改签至距开车15天以上的其他列车,又在距开车15天前退票的,仍核收5%的退票费。改签后的车票乘车日期在春运期间的,退票时一律按开车时间前不足24小时标准核收退票费。

没有换取纸质车票且不晚于开车前30min的,可以在12306网站办理改签。已经换取纸质车票或者在开车前30min内的,应到车站售票窗口办理。

车票改签时,在票面指定的开车时间前,可到任意车站办理,办理时应收回原票换发新票。

按团体旅客办理的车票,改签、退票时,不晚于开车前48小时。

(2)"变更到站"服务,即:旅客购票后,可根据行程变化,重新选择新的目的地,在车票预售期内变更到站及乘车日期、车次、席位。

办理"变更到站"在原车票开车前48小时以上,任意选择有余票的列车。已取得纸质车票的,在车站指定售票窗口办理;未换取纸质车票的,也可在中国铁路客户服务中心网站办理。办理"变更到站"不收取手续费。"变更到站"只办理一次。

已经办理"变更到站"的车票,不再办理改签。对已改签车票、团体票、通票暂不提供"变更到站"服务。

目前,实名制车票改签或变更到站不需出示有效身份证件,但是,在中国铁路客户服务中心网站购票的旅客,在车站售票窗口改签或变更到站时,使用居民身份证购票的,请提供购票时所使用的乘车人有效居民身份证原件;居民身份证无法自动识读或者使用居民身份证以外的其他有效身份证件购票的,请出示购票时所使用的乘车人有效身份证件原件和订单号码(E+9位数字)。

原车票使用现金购票的,新车票票价高于原车票时,补收差额;新车票票价低于原车票

时,退还差额,并对差额部分核收退票费并执行现行退票费标准(均为现金)。

原车票在铁路售票窗口使用银行卡购票,或者在中国铁路客户服务中心网站使用在线支付工具购票的,按发卡银行或在线支付工具相关规定,新车票票价高于原车票时,请使用银行卡支付新车票全额票款,原车票票款在规定时间退回原购票时所使用的银行卡或在线支付工具;新车票票价低于原车票时,退还差额,对差额部分核收退票费并执行现行退票费标准,应退票款在规定时间退回原购票时所使用的银行卡或在线支付工具。

(3)由于铁路责任造成旅客不能按票面记载的日期、车次乘车时,乘车站应按旅客要求尽早安排改乘有能力列车去到站,办理改乘手续时,在车票背面注明“因铁路责任”字样,并加盖改签乘车日期车次戳。发生票价差额时,只退不补。

(4)旅客在中转站换车时,都应办理签证手续。

持通票的旅客在中转站换车时,应该办理签证手续。签证的车次票价高于原票价时,核收票价差额,发售有价签证票。签证的票价低于原票价时,票价差额部分不予退还,计算机只打印“中转签证”字样签证票,随原票使用。

为了方便旅客办理签证手续,各中转站应积极开办站台签证、上车签证、委托列车签证等业务。

除售票系统设备出现故障等特殊情况下,不得手工改签车票。

(5)原票已托运行李的,在改签后的新票面应注明“原票已托运行李”字样,并加盖站名戳。

【例3-5】 中转签证

(1)硬卧签软卧

【模拟情境】

2016年3月19日,在成都站,一旅客持当日西昌经成都至西安的空调硬座快速卧(下)车票1张,卧铺成都止,要求改签次日K6次(成都—西安)空调列车软卧至到站,6车3号下有铺位。成都站应如何办理?

【办理过程】

成都—西安842km

已收空调硬座票价:67.00元

应收空调软座票价:132.00元

补收软硬座票价差:132.00-67.00=65.00元

空调软卧(下)票价:138.00元

费用合计:65.00+138.00=203.00元

【操作技巧】

由于是同等级列车,加快、空调票价相同,所以可以只考虑软硬座票价差。

(2)直达票中途签证

【模拟情境】

2016年3月19日,在无锡站,一旅客持当日镇江—上海虹桥的D5661次(南京—金华西,经由上海虹桥)二等座票1张,要求签当日的D655次二等座至到站。无锡站应如何办理?

【办理过程】

无锡—上海虹桥126km

二等座票价:38.50元

核收票价,发售二等座票一张。

【操作技巧】

持直达票的旅客,如无故中途下车,未乘区间车票失效;如再需乘车,应重新购票。

二、车票的有效期

车票是运输合同,其时效即为有效期。

1. 车票有效期的规定

(1)直达票当日当次有效,但下列情形除外:

①全程在铁路运输企业管内运行的动车组列车车票,有效期由企业自定;

②有效期有不同规定的其他票种。

(2)通票的有效期按乘车里程计算。1000km 以内为 2d;超过 1000km 时,每增加 1000km 增加 1d,不足 1000km 的尾数也按 1d 计算。

各种车票的有效期间从指定乘车日起至有效期最后一日的 24:00 止计算。

2. 延长通票有效期的几种情况

遇下列几种情况,可适当延长通票的有效期:

(1)因列车满员、晚点、停运等原因,使旅客在规定的有效期间内不能抵达到站时,车站可视实际情况需要延长通票的有效期间。延长日从通票有效期终了的次日起计算。

(2)旅客因病中途下车恢复旅行时,在通票的有效期间内,提出医疗单位证明或经车站证实时,可按实际医疗日数延长,但最多不得超过 10d。卧铺票不能延长,可办理退票。同行人同样办理。

(3)由于误售、误购、误乘,原通票有效期间不能到达正当到站时,应根据折返站至正当到站间的里程,重新计算通票有效日期。

车站在办理延长有效期手续时,应在客票背面注明"因××延长有效期××日"并加盖站名戳。因铁路责任还应在行李票上同样签注,作为到站提取行李时,计算免费保管日数的凭证。

3. 车票有效期失效的处理

旅客在乘车途中通票有效期终了,要求继续乘车时,应自有效期终了站(如列车正在运行中,则从最近前方停车站)起另行补票,核收手续费。

旅客持用的定期客票的有效期,在乘车途中终了时,可按有效使用至到站。

三、旅客乘车中发生特殊情况的处理

1. 误售、误购车票的处理

因站名相似或口音不同发生车票误售、误购时,在发站换发新票。在中途站、原票到站或列车内补收票款时,换发代用票,补收票价差额。应退还票款时,站、车应编制客运记录交旅客,作为乘车至正当到站要求退还票价差额的凭证,并以最方便的列车将旅客运送至正当到站,均不收取手续费或退票费。

在铁路售票窗口购买车票,发现乘车日期、车次、发站、到站、席别、姓名、身份等票面信息有误时,应当场向售票人员提出;未当场核对、过后提出的,自行负责。

在中国铁路客户服务中心网站购票后,发现乘车人身份信息错误的,应在中国铁路客户服务中心网站退票,并按规定收取退票费;乘车人的姓名、身份证件号码等身份信息正确,但乘车日期、车次、发站、到站、席别等错误的,可以按规定在中国铁路客户服务中心网站或车站售票窗口办理改签、变更到站、退票。

【例3-6】误售、误购的处理。

【模拟情境】

2016年3月19日,常州站组织K374次(太原—上海,空调列车)旅客出站时,一旅客持3月18日太原经德州到常州的空调硬座客快联合票、票号A912367,票价163.50元,声称误购车票,实际到站为沧州。常州站、沧州站分别应如何办理?

【办理过程】

(1)常州站

指定最近列车1342次(杭州—齐齐哈尔)空调列车免费送至正当到站。

编制客运记录。

(2)沧州站

办理退还票价差。

已收票价:163.50元

应收票价太原—沧州:532km

空调硬座客快票价:66.00元

应退款:163.50 - 66.00 = 97.50元

2.误乘的处理

由于旅客没有确认车次或上、下行方向坐错了车,或乘车中坐过了站,统称为误乘。旅客发生误乘时,列车和车站应认真妥善处理。列车长应编制客运记录交前方停车站,车站应在车票背面注明"误乘"并加盖站名戳,指定最近列车(不办理一般旅客运输的国际列车除外)免费送回误乘站或正当到站。

误售、误购、误乘或坐过了站的旅客,在免费送回的区段,站、车均应告知旅客不得中途下车。如中途下车,对往返乘车的免费区段,按返程所乘列车等级分别核收往返区段的票价,核收一次手续费。

【例3-7】 误乘,免费送回,途中下车。

【模拟情境】

2016年3月19日,在衡水站,一旅客持当日太原—石家庄北的空调硬座客快速联合票一张,携带身高1.2m儿童一名,声称乘K510次(太原—天津,空调列车)坐过站。衡水站指定K565次(南通—太原,空调列车)免费送回,在辛集站中途下车。辛集站应如何办理?

【办理过程】

(1)超高

太原—石家庄北225km

儿童空调硬座快速票价18.50元

(2)中途下车

石家庄北—衡水132km

空调硬座快速票价:21.50元

空调硬座快速儿童票价:10.50元

衡水—辛集47km

空调硬座快速票价:11.00元

空调硬座快速儿童票价:5.50元

手续费:4.00元

费用合计:18.50+21.50+10.50+11.00+5.50+4.00=71.00元

填写客运运价杂费收据(以下简称“客杂”),见图3-4。

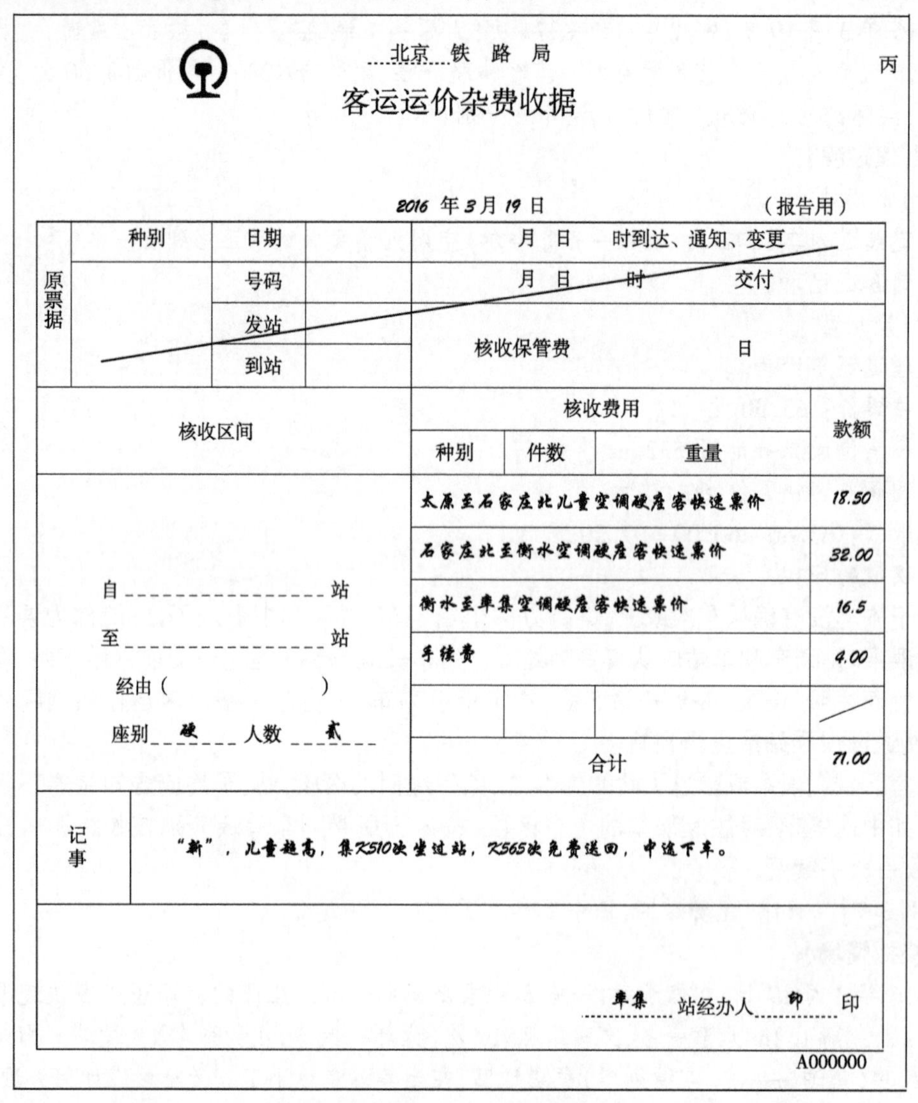

北京 铁 路 局　　丙

客运运价杂费收据

2016 年 3 月 19 日　　(报告用)

原票据	种别	日期	月 日 时到达、通知、变更	
		号码	月 日 时	交付
		发站		
		到站	核收保管费	日

核收区间	核收费用			款额
	种别	件数	重量	
自＿＿＿＿站 至＿＿＿＿站 经由(　　) 座别 硬 人数 贰	太原至石家庄北儿童空调硬座客快速票价			18.50
	石家庄北至衡水空调硬座客快速票价			32.00
	衡水至阜集空调硬座客快速票价			16.5
	手续费			4.00
				/
	合计			71.00

记事	“新”，儿童超高，集K510次坐过站，K565次免费送回，中途下车。

阜集 站经办人 印 印

A000000

图3-4　客运杂费收据填写式样

3. 丢失车票的处理

车票是有价证券,是旅客乘车凭证,旅客丢失车票应另行购票。

(1)一般规定

旅客在乘车前丢失车票时,应另行购票。

在乘车中丢失车票时,应自丢失站起(不能判明时从列车始发站起)补收票价,核收手续费。

学生丢失车票,可凭学生优待证或学校证明,在发站重新购买学生减价票;在列车上或中途站丢失,经确认无误后,填发代用票,补收自丢失站起至到站的学生减价票,核收手续费。不再在优待证上加盖有关印章(即不占用使用次数)。

在具备二代居民身份证检票条件的车站,直接使用二代居民身份证检票乘车的,在列车上因二代居民身份证丢失、无法确认车票信息的,应当先行补票。旅客补票后,又找到二代居民身份证的,列车确认后开具客运记录交旅客,旅客持客运记录和二代居民身份证原件到下车站退票窗口退还后补车票，不收退票费。记录随退票报告一并上报。

由于站、车工作人员失误，造成旅客车票丢失时，站、车均应填写代用票，在记事栏内注明“因 xx 原因丢失”，将款额剪断线全部剪下随丙联上报。

如遇旅客丢失车票，确实无钱买票乘车时，必须经过详细认真地调查了解后，可按国务院有关规定办理，但不得以客运记录代替车票乘车。

(2)实名制车票的“挂失补办”规定

①旅客购票后丢失车票时，符合以下条件的，可到车站售票窗口办理挂失补办手续：

a. 提供购票时所使用的有效身份证件原件、原车票乘车日期和购票地车站名称；

b. 不晚于票面发站停止检票时间前 20min。

②铁路部门建立丢失车票旅客信息库，对声称丢失车票的旅客，具有以下情形之一的，发站不予办理挂失补办手续，列车和到站按无票处理，并登记其身份信息。

a. 不能提供购票时所使用的有效身份证件原件的；

b. 没有购票记录的；

c. 所购原票已经失效、退票或有出站检票记录的；

d. 证、人、购票记录不一致的；

e. 乘车日期、车次不符的；

f. 实际乘车区间超过所购车票乘车区间的。

车站确认旅客身份、车票等信息无误后，旅客应按原车票车次、席位、票价重新购买一张新车票。新票票面信息与原车票一致，并加注“挂失补”字样。原车票已经改签的按改签后的车票办理挂失补办手续。

新车票发售后，原车票失效。新车票不能改签，但可以退票；退票时按规定核收补票的手续费。新车票退票后，原车票效力恢复。

旅客持新车票乘车时，应主动向列车工作人员声明(乘坐动车组时向列车长声明，乘坐普速客车时向本车厢列车员声明)。经列车核验“挂失补车票”、购票时所使用的有效身份证件原件与乘车人一致并在到站前确认未发现原车票被他人使用后，开具客运记录给旅客，与“挂失补车票”一并作为退票的凭证。

旅客到站后，应主动向车站出站口工作人员声明，配合工作人员进行查验，并于 24 小时内办理退票手续。办理时，凭客运记录、“挂失补车票”和购票时所使用的有效身份证件原件退回“挂失补车票”票款，铁路部门不收退票费，只收取 2 元手续费。同时收回“挂失补车票”和客运记录。

在列车上丢失实名制车票，列车能够查询到购票信息，由列车长办理挂失补办手续，只收取 2 元手续费，票面标注“车票丢失”字样。

四、车票的查验和违章乘车的处理

1. 车票的查验

(1)车站的检票

为了维护车站秩序，保证旅客安全，避免旅客上错车、下错站，旅客购票后上车时，必须经检票口进站。车站对进、出站的旅客和人员检票，对持优惠优待票和各种乘车证的旅客核对相应的证件，经确认无误后打查验标记。

按照国家有关规定，车站办理实名制验证时，将对旅客、所持车票和票面所载的有效身份证件原件进行查验。票、证、人不一致(含成年人持儿童票的情形)或无法出示有效身份证件原件的旅客,不得进站乘车。无法出示有效身份证件原件的旅客,可到车站铁路公安制证窗口办理乘坐旅客列车临时身份证明。

在配备自动检票机的车站,持红色软纸车票的旅客,由铁路工作人员人工检票;对持浅蓝色磁介质车票的旅客,由自动检票机(闸机)检票。

在中国铁路客户服务中心网站使用居民身份证购票且乘车站和下车站均具备居民身份证检票条件的,乘车人可以持居民身份证直接通过车站自动检票机(闸机)办理进、出站检票,无须换取纸质车票。

在开通中铁银通卡、广深牡丹信用卡业务的线路,旅客可持中铁银通卡、广深牡丹信用卡通过自动检票机(闸机)办理检票。

(2)列车上的验票

普通旅客列车,列车工作人员在车门口及运行途中查验车票;动车组列车,列车工作人员在运行途中查验车票。

列车的验票工作应由列车长负责组织实施,由乘警、列车值班员等有关人员配合。验票原则上每400km一次,运行不足400km的列车应查验一次,特殊区段由列车长决定查验次数的增减。对于持用减价票和铁路签发的各种乘车证的旅客,验票时应检查对照减价凭证和规定的相应证件。

按照国家有关规定,实行车票实名制的,列车验票时,同时核对旅客、所持车票及票面所载的有效身份证件原件。票、证、人不一致(含成年人持儿童票的情形),按无票处理。

铁路稽查人员凭稽查证件、佩带稽查臂章可以在列车内验票。铁路稽查人员执行任务时,应事先与列车长取得联系,特殊情况可先执行任务。列车长、乘警及其他列车工作人员对稽查的工作应予以配合。

2. 违章乘车的处理

违章乘车包括不符合乘车条件的乘车和车票未按规定办理签证、剪口的乘车。以下分述其处理规定:

(1)对不符合乘车条件的处理:不符合乘车条件的情况是多方面的,由于具体情况不同,处理方法也不同,但归纳起来,可分为两种类型。对不符合乘车条件的旅客、人员,站车均应了解原因,区别不同情况予以处理。

①属于客观原因,不符合乘车条件的,只补收车票票价或票价差额,核收手续费。

a. 主动补票或者经站、车同意上车补票的。

b. 应买票而未买票的儿童只补收儿童票价;身高超过1.5m的儿童持用儿童票时,应补收全价票价与儿童票价的差额。

c. 持站台票送客的人员,已经上车来不及下车并及时声明时,按所乘列车的等级,补收至前方下车站的车票票价。

②属于有意取巧、不履行义务的,除按规定补收票价、核收手续费外,铁路运输企业有权对其身份进行登记还必须加收已乘区间应补票价50%的票款。

a. 无票乘车时,补收自乘车站(不能判明时自列车始发站)起至到站止的车票票价。持失效车票乘车按无票处理。

b. 持用伪造或涂改的车票乘车时,除按无票处理并送交公安部门处理。

c. 持站台票上车并在开车20min后仍不声明时,按无票处理。

d. 持用低等级的车票乘坐高等级列车、铺位、座席时，补收所乘区段的票价差额。

e. 旅客持减价票没有减价凭证或不符合减价条件时，补收全价票与减价票的票价差额。

对无票乘车而又拒绝补票的人员，列车长可责令其下车，并编制客运记录交县、市所在地车站或三等以上车站处理（其到站近于上述到站时应交到站处理）。车站对列车移交或本站发现的上述人员应追补应收和加收的票款，核收手续费。

(2) 车票未签证、未剪口的处理：

①旅客在票面指定的日期、车次开车前乘车的，应补签；

②旅客所持车票日期、车次相符，但未经车站打查验标记（剪口）的，应补检（剪）；

③持通票的旅客中转换乘应签证而未签证的应补签。

【例 3-8】 乘快车无票的处理。

【模拟情境】

2016 年 3 月 5 日，北京西开往郑州的 K179 次空调列车，石家庄开车后验票发现一无票人员，该人员自述是保定站上车，目的地是新乡，经查证属实。K179 次列车应如何办理？

【办理过程】

保定—新乡 463km

空调硬座快速票价：69.00 元

保定—石家庄 135km

加收票款：21.50 × 50% = 10.75 ≈ 11.00 元

手续费：2.00 元

费用合计：69.00 + 11.00 + 2.00 = 82.00 元

【操作技巧】

(1) 旅客无票乘车，补收自乘车站（不能判明时自始发站）起至到站止车票票价，并加收已乘区间应补票价 50% 的票款，核收手续费。

(2) 如上述情况新乡站发现，则填写“客运杂费”，加收票款区间应为保定—新乡。

【例 3-9】 乘快车无票（不能判明上车站）的处理。

【模拟情境】

2016 年 3 月 6 日，石家庄开往上海的 K233 次空调列车，邯郸开车后发现一无票人员，自称是邯郸站上车（不能判定），目的地是郑州。K233 次列车应如何办理？

【办理过程】

石家庄—郑州 408km

空调硬座快速票价：62.50 元

邯郸—石家庄 161km

加收票款：24.50 × 50% − 12.25 ≈ 12.50 元

手续费：2.00 元

费用合计：62.50 + 12.50 + 2.00 = 77.00 元

如郑州站出站时发现，则填写“客运杂费”。

【例 3-10】 减价不符并越站的处理。

【模拟情境】

2016 年 3 月 18 日，1956 次空调列车（汉口—北京西）运行到石家庄站前，一旅客持当日郑州—石家庄的残疾军人空调硬座客快联合票，票号 A328367，票价 27.50 元，要求越站至北京西，办理时发现无减价凭证。1956 次列车应如何办理？

【办理过程】

(1)减价不符

郑州—石家庄 408km

空调硬座普快票价:54.50 元

残疾军人空调硬座普快票价:27.50 元

补收票价差:54.50 - 27.50 = 27.00 元

加收票款:27.00 × 50% = 13.50 元

(2)越站

石家庄—北京西 281km

空调硬座普快票价:38.50 元

手续费:2.00 元

费用合计:27.00 + 13.50 + 38.50 + 2.00 = 81.00 元

填写代用票，见图 3-5。

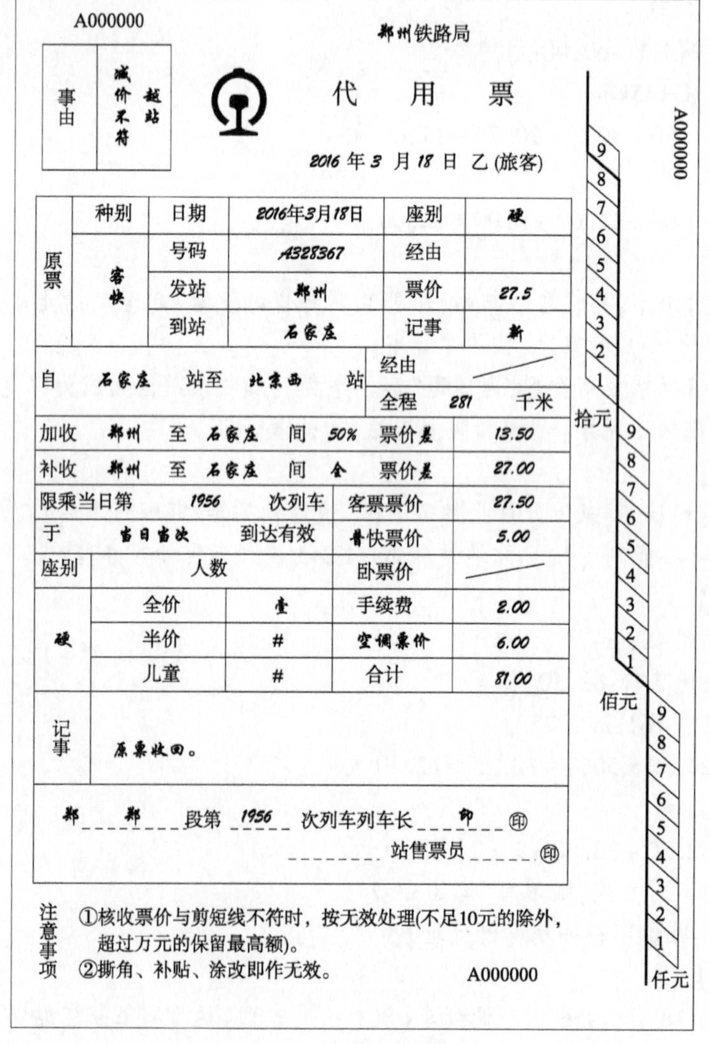

A000000

郑州铁路局

事由：减价不符　越站

代　用　票

2016 年 3 月 18 日 乙(旅客)

原票	种别	日期	2016年3月18日	座别	硬
	客快	号码	A328367	经由	
		发站	郑州	票价	27.5
		到站	石家庄	记事	新

自 石家庄 站至 北京西 站					经由	
					全程	281 千米
加收	郑州	至 石家庄	间	50%	票价差	13.50
补收	郑州	至 石家庄	间	全	票价差	27.00
限乘当日第	1956	次列车			客票票价	27.50
于	当日当次	到达有效			普快票价	5.00
座别	人数				卧票价	
硬	全价	壹			手续费	2.00
	半价	#			空调票价	6.00
	儿童	#			合计	81.00
记事	原票收回。					

郑 郑 段第 1956 次列车列车长 印 ㊞

站售票员 ㊞

注意事项 ①核收票价与剪短线不符时，按无效处理(不足10元的除外，超过万元的保留最高额)。②撕角、补贴、涂改即作无效。

A000000

A000000

拾元 9 8 7 6 5 4 3 2 1

佰元 9 8 7 6 5 4 3 2 1

仟元 9 8 7 6 5 4 3 2 1

图 3-5　代用票填写式样

【例 3-11】 超过 1.5m 持儿童票要求补卧的处理。

【模拟情境】

2016 年 4 月 2 日,北京西开往安庆的 K1071 次空调列车,菏泽开车后,发现一旅客持北京西—合肥空调硬座快速卧(下)车票一张和儿童空调硬座快速票一张。儿童实际身高 1.52m,为其补票时,旅客要求补购硬卧(上),8 车 6 号空闲。

1071 次列车应如何办理?

【办理过程】

北京西—合肥 1076km

空调硬座快速票价:138.50 元

儿童空调硬座快速票价:69.50 元

补收票价差:138.50 - 69.50 = 69.00 元

空调硬卧(上)票价:100.00 元

手续费:5.00 元

费用合计:69.00 + 100.00 + 5.00 = 174.00 元

【操作技巧】

儿童超高,虽有已乘区间,但不涉及加收款。

【例 3-12】 成人带免费儿童数量超限的处理。

【模拟情境】

2016 年 4 月 2 日,石家庄开往上海的 K233 次空调列车,石家庄开车后发现一旅客携带 1.53m 和 1.0m、0.98m 儿童各一名,持有石家庄—徐州空调硬座快速车票和儿童空调硬座快速车票各一张。K233 次列车应如何办理?

【办理过程】

石家庄—徐州 757km

空调硬座快速票价:102.00 元

儿童空调硬座快速票价:51.00 元

补收票价差:102.00 - 51.00 = 51.00 元

补收儿童空调硬座快速票价:51.00 元

手续费:4.00 元

费用合计:51.00 + 51.00 + 4.00 = 106.00 元

第四节 旅行变更

一、退票

铁路发售车票是按照旅客运输日计划办理的,旅客购票后应按票面记载的日期、车次、座别、铺别乘车,不应随意退票而打乱铁路旅客运输计划。为了照顾有特殊情况的旅客,并在经济上不受损失,铁路在一定的条件下仍允许办理退票。

1. 旅客责任退票

(1)在票面指定的开车时间前,可到任意车站办理。票面乘车站开车前 15d(不含)以上退票的，不收取退票费。开车前15d以内、48h以上的，退票时收取票价5%的退票费；开车前24h以上、不足48h的，退票时收取票价10%的退票费；开车前不足24h的，退票时收取票价20%的退票费。特殊情况，也可在开车后2h以内办理。团体旅客必须在开车前48h以前办理。

(2)开车前48h至15d期间内，改签或变更到站至距开车15d以上的其他列车，又在距开车15d前退票的，仍核收5%的退票费。

(3)改签后的车票乘车日期在春运期间的，退票时一律按开车时间前不足24h标准核收退票费。

(4)旅客开始旅行后不能退票。但如因伤、病不能继续旅行时，经站、车证实，可退还已收票价与已乘区段票价差额。已乘区段不足起码里程时，按起码里程计算；同行人同样办理。但对动车组列车的车票，按下列公式计退：

$$应退票价 = 原票价 - (原票价 \div 原票里程 \times 已乘区段里程)$$

(5)退还带有“行”字戳记的车票时，应先办理行李变更手续，将托运的行李取消托运或改按包裹托运。

(6)车票改签后，旅客取消旅行的，可以按规定退票，但因特殊情况在开车后改签的车票不予退票。站台票售出后，不办理退票。

(7)中国铁路客户服务中心网上订购的火车票，开车前30min并且没有换纸质车票，可以网上退票。如果晚于30min，或者已经换了票的，就只能在车站退票窗口办理了。

市郊票、定期票、定额票的退票办法，由铁路运输企业自定。必要时，铁路运输企业可以临时调整退票办法(比如来往香港的高铁)。

总而言之，由于旅客原因(包括旅客因伤、病)，要求退还车票票价时，应核收退票费。已乘区段不足起码里程时，按起码里程计算。

【例3-13】 在票面发站退票的处理。

【模拟情境】

2016年9月19日，在石家庄站一旅客持9月22日石家庄—漯河的1955次(北京西—汉口)空调硬座客快卧联合票两张。其票号为A123456、A123457；票价分别为124.00元(上铺)、133.00(下铺)，因事要求退票。石家庄站应如何办理？

【办理过程】

应退票价：$124.00 + 133.00 = 257.00$ 元

退票费：$124.00 \times 5\% + 133.00 \times 5\% = 6.20 + 6.65 \approx 6.00 + 6.50 = 12.50$ 元

净退款额：$257.00 - 12.50 = 244.50$ 元

填写退票报告。

【操作技巧】

该旅客退票时间在48h以前，按票价5%核收退票费。

【例3-14】 旅客因病中途退票的处理。

【模拟情境】

2016年9月19日，T253次(天津—广州)空调列车运行到石家庄站，列车长编制02号客运记录并转移一重病旅客，该旅客持当日天津至长沙的空调硬座客特快卧(下)联合票，票号A232567，票价367.00元，旅客要求退票。石家庄站应如何办理？

【办理过程】

已收票价:367.00 元

已乘区间:天津—石家庄 423km

空调硬座客特快卧(下)票价:117.50 元

应退票价:367.00 - 117.50 = 249.50 元

退票费:249.50 × 20% = 49.90 ≈ 50.00 元

净退款额:249.50 - 50.00 = 199.50 元

填写退票报告和退票报销凭证(见图 3-6)。

北京铁路局

退票报销凭证　　A 000000

站　　2016 年 9 月 19 日

原票	天津 站至 长沙 站
已乘区间	天津 站至 石家庄 站
已乘区间票价	壹佰壹拾柒元伍角
退票费	伍拾元/角
共计	壹佰陆拾柒元伍角

(无经办人名章无效)　　经办人 ____印____ 印

图 3-6　退票报销凭证

【操作技巧】

旅客开始旅行后,因旅客原因产生退票时,应按票面乘车站开车时间前不足 24h 情形掌握,按车票票价 20% 计算退票费。

【例 3-15】　动车组列车中途退票的处理。

【模拟情境】

2016 年 9 月 19 日,在石家庄站一名旅客持 D2032 次(武汉—北京西)二等座票一张,票号 P003286,票价 379.50 元,D2032 次列车长编制的 03 号客运记录,旅客因病要求退票。石家庄站应如何办理?

【办理过程】

(1)原票

武汉—北京西 1229km

动车组二等票价:379.50 元

(2)已乘区间

武汉—石家庄 948km

应退票价:379.50 - (379.50 ÷ 1229 × 948) ≈ 87.00 元

退票费:87.00×20%≈17.40≈17.50 元

净退款额:87.00－17.50＝69.50 元

填写退票报告和退票报销凭证。

2. 铁路责任退票

由于铁路责任,如列车超员、列车晚点、卧铺发售重号、车辆故障途中甩车、行车事故等原因,致使旅客退票时,按下列规定办理,不收退票费。

(1)在发站,退还全部票价(或某种车票的全部票价)。

(2)在中途站,如在列车上,应由列车长编制客运记录或换发代用票至到站退款;如在中途站,应退还已收票价与已乘区段票价差额。已乘区段不足起码里程时,退还全部票价。

(3)在到站,凭原票和客运记录或列车长换发的代用票退还已收票价与已使用部分票价差额。未使用部分不足起码里程时,按起码里程计价退还。

(4)空调列车因空调设备故障在运行过程中不能修复时,应退还未使用区段的空调票价。未使用区段不足起码里程时,按起码里程计算。

总而言之,因铁路责任退还车票票价时,不收退票费。已乘区段不足起码里程时,退还全部票价。

【例 3-16】 铁路原因使旅客中途站退票的处理。

【模拟情境】

2016 年 9 月 19 日,T253 次(天津—广州)空调列车运行到石家庄站,4 号硬卧车厢因燃轴需要甩下,一旅客持当日天津—漯河的空调硬座特快卧(下)联合票(票号 A102356,票价 230.00 元)和 T253 次列车长编制的 04 号客运记录,在石家庄站要求退票。石家庄站应如何办理?

【办理过程】

已收票价:230.00 元

天津—石家庄 423km

已乘区间空调硬座特快卧(下)票价:117.50 元

应退票价:230.00－117.50＝112.50 元(不收退票费)

填写退票报告和退票报销凭证。

【例 3-17】 已乘区间不足卧铺起码里程退票的处理。

(1)2016 年 3 月 12 日,在 T15 次(新型空调旅客列车,北京西—广州)石家庄到站时列车转移一急病旅客,需住院治疗。该旅客持该次列车北京西至广州的空调硬座客特快卧(下)车票,办理退票手续。问石家庄站应如何处理?

【办理过程】

北京西—广州 2294km

已收新型空调硬座客特快卧(下)票价:456.00 元

北京西—石家庄 277km

应收新空客特快票价为 41.50 元,而卧铺已乘区间不足起码里程,按起码里程 400km 新型空调卧铺票价为 54.00 元。

费用合计:41.50＋54.00＝95.50 元

应退票价:456.00－95.50＝360.50 元

退票费:360.50×20% =72.10 元≈72.00 元

净退款额:360.50 -72.00 =288.50 元

填写退票报告和退票报销凭证。

(2)2016 年 3 月 12 日,在 T15 次(新型空调旅客列车,北京西—广州)石家庄到站后,一旅客持列车长编制的 15 号硬卧车厢因燃轴甩下的客运记录和该次列车北京西至广州的空调硬座客特快卧(下)车票要求办理退票手续。问石家庄站应如何处理?

【办理过程】

北京西—广州 2294km

已收新空硬座客特快卧(下)票价:456.00 元

北京西—石家庄 277km

应收新空客特快票价为 41.50 元,卧铺已乘区间不足起码里程全退。

应退票价:456 -41.50 =414.50 元(不收退票费)

填写退票报告和退票报销凭证。

二、变更等级

旅客要求变更座席、卧铺、列车等级时,由高等级变更为低等级时,不予办理(即不退还变更区段的票价差额);由低等级变更为高等级(含通票的旅客在中转站换乘动车组列车)则应补收变更区段(不足起码里程时,按起码里程计算)的票价差额,核收手续费。

补票价时,可发售一张补价票,随同原票使用有效。

持用软座票的旅客要求改用硬卧时,补收变更区段的票价差额,核收手续费。

因铁路责任,使旅客变更座别、卧铺、列车等级时,所发生的票价差额,应补收的不补收;应退款时,由列车长编制客运记录,到站退还票价差额,已乘区段不足起码里程时,退还全部票价。变更区段不足起码里程时,按起码里程计算,退还票价差额。均不收退票费。已购买加快票的通票旅客,在换车站因铁路责任不能换乘接续快车而改乘低等级列车时,换车站也照此办理退款。

【例 3-18】 变更等级的处理。

【模拟情境】

2016 年 3 月 19 日,K179 次(北京西—郑州)空调列车运行到保定站,一旅客持当日本次车北京西—郑州的硬座票,票号 A835799,票价 93.00 元,要求改乘软卧去到站(6 车 13 号下有空位)。K179 次列车应如何办理?

【办理过程】

保定—郑州 543km

空调软座票价:89.00 元

空调硬座票价:46.00 元

补软硬座票价差:89.00 -46.00 =43.00 元

空调软卧(下)票价:96.00 元

手续费:5.00 元

费用合计:43.00 +96.00 +5.00 =144.00 元

填写代用票,见图 3-7。

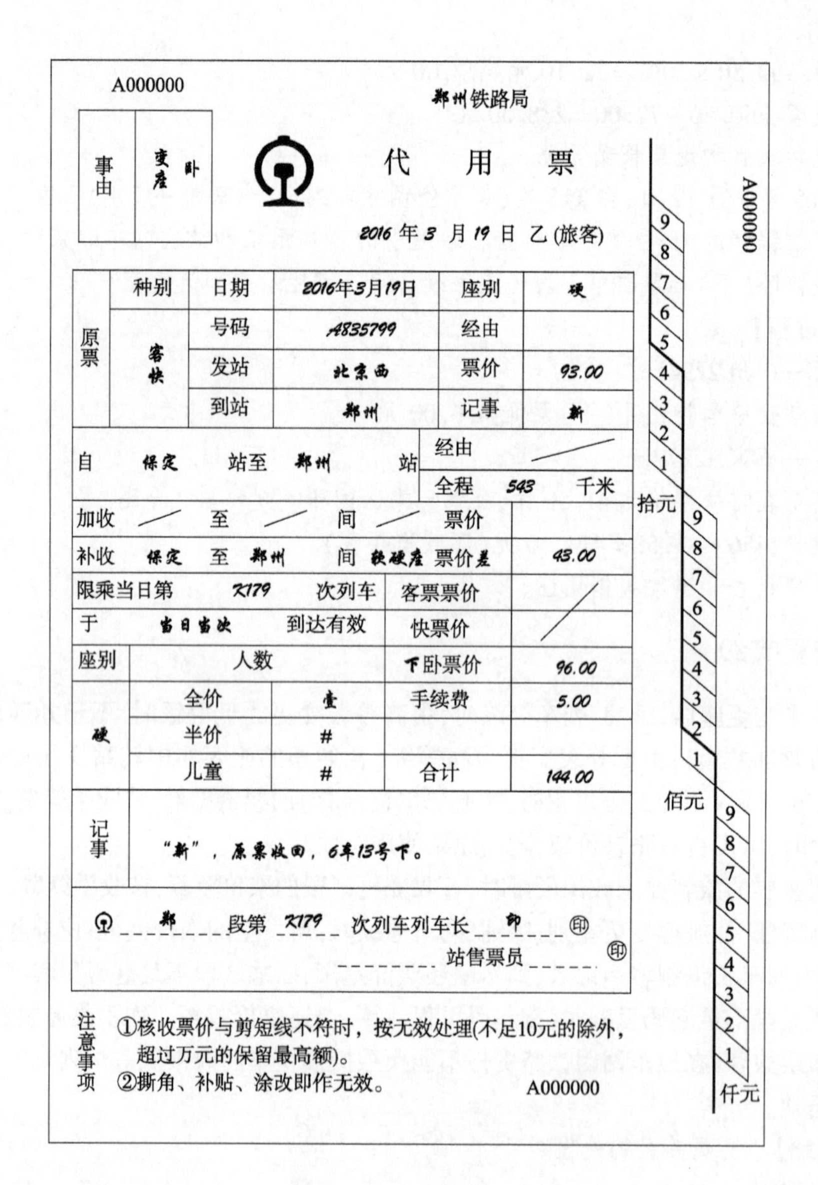

A000000

郑州铁路局

事由	变座 卧

代 用 票

2016 年 3 月 19 日 乙(旅客)

原票	种别	日期	2016年3月19日	座别	硬
	客快	号码	A835799	经由	
		发站	北京西	票价	93.00
		到站	郑州	记事	新

自 保定 站至 郑州 站	经由 /
	全程 543 千米
加收 / 至 / 间 /	票价
补收 保定 至 郑州 间 软硬座	票价差 43.00
限乘当日第 K179 次列车	客票票价 /
于 当日当次 到达有效	快票价 /

座别	人数		下卧票价	96.00
硬	全价	壹	手续费	5.00
	半价	#		
	儿童	#	合计	144.00

记事：“新”，原票收回，6车13号下。

郑 段第 K179 次列车列车长 印 ㊞

站售票员 ㊞

注意事项 ①核收票价与剪短线不符时，按无效处理(不足10元的除外，超过万元的保留最高额)。②撕角、补贴、涂改即作无效。

A000000

A000000

拾元 9 8 7 6 5 4 3 2 1

佰元 9 8 7 6 5 4 3 2 1

仟元 9 8 7 6 5 4 3 2 1

图 3-7 代用票填写式样

三、变更径路

变更径路是指发站、到站不变，只是改变经过的线路。

持通票的旅客在中转站或列车上，可要求变更一次径路，但必须在通票有效期间内能够到达原到站方可办理。办理时，原票价低于变更后的票价时，应补收新旧径路里程的票价差额，核收手续费。原票价高于或相等于变更径路后的票价时，持原票乘车有效，差额部分(包括列车等级不符的差额)不予退还。但应在原票背面注明“变更经由 × ×站”，并加盖站名戳记或列车长名章。

变更径路后未使用区段的卧铺票即行失效。

变径后的通票有效期，从办理站起按新径路重新计算。

变径同时变座时，先变径后变座。

【例 3-19】 原票价低于变径后票价的处理。

【模拟情境】

2016年3月19日,在汉口站一旅客持安康经汉口、麻城、霸州到北京西的硬座普快票一张,票号A223567,票价155.00元,要求乘当日1956次(汉口—北京西)空调列车去北京西。汉口站应如何办理?

【办理过程】

(1)原径路

汉口$\overline{\text{霸、麻}}$北京西1196km

硬座普快票价:107.50元

(2)新径路

汉口—北京西1205km

空调硬座普快票价:134.50元

补收票价差:134.50 - 107.50 = 27.00元

手续费:2.00元

费用合计:27.00 + 2.00 = 29.00元

【例3-20】 原票价高于变径后票价的处理。

【模拟情境】

2016年3月19日,在天津站一旅客持唐山经天津、德州到衡水的硬座普快票一张,票号A523567,票价30.50元,要求乘当日6448次(天津—清河城,经由霸州)列车去衡水。天津站应如何办理?

【办理过程】

(1)原径路

天津$\overline{\text{德}}$衡水301km

硬座普快票价:23.50元

(2)新径路

天津$\overline{\text{霸}}$衡水269km

硬座票价:17.50元

原票价高于变径后的票价时,天津站在原票背面注明"变更经由霸州站"持原票乘车有效,差额部分不予退还。

四、越站乘车

越站乘车是指旅客原票到站即将到达,由于旅行计划的变更,要求超越原票到站至新到站的乘车。

旅客要求越站乘车,必须在原票到站前提出,在本列车有能力的条件下,方可办理。

遇下列情况不能办理越站乘车:

(1)在列车严重超员的情况下,团体旅客越站乘车,车内会更加拥挤时;

(2)乘坐卧铺的旅客买的是给中途站预留的卧铺时;

(3)乘坐的是回转车,途中需要甩车时。

越站乘车意味着另一旅行计划的开始,办理手续时,应换发代用票,补收越乘区段的票价(不足起码里程按起码里程计算),并核收手续费,但最远不能超过本次列车的终点站。

在同一城市内有两个以上的车站，旅客由于不明情况，发生越站乘车时，如票价相同原票按有效办理；票价不同，按客票越站乘车办理，只补收客票票价及手续费，不补加快票价、卧铺票价和空调票价。

越站同时变座(或变铺)时，先越站后变座；越站同时变径时，先变径后越站；越站同时补卧时，先越站后补卧。

【例 3-21】 越站并补卧的处理。

【模拟情境】

2016 年 3 月 18 日，1304 次(郑州$\overset{\text{商、衡}}{\text{——}}$北京西)空调列车，商丘开车后，一旅客持当日郑州—衡水的硬座客快票，票号 A523845，票价 72.00 元，要求补硬卧并越站至北京西，5 车 3 号中铺有空位。1304 次列车应如何办理？

【办理过程】

(1)越站

衡水—北京西 274km

空调硬座客快票价：36.50 元

(2)补卧

商丘—北京西 677km

空调硬卧(中)票价：75.00 元

手续费：5.00 元

费用合计：36.50 + 75.00 + 5.00 = 116.50 元

五、旅客分乘

凡两名以上的旅客使用一张代用票，要求分票乘车时，称为旅客分乘。站、车应从方便旅客出发予以办理。

无论在发站、中途站或列车上，旅客提出要求办理分乘时，都应按照旅客提出分票乘车的张数，换发代用票，收回原票，并按分票的张数核收手续费。分乘与其他旅行变更同时发生时，则按变更人数核收一次手续费。

分乘同时变座时，先分乘后变座；分乘同时变径时，先分乘后变径；分乘同时越站时，先分乘后越站。

若分乘同时退票时，先分乘后退票，并核收退票费。

【例 3-22】 分乘并退票的处理。

【模拟情境】

2016 年 3 月 18 日，在石家庄站两名旅客持一张 3 月 19 日石家庄—郑州的硬座普快代用票，票号 A328367，票价 61.00 元，人数栏全价贰人。一旅客要求乘当日 L335 次列车(北京西—郑州)去到站；另一旅客要求办理退票(距开车时间不足 24h)。石家庄站应如何办理？

【办理过程】

(1)第一张代用票分乘

手续费：2.00 元

(2)第二张代用票分乘

手续费：2.00 元

(3)退票

应退票价:30.50 元

退票费:30.50×20%≈6.00 元

净退款额:30.50－6.00＝24.50 元

【操作技巧】

旅客提出分乘时,按分票乘车的张数换发代用票,收回原票,并按分票的张数核收手续费。分乘同时退票时,先分乘后退票,并核收退票费,因不足24h,按应退票价20%核收。退票费最低按2元核收。

第五节 旅客携带品

为了照顾旅客旅行生活的便利,旅客可以将旅行中所需要的物品,如提包、背包、行李袋等带入乘坐的客车内。这些随身带入客车的零星物品,由旅客自行负责看管。

但为了确保运输安全,维护站车的良好秩序,方便旅客进出站、上下车,必须对旅客携带品的范围有所限制。

一、旅客携带品范围

1. 在重量方面

旅客携带品免费重量为成人20kg,儿童(包括免费儿童)10kg,外交人员(持有外交护照者)35kg。

有关免费重量的规定,首先是经过广泛的调查,了解到我国一般旅客正常旅行时,随身携带的生活用品往往不超过20kg,此限量是充分满足了广大旅客需要的;其次,考虑客车车厢的正常负载和旅客乘降的方便,保证旅客列车的安全正点运行;同时,还参照了国际上的有关规定。

2. 在体积方面

旅客携带品的外部尺寸,每件的长、宽、高相加之和不得超过160cm,对杆状物品(如扁担、标杆、塔尺等)不得超过200cm;但乘坐动车组列车旅客的携带品的长、宽、高相加之和不得超过130cm。

外部尺寸所规定的数值,是根据客车摆放携带品的行李架和座位下所有空间的总容积,按照客车定员,求算出每一旅客平均占有的容积;然后分解为长、宽、高的尺寸加总而得出的。

3. 在物品方面

为了贯彻国家法令,保证旅客生命财产安全和车内的公共卫生,下列物品不准带进车站和列车内:

(1)国家禁止或限制运输的物品。

(2)法律、法规、规章中规定的危险品、弹药和承运人不能判明性质的化工产品。

(3)动物及妨碍公共卫生(包括有恶臭等异味)的物品。

(4)能够损坏或污染车辆的物品。

(5)超重、超大的物品。

为了方便旅客的旅行,并在保证安全和卫生的条件下,可限量携带下列物品:

(1)气体打火机5个,安全火柴20小盒。

(2)不超过20mL的指甲油、去光剂、染发剂;不超过100mL的酒精、冷烫精;不超过600mL的摩丝、发胶、卫生杀虫剂、空气清新剂。

(3)军人、武警、公安人员、民兵、猎人凭法规规定的持枪证明佩带的枪支子弹。

(4)初生雏20只。

二、旅客违章携带物品的处理

旅客携带品超过免费重量或超过规定的外部尺寸时,在发站应按规定办理托运手续,不准带上车。如在列车内或下车站发现时,对超过免费重量的物品,按超重部分补收四类包裹运费。

旅客携带不可分拆的整件超重、超大的物品以及动物(含猫、狗、猴等宠物,导盲犬除外),都应按该件全部重量补收上车站至下车站四类包裹运费。

对于旅客带入车内的宠物,除按上述规定补收运费外,并应放置在列车通过台处,由携带者自己照看并做好保洁工作,宠物发生意外或伤害其他旅客时,由携带者负责。

旅客携带危险品和国家禁止或限制运输的物品以及妨碍公共卫生、污损车辆的物品,均按该件全部重量加倍补收上车站至下车站四类包裹运费;危险品交最近的前方停车站处理,必要时移交公安部门处理。对有必要就地销毁的危险品应就地销毁,使之不能危害旅客,同时,承运人不承担任何赔偿责任。

如旅客携带的物品价值较低,应补收运费超过其本身价值时,可按物品本身价值的50%核收运费。同时,补收运费时,最远不得超过本次列车的始发站和终点站。

残疾人旅行时代步的折叠式轮椅可免费携带,并不计入前述(重量与体积)范围。

旅客旅行中携带少量的水果、点心、文件袋、照相机、半导体收音机及随身穿着的衣服等零星细小物品,根据惯例,可不计算在重量之内。同时,考虑到车站在处理问题时要有一定的灵活性,为此规定:对携带品超重不足5kg时,可免收运费。

【例3-23】 携带超重、超大物品的处理。

【模拟情境】

2016年3月1日,1956次空调列车(汉口—北京西)发现一旅客持当日开封经郑州至石家庄的车票一张,携带背包一件20kg,纸箱一个6kg,塑料袋一捆3kg(外部尺寸为120cm×30cm×30cm)。1956次列车应如何办理?

【办理过程】

超重6kg,超大3kg。

郑州—石家庄408km

1kg四类包裹运费:0.759元

9kg四类包裹运费:9×0.759=6.831≈6.80元

填写“客运杂费”,见图3-8。

【例3-24】 携带危险品的处理。

【模拟情境】

2016年3月18日,1956次空调列车(汉口—北京西)运行到安阳站前,发现一旅客持当日郑州—石家庄车票一张,携带塑料泡沫一捆3kg,外部尺寸为120cm×30cm×30cm,手提包一件6kg,内装鞭炮。1956次列车应该如何办理?

北京铁路局　　丙

客运运价杂费收据

2017年3月1日　　(报告用)

原票据	种别	日期		月 日 时到达、通知、变更
		号码		月 日 时 交 付
		发站		核收保管费 日
		到站		

核收区间	核收费用			款额
	种别	件数	重量	
自 郑州 站	纸箱	1	6	6.80
至 石家庄 站	塑料袋	1	3	
经由(　　)				
座别　　人数 壹	合计			6.80

记事	背包一件20kg，纸箱一个6kg，塑料袋一捆3kg(外部尺寸为120cm×30cm×30cm)，超重6kg，超大3kg。

1956次列车　站经办人　印

A126460

图3-8　客运杂费收据填写式样

【办理过程】

郑州—石家庄408km

1kg四类包裹运费:0.759元

3kg四类包裹运费:3×0.759=2.277≈2.30元

郑州—安阳187km

1kg四类包裹运费:0.375元

6kg四类包裹运费:6×0.375=2.25≈2.30元

6kg加倍四类包裹运费:2.00×2.30=4.60元

费用合计:2.30+4.60=6.90元

填写“客运杂费”。

危险品鞭炮予以没收,出具收据,并将鞭炮交前方停车站安阳站处理。

【操作技巧】

危险品已交前方站,所以补收运费时,也到前方站。

【例3-25】 携带品超重、超大并有危险品的处理。

【模拟情境】

2016年3月18日,1956次空调列车(汉口—北京西)运行到安阳站前,发现一旅客持当日开封经郑州到石家庄的车票一张,携带手提包一件6kg,内装鞭炮1kg,泡沫一捆3kg。长×宽×高为120cm×30cm×30cm的背包一件,25kg。1956次列车应如何办理?

【办理过程】

超重 5kg,超大 3kg,危险品 1kg

郑州—石家庄 408km

1kg 四类包裹运费:0.759 元

8kg 四类包裹运费:8 ×0.759 =6.072≈6.10 元

郑州—安阳 187km

1kg 四类包裹运费:0.375 元

1kg 加倍四类包裹运费:0.4 ×2 =0.80 元

费用合计:6.10 +0.80 =6.90 元

填写"客运杂费"。

危险品予以没收,出具收据,并交前方最近停车站安阳站处理。

【操作技巧】

把运价率相同的物品重量相加一起处理。

【例 3-26】 携带价值低廉物品超重的处理。

【模拟情境】

2016 年 3 月 18 日,T70 次空调列车(乌鲁木齐—北京西)一旅客持 17 日乌鲁木齐经中卫、太原到石家庄北车票一张,携带哈密瓜两箱 40kg(乌鲁木齐哈密瓜当地市场价 1.00 元/kg)。T70 次列车应如何办理?

【办理过程】

乌鲁木齐—石家庄北 2822km

1kg 四类包裹运费:4.174 元

20kg 四类包裹运费:20 ×4.174 =83.48≈83.50 元

20kg 哈密瓜实际价值:20 ×1.00 =20.00 元

应收运费:20.00 ×50% =10.00 元

填写"客运杂费"。

【例 3-27】 携带动物的处理。

【模拟情境】

2016 年 3 月 18 日,K1024/1021 次(武昌—重庆北,经由宜昌东、达州)空调列车上发现,一名旅客持武昌—达州的车票,携带旅行包一个,重 15kg,纸箱一个(内装 2 只宠物狗),重 6kg。K1024 次列车应如何办理?

【办理过程】

武昌—达州 906km

1kg 四类包裹运费:1.559 元

6kg 四类包裹运费:1.559 ×6 =9.354≈9.40 元

【操作技巧】

旅客乘车时不能携带宠物,私自携带,应按该件全部重量及所乘区间补收四类包裹运费,并放置过道处由旅客自行看管。

【例 3-28】 携带不适于分拆超剂量物品的处理。

【模拟情境】

2016 年 4 月 20 日,K120 次(兰州—西安)空调列车,在到达宝鸡站前验票发现一名旅客持当日本次列车兰州—西安车票，携带提包一件，从包中摔出一瓶500mL的酒精。K120次列车应如何办理？

【操作技巧】

为方便旅客旅行生活，乘车时可限量携带酒精不得超过100mL。该旅客携带一瓶500mL，不适于分拆，应没收该瓶酒精，交宝鸡站，并出具没收证明，按该瓶酒精的重量（不足1kg时，按1kg计算）加倍补收兰州—宝鸡间四类包裹运费。

【例3-29】 携带品超重、儿童超高的处理。

【模拟情境】

2016年4月10日，T90次（广州—石家庄）空调列车上发现，一名旅客携带1.52m和1.2m儿童两名，持当日本次列车广州—石家庄全价票一张、儿童票一张，并携带提包2个、纸箱1件，共重56.2kg，内装服装。T90次列车应如何办理？

【操作技巧】

（1）超过1.52m的儿童持儿童票，应补收全半价票差额，并核收手续费。超过1.2m的儿童未买票，应补收儿童票，并核收手续费。

（2）每一大人免费携带物品的重量为20kg、儿童10kg，他们3人只能免费携带40kg的物品，虽然1.52m的儿童补成了全价票，但他仍属儿童，可免费携带物品的重量为10kg，所以携带品超重16.2kg，按17kg计收广州至石家庄的四类包裹运费。

（3）补收票款与补收运费，因进款不同，应分别填写“客运杂费”。

三、旅客携带品的暂存

为了方便旅客，三等以上客流量较大的车站均需设置旅客携带品暂存处，其他车站可由服务处或行包办理处兼办携带品暂存业务。

携带品存放范围，以允许旅客随身携带的物品的范围为限，暂存品必须包装良好，箱袋必须加锁，并适于保管。贵重物品、重要文件、骨灰、尖端及精密产品、易腐物品和各种动物等，不予存放。携带品的暂存范围和暂存处的工作时间、收费标准等，应在暂存处的明显处所公告旅客。

办理暂存手续时，必须填写暂存票，注名品名、包装、日期、件数等。提取时还应注明提取日期、寄存日数和核收款额，并在暂存票乙页上加盖戳记后交给旅客。暂存票应按顺序号装订，保留1年。

四、旅客遗留携带品的处置

由于旅客乘降车匆忙而遗留在站、车内的携带品（简称旅客遗失物品），应设法归还原主。如旅客已经下车，应编制客运记录，注明品名、件数等，移交旅客下车站。不能判明时，移交当次列车的终点站。车站对本站发现或移交的遗失物品，应在遗失物品登记簿上详细登记，注明日期、地点、移交车次、品名、包装及内含物品、数量、重量、交物人、经办人、处理结果等内容。

客流量较大的主要客运站应设置旅客遗失物品招领处。对旅客遗失物品必须加强管理，定期查点。失物招领处对旅客遗失物品应妥善保管，正确交付。失主来领取时，应查验身份证，核对时间、地点、车次、品名、件数、重量；确认无误后，由失主签收，并记录身份证号码。如车站或列车拾得现金时，应填写客运运价杂费收据，并在捡拾物品登记簿上注明客运运价杂费收据号码，当失主来领取时，开具退款证明书办理退款。

遗失物品需要通过铁路向失主所在站转运时，内附清单（一件整体物品除外），物品加封，填写客运记录和行李、包裹交接证，并与列车行李员办理交接手续（危险品和国家禁止或限制运输的物品、动物，妨碍卫生、污损车辆的物品以及食品不办理转送）。物品在5kg以内的免费运送，如旅客遗失物品重量超过5kg时，到站按品类及实际重量填发客运运价杂费收据，补收包裹运费。

复习思考题

1. 铁路旅客运输合同的含义及凭证是什么？

2. 旅客、承运人的基本权利和义务有哪些？

3. 车票有何作用？有哪些分类？

4. 车票的发售条件是怎样规定的？

5. 实名制售票、互联网售票和电话订票有怎样的规定？

6. 旅客乘车条件是什么？如何办理车票签证？

7. 车票有效期是怎样确定的？什么情况下可延长车票的有效期？车票有效期失效应如何处理？

8. 旅客发生误购（误售）车票、误乘列车及丢失车票时，应如何处理？

9. 车票的查验是怎样规定的？发现违章乘车如何处理？

10. 退票和旅行变更如何办理？

11. 旅客携带品的范围是怎样规定的？超过规定范围违章携带时应如何处理？

12. 2016年某月某日，一旅客在安阳站持D124次汉口—北京西二等车票一张（373元）和D124次列车长开具的客运记录一份，旅客因病要求退票，请办理。

已知：汉口—北京西1205km，汉口—安阳703km。

13. 2016年某月某日，郑州站组织K179次列车旅客出站时，发现一旅客持石家庄—郑州车票一张，携带纸箱内装电器一件，重16kg；该纸箱长68cm，宽85cm，高75cm，提包一件重12kg，内装一只狗重8kg，请办理。

已知：郑州—石家庄408km，四类包裹运费0.759元/kg。

14. 某月某日，在南昌车站，一旅客要求购买下周二K441次南昌至广州东快速（新空快速）车，到广州东的车票66张，南昌站安排硬卧36张（1－12组）（其中伤残军人2人，1.2～1.5m的儿童4人单独使用卧铺），硬座30张，请计算该团体总票价。

已知：K441次南昌—广州东全程1065km，快速加快票价34元（半价17元），硬座客票票价83.5元（半价43.0元），硬卧票价100.0元（上）、108.0元（中）、117.0元（下）（半价63.5元），空调票价21.0元（半价10.5元）。

15. 某年8月1日柳州站组织K315次（西安—南宁）旅客出站时，发现一旅客持乌鲁木齐—柳州的车票，携带旅行包一只重20kg和纸箱一只重20kg（内装哈密瓜，价格应为1.00元/kg）。柳州站应如何处理（乌鲁木齐—西安2568km，西安—柳州2133km，柳州—南宁255km）？

已知：西安—柳州2133km，四类包裹运费3.207元/kg。

16. 2016年3月5日，一旅客在许昌持3月4日北京西—汉口的D121次二等座车票1张，要求签当日K369次到汉口，能否办理？

第四章　行李、包裹运输

本章内容简介

本章主要研究行李、包裹运输合同；行李、包裹的范围、托运和承运；行李、包裹的运送和运输变更；行李、包裹的交付及违章运输的处理；快运包裹的运输。重点了解行李、包裹的范围和类别；掌握行李、包裹、小件货物的托运、承运的办理手续及票据填写；知晓行李、包裹运输变更的处理。

第一节　行李、包裹运输合同

一、行李、包裹运输合同

办理行李及包裹运输，托运人与承运人之间必须签署运输合同。

1. 行李、包裹运输合同的定义

铁路行李、包裹运输合同是指承运人与托运人、收货人之间明确行李、包裹运输权利、义务关系的协议。行李、包裹运输合同的当事人有承运人、托运人和收货人。

2. 行李、包裹运输合同的履行期间

行李、包裹运输合同自承运人接收行李、包裹、中铁快运托运单并填写行李票、包裹票、中国铁路小件货物快运运单时起成立，至行李、包裹运至到站、到达地或托运人指定地点交付收货人止为履行完毕。

3. 行李、包裹运输合同的凭证

行李、包裹运输合同的基本凭证是行李票、包裹票；快运包裹运输合同的基本凭证是中国铁路小件货物快运运单。中铁快运托运单是合同的组成部分。

行李票、包裹票、快运单主要应当载明下列内容：

(1)发站和到站；发送地和到达地。

(2)托运人、收货人的姓名、地址、联系电话、邮政编码。

(3)行李和包裹的品名、包装、件数、重量。

(4)运费、快运包干费。

(5)声明价格。

(6)承运日期、运到期限、承运站站名戳、承运快运机构名戳及经办人员名章。

与旅客车票实名制相对应，行李、包裹运输合同中需填写托运人身份证号码。

二、托运人的基本权利和义务

托运人是指委托承运人运输行李或小件货物并与其签有行李、包裹运输合同的人。

1. 权利

(1)要求承运人将行李、包裹按期、完好地运至目的地。

(2)行李、包裹灭失、损坏、变质、污染时要求赔偿。

2. 义务

(1)缴纳运输费用,真实、完整、准确填写托运单,遵守国家有关法令及铁路规章制度,维护铁路运输安全。

(2)因自身过错给承运人或其他托运人、收货人造成损失时应负赔偿责任。

三、承运人的基本权利和义务

1. 权利

(1)按规定收取运输费用,要求托运的物品符合国家政策法令和铁路规章制度。对托运的物品进行安全检查,对不符合运输条件的物品拒绝承运。

(2)因托运人、收货人的责任给他人或承运人造成损失时向责任人要求赔偿。

2. 义务

(1)为托运人提供方便、快捷的运输条件,将行李、包裹安全、及时、准确地运送到目的地。

(2)行李、包裹从承运后至交付前,发生灭失、损失、变质、污染时,负赔偿责任。

此外,在行李、包裹运输合同中,收货人虽然不参与合同的订立,但作为合同的当事人,也具有一定的基本权利和义务。

四、收货人的基本权利和义务

1. 权利

(1)行李、包裹到达后凭有关凭证领取行李、包裹。

(2)行李逾期到达、灭失、毁损时要求承运人承担违约责任。

2. 义务

(1)及时领取行李、包裹,逾期领取时交付保管费。

(2)按规定支付有关费用。

第二节　行李、包裹运输范围

一、行李

1. 行李运输的范围

行李运输是方便旅客的旅行生活而开办的一种运输业务,与旅客运输密不可分。为此,对行李不仅要求应随旅客所乘列车运送或提前运送,而且在运价方面也给予了很多的优惠。所以,对于行李的运输范围也做出了一定的限定,超过规定范围的应按包裹运输。

行李是指旅客由于旅行而导致的生活上一定限度的必需品,必须凭有效车票办理托运。

行李包括以下物品:

(1)旅客自用被褥、衣服、个人阅读的书籍。

(2)残疾人用车(每张客票限1辆并不带汽油)。

(3)其他旅行必需品。

2. 行李中不得夹带的物品

行李中不得夹带货币、证券、珍贵文物、金银珠宝、档案材料等贵重物品和国家禁止、限制运输的物品、危险品。

其中,货币含各种纸币和金属辅币;证券含股票、彩券、国库券及具有支付、清偿功能的票据等;珍贵文物是指具有一定年代的有收藏、研究或观赏价值的物品;档案材料是指人事、技术档案、组织关系、户口簿或户籍关系,各种证件、证书、合同、契约等。国家禁止和限制运输的物品,以国务院及各部委颁发的文件为准;危险品是指国务院铁路主管部门公布的《危险货物品名表》内的品名,对其性质有怀疑的物品也按危险品处理。

3. 行李重量与体积限定

每件行李的最大重量为50kg。体积以适于装入行李车为限,但最小不得小于$0.01m^3$。

二、包裹

1. 包裹运输的范围

(1)包裹的定义

包裹是指适合在旅客列车的行李车内运输的工农业生产和人民生活有关的小件急运货物。由于运输速度较快,故俗称"快件"。

作为包裹运输的物品,其性质、形状、体积和重量,必须适合旅客列车运输,并在优先保证行李运输的条件下,才可办理包裹运输。

(2)包裹的分类

根据党的方针政策和国家的政治经济任务、物品本身的价值、物品的性质和用途以及运输条件和能力,将包裹分为四类,如表4-1所示。

包裹分类表 表4-1

类别	具体内容
一类	报纸类——自发刊日起5d以内的报纸;政宣品——中央、省级政府(含国务院各部委和解放军各大军区)宣传用非卖品,新闻图片;课本类——中、小学生课本,不含各种教学参考书及辅导读物(但全国政协工作用书可按一类包裹)
二类	抢险救灾物资——凭各级政府机关证明托运;书刊——应有国家规定的统一书刊号的各种刊物、著作、工具书以及内部发行的规章等;鲜冻食用品——鲜或冻的鱼介类、肉、蛋、奶类、果蔬类
三类	不属于一、二、四类包裹的物品
四类	一级运输包装的放射性同位素、油样箱、摩托车;泡沫塑料及其制品;国务院铁路主管部门指定的其他需要特殊运输条件的物品

注:报纸应有国务院或省级新闻出版管理部门的统一刊号(CN××-××××)。

由于鲜或冻的鱼介类,肉、蛋、奶类,果蔬类,因品名繁多,有的应按二类包裹办理,有的则须按三类包裹托运。为了正确判明包裹类别,特列出不易判明的二类包裹品名表,以方便识别,如表4-2所示。

不易判明的二类包裹品名表 表4-2

品名	可按二类包裹办理	不按二类包裹办理
鲜和冻的鱼介类	螺丝、蛤蜊、海参,包括为防腐而煮过的和加少量盐的虾蟹	咸的、卤的、干的鱼、虾、海蜇、海参
鲜和冻的肉类	包括食用动物的五脏、头蹄和未经炼制的脂油	咸的、腌的、熏的、熟的肉类
肠衣	包括为防腐加少量盐的牛、羊、猪的小肠、肠衣、胎盘	—
蔬菜类	藕、荸荠、芋头、土豆、豆芽、红薯、豆腐干、干豆腐(千张)、豆腐、姜、葱、蒜、洋葱、鲜笋	干辣椒、花椒、粉条、粉皮、海带或腌、干菜
瓜果类	鲜枣、荔枝、木瓜、桂圆(龙眼)、橄榄、佛手、百合、鲜菱、甘蔗	干果、蜜饯,如松子、核桃、椰子、白果、瓜子、花生、栗子、果脯等
乳类	鲜、冻牛、马、羊乳,酸牛乳、奶酪	炼乳、奶粉、奶油、黄油
蛋类	家禽、野禽的鲜蛋	咸、熟蛋,松花蛋(皮蛋),糟蛋
秧苗	稻秧、薯秧、菜秧、花秧、烟苗、(根茎作药苗)	种子
果树苗、果树接穗	带根的果树苗和互相接种的果枝	一般树苗(非果树苗)
其他	鲜酵母、鲜桑叶、鲜香椿、鲜蘑菇	鲜花、盆花

包裹每件重量和体积的限定与行李相同。

此外,铁路运输企业可制定管内包裹运输的范围。

遇特殊情况需要运输超过规定重量和超过四类包裹中3项品名的物品时,应经调度命令或上级书面运输命令批准。其中,承运超重包裹时,必须经装运方上级单位的调度命令批准,发布调度命令前应征得到达方的同意,且仅限自列车始发站运至列车终到站,不涉及中转,单件重量不得超过200kg;经行邮专列运输的包裹,每件重量不得超过300kg。

2. 快运包裹的范围

快运包裹是铁路运输的一种方式,业务全称为"小件货物特快专递运输服务",包括中铁快运和高铁快运,注册商标分别为"CRE 中铁快运"和"CREG 高铁快运",业务性质为运输服务业。

快运包裹以铁路为主要运输工具,配合航空、公路、海运开展综合运输,辅以汽车运输实行门到门服务。同时,根据国家主管部门批准的国际货物运输代理经营权,开展国际运输,以满足顾客不同的需求。

快运包裹外部尺寸长宽高之和不得小于0.6m,货物外部的最大尺寸应不超过长3m、宽1.5m、高1.8m。超过时应先与中转机构或到达机构协商,同意后方能办理;并根据快运包裹的外部尺寸及重量选择合适的运输工具。每件最大重量一般不得超过50kg,超过时按超重快运包裹办理。

3. 不能按包裹托运的物品

为确保旅客运输安全及乘车环境不受影响,以及为了遵守国家相关法律法规,具有以下特性的物品不得按行李、包裹运输:

(1)妨碍公共卫生和安全的物品。

(2)国家政策法令规定禁止运输的物品。

(3)活动物中能够主动攻击伤害人的猛兽、猛禽和大动物。

具体包括:

(1)尸体、尸骨、骨灰、灵柩及易于污染、损坏车辆的物品。

(2)蛇、猛兽、猛禽、蝎子、蜈蚣、蜂和每头超过20kg的活动物(警犬和运输命令指定运输的动物除外)。

(3)国务院及国务院铁路主管部门颁发的有关危险品管理规定中规定的危险品、弹药以及承运人不能判明性质的化工产品。

(4)国家禁止运输的物品和不适于装入行李车的物品。

第三节　行李、包裹的托运和承运

行李、包裹的托运和承运,从实质上来讲,即为行李、包裹运输合同订立过程中的要约与承诺。这两个程序一经完成,合同即告成立。

一、托运

行李、包裹的托运,是指旅客或托运人向铁路要求运输行李或包裹。

1. 行李的托运条件

旅客托运行李时,必须提出有效车票和托运单。旅客凭车票,在乘车区间内,可从任何营业站托运至另一营业站,每张客票只能托运一次(残疾人用车不限次数)。市郊定期客票不能托运行李;铁路乘车证未办理签证不能托运行李,签证后不能免费托运行李。

各铁路局所属车站行包房使用的行李托运单为单页式;"中铁快运股份有限公司"营业部所使用的托运单为由行李、包裹、小件货物快运共享的托运单,格式为一式二联(见表4-3),乙联用于客户交款,甲联交留营业部存查。

2. 包裹的托运条件

托运人托运包裹时,应提出包裹托运单。

为贯彻国家有关法律法规,加强运输和物资管理,保障社会治安,保护人民财产安全,规定托运下列包裹时,托运人必须提出有关单位的运输证明:

(1)托运省级以上政府宣传用非卖给品,应有省级以上政府机关(含国务院各部委和解放军各大军区)的书面证明。

(2)托运金银珠宝、货币证券,应提供中国人民银行的正式文件或当地铁路公安局或公安处的免检证明。

(3)托运枪支应提出运往地市(县)公安局的运输证明。

(4)托运警犬应提出公安部门的书面证明;国家法律保护的野生动物应提出国家林业主

管部门的运输证明。

(5)托运国家有关部门规定的免检物品,应提出当地铁路公安局(处)的免检证明。

托 运 单 表4-3

中铁快运股份有限公司

托 运 单 (甲联)

(黑框内由托运人填写) 20 ___年___月___日

到站:	经由:					承运人确认事项			
持票旅客请填写	客票票号:			人数:		票号:			
	车次:			客票到站:					
货物名称	包装种类	件数	重量(kg)	体积(长×宽×高)	声明价格(保价)	件数	重量(kg)	行李	包裹
								□	□
								□	□
								□	□
								□	□
选择填写 付款方式	现金□ 支票□ 协议□ 到付□					包装费			元
取货方式	凭原件提取□ 凭传真件提取□					取货费			元
服务要求	送货上门□ 货需包装□ 仓储保管□ 代发传真□					代收送货费			元

发送地		
到达地		
托运人	名 称:	
	地 址:	
	邮 编:	电 话:
	传真电话:	电子邮件:
收货人	名 称:	
	地 址:	
	邮 编:	电 话:
	传真电话:	电子邮件:
托运人记事:		承运人记事:
取货员(章):		安检员(章):

托运人注意:在填写托运单前,请详细阅读乙联背面"客户须知",并在下面签字。

托运人:________ 营业部(章)

(6)托运国家禁止或限制运输的物品,如精神和麻醉药品应提出国家卫生主管部门的运输证明;并且运输证明副本随货件同行,以备查验,至到站交收货单位。

(7)托运动、植物时应提出动、植物检疫证明。办理时,将检疫证明的二联附在运输报单上以便运输过程中查验。

(8)托运Ⅰ级或辐射水平 $H \leqslant 1\mathrm{mrem/h}$ 的Ⅱ级放射性同位素时(气体放射性物质除外),应提出经铁路卫生防疫部门核查签发的"铁路运输放射性物品包装件表面污染及辐射水平检查证明书",一式两份。其中一份随运输报单至到站交收货人,一份发站留存。

(9)托运油样箱时,必须使用铁路规定的专用油样箱并提出国务院铁路主管部门签发的油样箱使用证。到站后由收货人直接到行李车提取。

(10)其他承运人认为应提供证明的物品。

注:旅客或托运人需在托运单托运人记事栏内注明其身份证号码。

3. 行李、包裹的保价运输

行李、包裹运输分为保价运输和不保价运输两种形式。旅客或托运人自行选择其中一种运输方式,并在托运单上注明。

托运人选择保价运输时,按以下规定办理:

(1)办理保价运输的行李、包裹必须在托运单上填写声明价格。声明价格可分件声明价格,也可按一批全部件数声明总价格。如分件声明价格时,应将每件的声明价格和重量分别写明,在每件货签和包装上必须写明总件数之几的字样。声明价格达到一定金额的保价物品应施封(由各铁路局制定具体施封标准)。

(2)按一批办理的行李、包裹,不能只声明其中一部分价格。

(3)车站承运保价运输的行包时,应核实声明价格是否与实际价格相符。如拒绝检查时,承运人可以拒绝按保价运输承运。

(4)保价运输时,行李按声明价格的0.5%、包裹按按声明价格的1%核收保价费。一段按行李、一段按包裹托运时,全程按行李核收保价费。

(5)保价运输的行李、包裹,发生运输变更时,保价费不补不退。因承运人责任造成的取消托运时,保价费全部退还。

二、验货

《铁路法》规定:“托运人应当如实填报托运单,铁路运输企业有权对填报的货物和包裹的品名、重量、数量进行检查。经检查,申报与实际不符的,检查费用由托运人承担;申报与实际相符的,检查费用由铁路运输企业承担,因检查对货物和包裹中的物品造成的损坏由铁路运输企业赔偿”。

据此,托运人托运行李、包裹时,应主动提供便于检查的条件,准确填写托运单,并对托运单上所填写事项的真实性负完全责任。车站在受理时,必须对下列项目认真检查核对。

(1)物品名称、件数是否与托运单记载相符,物品状态是否完好,有否夹带危险品及国家禁止或限制运输的物品。

(2)物品的重量、体积、包装是否符合运输要求。

(3)货签、安全标志是否齐全,填写是否正确。

(4)必须提供的运输证明是否齐全。

为保证行李、包裹运输过程中的安全、便于保管与装卸,行李、包裹的包装必须完整牢固,适合运输,不能有开口、破裂、短缺等现象。其包装的材料和方法应符合国家或运输行业规定的包装标准。包装不符合要求时,应动员其改善包装。托运人拒绝改善包装的,车站可以拒绝承运。

每件物品的两端应各拴挂一个铁路货签(见图4-1),不符合标准的货签不得使用。货签中填注的内容与托运单及行李、包裹票有关内容相符,不得省略和使用代码、代号。货签上的行李、包裹票号栏应用号码机或号码戳打印;其他各栏填写时应整洁、清晰,使用规范的文字。如分件保价的物品还应在件数栏注明“总件数之几”字样。

托运易碎品、流质物品或一级运输包装的放射性同位素时,应在包装表面明处贴上“小心轻放”“向上”“一级放射性物品”等相应的安全标志(见图4-2)。

行李、包裹在承运后、交付前发生破损、松散时,承运人应负责及时整修并承担整修费用。修整后应编制客运记录,详细记载破损原因、状况和整修后状态,并在行李、包裹运输报单的记事栏内注明“××站整修”,加盖站名戳。整修费用列车站运营成本。

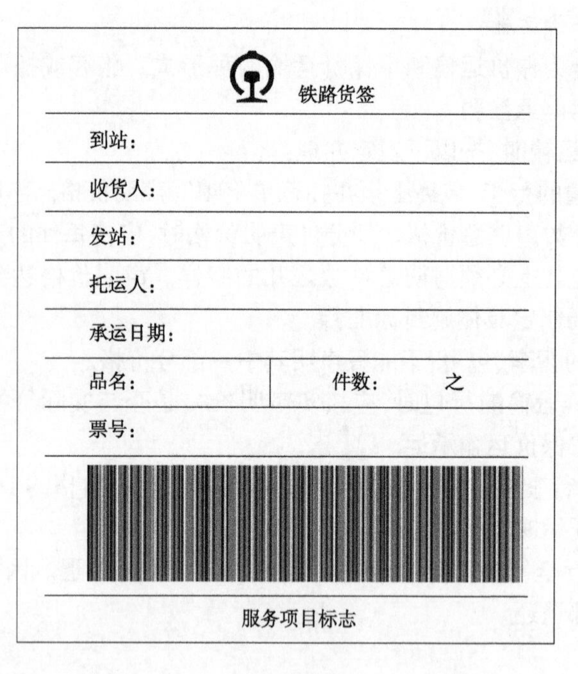

图 4-1　铁路货签

图 4-2　常见安全标志

三、承运

1. 行李、包裹承运手续的办理

车站对托运的行李、包裹检查完毕，认为符合运输条件时即可办理承运手续。

单件行李、包裹的重量、体积必须符合规定的范围要求；遇特殊情况超过 50kg 的限定时，必须由客运调度员批准。跨局运输时，与有关铁路局协商后办理。

办理承运行李、包裹时，应确认品名、件数、包装并进行检查核对，正确检斤。承运加水、加冰的物品或途中喂养动物的饲料应单独检斤，作为到站因此产生减量或重量消失的依据。

承运运输等级Ⅰ级的放射性同位素或辐射水平 $H \leqslant 1\text{mrem/h}$ 的Ⅱ级放射性同位素时(气体放射性物质除外),应审核“铁路运输放射性物质包装件表面污染及辐射水平检查证明书”;包装件表面放射性污染及其内容物的放射性活度均不得超过《铁路危险货物运输规则》表1与表2规定的限值。一批或一辆行李车内装载的件数不得超过20件,每件重量不得超过50kg,并不得与感光材料、油样箱以及活动物配装。与食品、药品配装时,需要隔开2m以上的距离。

遇特殊情况,如国家法令、自然灾害或货物严重积压时,铁路运输企业可暂停承运包裹。

2. 行李票、包裹票、小件货物快运运单的填写

铁路营业窗口在办理承运手续时,应正确填写行李票、包裹票及中国铁路小件货物快运运单(见表4-4~表4-6)。

行 李 票　　　表4-4

××铁路局　　乙

行　李　票　(运输报单)

A000000　　20　年　月　日

到＿＿＿＿＿＿站　　经由＿＿＿＿＿＿站

旅客乘坐　　月　　日　　次车　　客票号

旅客姓名	共　人　电话：××××××××						
住　址	邮政编码：						
顺号	包装种类	件数	实际重量	声明价格	运价里程		km
					运到期限		日
					计费重量	规重	千克
						超重	千克
					运费		元
					保价费		元
							元
					合计		元
					月　日　次列车到达		
合计					月　日　交付		
记事					………营业部经办人………印		

X00000000000000000000　　(上分)行李票号码：A000000

包 裹 表　　表4-5

中铁快运股份有限公司

乙

包　裹　票

(运输报单)

A000000　　20　年　月　日

到__________站　　经由_________站

发货人	单位姓名：			电　话：			
	详细地址：			邮政编码：			
收货人	单位姓名：			电　话：			
	详细地址：			邮政编码：			
顺号	品名	包装种类	件数	实际重量	声明价格	运价里程	km
						运到期限	日
						计费重量	kg
						运费	元
						保价费	元
							元
						合计	元
						月　日	次列车到达
合计						月　日	时 通知
						月　日	交付
记事：							
——营业部经办人——印							

B000000000000000000000　　(上分)包裹票号码：A000000

中国铁路小件货物快运运单　　表4-6

中铁快运股份有限公司

中国铁路小件货物快运运单　0000000　K000000000000000000000

发送地：	承运时间：　年　月　日					到达地：	发站：	到站：
托运人	单位(姓名)：					收货人	单位(姓名)：	
	地址：						地址：	
	电话：		传真：				邮政编码：	电话：
品名	包装种类	件数	重量(kg)	体积(m³)	声明价格	快运包干费：　元	运价里程：	km
						超重附加费：　元	运到期限：	元
						保价费：　元	计费重量：	kg
						元		元
						元		元
合计						元		
托运人签章：						费用合计：		元
收货人有效证件号码(或单位公章)：						交付时间：　月　日　时　分		领货人签章
记事						领货人有效证件号码：		
						承运人签章	到达通知记录	到达记录

行李、包裹票的填写规定：

(1)行李票的车次和经由栏按车票实际径路填写；旅客指定径路时，按指定径路填写。计费重量栏按行李运价计费的重量写在“规重”即规定重量栏内，加倍计费的重量(超过50kg部分)写在“超重”栏内。

(2)行李、包裹票各栏，应按行李、包裹托运单填记情况详细填写。

(3)分件声明价格时，按顺序号逐栏填写声明价格。

(4)行李、包裹票“保价费”栏下面空格栏内可填写“杂费计”；“杂费计”含装(卸)车费、包装费、货签费、搬运费等项。同时，在记事栏内将上述发生的收费项目及金额分项注明，如杂费明细：货签费××元，装车费××元。

(5)记事栏应注明的内容有：

①旅客指定径路时，注明“旅客指定经由××站”。承运第二次托运的行李时，应注明“第二次”。

②承运超过车票到站的行李时，注明“车票到站××站”。

③对加冰、加水或附饲料的包裹，应注明“加冰”“加水”或“附饲料”字样。

④承运需提出运输证明文件的物品时，应将运输证明文件附在包裹票运输报单上，以便途中和到站查验，并在包裹票记事栏内注明“附××(机关)×月×日发××号文件”。

⑤承运自行押运的包裹时，应注明“自押”字样，并注明“押运人×名”。

⑥承运自行车、助力机动车、摩托车时，应注明牌名、车牌号码、车型、新或旧等车况，并分别注明有无铃、锁和灯等零件。

⑦承运经客运调度员或中国铁路总公司批准的超重、超大物品时，应注明“×月×日经中国铁路总公司××号(客调××号命令)批准”。

⑧承运凭书面证明免费托运的铁路砝码和衡器配件时，应注明“衡器检修、免费”字样，收回书面证明报铁路局。

⑨承运中国铁路文工团和中国铁道建筑总公司文工团开具的证明办理免费运送的演出服装、道具、布景时，也比照⑧办理。

⑩其他应记载的事项，如凭传真提货、“杂费计”明细等。

承运行李时，应在车票背面加盖“行”字戳记。

现阶段中铁快运股份有限公司营业部开展的用于办理门到门、门到站或站到门的快运包裹业务，其运输票据为小件货物快运运单。小件货物快运运单与包裹票主要不同栏的填写要求有：

(1)发送地、到达地应当填写货物实际接收和交付的地点。

(2)对每立方米重量不足167kg的轻泡货物需要填写体积。

(3)快运包干费和超重附加费按规定费率计费或按协议价格(低于标准)填写。

包裹票中的“杂费计”在小件货物快运运单中统一写成“物流辅助服务费”。物流辅助服务费除装车费、卸车费、货签费外，还包括包装费、信息服务费等。

行李、包裹票和小件货物快运运单必须认真逐项填写，使用规范文字不得潦草，加盖规定名章，不准签字代替。

行李票、包裹票每种分甲、乙、丙、丁、戊五页。甲页上报；乙页运输报单，随行李或包裹交列车行李员随行李、包裹交到站；丙页交旅客或托运人作为领取行李或包裹的凭证；带运包裹应将乙页交给旅客，丙页随甲页上报。凭印鉴领取的和旅客或收货人不能提出丙页时，应将乙页上报。丁页作报销凭证,戊页作为存根由车站按日整理,留站存查。

小件货物快运运单一式五联:各联用途与行李、包裹票相一致。

2017 年 5 月 1 日起,托运人在铁路车站(中铁快运营业部)托运包裹时,车站填写电子包裹票,打印出来交给托运人的纸质单据为小件货物快运运单。

四、包裹的押运和带运

1. 包裹的押运

托运金银珠宝、货币证券、文物、枪支、鱼苗、蚕种和途中需饲养的动物时,托运人必须派人押运。对运输距离在 200km 以内、不需要饲养的家禽、家畜,托运人提出不派人押运时,也可以办理托运。车站应向托运人说明并要求其在托运单上注明“途中逃逸、死亡,铁路免责”。

押运的包裹应装行李车,由押运人自行看管,车站负责装车和卸车。押运人应购买车票并对所押物品的安全负责。承运人应为押运人购票提供方便。车站行李员对已办理承运的包裹应通知押运人装车日期和车次。一批包裹原则上限派一名押运人,押运人凭“铁路包裹运输押运证”和旅客列车全价硬座车票登乘行李车押运;押运证由托运人向承运行包房申请办理。

列车行李员对登乘行李车的押运人应指定押运位置,保管好押运人随身携带的火种(下车时归还),查验押运人车票及押运证,在押运人员登记簿上登记押运人姓名、性别、身份证号码、联系电话、包裹票编号、押运证编号、包裹装卸车站等信息;并向押运人告知如下安全注意事项和押运管理要求。

(1)行李车内严禁吸烟。

(2)不准打开车门乘凉。

(3)不得移动车内备品、物件。

(4)不要靠近放射性物品。

2. 包裹的带运

带运包裹是指旅客将按包裹办理的贵重品、重要文件、尖端保密产品带入包房自行看管和装卸的物品。

办理带运包裹只允许使用软、硬卧包房,并事先在车站行包房办理包裹带运手续,交付包裹运费后准予带运。带运包裹每件重量不得超过 50kg,每个包房带运重量最多不超过 100kg,应便于上、下车和出入包房,保证车内秩序和安全。保证车辆设备不被损坏。对占用的包房铺位应按占用数量购买车票。所带物品影响其他旅客时,应单独占用包房并按包房的铺位数购买车票。

在包房内发现应办而未办手续的带运包裹,应按旅客携带品处理。

【例 4-1】 2017 年 3 月 6 日,旅客葛××持南昌—南京 K1192 次车票一张,票号 B023156,由南昌站托运至南京站行李 2 件,一件重 35kg,一件重 27kg,选择不保价运输,办理如下:

南昌—南京 838km;

50kg(规重)行李运费:50kg × 0.435 元/kg = 21.75 元 ≈ 21.80 元

12kg(超重)行李运费加倍数:12kg × 0.435 元/kg × 2 = 10.44 元 ≈ 10.40 元

运费小计:32.20 元。

装车费每件2.00元，计4.00元；卸车费每件2.00元，计4.00元；

货签费：每件2个，每个0.25元，共1.00元。

费用合计：41.20元。

托运单、行李票填写式样，见表4-7、表4-8。

托运单填写式样 表4-7

中铁快运股份有限公司

托 运 单

（乙联）

（黑框内由托运人填写） 20 17 年 3 月 6 日

到站：南京西		经由：贵、芜				承运人确认事项			
持票旅客请填写	客票票号：B023156			人数：1		票号：X025316			
	车次：K1192			客票到站：南京西					
货物名称	包装种类	件数	重量（kg）	体积（长*宽*高）	声明价格（保价）	件数	重量（kg）	行李	包裹
衣物	纸箱	2				2	62	√	
合计		2				2	62		

选择填写			
付款方式	现金☑ 支票□ 协议□ 到付□	包装费	元
取货方式	凭原件提取☑ 凭传真件提取□	取货费	元
服务要求	送货上门□ 货需包装□ 仓储保管□ 代发传真□	代收送货费	元

发送地：		
到达地：		
托运人	名　　称：葛××	
	地　　址：江西省南昌市××路××号	
	邮　　编：330000	电　　话：88375612
	传真电话：	电子邮件：
收货人	名　　称：葛××	
	地　　址：	
	邮　　编：	电　　话：
	传真电话：	电子邮件：
托运人记事：3601031983 ⋯.3657		承运人记事：
取货员（章）：		安检员（章）：

托运人注意：在填写托运单前，请详细阅读乙联背面“客户须知”，并在下面签字。

托运人：＿＿＿＿＿＿＿＿ 营业部（章）

行李票填写式样 表4-8

南昌铁路局 乙

行 李 票

（运输报单）

No：B023156 2017 年 3 月 6 日

到 南京西 站 经由 贵、芜 站

旅客乘坐 3 月 6 日 k1192 次车 客票号 B041318

旅客姓名	葛×× 共 1 人 电话：88375612					
住 址	江西省南昌市××路××号 邮政编码：330000					
顺号	包装种类	件数	实际重量	声明价格	运价里程	838 km
					运到期限	4 日
1	纸箱	2	62		计费重量 规重	50 千克
					计费重量 超重	12 千克
					运费	32.2 元
					保价费	元
					杂项计	9.00 元
					合计	41.20 元
					月 日 次列车到达	
合计		2	62		月 日 交付	
记事	杂项明细：装车费 4 元，卸车费 4 元，货签费 1 元。 南昌 营业部经办人 ㊞					

【例4-2】 2017年3月6日，托运人齐××自南昌站托运至汕头站文具2件，共重47kg，编织袋包装，声明价格5000元，收货人为汕头××公司。办理如下：

南昌站核收南昌—定南的铁路运费，定南至汕头铁路属广梅汕公司，运费由到站核收。

南昌——定南560km；

文具属三类包裹，计费重量47kg，运费：47kg×0.780元/kg=36.66元≈36.60元。

保价费：5000×1%=50.00元；

装车费4.00元，卸车费4.00元；

货签费:每件2个,每个0.25元,共1.00元。

费用合计:95.60元。

包裹记事栏内注明:"定南至到站运费由到站核收"。

托运单、包裹票填写式样见,表4-9、表4-10。

托运单填写式样 表4-9

中铁快运股份有限公司

托 运 单 (乙联)

(黑框内由托运人填写) 20 17 年 3 月 6 日

到站：汕头			经由：			承运人确认事项			
持票旅客请填写	客票票号：		人数：			票号：			
	车次：		客票到站：						
货物名称	包装种类	件数	重量（kg）	体积（长*宽*高）	声明价格（保价）	件数	重量（kg）	行李	包裹
文具	纸箱	2			5000.00	2	47	√	
合 计		2				2	47		
选择填写	付款方式	现金☑ 支票☐ 协议☐ 到付☐				包装费		元	
	取货方式	凭原件提取☑ 凭传真件提取☐				取货费		元	
	服务要求	送货上门☐ 货需包装☐ 仓储保管☐ 代发传真☐				代收送货费		元	
发送地：									
到达地：									
托运人	名称：齐××								
	地址：江西省南昌市××路××号								
	邮编：330000			电话：88375612					
	传真电话：			电子邮件：					
收货人	名称：赵××								
	地址：汕头市××路58号××公司								
	邮编：515000			电话：135××××××××					
	传真电话：			电子邮件：					
托运人记事：3601031988….2587					承运人记事：				
取货员（章）：					安检员（章）：				

托运人注意：在填写托运单前，请详细阅读乙联背面"客户须知"，并在下面签字。

托运人：＿＿＿＿＿＿＿＿ 营业部（章）

包裹票填写式样　　表4-10

中铁快运股份有限公司　　乙

包　裹　票　　(运输报单)

No:E085792　　20 17 年 3 月 6 日

到____汕头__站　　经由_________站

发货人	单位姓名：齐××				电　话：88375612		
	详细地址：江西南昌××路××号				邮政编码：330000		
收货人	单位姓名：汕头市××公司 赵××				电　话：135××××××××		
	详细地址：汕头市××路58号				邮政编码：515000		
顺号	品名	包装种类	件数	实际重量(kg)	声明价格(元)	运价里程	560km
						运到期限	4 日
1	文具	纸箱	2	47	5000.00	计费重量	47 kg
						运费	36.60 元
						保价费	50.00 元
						杂项计	9.00 元
						合计	95.60 元
						月　日	次列车到达
合计			2	47	5000.00	月　日	时 通知
						月　日	交付

①杂项明细：装车费4.00元，卸车费4.00元，货签费1.00元；
②定南至到站运费由到站核收。

南昌营业部经办人 __印__ ㊞

No：E085792

第四节　行李、包裹的运送及运输变更

一、行李、包裹运输组织原则及运到期限

(一)行李、包裹运输组织原则

行李、包裹的运输，应按照先行李后包裹、先中转后始发、先重点后一般，快运包裹优先和长短途列车分工的原则，及时、安全、准确、合理、均衡地组织运输。

行李应随旅客所乘列车装运或提前装运，做到行李随人走、人到行李到。包裹应按其类别性质统筹安排运输，并尽量以直达列车或中转次数少的列车装运。

(二)行李、包裹的运到期限

1. 行李、包裹的运到期限

行李、包裹的运到期限，系指在铁路现有技术设备条件和运输组织水平下，将行李、包裹运送至约定地点所需要的时间。这是行李、包裹运输合同的主要内容之一，因此，铁路自承运后，应迅速组织装运，站、车之间严格执行运到期限。

行李、包裹的运到期限，以运价里程计算。从承运日起，行李600km以内为3d，601km

以上每增加600km增加1d,不足600km的尾数也按1d计算;包裹400km以内为3d,401km以上每增加400km增加1d,不足400km的尾数也按1d计算。一段按行李、一段按包裹计价时,全程按行李计算运到期限。

2. 快运包裹的运到期限

快运包裹的运到期限从承运次日起计算:

(1)国内主要城市间有直达旅客列车运送的快运包裹为3d;3500km以上为4d。

(2)其他城市间需中转运送的快运包裹1000km以内为3d;超过1000km时,每增加800km增加1d,不足800km的尾数按1d计算。

(3)一批货物内有超过50kg不足100kg的超重快运包裹时增加1d;有100kg及以上的快运包裹时增加2d(按该批单件最重货物计算增加天数)。

(4)由于不可抗力(如水灾、地震、飓风、雪灾等自然灾害)或非铁路责任(如疫情、战争、执法机关扣留等)所发生的停留时间,应加算在行李、包裹的运到期限内。

3. 行李、包裹逾期运到的处理

根据《铁路法》相关条款要求,铁路客运规章对于行李、包裹逾期运到的处理有如下规定:

(1)行李、包裹超过规定的运到期限时,承运人应按逾期日数及所收运费的百分比向收货人支付逾期运到违约金。一批中的行李、包裹部分逾期时,按逾期部分运费比例支付。违约金最高额不得超过运费的30%(见表4-11)。计算违约金时,不足0.1元的尾数按四舍五入处理。

运到期限违约金计算表 表4-11

违约金比率(%) \ 逾期日数 / 运到期限	1	2	3	4	5	6	7	8	9	10日以上
3	10	20	30							
4	5	15	20	30						
5	5	10	20	25	30					
6	5	10	15	20	25	30				
7	5	10	10	15	20	25	30			
8	5	5	10	15	20	20	25	30		
9	5	5	10	15	15	20	25	25	30	
10以上	5	5	10	10	15	20	20	25	25	30

其计算公式如下:

$$C = F \cdot \psi$$

式中:C——运到逾期违约金额(尾数以角为单位,分值采取四舍五入处理);

F——运费;

ψ——违约金比率,以5%为计算单位,尾数按2舍3入,7退8进处理。

如12%≈10%,13%≈15%,7%≈5%,8%≈10%。其计算公式为:

$$\psi = \left(\frac{d_{逾期}}{d_{运期}}\right) \times 30\%$$

其中:$d_{逾期}$——逾期天数;

$d_{运期}$——运到期限。

行李、包裹超过运到期限30d以上仍未到达时,收货人可以认为行李、包裹已灭失而向承运人提出赔偿。

(2)快运包裹超过规定的运到期限运到时,经营人应按逾期天数每日向收货人支付包干费(包括超重附加费、转运费、到付运费)3%的违约金,但违约金最高不超过包干费30%。违约金不足0.1元的尾数按四舍五入处理。

快运包裹超过运到期限30d以上仍未到达时,收货人可以认为包裹已灭失而向经营人提出赔偿。

一批中的快运包裹部分逾期时,按逾期部分的包干费比例支付运到逾期违约金。

(3)逾期运到违约金的支付

旅客或收货人要求支付运到逾期违约金时,应自行李、包裹到达次日起10d内提出,并提出行李票、包裹票、小件货物快运运单(行李、包裹票、小件货物快运运单丢失或包裹票、小件货物快运运单未到时,提出保证单位书面证明和所有权证明)。支付运到逾期违约金时,应填写"车站退款证明书",以站退款支付。部分逾期时,到站应收回行李、包裹票,给收货人开具客运记录,作为领取部分逾期行李、包裹和要求支付违约金的依据。

行李、包裹变更运输,包括因误购、误售车票以致误运而造成的行李运输变更时,逾期运到违约金不予支付。

(4)逾期到达行李的免费转运

逾期到达的行李可以办理免费转运,即旅客要求将逾期运到的行李运至新到站时,可凭新车票办理,不再支付运费,承运人也不再支付违约金。逾期到达的包裹不办理免费转运。

旅客要求将逾期到达的行李运至新到站时,应分别以下情况办理:

①行李逾期到达或逾期尚未到达,旅客需继续旅行,凭新购客票及原行李票要求铁路免费转运至新到站时,车站开具新行李票;新行李票运费栏划斜线抹消,记事栏填写"逾期到达、免费转运"字样。

②行李未到,当时又未超过运到期限,旅客需继续旅行并凭新购客票办理转运至新到站的手续;交付运费后,行李逾期到达原到站,车站应编制客运记录,随同运输报单一并送交新到站,作为退还已收转运区间运费的凭证,保价费不退。

③如旅客换乘其他交通工具时,车站一般不代办行李的转运手续;但特殊情况代为办理时,费用由旅客预先支付。

二、行李、包裹的运输变更

1.托运人要求办理行李、包裹变更的处理

《合同法》第308条规定:"在承运人将货物交付收货人之前,托运人可以要求承运人中止运输、返还货物、变更到达地点或者将货物交给其他收货人,但应当赔偿承运人因此受到的损失。"

对于铁路承运的行李、包裹,考虑到托运人的实际需要,允许托运人在办理托运手续后,有限制地办理一次行李、包裹的运输变更,核收手续费。如行李应随人走,凭有效客票托运,在变更到站时,仅限办理运回原发站或中止旅行站。再如鲜活物品因本身易于变质、死亡及受运输条件的限制,除装运前取消托运外,不办理其他变更。具体办理如下:

(1)发站装车前取消托运,退还全部运费。

行李、包裹在发站办完托运手续至装车前,旅客或托运人要求取消托运时,车站应收回行李、包裹票注销,注明"取消托运"字样。办理时,托运当日办理时比照作废票据处理。次日以

后办理时，以车站退款证明书办理退款，收回的行李、包裹票报销联随车站退款证明书上报。核收因取消托运发生的各项杂费（如保管费、变更手续费等），另填发客运运价杂费收据（简称为“客杂”），并将“客杂”号码及核收的费用名称、金额填注在取消托运的行李、包裹票上。

取消托运的行李、包裹，已收运费低于变更手续费和保管费时，运费不退也不再补收；收回原行李、包裹票，在报单页、领取页和报销页注明“取消托运、运费不退”字样，领取页贴在存根页上。

（2）装运后要求运回或变更到站，补收或退还已收运费与实际运送区间里程通算的运费差额。

①办理要求：

行李、包裹装运后，旅客、托运人或收货人要求变更运输时，只能在发站、行李或包裹所在中转站、装运列车和中止旅行站提出。

②具体办理方法：

a. 装运后托运人在发站取消托运时，发站对要求运回发站的行李、包裹，应收回行李、包裹票，编制客运记录、注明原票内容，交旅客或托运人作为领取行李、包裹的凭证，并发电报通知有关站、车。

b. 装运后在发站要求变更到站时，对要求变更到站的行李、包裹，发站应在行李、包裹票领取页和报销页上注明“变更到××站”，更正到站站名及收货人单位、姓名，加盖站名戳，注明日期，交给托运人；以此作为在新到站领取行李、包裹和办理变更运输后产生运费差额的核算凭证。同时发电报通知有关车站和列车。

c. 旅客在发站或中途站停止旅行，但要求仍将行李运至原到站时，旅客可凭原行李票运送，在到站提取行李。但须按包裹收费。应补收发站或中途停止旅行站至原到站的行李与包裹的运费差额。

d. 发站或新到站收到行李、包裹后对运费的处理：发站或新到站收到行李、包裹后，通知旅客或收货人（托运人）领取，补收或退还已收托运费与实际运送区段里程通算运费的差额，核收变更手续费、装卸费和保管费。补收时填写“客运杂费”，退款时填写车站退款证明书，并将收回的原票贴在“客运杂费”或车站退款证明书报告页上报。

保管费按保管日数分别计算，包括行李、包裹运至发站、新到站超过规定免费保管期间日数（3d），折返站按1d计算；原到站自行李、包裹到达日起至收到变更电报日止的日数。

e. 行李、包裹在运输途中接到变更电报的处理：列车接到电报，找到行李、包裹时，应编制客运记录，连同行李、包裹和运输报单，交前方营业站或运至新到站（旅客在列车上要求变更时，可按此办理）。

行李、包裹所在站接到电报后，应编制客运记录注明应收保管费日数及款额，改正货签上的发、到站，连同行李、包裹运回发站或运至新到站（对列车移交的也同样办理）。

2. 因误购、误售车票导致行李变更时的处理

误售、误购客票而误运行李时，由发现站（中途站、原票到站）、车（列车内）编制客运记录或发电报通知行李所在站、车，将误办的行李运至正当到站。正当到站需要补收行李运费差额时，使用“客运杂费”核收，并在原行李运输报单页、报销页和领取页记事栏注明“误运”，报单页加盖“交付讫”戳记，交旅客报销；需要退款时，使用车站退款证明书退还，原行李票收回附在车站退款证明书上一并上报。

行李、包裹运输变更处理程序，如图4-3所示。

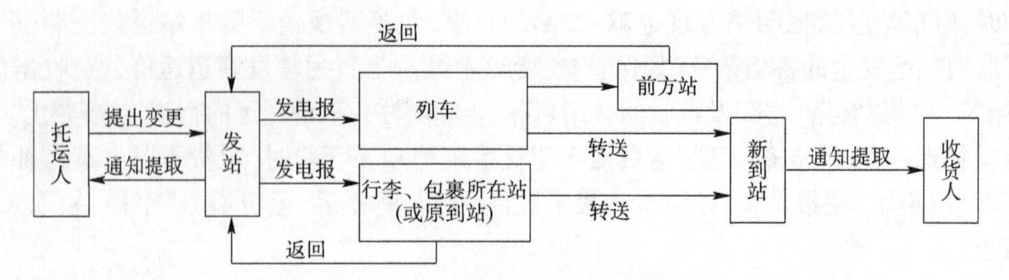

图4-3 行李、包裹运输变更处理程序

【例4-3】 2017年3月6日，赵××在南昌站托运至怀化车站布匹4件，重120kg，票号085792，运费132.00元。声明价格5000元。分别遇下列运输变更情况的办理方法：

(1)当日取消托运，包裹尚未装车，报告页未报铁路铁路局

票据处理：

包裹票甲页(上报页)尚未报路局，收回原票，注明“取消托运”字样，按作废处理。填写“退款证明书”，退还已收运费。用“客运杂费”核收保管费和变更手续费。

费用明细：

退还全部运费132.00元，保价费、装卸费不退，核收变更手续费5.00元，保管费1d、4件计8.00元。

该批物品原包裹票填写式样，见表4-12；客运运价杂费收据填写式样，见表4-13；退款证明书填写式样，见表4-14。

取消托运的原包裹票填写式样 表4-12

中铁快运股份有限公司 乙

包 裹 票 （运输报单）

No：E085792 2017年3月6日

到 怀化 站 经由 株 站

顺号	品名	包装种类	件数	实际重量	声明价格		
发货人	单位、姓名：赵××				电话：88375612		
	详细地址：江西南昌××路××号				邮政编码：330000		
收货人	单位、姓名：怀化市××公司 齐××				电话：135××××××××		
	详细地址：怀化市××路58号				邮政编码：418000		
顺号	品名	包装种类	件数	实际重量	声明价格	运价里程	814 km
						运到期限	5 日
1	布匹	布包	4	120	5000.00	计费重量	120 kg
						运 费	132.00 元
						保价费	50.00 元
						杂项计	20.00 元
						合计	202.00 元
						月 日 次列车到达	
						月 日 时 通知	
合计			4	120	5000.00	月 日 交付	

作废

记事：

杂项明细：装卸费8.00元，卸车费8.00元，货签费4.00元

取消托运 南昌 营业部经办人 印 ㊞

No：E085792

客运运价杂费收据填写式样 表 4-13

南昌 铁 路 局 丙

客运运价杂费收据

2017年3月 6日 （报告用）

原票据	种别	日期	2017.3.6	月 日 时到达、通知、变更
	包裹票	号码	E085792	3月6日 时 交付
		发站	南昌	核收保管费 1 日
		到站	怀化	

核收区间	核收费用			款额(元)
	种别	件数	重量(kg)	
自______站 至______站 经由（ ） 座别______人数______	变更手续费			5.00
	保管费	4		8.00
	合计			13.00

记事	装车前取消托运。

南昌 站经办人 印 ㊞

A126459

退款证明书填写式样 表 4-14

中国铁路总公司
南昌铁路局

车站退款证明书

财收—16
编号A No:032145

填发日期2017年3月6日

票据种类	票据号码	填发日期	发站	到站	单位	名称及地址	赵××
包裹票	E0085792	2017.3.6	南昌	怀化		开户银行及账号	

	品名	件数	包装	实重(kg)	计重(kg)	运价号	运价率	运费(元)	违约金		合计(元)
原记载	布匹	4	布包	120	120	三类		132.00			132.00
订正											

记事：	应补收	
装车前取消托运，退还全部运费，用客运杂费收据A126459号核收变更手续费及保管费。	应退还	132.00
	净退(大写)	壹佰叁拾贰元整
	上述退款已于 3 月 6 日以规金/支票如数退讫 丙联已随 3月上旬财收8报局收入稽查中心。 经办人： 印	

填发单位 印 （公章） 填发人 印 付款人 印

(2)次日取消托运,包裹尚未装车,报告页已上报

票据处理:

收回原票,注明“取消托运”字样。填写“退款证明书”,退还已收运费。用“客运杂费”核收保管费和变更手续费。收回的原包裹票随“退款证明书”上报。

费用明细：

退还全部运费132.00元，保价费、装卸费不退；核收变更手续费5.00元，保管费2d、4件计16.00元。

客运运价杂费收据填写式样，见表4-15。

客运运价杂费收据填写式样 表4-15

_南昌__铁 路 局 丙

客运运价杂费收据

2017年3月 7日 （报告用）

原票据	种别	日期	2017.3.6	月 日 时到达、通知、变更		
	包裹票	号码	E085792	3月7日 时 交 付		
		发站	南昌	核收保管费 2 日		
		到站	怀化			
核收区间		核收费用				款额(元)
		种别	件数	重量(kg)		
自______站 至______站 经由（ ） 座别______人数______		变更手续费				5.00
		保管费	4			16.00
		合计				21.00
记事	装车前取消托运。					

__南昌__ 站经办人 __印__ ㊞

A126460

(3)3月8日包裹装运后，托运人要求运回发站（此时包裹已运至怀化）

票据处理：

①南昌车站收回原票，编制客运记录，注明原票内容，交托运人作为包裹领取凭证。同时发电报通知怀化车站。

②怀化车站接到电报后，应编制客运记录，注明应收保管费日数（包裹达到日起至收到电报日止），改正货签上的发、到站，连同包裹运回发站。

③南昌车站收到运回的包裹后，通知托运人领取，补收已收运费与实际运送里程通算的运费差额，以客运杂费收据核收运费差额、变更手续费和在怀化车站产生的杂费。

费用明细：

已收运费：南昌—怀化814km，120kg三类包裹运费132.00元。

应收运费：南昌—怀化—南昌1628km，120kg三类包裹运费237.60元。

应补收运费差额：237.60－132.00＝105.60元，核收变更手续费10.00元，装车费8.00元，卸车费8.00元，1d保管费8.00元。

南昌站客运记录填写式样，见表4-16；电报填写式样，见表4-17；怀化站客运记录填写式样，见表4-18。

南昌站客运记录填写式样 表 4-16

南昌 铁路局

客统—1

客 运 记 录

第029号

<table>
<tr><td colspan="2">记录事由：包裹变更运回发站</td></tr>
<tr><td colspan="2"></td></tr>
<tr><td colspan="2">2017年3月6日，托运人赵××自我站发怀化布匹一批4件，重120kg，票号E085792，应托运人</td></tr>
<tr><td colspan="2">要求运回发站，原票收回，凭此记录领取。</td></tr>
<tr><td colspan="2"></td></tr>
<tr><td colspan="2"></td></tr>
<tr><td colspan="2"></td></tr>
<tr><td>注：①站、车需要编制记录时适用；
②本记录不能作为乘车凭证。</td><td>南昌 站段 编制人员 ×× (印)
站段 签收人员 (印)
2014年3月8日编制</td></tr>
</table>

40215(客31)99.7.25.29

南昌站铁路电报填写式样 表 4-17

铁路传真电报

签发 核稿 拟稿人电话

发报所	电报号码	等级	受理日	时分	受到日	时分	值机员

<table>
<tr><td>主送：怀化站转行包房</td></tr>
<tr><td>抄送：株州站转行包房</td></tr>
<tr><td>2017年3月6日我站发你站布匹一批4件重120kg，票号E085792，托运人要求运回我站，接到电报后，</td></tr>
<tr><td>请速返运。</td></tr>
<tr><td></td></tr>
<tr><td>南昌站行(17)第18号</td></tr>
<tr><td>南昌站行包车间(印)</td></tr>
<tr><td>2017年3月8日</td></tr>
<tr><td></td></tr>
<tr><td></td></tr>
</table>

受理 检查 总检 第1页

怀化站客运记录填写式样 表 4-18

广铁集团公司

客统—1

客 运 记 录

第 021 号

<table>
<tr><td colspan="2">记录事由：包裹变更运回发站</td></tr>
<tr><td colspan="2">南昌站：</td></tr>
<tr><td colspan="2">2017年3月8日，我站接你2017年3月8日发南昌站行（17）第18号电报，现将托运人要求返回的你发我怀化站</td></tr>
<tr><td colspan="2">布匹一批4件，重120 kg，票号E085792，应托运人要求运回你站。该批包裹在我站产生保管费8.00元，装车费8.00元</td></tr>
<tr><td colspan="2">卸车费8.00元，请按章处理。</td></tr>
<tr><td colspan="2"></td></tr>
<tr><td colspan="2"></td></tr>
<tr><td>注：
1. 站、车需要编制记录时适用。
2. 本记录不能作为乘车凭证。</td><td>怀化 站段 编制人员 ×××（印）
站段 签收人员 （印）
2017年3月8日编制</td></tr>
</table>

40215（客31）99.7.25.29

(4)3 月 7 日装运后,变更新到站岳阳(包裹此时尚在途中)

票据处理:

①南昌车站收回原票,在包裹票上注明“变更至岳阳站”,加盖站名戳,注明日期交给托运人或收货人,作为包裹领取凭证。同时发电报通知装运列车。

②列车接到电报后,找到该批包裹后,编制客运记录,连同包裹和运输报单,交前方停车站(湘潭站)转运至岳阳站。

③湘潭车站对列车移交的包裹,编制客运记录,注明应收保管日数,改正货签上的发、到站,连同包裹转运至岳阳站。

④岳阳车站收到包裹后,通知收货人领取,退还已收运费与实际运送里程通算的运费差额,以客运杂费收据核收变更手续费和在湘潭车站产生的杂费。

费用明细:

已收运费:南昌—怀化 814km,120kg 三类包裹运费 132.00 元。

应收运费:南昌—湘潭—岳阳 626km,120kg 三类包裹运费 103.20 元。

应退还运费差额:132.00 - 103.20 = 28.80 元;核收变更手续费 10.00 元,湘潭站装卸费 16.00 元,1d 保管费 8.00 元。

第五节　行李、包裹的交付及无法交付物品的处理

一、行李、包裹的交付

对于行李、包裹的到达交付,《中华人民共和国铁路法》第 21 条规定:“货物、包裹、行李到站后,收货人或者旅客应当按照国务院铁路主管部门规定的期限及时领取,并支付托运人未付或者少付的运费和其他费用;逾期领取的,收货人或者旅客应当按照规定交付保管费。”《中华人民共和国合同法》第 309 条也规定:“货物运输到达后,承运人知道收货人的,应当及时通知收货人,收货人应当及时提货。收货人逾期提货的,应当向承运人支付保管费等费用。”据此,铁路客运规章对于行李、包裹的到达与交付有如下规定:

1. 到达通知

行李随旅客所乘列车或提前运至到站,旅客到站后即可提取。

包裹承运后,托运人应立即告知收货人按时提取。包裹到达后,承运人应及时以电话、短信等方式通知收货人领取,通知应以文字或录音等形式记录备查。通知时间最晚不得超过包裹到达次日的 12 点。如今,包裹到达后系统平台自动推送到货通知。

2. 到达保管

行李从运到日起、包裹从发出通知日起,承运人免费保管 3d;逾期到达的行李包裹免费保管 10d。因事故或不可抗力等原因而延长车票有效期的行李,按车票延长日数增加免费保管日数。

超过免费保管期限时,按日核收保管费,出具保管费收据或填发客运运价杂费收据。遇特殊情况,车站站长有权减收保管费。

行李、包裹到达到站后,在规定的免费保管期限内应在票面指定的到站行李房保管,不得易地保管。超过免费保管期限,行李房仓库没有能力时,包裹可以易地保管,易地保管产生的费用由铁路负责。

3. 到达查询

收货人询问行李、包裹是否到达时，承运人应及时予以查找。未到时，在行李、包裹票背面记载查询日期；对逾期未到的行李、包裹及时做查询记录，同时记录旅客、收货人姓名、住址、邮政编码、电话号码等，以便行李、包裹到达后及时发出通知；并应向有关站段拍发电报查询；如已经领取，应收取查询费。

4. 交付

(1)收货人凭领取凭证领取行李、包裹时的处理

收货人凭行李、包裹领取凭证领取行李、包裹时，车站办理交付的人员应认真核对票货，确认票据号码、发站、到站、托运人、收货人、品名、件数、重量、包装无误后在运输报单上加盖"交付讫"戳予以交付，同时收回领取凭证。

如将领取凭证丢失，必须提出本人身份证、物品清单和担保人的担保书；承运人对上述单、证和担保人的担保资格认可后，由旅客或收货人签收办理交付。如收货人提不出担保人时，可以出具押金自行担保。押金数额应与行李、包裹的价值相当，抵押时间由车站与旅客或收货人协商确定。车站收取押金时应向收货人出具书面证明，书面证明的式样车站自定。如在收货人声明领取凭证丢失前行李、包裹已被冒领，承运人不承担责任。

(2)收货人凭领取凭证的传真件或印鉴领取包裹时的处理

为方便货主，经当事人双方约定，包裹也可使用领取凭证的传真件或凭印鉴领取。但经约定凭传真件或凭印鉴领取时，收货人不得再凭领取凭证领取。

经当事人双方约定，凭领取凭证的传真件领取包裹按下列规定办理：

①凡要求使用包裹传真件提取包裹的发货人，应向发站提出申请。发货人为个人的，应在托运单上注明，由车站确认后受理；发货人为单位的，必须与车站签订协议。

②发站在办理承运时，必须在包裹票记事栏各联中注明"凭传真件提取"字样，凡计算机打印的包裹票，该字样也必须由计算机打印。

③到站在办理交付时，应首先确认包裹票上有"凭传真件提取"字样，对于收货人为个人的，凭传真件、收货人身份证、身份证复印件领取；对于收货人为单位的，凭收货人单位介绍信、提货人身份证、身份证复印件领取，传真件、介绍信和身份证复印件留存。

超过车票到站托运，一段按行李、一段按包裹托运的旅客行李也可凭传真件领取。

收货人要求凭印鉴领取包裹时，应与车站签订协议并将印鉴式样备案，而且不得再凭包裹票的领取凭证领取。车站应建立凭印鉴领取包裹的登记簿。交付时，领取人在登记簿上签字并加盖备案的印鉴。对凭印鉴和传真领取的均不再给运输报单。

(3)收货人领取行李、包裹发现短少或有异状时的处理

旅客或收货人领取行李、包裹时，如发现短少或有异状，车站应检斤复磅；必要时可开包检查，如构成行李、包裹事故，车站应编制事故记录交旅客或收货人作为要求赔偿的依据。

(4)快运包裹的交付

在设有快运机构的到达地，按下列规定办理交付手续：

①收货人是单位时，凭收货单位介绍信和经办人有效证件领取。收货人是个人时，凭收货人有效证件领取；须代领时，凭收货人有效证件(或复印件)及代领人的有效证件领取。交付人员验证后在快运运单乙联上填写有效证件号码和交付时间，并由领货人签字。

②送货上门时，收货人是单位，可在快运运单乙联上加盖公章并由经办人签字后交付；收货人是个人，送货地点是私人住宅时，可凭收货人或其家属有效证件并签字后交付；送货

地点为单位时,凭收货人有效证件并签字或加盖公章并由代领人签字后交付。办理交付手续时由领货人在快运运单乙联上填写交付时间。

③收货人栏同时记载单位名称和个人姓名时,符合以上任何一种手续均可交付。

④收货人要求凭印鉴领取快运包裹时,可与经营人签订协议并将印鉴式样备案。交付时加盖印鉴即可。

在未设快运机构的到达地,与普通包裹同样办理交付手续。

二、无法交付物品的处理

无法交付的物品是指无主的行李、包裹,无法归还的旅客遗失物品和无人领取的暂存物品。对无法交付的物品,一经发现,应想方设法寻找线索,千方百计使其物归原主。车站对自站发现的或列车移交的无法交付物品,必须妥善保管,任何单位或个人都不得自行动用,并按下列规定保管和处理:

1. 无法交付物品的保管

车站对无法交付的物品,应按其开始日期、来源、品名、件数、重量、规格、特征等登入无法交付物品登记簿内。登记簿内的编号、移交收据的编号及物品上的编号应一致,以便查找。有条件的车站,账和物应由专人分管,做到账物相符。无法交付物品在保管期间发生丢失、损坏时,可参照行李、包裹事故处理的有关规定,由保管人负责。回送过程中发生丢失、损坏时,比照行李、包裹事故处理。

2. 无法交付物品的处理

车站、经营人对无法交付物品,行李从运到日起,包裹从发出到达通知日起,遗失物品和暂存物品从收到日起,满 90d 无人领取时(易变质物品应及时处理),车站、经营人应进行公告。公告满 90d 仍无人领取时,开列清单,报请铁路局批准,按下列规定处理:

(1)行李、包裹、旅客遗失物品、暂存品等,送交拍卖行拍卖(如当地无拍卖行时,应向铁路局指定设立的无法交付物品集中处理站转送)。

对拍卖所得款项,扣除所发生的保管费、变卖手续费等一切费用后的剩余款项,旅客、托运人、收货人自变卖日起 180d 以内来领取时,承运人凭旅客、托运人、收货人出具的物品所有权的书面证明办理退款手续。无人领取时,上缴国库。属于事故行李、包裹的变卖剩余款拨归承运人收入。

(2)枪支、弹药、机要文件及国家法令规定不能买卖的物品等,移交有关部门处理。

第六节　行李、包裹违章运输的处理

行李、包裹的违章运输,包括品名、重量不符及无票运输等情况。

一、对品名不符的处理

品名不符系指运送物品与申报品名不同。品名不符影响运费计算,甚至把危险品、国家禁止或限制运输的物品,伪报成其他品名变为合法运输。

对品名不符的处理,关系着维护政府法令,保证运输安全,保障运输收入,贯彻运输政策等多方面的问题,因此,发现品名不符时,应采取认真负责和实事求是的态度,区别不同性质,正确处理。

1. 一般品名不符的处理

对伪报一般品名的,在发站装车前发现时,收回原票,重新制票,应补收已收运费与正当运费的差额;装车后由到站处理,加收应收运费与已收运费差额两倍的运费。

2. 将国家禁止、限制运输的物品或危险品伪报其他品名或在货件中夹带时的处理

如将国家禁止、限制运输的物品或危险品伪报其他品名托运或在货件中夹带时,按下列规定处理:

(1)在发站停止装运,通知托运人领取,运费不退。原票收回,在记事栏内注明"伪报品名,停止装运,运费不退"。将报销页交托运人做报销凭证。以"客运杂费"核收保管费。

(2)在中途站停止运送,发电报通知发站转告托运人领取,运费不退;并对品名不符的货件,按实际运送区段补收四类包裹运费。另根据保管日数,核收保管费。

(3)在列车上发现时,编制客运记录交前方停车站处理。

(4)在到站(包括列车移交的),补收全程四类包裹的运费。

(5)必要时,应交有关部门按国家有关规定处理。

因托运人伪报品名给铁路和其他旅客(收货人)造成的损失,由托运人负完全责任。车站、列车发现伪报品名的行李、包裹,损坏其他旅客、托运人的行李、包裹时,应编制客运记录,分别附在伪报品名的行李、包裹票上,交有关到站处理,并由责任者的到站负责追索赔偿。

二、对重量不符的处理

重量不符系指行李、包裹的实际重量与票据记载的重量有出入。此种情况的产生,通常由于不认真检斤以及为图省事采取估计重量或盲目信任托运人有关单据记载的重量来代替承运时重量。重量不符,直接影响运费计算的正确性。其处理规定如下:

(1)到站发现重量不符应退还时,开具退款证明书将多收运费退还收货人。

(2)到站发现重量不符应补收时,开具"客运杂费"补收超出部分正当运费;同时开具客运记录附收回的行李、包裹票报铁路局收入部门,由铁路局收入部门列应收账款向检斤错误的车站再核收与应补运费等额的罚款。

三、对无票运输的处理

无票运输系指行李、包裹应办托运手续而未办理的一种违章运输。

发现无票运输行李、包裹,发站和列车应拒绝装运;列车已装运后发现的,应编制客运记录,交到站处理。到站对列车移交和本站发现的无票运输的行李、包裹,应按照实际运送区间加倍补收四类包裹运费。

以上补收运费、运费差额或保管费均用"客运杂费"核收,并在记事栏内注明核收事由。

复习思考题

1. 行李、包裹运输合同的含义和凭证是什么?
2. 行李、包裹票主要应载明哪些内容?
3. 托运人的基本权利和义务有哪些?
4. 承运人的基本权利和义务有哪些?
5. 行李、包裹各自有哪些范围?

6. 行李中不得夹带哪些物品？

7. 包裹分为哪几类？哪些物品不能按包裹托运？

8. 行李、包裹的托运和承运有哪些规定？

9. 行李、包裹的运输组织原则是什么？

10. 如何计算行李、包裹的运到期限？

11. 行李逾期未到，旅客凭车票要求将其运至新到站应如何办理？

12. 行李、包裹装运后，托运人提出运输变更应如何办理？

13. 铁路交付凭证有哪几种？办理交付时应注意哪些问题？

14. 行李、包裹无法交付时如何处理？

15. 行李、包裹违章运输有哪几种？应如何处理？

16. 12 月 5 日，一旅客持九江—深圳 K999 次车票一张，由九江站托运行李两件，重 58kg，保价运输（衣被卷一件，重 20kg，声明价格 300 元；木箱一件，重 38kg，声明价格 500 元），应如何办理？

17. 上海某医药公司自上海站托运至大连药品一批 5 件，重 120kg（每箱 24kg），声明价格 5000 元，应如何办理？

18. 杭州某丝绸厂 3 月 18 日在杭州站托运一批 5 件丝绸运往沈阳，重 220kg，票号 632856，声明价格 9800 元。分别就以下几种情况按规定办理：①办理托运；②当日托运人在发站要求取消托运，该批包裹未装车，报告页未上报；③次日取消托运，包裹尚未装车，报告页已上报；④装车后取消托运；⑤装车后变更到站至大连。

19. 5 月 8 日，惠州站托运至南昌一批文具 3 件，重 87kg（每箱 29kg），票号 012321，到达南昌卸下时发现其中一件夹带有 18kg 拉炮，车站应如何处理？

第五章　旅客运输计划与组织

本章内容简介

本章主要讲述了客流调查及运量预测，铁路客流计划的编制，旅客运输技术计划及日常计划的相关知识。重点掌握旅客列车分类及车次编定；了解旅客出行选择行为理论；掌握客流调查、运量预测的方法和技能，会依据资料绘制客流图并确定旅客列车运行区段和开行对数；掌握列车开行方案的特点和设计优化；了解列车运行方案编制特点；掌握铁路普通车辆运用计划编制的方法；了解动车组运用计划编制特点和编制方法；掌握铁路旅客运输工作指标；了解票额分配管理和旅客日常工作计划的主要内容；了解站车客流信息传报工作及客运调度工作的主要内容。

第一节　概　　述

一、旅客运输计划的意义、分类和特点

1. 旅客运输计划的意义

旅客运输计划是铁路运输计划的主要内容之一，是铁路旅客运输工作的基础，是整个国民经济计划的重要组成部分。它不仅是编制旅客列车运行图的基础，是旅客计划运输组织工作的前提；同时也是确定客运设备、客运机车车辆修造计划及客运运营支出计划的重要依据。编制旅客运输计划是为了更好地挖掘运输潜力、组织旅客均衡运输、提高客运服务质量、保证旅客安全、迅速、准确、便利、舒适地旅行。

2. 旅客运输计划的分类

根据执行期间的不同，可分为下列 3 种类型：

(1) 长远计划。它由计划部门负责编制，一般为 5 年、10 年或更长时期的规划，是纲领性的战略计划。它是铁路旅客运输的发展计划，通常根据国民经济计划期间（如五年计划）进行编制，主要是规定旅客运输的发展方向、技术政策、速度、重量及有关的主要指标。

(2) 年度计划。它是根据长远计划的要求，结合当年的具体情况编制的执行计划，是旅客运输的任务计划。它是确定旅客列车行车量和客运机车车辆需要量，以及客运设备改建、扩建的主要依据。在年度计划中，一般还包括季度的分配数字。

(3) 日常计划。它是在年度计划的指导下，进行旅客运输作业的月、旬、日、班计划，是作业计划，是指导日常旅客运输的工作计划。在日常计划中，还根据各站所提报的日计划，按照各次旅客列的运输能力，对各站、各区段的客流，进行统一平衡和调整，保证旅客运输任务的完成和旅客列车容量的充分利用。

旅客运输计划按其组织形式，又可分为客流计划、技术计划、日常计划 3 种。

3. 旅客运输计划的特点

旅客运输计划同货物运输计划相比较，有如下特点：

(1)计划期内人们提出的旅行需要，运输部门不能拒绝，不能延期或提前，必须及时满足。

(2)旅客要求的乘车径路和到达地，不能像货流那样进行调整。

(3)铁路运送旅客的能力及客运机车车辆的工作量决定于旅客列车运行图。运行图的编制时间与计划部门编制年度旅客运输计划的时间并不一致，从而增加了综合平衡的复杂性。

二、铁路旅客列车的种类及列车车次

1. 铁路旅客列车的种类

旅客列车指以客车(包括代用客车)编组的，为运送旅客、行李、包裹、邮件的列车。

对不同的客流和不同的线路设备条件需开行不同等级的列车。

旅客列车，根据其运行速度、运行范围、设备配置、列车等级及作业特征等基本条件的不同，主要分为13类。

(1)高速动车组旅客列车。它是指运行于时速250km及以上客运专线上的动车组列车。这种列车开行最高速度达到250km/h至350km/h。

(2)城际动车组旅客列车。它是指在城际客运专线上运行，以“公交化”模式组织的短途旅客列车。列车开行最高速度达到250km/h至350km/h。

(3)动车组旅客列车。它是指运行于既有铁路线或客运专线的动车组列车。这种列车开行最高速度达到200km/h至250km/h。

(4)直达特快旅客列车。列车由始发站开出后，沿途不设停车站，即(一站)直达终到站的超特快旅客列车，也有称其为“点对点”列车(即始发、终到两点对应)。

直达特快旅客列车的车次前应冠以“Z”符号。目前，使用DF11、SS9型或SS7E型机车牵引，单司机操纵，列车运行速度一般保持在160km/h。

直达特快列车编组为全列软卧、全列硬卧或软、硬卧混编等多种类型。列车实行“无干扰”服务，乘车环境优雅，誉称为“陆地航班”。

(5)特快旅客列车。它是目前我国铁路运营线上运行速度较快的旅客列车，车次前冠以“T”符号，区间运行速度常达到140km/h(个别区段，列车运行速度达到200km/h，如广深线的“新时速”)。特快旅客列车装备质量优良，乘车环境舒适。特快旅客列车有跨局运行和管内运行之分。

(6)快速旅客列车。它的运行速度仅次于“直达”和“特快”旅客列车，一般区间运行速度为120km/h。列车设备质量较好。这种列车也分跨局运行及局管内运行。

(7)普通旅客列车。它可分为普通旅客快车和普通旅客慢车。普通旅客快车，又可分为直通的和管内的普通旅客列车。普通旅客慢车，用于输送沿线各中间站的客流。

(8)通勤列车。它是为方便沿线铁路职工上下班(就医、子女上学)而开行的旅客列车。

(9)临时旅客列车。它是依据客流的需求或特殊需求(救灾)，临时增开的旅客列车。

(10)临时旅游列车。它是依据旅游客流的需求，在大中城市和旅游点之间不定期开行的旅客列车。其车次前冠以“Y”符号。

(11)回送出入厂客车底列车。它是依客车车辆检修等要求，运行于列车配属地与客车车辆厂之间的旅客列车。这种列车不办理客运业务。

(12)回送图定客车底列车。它是依客车车底周转的需要，回送空客车底的旅客列车。此列车一般不办理客运业务。原车次前冠“0”。

(13)因故折返旅客列车。它是一种如遇洪水、塌方、泥石流等自然灾害的侵袭，或发生重、特大事故而导致铁路中断行车，迫使其折返运行的旅客列车。原车次前冠“F”。

为使铁路客运面向市场，适应客运市场的变化，根据客流变化和不同层次旅客的需求，开行不同档次的旅客列车，使列车品种多样化。除上述列车外，根据旅客旅行需求的多元化还可能出现更多新的旅客列车种类。

2. 旅客列车车次

为区别不同方向、不同种类、不同区段和不同等级的列车，需要为每一列车编定一个标识码，这就是车次。我国铁路的旅客列车车次主要采用字母和阿拉伯数字为标识，现行的旅客列车车次编定如表5-1、表5-2所示。

旅客列车车次表 表5-1

顺号	列车分类	车次	顺号	列车分类	车次
1	高速动车组旅客列车	G1—G9998	(1)	管内	4001—5998
2	城际动车组旅客列车	C1—C9998	(2)	普通旅客慢车	6001—7598
3	动车组旅客列车	D1—D9998		其中:跨局	6001—6198
	其中:跨局	D1—D4998		管内	6201—7598
	管内	D5001—D9998	8	通勤列车	7601—8998
4	直达特快旅客列车	Z1—Z9998	9	临时旅客列车	L1—L9998
5	特快旅客列车	T1—T9998		其中:跨局	L1—L6998
	其中:跨局	T1—T3998		管内	L7001—L9998
	管内	T4001—T9998	10	临时旅游列车	Y1—Y998
6	快速旅客列车	K1—K9998		其中:跨局	Y1—Y498
	其中:跨局	K1—K4998		管内	Y501—Y998
	管内	K5001—K9998	11	回送出入厂客车底列车	001—00298
7	普通旅客列车	1001—7598	12	回送图定客车底列车	在车次前冠以0
(1)	普通旅客快车	1001—5998	13	因故折返旅客列车	在原车次前冠以F
	其中:跨三局及以上	1001—1998	14	动车组检测车	DJ5501—DJ5598
	跨二局	2001—3998			

注:G1—G9998读“客车高1～客车高9998”,C1—C9998读“客车城1～客车城9998”,D1—D9998读“客车动1～客车动9998”,Z1—Z9998读“客车直1～客车直9998”,T1—T9998读“客车特1～客车特9998”,K1—K9998读“客车快1～客车快9998”,L1—L9998读“客车临1～客车临9998”,Y1—Y998读“客车游1～客车游998”,DJ读“动检”。动车组检测车，是“体检列车”，是进行铁路基础设施综合检测的重要技术装备，为快铁和高铁运营安全评估和指导各铁路局的养护维修提供技术支撑。

各铁路局管内普通旅客列车车次范围表 表5-2

序号	局(公司)名	普通旅客快车	普通旅客慢车	序号	局(公司)名	普通旅客快车	普通旅客慢车
1	哈尔滨铁路局	4001~4200	6201~6300	10	上海铁路局	5051~5200	7101~7200
2	沈阳铁路局	4201~4400	6301~6400	11	南昌铁路局	5201~5300	7201~7250
3	北京铁路局	4401~4600	6401~6800	12	广州铁路局	5301~5500	7251~7300
4	太原铁路局	4601~4650	6801~6850	13	南宁铁路局	5501~5550	7301~7350
5	呼和浩特铁路局	4651~4700	6851~6900	14	成都铁路局	5551~5650	7351~7450
6	郑州铁路局	4701~4800	6901~6950	15	昆明铁路局	5651~5700	7451~7500
7	武汉铁路局	4801~4900	6951~7000	16	兰州铁路局	5701~5800	7501~7550
8	西安铁路局	4901~5000	7001~7050	17	乌鲁木齐铁路局	5801~5900	7551~7580
9	济南铁路局	5001~5050	7051~7100	18	青藏集团有限公司	5901~5998	7581~7598

为了保证行车安全,维护运输秩序和车次编码的规范化,中国铁路总公司规定全路向北京、支线向干线或指定方向为上行方向,编为双数车次,反之为下行方向,编为单数车次。一些列车在运行全程中若上下行发生变化时需变换车次。在个别区间使用直通车次时,可与上述规定方向不符。

第二节 铁路客流调查及运量预测

一、旅客出行选择行为理论

由交通行为决定交通方式的选择从而确定交通综合网络的观点和方法,称为交通行为理论。研究客运交通行为理论是要系统地研究旅客出行的需求,旅客对交通方式的选择和政府交通政策的制定等问题,以及这些问题之间的关系。其中,旅客出行方式选择是交通行为理论的核心问题。交通方式选择行为决定了各种交通方式的分担率,从而影响交通体系结构。客运企业要关注旅客的出行方式选择,了解旅客选择出行方式的依据,据此改变客运产品属性,增加本企业市场占有率。因而,旅客的出行选择行为是客运市场需求分析与预测的重要研究领域。科学研究各种客运方式的市场分担率,对于制定交通发展战略研究、运输政策制定、交通规划设计,以及发挥各种运输方式的综合运输能力都有积极的作用。

旅客出行方式选择问题的研究对象是处于多变的社会经济环境中的人,因而这个问题就显得比较复杂。进入新世纪以来,虽然交通运输仍是政府严格控制的市场范畴,但逐渐市场化,使得旅客运输结构不断向着以旅客为导向转变。这种发展趋势更要求我们从客运消费者的角度出发,对旅客的出行选择行为进行更为深入的研究。

1. 交通行为理论基本观点

交通行为理论主要有两个基本观点:一是旅客“偏好”决定交通方式;二是承认交通政策对旅客“偏好”的引导和调节作用。

(1)旅客“偏好”决定交通方式

旅客“偏好”是指由于旅客的收入水平的差别,他们在选择交通方式时往往会根据自己的经济情况对某种交通方式产生偏爱。交通方式选择是旅客根据自己的经济收入水平、出行目的以及其他属性对交通方式的选择,这一选择既有个性,也有规律。客运组织者要最大可能地迎合旅客的这种选择规律。在供不应求的状况下,旅客的“偏好”受到遏制,在供求均衡的情况下,会造成交通网络流的不均衡分配;而当出现供过于求的时候,乘客是按其来偏好是选择交通工具的。

(2)交通政策引导和调节

政府的交通运输政策会对旅客的出行方式选择产生引导和调节的作用。例如,1985 年我国对铁路短途运输增加运费后,这方面的旅客不断地向公路客运转移了。再如一些发达国家的小汽车鼓励政策,使得私人轿车发展很快,而采取限制政策的国家,这一方面就发展得很慢。交通政策不是指简单的采取某种经济政策来遏制或促进某种交通方式的发展,而是指确定交通投资的分配,这种影响更为显著。

另外,运输企业的公关宣传和营销策略也会对旅客的“偏好”产生影响,例如,满足旅客需求的服务和产品定位,优惠消费者的营销策略也会提升产品的市场竞争优势,这为企业经营开拓了广阔的空间。

2. 影响旅客出行选择的因素

旅客的出行方式选择受很多种因素的影响,旅客的出行目的、经济收入、所处地方的交通状况等都会对旅客的出行产生作用。而旅客的出行方式选择也就像一般的消费者选择一样,研究基础也是微观经济学中的消费者需求理论;旅客运输的消费者即旅客,通常定义为在某个特定时期、某个地域范围对可选方式能够独立做出出行决策的个人。

旅客的出行选择分析,一般是在一定的假设前提下进行的:

(1)旅客能够对可选方式进行独立选择。

(2)每种可选出行方式,都会对旅客提供效用和满足感。

(3)旅客的选择偏好相对稳定。

(4)旅客的选择受到收入和时间预算的限制。

在此基础上,旅客的出行选择行为是旅客自主性决策过程,与其本次出行需求的特征有关,类似于前面描述,旅客出行选择行为受到如下 3 方面因素的影响:

(1)出行目的对出行方式选择的影响

出行目的是客运需求结构描述的重要形式。旅客的出行是因为各种不同出行目的的结果,而出行仅仅是达到这种目的的从属行为。因而,不同的出行目的必然会对出行方式的选择产生影响。比如旅客要马上赶到外地参加商务会议,他就可能会选择高速的出行方式,例如飞机、高铁等,出行费用都是可以忽略的;而对时间要求不高的旅客,会权衡各种方式的利弊,做出对自己最有益的路线和方式。

一般而言,出行目的不是孤立的影响出行方式的选择,而是与其他因素结合起来共同作用于出行方式的选择全过程。

(2)供给属性对出行方式选择的影响

供给属性讨论的是旅客的外部运输环境特征,主要是分析交通运输部门的供给现状及发展对旅客出行方式选择的影响。旅客面对的运输供给条件的不同,则做出的交通方式选择决策也不同。而这种影响在短期内被视作既定不变的,但对于较长的时期,这种影响作用将发生变化。供给属性对出行方式选择的影响包括可达性、快速性、方便性、舒适性、安全性等。随着我国高速铁路的发展,铁路客运产品将在快速、方便、舒适、准确等方面有巨大变化,这对短、中、长途旅客出行产生不同程度的影响,有利于提高铁路整体市场的吸引力。

(3)需求属性对出行方式选择的影响

所谓需求属性是指从旅客的角度出发来考虑出行方式的选择问题,主要有收入水平、方式爱好、出行时间价值等。

如前所述,收入水平是影响旅客出行选择的最重要因素,或者说是限制因素。人们出行,往往希望是最快、最省、最好、最安全、最舒适的方式。在收入水平较低的情况下,旅客往往偏向于选择成本低的出行方式,如铁路、水运等。但随着收入水平的提高,人们便有能力支付较高费用获得便利、快速、舒适的客运服务。

旅客的偏好是其选择出行方式的重要参考依据,它带有主观感情色彩,特别是在价格、服务水平差别不大的方式之间,旅客的出行习惯起着主导作用。

出行时间价值是一个比较复杂的因素,因为时间价值是因人而异、因时而异、因事而异、因地而异的。时间价值一般指旅客为节约单位出行时间所愿意支付的运输费用。从更广义的角度来看,如果出行时间的节约能为旅客带来货币形式或非货币形式的收益,当这种收益不仅能弥补所选较快方式间的费用之差而且尚有剩余的话,这就是出行时间价值的实际体现。旅客的时间价值与其收入水平成正比,并且与出行目的密切相关。

除上述几方面外,职业、年龄、性别等也均属于旅客的需求属性。

世界高速铁路技术的快速发展给铁路企业带来了新的发展机会,改变了世界交通格局。如日本东海道新干线建成投入运营后,迫使东京至名古屋航班停飞。法国巴黎至里昂 TGV 通车,使该线国内航班乘客减少了 200 万。20 世纪中叶,西方高速公路和大型飞机的发展一度取代已成为夕阳工业的铁路运输,但是今天高速铁路的发展,又对汽车和飞机提出挑战。在我国也是一样,随着高速铁路和客运专线的建成运营,经常会听到火车逼停飞机的新闻,比如京沪高铁投入使用后,京沪间民航客流大幅减少,航空公司只好不断降低票价来和高铁竞争。

3. 交通行为模型

在一定的社会经济发展水平和一定的社会运输服务水平下,全社会产生的旅客运输需求是客观存在的。而这客观存在的客运需求将由社会提供的各种运输工具来满足。对旅客的出行方式分析,需要在建立模型的情况下,才能更有效地分析旅客出行选择行为。

交通行为模型包括两个方面,即交通方式最优选择的确定和政策引导的定量描述。下面根据交通行为的基本理论,叙述定量模型的方法。

(1)交通方式最优选择的确定

旅客选择交通工具,既有主观的因素,又有客观的因素。模型认为主观因素由两个条件构成,即旅行距离与旅客经济条件。客观因素也包括两个过程,即人们对交通方式的选择首先是选择交通方式的技术特性,然后通过技术特性确定所选择的交通方式。采用 A. L. Saaty 的层次分析法(AHP)模型可以解决这个选择过程。实际上本模型只是采用了 AHP 法的模型方法:判断矩阵的建立,特征根的解法,总排序的构成等,而没有采用“层次分析”的概念。关于 AHP 法的一般原理不在此赘述,仅对 AHP 的模型方法简要叙述。首先要建立客运交通方式最优选择层次结构图(见图 5-1)。我们将交通距离分为 m 个区段,A_i为对应 i 区段距离 D_i的交通方式最优选择,假定旅客出行距离为 D_i,其客流量百分比为 d_i,显然

$$\sum_{i=1}^{m} d_i = 1$$

式中:d_i——A_i层的总排序权系数($i=1,\cdots,m$)。

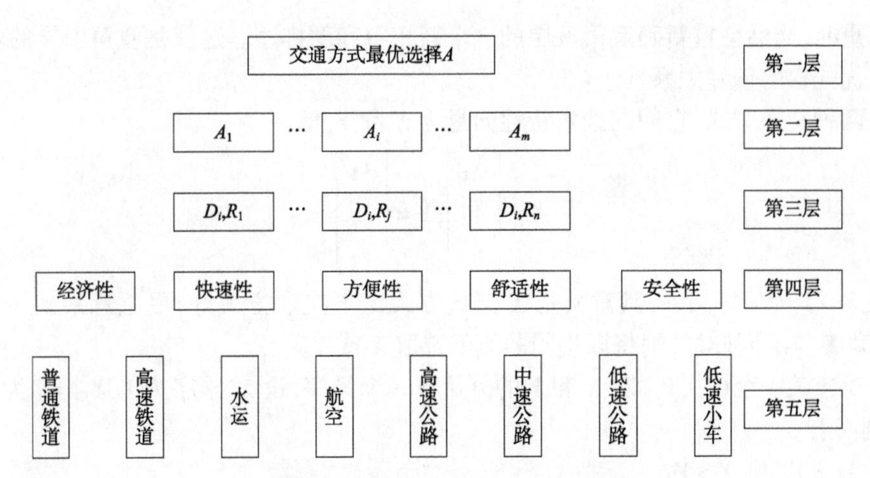

图 5-1　交通方式最优选择层次结构图

图中 $R_j(j=1,2,\cdots,n)$ 为在规划期间各年度可比的人均国民收入，n 为规划的年代。对应于 D_i 距离的 j 年的总流量百分数 r_j 就是 R_j 层的总排序权重，显然

$$\sum_{j=1}^{n} r_j = 1$$

因此我们可以获得 A_i，(D_i,R_j) 层的总排序。对应于每一个 A_i 或 D_i，$R_j(j=1,2,\cdots,n)$ 的单排序可以方便地求出，因为 R_j 是确定的量，甚至可以不必建立单排序。

一个属于 (D_i,R_j) 的旅客，选择交通方式要经过两个步骤，首先选择交通方式的技术特性（主要的技术特性为经济性、快速性、方便性、舒适性和安全性等），给这些技术特性适当的权重，这样可以建立技术特性层（图中第四层）的单排序和第三/第四层的总排序。最后根据技术特性指标，确定第五层交通方式的单排序和建立第四/第五层的总排序，由此确定最优选择 A。用这种方法确定的方案 A 是概括时间、空间的综合，可以认为是总体动态最优。如果对距离的划分作几个方案进行讨论，便可从中探索出最优交通结构在距离上的最优分工，即求得各种交通工具最合理的运距。此外，交通方式也有多种划分方法，这里所述的是以速度、舒适、方便、安全等为划分原则，这可以是方案之一。我们还可以按路面质量或软硬席等划分。

（2）政策引导的定量描述

上面叙述了用交通行为的基本理论处理交通方式的最优选择问题，它使得交通综合网络的基本结构得到了确定，因而可以计算出各种交通方式的投资比例和基本规划蓝图。

这里要指出的是：交通行为选择交通方式比较多的反映了人民的需求，而较少地考虑到可行性。这就要求用类似于价格政策方法引导交通行为，使得各种交通工具都获得运能与运量的基本均衡，这也是一种交通政策。下面介绍用定量模型分析这种交通政策的方法。

为了简化说明，我们将交通工具的技术特性简单地分为 3 个级别：

a. 第一级——经济性，用 X_1 表示，单位为 $\frac{1}{\text{平均票价}}$，或采用 $u=\frac{1}{X_1}$（平均票价）；

b. 第二级——快速性，用 X_2 表示，单位为门到门的平均运速；

c. 第三级——方便性（包括舒适性、直达性等），用 X_3 表示，单位为“单位时间的发车频率”。

在前面我们已经采用 (D_i,R_j) 这个符号，对应距离为第 i 个范畴，j 年的人均国民收入。于是对每一个 (D_i,R_j) 可以找到各种交通方式的权重和它们的排序，当我们改变图 5-1 中第四层的权重时，当然会重新确定第五层的一个新权重和新排序。这就是政策引导的着眼点。

①有优先权的偏好关系

设有两种交通方式，它们的技术特性向量为 X 和 Y，即：

$$X=\begin{bmatrix}X_1\\X_2\\X_3\end{bmatrix};Y=\begin{bmatrix}Y_1\\Y_2\\Y_3\end{bmatrix}$$

若记 $X>Y$ 为偏好关系，其意义是 X 交通方式比 Y 交通方式好，更愿意乘坐 X 放弃 Y。记 $X=Y$ 为 X 与 Y 同样好，则将以相同的概率选取 X 或 Y。

如果对应某一个 (D_i,R_j) 对 X 和 Y 的分量有一个排序，设 X_k 排序为 1，X_l 排序为 2，X_m 排序为 3，则必有：

a. 当 $X_k>Y_k$，则 $X>Y$；

b. 当 $X_k=Y_k$，则 $X_l>Y_l$，$X>Y$；

c. 当 $X_k=Y_k$，$X_l=Y_l$ 时，则 $X_m>Y_m$，$X>Y$。

这就是有优先的偏好关系。只要我们能够改变这种排序，便可改变对 X、Y 的偏好关系。

②边际替代率

交通工具的技术特性 X_1、X_2、X_3 是可以互相代替的。其中 $X_1=\frac{1}{u}$ 代表经济性，u 代表平均票价，改变 u 的值来引导交通的转化，属于交通政策的范围。

例如，对于 (D_i,R_j) 的旅客，他们把经济性的排序放在第一位，在选择两种交通方式 X、Y 时，有 $X_1>Y_1$，或 $u_x=\frac{1}{X_1}<u_y=\frac{1}{Y_1}$。显然，对于 (D_i,R_j) 这类型的旅客来说，他们宁愿选择 X 而放弃 Y。若交通政策的决策者认为，应该使选择 X 的一部分转移到 Y 上，于是，交通政策的决策者适当提高 u_x，使 $u_x>u_y$ 或 $u_x=u_y$，或使 u_x 接近于 u_y，这就使得采用 X 的旅客转移到 Y 上。

但是，如果对应 (D_i,R_j) 的旅客需求不是 X_1、Y_1 排序第一，而是 X_2、Y_2 排序第一，且 $X_2>Y_2$，则这类型旅客选择 X 而不选择 Y。交通政策决策者如何通过改变 u_x 或 u_y 达到使旅客从 X 转移到 Y 呢？这里引入“边际替代率”的概念。

一般来说，$X=[X_1\ X_2\ X_3]^T$ 的三个分量是可以互相补偿替代的，例如偏高的票价，乘客当然不会满意，但如果快速性很好，乘客也就会满意了，这就是两种技术性能的互相替代或补偿。

当 X_1 减少 ΔX_1 时，$X_k(k=2$ 或 $3)$ 增加 ΔX_k 可以得到补偿，则称 $-\frac{\Delta X_k}{\Delta X_1}(k=2,3)$ 为边际替代率，采用负号是因为 X_k 的增值总是由 X_1 的减值所补偿。为方便，采用 $\frac{\Delta X_k}{\Delta u_x}(k=2,3)$ 为边际替代率，可以取消前面的负号。边际替代率通常不是常数，甚至不一定是线性函数，一般是 D_i、R_j 和 u_x 的函数。

令

$$\frac{\Delta X_k}{\Delta u_x}=f_k(D_i,R_j,u_x)$$

$$k=2,3$$

$$i=1,2,\cdots,m$$
$$j=1,2,\cdots,n$$

我们称$f_k(D_i,R_j,u_x)$为边际替代函数。这个函数必须从实际的调查统计中获得。

对于技术特征向量为Y的交通方式,同样可以建立边际替代率函数为:

$$\frac{\Delta Y_k}{\Delta u_y}=f_k(D_i,R_j,u_y)$$
$$k=2,3$$
$$i=1,2,\cdots,m$$
$$j=1,2,\cdots,n$$

在极限情况下,我们有

$$\frac{\mathrm{d}X_k}{\mathrm{d}u_x}=f_k(D_i,R_j,u_x)$$
$$\frac{\mathrm{d}Y_k}{\mathrm{d}u_y}=f_k(D_i,R_j,u_y)$$

如
$$\Delta X_k=\int_{u_x}^{u_x+\Delta u_x}f_k(D_i,R_j,u_x)\mathrm{d}u_x$$
$$\Delta Y_k=\int_{u_y}^{u_y+\Delta u_y}f_k(D_i,R_j,u_y)\mathrm{d}u_y$$

③综合替代值与政策调节

令
$$G_x=x_1+\sum_{k=2}^{3}\int_{u_x}^{u_x+\Delta u_x}f_k(D_i,R_j,u_x)\mathrm{d}u_x$$
$$=\frac{1}{u_x}+\sum_{k=2}^{3}\int_{u_x}^{u_x+\Delta u_x}f_k(D_i,R_j,u_x)\mathrm{d}u_x$$
$$G_y=\frac{1}{u_y}+\sum_{k=2}^{3}\int_{u_y}^{u_y+\Delta u_y}f_k(D_i,R_j,u_y)\mathrm{d}u_y$$

为综合替代值,若$G_x>G_y$,显然$X>Y$,若$G_x=G_y$,则认为$X=Y$。根据综合替代值可以估计交通政策的调价问题。例如,若$G_x>G_y$,而政策希望$G_x=G_y$,则可以通过提高u_x或降低u_y使$G_x=G_y$。其中,Δu_x和Δu_y等于政策要求的增量。

④大道定理

大道定理是由交通问题总结出来的一条数学定理,广泛地应用于宏观经济领域。这里不从理论上讨论大道定理,而是将大道定理的思想反过来用于交通规划。

在交通行为观点中谈到过,在经济收入提高后,快速性的要求更优于经济性的要求,即最优道路不是地理上的最短路,而是时间上的最短路。在设计交通网络时,我们不可能也没必要把每一条通路都改造或修建为高速路,只能把主干道设计成高速通道,而其他次要道路只需与主干道相连通,便可构成综合交通网络。这就是说,交通网络是有层次的、可叠加的。第一个层次便是确定主干道,第二个层次是省际、区域间干线,然后再是第三层次的局管内或省内的线路(县、乡道路)。规划应是从上而下的。

主干道的设计,我们称之为大道定理,下面用图5-2来说明此观点。

从某点i到某点j,距离为d_{ij},按照某一种交通方式在一般道路上运行,平均速度为u_t。图上用斜率表示速度,运行时间为t_{ij}。假设在i和j之间存在一条快速主干道,运行平均速度为$v_2(v_2>v_1)$。于是从i点出发,按v_1的速度经过时间t_i运行到主干道上,i到主干道的距

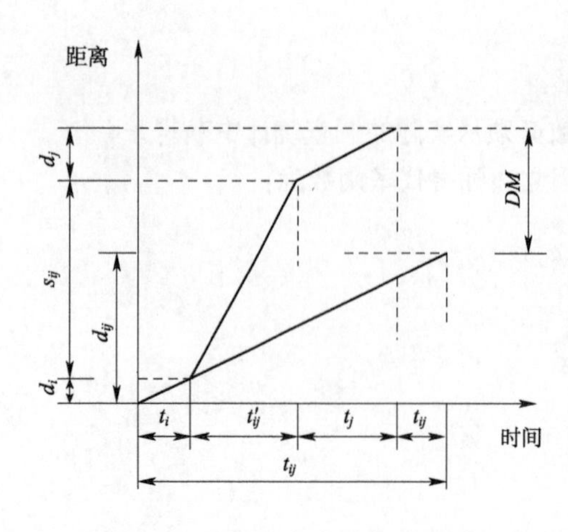

图 5-2 地理最短路与时间最短示意图

离为 $d_i(t_i = d_i/v_1)$。在主干道上以 v_2 的速度经过距离 s_{ij},运行时间为 $t'_{ij}(t'_{ij} = s_{ij}/v_2)$。然后,再经普通道路以 v_1 的速度到达目的地 j,j 到主干道的距离为 d_j,运行时间为 t_j,显然 $t_j = d_j/v_1$。

从距离来看,绕主干道而行,比最短路增加了 DM,但时间却节约了 T_{ij}。

假定有 M 种交通方式,在主干道上,这 M 种交通方式都可以按各自的快速$v_2^{(m)}$($m=1,2,\cdots,M$)通行。而在普通道路上,其平均速度为$v_1^{(m)}$($m=1,2,\cdots,M$)。按图 5-2 的运行方法,相差时间为$T_{ij}^{(m)}$($m=1,2,\cdots,M$)。

现假定有动态 OD 流,并通过交通行为的选择,某时期的第 m 种交通方式 OD 流为

$$X_i^{(m)} = [X_{ij}^{(m)}]_{N\times N} \quad (m=1,2,\cdots,M)$$

式中,N 为交通区域的总数(即网络起讫点数),因而,交通主干道模型可以描述为:

$$\max Z = \sum_{i=1}^{N}\sum_{j=1}^{N}\sum_{m=1}^{M} T_{ij}^{(m)} X_{ij}^{(m)}$$

约束条件为:

$$T_{ij}^{(m)} = \frac{1}{v_1^{(m)}}(d_{ij} - d_i - d_j) - \frac{1}{v_2^{(m)}}s^{ij} (i=1,2,\cdots,N;j=1,2,\cdots,N;m=1,2,\cdots,M;i\neq j)$$

$$0 < v_1^{(m)} < v_2^{(m)} \leqslant v^{(m)} (m=1,2,\cdots,M)$$

$$p \cdot \sum_{i=1}^{N}\sum_{j=1}^{N} s_{ij} \leqslant P$$

$$d_{ij} \geqslant d_i + d_j (i=1,\cdots,N;j=1,\cdots,N;i\neq j)$$

$$d_i \geqslant 0, d_j \geqslant 0, s_{ij} \geqslant 0$$

$$若 d_{ij} \leqslant d_i + d_j, 则 s_{ij} = 0$$

式中:$v^{(m)}$——第 m 种交通方式的最大限速;

p——主干道单位长度的造价;

P——主干道的最高限额投资。

二、铁路客流调查

1. 铁路客流的含义和分类

旅客是铁路运输服务的对象,列车是铁路运输服务的载体,对客流的正确理解有助于加强运输的服务能力,提升运输的服务品质。

(1)客流的含义

当旅客根据出行需要,按照自己的支付能力,选择一定的运输方式,在一定时间和空间范围内作有目的移动,便形成客流。根据自身需求,通过铁路运输方式完成其在时间和空间上有目的移动的旅客集合成为铁路客流。

客流是对旅客有目的的流动的宏观描述。客流由流量、流向、流距、流时 4 个要素组成,分别表示客流的数量、方向、行程和客流产生的时间。

(2)客流的分类

由于旅行目的、乘车距离以及旅客消费水平等不同,旅客要求铁路提供的运输服务也会有所差异。铁路应根据不同层次旅客的需求差异,合理组织旅客列车的运行,提供良好服务。

①按照旅行距离或旅行时间分类

根据运输距离可将客流分为短途、中途和长途客流3类。其划分标准随着铁路运输速度变化而有所改变。

a.短途客流。它是指旅行时间在2h以内的铁路客流。例如,在我国京津冀、长三角和珠三角这三个城市密集区内,各城市之间的距离较小,人员交流极为频繁,因此这三个区域是短途高速客流的重要源头。短途客流大多具有乘降时间集中、滞留时间短、携带物品少等特点;该类型旅客对运输价格的敏感度较高,对餐车的需求较少。

b.中途客流。它是指旅行时间在2~6h之间的客流。中途客流多在某个区域经济带的各个城市间流动,分布范围较广、较分散,如沈阳—大连等。中途客流主要由区域经济带相关城市的居民构成,出行特征具有地域性差别,客流规模也与区域城市带的人口、经济一体化程度关系密切。该类型的旅客出行目的以商务、通勤等为主,旅游、探亲等为辅。

c.长途客流。它是指旅行时间超过6h以上的客流。此类客流多发生在人口密集、经济发达的都市圈或城市带,贯穿主要大、中城市,处于主要的运输通道上。如京沪、京广、京哈、陇海、浙赣等线路,客流量大且集中,节假日波动也较大。

②按照路局管辖范围分类

根据铁路运输及其管理的特点,一般将客流分为以下两种:

a.直通客流。其行程跨及两个铁路局及其以上的客流称为直流客流。通常,直通客流的旅行距离较长,在途时间较长。

b.管内客流。其行程在一个铁路局范围之内的客流,称为管内客流。通常,管内客流的旅行距离较短。

随着高速铁路网的逐渐完善,高速铁路的直通客流发送量呈不断上升的趋势。以上海铁路局管辖范围内的京沪、沪宁、沪杭、杭深、合宁、合武的统计数据为例,2011年随着京沪高速铁路的开通运行,直通列车的开行对数有了明显上升;2012年,管内列车的开行对数开始下降,直通列车则保持微弱上升趋势。

③按照客流成分分类

旅客运输构成按出行目的可以分为公务性和私务性两大类。其中,公务性出行包括商务、通勤、会议等;私务性出行包括旅游、探亲、务工等。不同成分客流的出行规律存在较大差异。例如,旅游客流一般在十一黄金周、端午、五一、中秋等小长假时期大量涌现;学生客流集中在寒暑假的开始与结束阶段。此外,不同消费层次的旅客对旅行条件的要求存在较大差异,例如商务客流注重列车的正点率和舒适性,旅游客流要求便捷的出行时间。

总体来看,高速铁路客流主要包括商务流、学生流、旅游客流、探亲流与通勤流等。其客流特征存在明显差异,对应组织措施也存在差异。

a.商务流。它主要有如下特点:

对列车正点情况十分关注。由于商务出行注重有效性的特点,商务流对旅行时间和效率十分关注,经常性的列车晚点情况可能导致商务流流向航空或公路交通,不利于固定客流的培养。

由于出差、会议可能是临时下派的工作、任务，所以商务流出行没有明显的计划性，出行时间通常不固定，在车站临时购票是比较常态的购票方式。

注重服务质量，经济承受能力也相对较高。

针对商务流的特点，在车站客流组织方面，当发生列车大面积晚点情况时，要及时安排旅客改签，方便旅客乘坐航空或公路交通到达商务出行的目的地。在引导旅客进站方面，制定合理的流线组织，设计科学、合理的导向标识。使其便捷地购票、进站、检票、上车。在旅客服务方面，提供快餐服务，以适应商务流相对短暂的车站停留时间。

b. 学生流。它主要有如下特点：

客流高度集中。由于开学、放假的原因，学生流在一年中有很强的规律性以及集中性，主要集中在寒暑假首尾。

出行计划性强。由于学生可以准确确定学校的假期时间，故其出行计划性强，可以相对合理地选择乘车时间。

素质较高，便于群体管理。由于学生对新鲜事物的接受程度高且文化素质较高，所以学生流可以很好地利用网络、电话等途径订购车票，降低车站售票环节的工作压力。

社会关注度高。每位学生都牵动着一个家庭，学生是否能够顺利购票回家是社会关注的焦点。

针对学生流以上特点，在车站客流组织方面，当出现大客流时，车站对大中专院校的学生实施购票、托运、候车、乘车"四优先"，积极指导售票员有计划地发售学生票，以实现学生流、农民工流、探亲流的有序分流；组织志愿者在售票厅、进站口等处专人引导学生购票进站，并在候车室开辟学生候车专区，组织小红帽搬运服务队为学生搬运行李；在出行需求方面，同一地区的高校选择错时放假，分散学生到达车站的时间，缓解车站的拥挤情况；在行车组织方面，采取增开临客、加编硬座车、组织学生专列或增加学生票库票额等方法，以满足学生的出行需求。

c. 旅游客流。随着人民生活水平的提高以及节假日设置的调整，越来越多的人选择在假日出行，也就形成了大量的旅游客流。由于全国统一放假，所以大部分旅游客流集中在黄金周，造成局部时间段的客流高峰。

为缓解节假日旅游客流带来的压力，在特定时间需考虑加开"旅游专列"。此外，在列车开行方案的制定上，要充分考虑方便旅游出行的出发、到达时间。

d. 通勤流。在我国，通勤流通常指往返于工作与家庭所在地之间的职工。近年来随着城市圈的不断发展，通勤流的规模也逐渐增加，其出行时间有很强的规律性，出行距离一般较短，对出行的便捷性要求较高。

在国外，通勤列车泛指一切供旅客上下班往返的短途、市郊客运列车，其运营及设备配置具有系统化、专业化的特点，开行公交化的班次，使大量通勤流可以在较短的时间到达目的地。

④按照列车运行区段分类

由于不同设计速度的高速铁路、普速铁路在技术设备方面存在差异，因此高速铁路相对独立地运行。根据列车运行的区段不同，将客流分为本线客流和跨线客流。

a. 本线客流。它是指起终点均在某条高铁线的客流。本线客流组织较为简单，通常全程采用高速列车输送。

b. 跨线客流。它是指部分或全部跨越某条高铁线的客流。这种客流通常跨越两条或两条以上铁路线。由于不同铁路线之间可能存在信号制式不同、缺少联络线、交换客流量小等问题,跨线客流可能无法直接输送,而采用在某些车站换乘的形式。

⑤按照客流来源分类

a. 趋势客流。它反映的是整个国家或某一地区由于社会人口的增加及经济总量的增长,使得越来越多的旅客选择铁路这种运输方式出行。趋势客流呈现出连续渐进的增长态势。

b. 诱增客流。它是指由于交通设施等硬件条件的改变(如新建高速铁路),或者是软件条件的变化(交通管制措施的改进、政策导向的改善等),使得人们心理上产生出行的愿望,进而形成一种客流。这种客流应该是一种从无到有,经历逐步形成、快速增长、逐渐稳定3个阶段。由于高速铁路的正点率较高及其安全、高速度的特性,使得人们的出行需求由隐性转为实际,这便构成一部分流量。例如,周末乘坐武广高速铁路的旅客中,因高速铁路开通而增加了出行次数的人有近60%。

c. 转移客流。这里的转移不是指既有线向高速铁路的转移,而是指基于某运输通道上运输方式间客流分配的一个概念。因此转移客流是指由于高速铁路的修建与其较好的服务特性,使本来选择其他运输方式的旅客,改选乘坐高速铁路而形成的客流。

⑥客流的其他分类

根据客流性质特征的不同,客流还有以下类型的分类:

a. 从旅客选择列车的等级上分,可分为高速客流和普速客流。

b. 从客流流动的方向(流向)上分,可分为上行客流、下行客流等。

c. 从客流流动的时间(流时)上分,可分为高峰客流、平峰客流、低峰客流等。

2. 影响客流变化的主要因素

影响客流变化因素分析是掌握客流特征、规律的基本前提,以下内容将分别从客观层面和主观层面对影响铁路客流的因素做出简述。客观层面是对客流外部环境因素进行分析;主观层面是从旅客运输需求的角度展开叙述。

(1)客观环境因素

①经济发展水平。旅客的出行需求主要来源于公务和私务,而公务出行占旅客出行的主要地位。地区的经济发展水平反映了该地区人口的生产、消费情况。经济发展水平的高低,经济增长速度的快慢对旅客的出行需求产生直接影响。

②居民消费水平。随着人们物质生活水平的提高,生存、安全等人类的基本需求得到了满足,探亲、休养、旅游、访友等私务性出行的需求呈增长趋势。居民消费水平的差异对人们的出行选择产生直接影响。近年来,每逢春节、清明节、劳动节、国庆节等节日和寒暑假,均会出现大规模的人员流动,包括探亲流、旅游客流与学生流等,导致出现阶段性的运力紧张。

③人口数量。旅客运输的服务对象是人,人口数量的变化必然引起客运需求量的变化。城市化进程的加快,使城市人口相对集中、人口流动相对频繁,客运需求量不断增大。客运需求量会随着不同地区人口数量的变化而产生时间、空间上的变化。

④季节及气候。季节、气候的变化容易对不同运输方式的安全性、准时性造成影响。目前,高速铁路全部采用自动化控制,除发生地震外,运营受气候影响小。相比之下,飞机、公共交通在浓雾、暴雨和冰雪等恶劣天气情况下必须关闭停运。因此,在极端条件下,铁路会从受天气限制的交通方式中吸引一部分客流,此时,铁路客流有一定的增加,出现突发客流。此外,恶劣的天气还会延滞旅客的出行愿望,对铁路客流量造成一定负面影响。

⑤其他运输行业的竞争。公路运输和航空运输一直是铁路运输强有力的竞争对手。公路较低的运价水平、便捷的出行方式，航空优秀的服务质量和高速度，都会给铁路运输带来不小的竞争压力。

⑥政策因素。为保证国民经济快速、持续、稳定的增长，在对国民经济发展有重大影响的产业上，国家对其资源配置、能源保障等方面进行宏观调控，而国家针对交通运输行业制定的相关政策必然会对各种交通运输方式产生很大的影响。

(2)旅客需求因素

①安全。安全运营是对旅客生命财产的基本保障。铁路的运营安全状况，直接影响到旅客对高速铁路出行的评价、选择和依赖程度。所以，保障铁路的运营安全是铁路进行一切组织工作的重点。

②列车正点情况。高速铁路日常客流以商务流为主，其表现为对旅行时间与效率的极大关注。列车晚点可能会导致高速铁路客流的流失，而有效保证列车的正点率能培养、吸引更多的客流。

③速度(旅行时间)。它是客运产品性能的基本体现。运行速度的提高缩短了旅行时间，这对旅客而言，是激发其出行需求的重要因素。调查表明，速度领先的交通方式在运输市场中占有竞争优势。

④发车频率。它反映了运输部门所能提供给旅客运输服务产品的数量水平。列车开行间隔、到发时间反映了铁路客运产品的便捷程度，是旅客选择出行方式的一个重要因素。一般来讲，缩短发车间隔，相应增大发车频率，可以加大旅客选择出行的时间范围，并缩短旅客在车站的平均候车时间。

⑤票价。在一定的旅行条件下，旅客具有选择运价较低的运输工具的倾向，尤其是私务性出行。商务性出行的旅客对票价的敏感度较低，合理公道的票价是旅客选择出行方式的一个重要因素。

⑥运输服务水平。随着人民生活水平的提高，旅客对出行工具的舒适度有愈来愈高的要求。旅客不仅仅满足于能实现位移的需要，而且要求在接受运输服务的过程中感到舒适。旅客对这方面的需求也是多层次的。

综合来看，影响客流的因素不会单方面发挥作用，而是相互交织、相互作用。普快和快速列车的票价和旅行舒适度适中，成为大多数旅客的选择对象；普客虽然票价较低，但是舒适度有所欠缺，选择普客的旅客也就相对较少。因此，旅客对运输产品的选择是综合多种影响客流因素的结果。

3. 客流调查的方式

按照客流调查的工作执行单位，目前主要分为铁路相关部门自主调查方式及委托第三方调查方式。

(1)自主调查方式

自主调查方式，是最常见的全面的较大规模的铁路客流调查方式，由路局提出重点调查内容，拟列调查清单，并传达至相关车站。车站在本站吸引范围内，组织站内职工进行调查。最后将客流调查结果上报至路局，由路局统一汇总分析。此外，路局也负责重点地区的重点调查。

该调查方式是统一行业内的不同层级的调查，在调查过程中便于统一管理；且实际调查人员可以明确地了解需要调查的内容，方便沟通。此外，调查者是一线的工作人员，对实际情况非常了解,可以更加准确地锁定调查范围,有效地组织调查。

在调查过程中,由于任务重,需要在短时间内完成较为详细的调查工作,这就要求调查人员必须非常了解现场情况,因此,常采用铁路部分自主调查方式。需要注意的是,该调查虽然成本相对较低,但增加了站内工作人员的工作压力,同时数据的准确性因不同车站的人员素质差异而有所不同。

(2)委托调查方式

委托第三方调查是指与调查双方无利益关系的主体,如专门从事调查工作的组织或企业,以公正、权威的非当事人身份,根据相关法律、标准或者合同所进行的调查活动。在铁路客流调查中,可以与调查公司协作,辅助调查问卷设计,并完成调查组织、实施及数据处理工作。

委托第三方调查有如下优势:

①被调查者容易理解,调查效率高。调查机构有专业调查人员,可以设计专业的调查问卷,使被调查者可以更加容易地接受与理解,提高调查效率。

②调查成本低。在问卷设计阶段以及预调研阶段,需要对相关调查者进行培训,第三方调查拥有专业的调查人员,可免去前期的人员培训成本,因此,在一定程度上可降低调查成本。

③数据真实性较高。调查工作量大、烦琐、任务紧,且和调查主体的利益相关,致使自主调查经常出现代填问卷的现象,降低问卷的真实性;而采用第三方调查方式,调查方与被调查方双方无利益关系,且调查员有一定的基本职业素质,因此,数据的真实性得以保证。

但是,铁路受众群体大,且沿线覆盖区域广泛,因此,由于客流量大、成分复杂,涉及相关内容较多,需选择大量样本进行调查,调查范围广。其次,旅客出行时间有一定的周期性,时空波动较为频繁,因此,在调查方案设计层面较为复杂,调查过程中涉及的部门较多。在实际调查中,常使用车站现场工作人员调查和委托第三方调查形式相结合的方式。

4. 客流调查的程序

客流调查是由一系列收集和分析信息的步骤组成。客流调查按不同的目的范围,所采取的步骤各有繁简,一般有以下 3 个阶段,如图 5-3 所示。

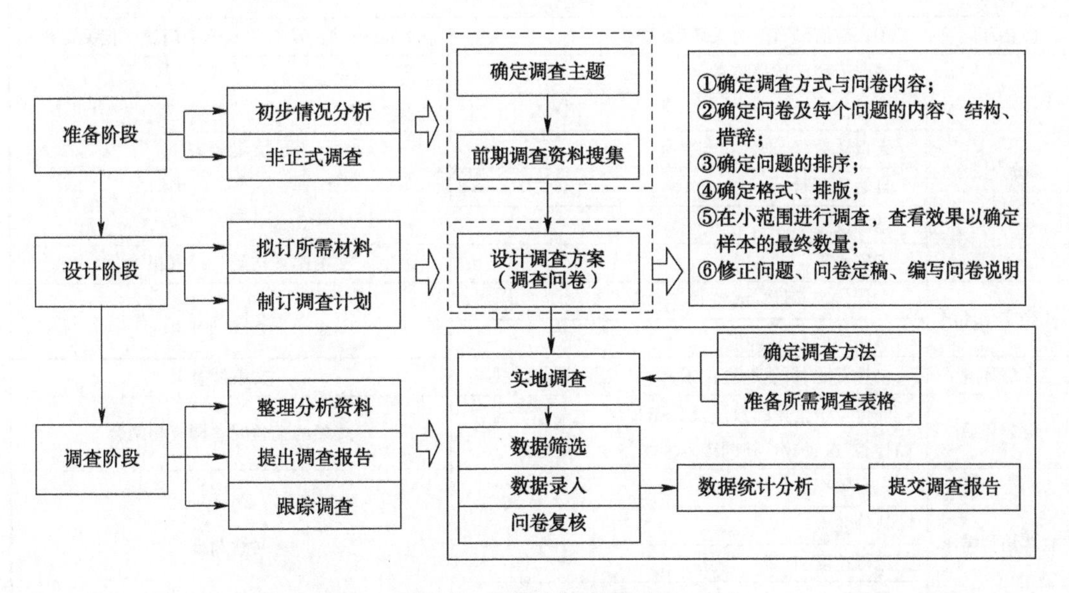

图 5-3　一般铁路客运调查流程

(1)准备阶段

准备阶段的重点是根据运输企业的经营目标,确定调查对象、方式、内容和目标等,以便制订一个切实可行的调查计划。该阶段对整个调查的开展具有重要意义,主要完成两项任务:

①通过初步情况分析,收集企业内外部现有情况资料,了解分析产生问题的一些情况。

②非正式调查,即对初步情况调查中存在的问题的真实性进行调查。

以新建高速铁路线路开通前调查为例,为了提供翔实、合理的沿线客流需求资料,需对既有普速线路历史客流量、线路沿线经济发展水平、其他交通方式分担情况进行分析,从客流需求预测角度出发,常采用四阶段法中重力模型对各种交通方式的分担情况进行预测,以获取合理的新线趋势客流,但往往新线诱增客流量和转移客流量的预测较难把握,从而影响客流预测精度。因此,针对该问题需要在正式调查前了解影响该新建高速铁路线路沿线诱导旅客选择高速铁路或导致旅客转移至其他交通方式的因素,从而为后续调查设计的合理性奠定基础。

(2)设计阶段

设计阶段是对一系列调查事项做出决定,说明从调查中所要得到的资料以及所要做的工作,最后形成一个主体计划。该阶段主要分为两个部分:

①拟订所需资料,即填写收集数据的清单,以确定需要哪些特定的数据、如何获得这些数据、收集资料的来源和方法。

②制订调查计划,其目的在于提高调查的可实施性,内容包括调查目的、数据的收集和处理、调查的方法和技术、调查的日程安排、经费估计和人员安排等。

以新建高速铁路线路开通前为例,为获取翔实、合理的线路沿线客流需求信息,需求的数据清单及其调查方法,如表5-3所示。

高速铁路新线开通前客流调查需求资料及其调查方法说明列表 表5-3

<table>
<tr><th colspan="2">需求资料清单</th><th rowspan="2">调 查 方 法</th></tr>
<tr><th>种类</th><th>内容</th></tr>
<tr><td>政治环境</td><td>国家政府颁布的有关政策、法令</td><td>文案调查法,从有关政府部门获取相关资料</td></tr>
<tr><td rowspan="6">经济环境</td><td>线路沿线区域经济发展水平</td><td rowspan="5">文案调查</td></tr>
<tr><td>居民消费水平</td></tr>
<tr><td>人口总数(流动人口与常住人口)</td></tr>
<tr><td>自然资源状况</td></tr>
<tr><td>基础设施条件</td></tr>
<tr><td>工资水平</td><td>文案调查与问卷调查相结合</td></tr>
<tr><td rowspan="2">社会文化环境</td><td>文化传统、习俗、消费观</td><td rowspan="2">文案调查</td></tr>
<tr><td>职业构成</td></tr>
<tr><td>自然环境</td><td>自然资源、自然地理位置、气候条件、季节因素等</td><td>文案调查</td></tr>
<tr><td>竞争环境</td><td>同行竞争企业的数量及分布地区,竞争者产品的品种、数量、价格、利润等方面水平及变化趋势</td><td>文案调查与问卷调查相结合</td></tr>
<tr><td rowspan="4">旅客出行需求</td><td>出行频率</td><td rowspan="4">问卷调查</td></tr>
<tr><td>票价要求</td></tr>
<tr><td>运行速度、时间</td></tr>
<tr><td>舒适度</td></tr>
</table>

(3)调查阶段

调查阶段是正式进行调查并通过资料分析得出结论的阶段,所以该阶段又称结论性调查阶段,这是客流调查的主要阶段。具体可以分为如下两个步骤:

①整理分析资料。调查资料大多是分散和零星的、有些不能反映问题。因此必须经过加工整理,使之变成系统、完整、可靠的资料,然后再进行分析。并在分析研究的基础上,找出原因,得出调查结论,提出改进的建议和措施,供领导决策时参考。

②提出调查报告。以调查报告的形式给出调查的结果。其内容有:调查的目的、调查的方法(说明调查设计、资料收集、抽样方法等)、资料分析、结论和建议及附录(有关详细资料、统计图表、参考资料等)。

报告提出后,调查已基本告一段落。为了解调查意见实施情况及实施效果,还可能根据需要进行跟踪调查。

5. 客流调查的分类

根据客流调查的目的、性质和内容,调查的时间范围等不同,其调查类型有所差异。具体分类情况,如图5-4所示。

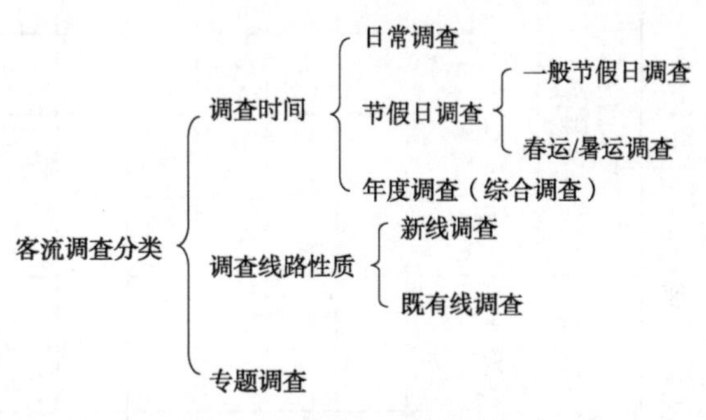

图5-4 铁路客流调查分类

(1)综合调查

综合调查是调查范围最大和调查内容最丰富的调查,涉及所有影响运输需求和运输供给的各类因素及其发展状况,一般服务于近期、中期或远期的客流预测,往往与运行图调整、产品结构优化同步进行。综合调查的主要内容有下述几点:

①吸引地区的一般情况。它包括地区的自然条件(位置、地形、气候、雨量等);行政区域的划分,城市、农村人口的分布和增长情况;工矿企业、机关学校的分布和发展情况,工矿企业生产水平及与外地的供销联系;农业生产和劳动力的安排及有组织的或自发的劳动力外出等情况;文教、卫生事业的发展和名胜古迹、医院、疗养院的分布及吸引旅客的情况;地区交通的一般情况。

根据上述调查资料,可编制客流调查综合分析说明表。其内容包括:地区的自然条件,行政区域的划分,工矿企业、机关学校的分布,农业生产情况,文教卫生事业的发展状况,名胜古迹的分布及吸引旅客情况,地区交通简况。

②直接影响客流的各项因素。它包括,吸引地区的总人数,工矿企业、机关、学校等的人员及家属人数,休假制度,利用铁路旅行的人数、时间、去向及节假日探亲的情况;吸引范围可供外地人员疗养、休养的处所、开放时间、床位及其周转时间;吸引范围的名胜古迹、游览胜地及历年各月的旅游人数,特别是通过铁路旅行的有关人数;历年特殊客流及大批人员运输情况(应分出主要到发区段)。

根据上述资料,可编制客流组成及运输情况,农村人口分布情况,工矿企业职工分布情况,国有农场人口分布情况,各大、中专院校人口分布情况,集市贸易情况,铁路通勤、通学、买粮、就医情况,大批团体旅客输入输出情况等报表。

③各种交通运输工具的分工情况。它包括吸引范围内现有交通运输方式、运输能力、历年的运量,客流在时间上的变化情况以及今后的发展;各种交通工具的运行线路,并找出与铁路联运和分担的人数及其比重;铁路与各种交通工具在运行时间上的配合情况。

根据上述调查资料,可编制地方交通运输及联运情况表(表5-4)。

交通运输及联运情况表

表 5-4

种类	运(航)行区段	里程	票价	运输能力				历年运量			交铁路运量(每日)				接铁路运量(每日)				备注
				每日班次	每班运量	每日运量	节假日最高运量	200×年实际	200×年预际	200×年计划	总数	去向			总数	去向			
公路	×× ××																		
	×× ××																		
	×× ××																		
水运	×× ××																		
	×× ××																		
	×× ××																		
航空	×× ××																		
	×× ××																		
	×× ××																		
其他	×× ××																		

④铁路旅客运输资料。它包括按运输别的旅客发送、中转及到达人数;使用免票及通勤、通学人数;客流月、季度的波动情况及原因;历年客流变化及到达各区段的客流量;直通、管内的旅客列车对数、运行区段、时间及平时和客运量最大时的运能和运量的适应情况;其他与编制客流计划、组织旅客运输有关的资料。

综合调查最好每年例行在规定的时间内进行,并将调查结果按客流分析说明表等汇总编制成该年度的铁路旅客运输客流调查资料。这样,逐年按期进行,可以系统地取得历年资料,在了解、分析、对比和研究客流变化规律上是有很大作用的。

(2)节假日调查

按国家颁布的法令,主要节假日有“五一”劳动节、“十一”国庆节、元旦节、春节、清明节、端午节、中秋节和学生每年的寒、暑两个假期。调查工作一般在这些假期前一个月左右进行。春节期间客流量大(学生的寒假和春节运输连在一起),影响客流变化的因素比较复杂,客流调查应在春节运输前2~3个月内进行。调查的主要内容包括:重点工矿企业、机关学校放假日期,社会活动及外地人口乘坐火车的流量流向;其他交通工具与铁路衔接运能、运量的变化情况等。调查的方法是由各工矿企业、机关学校、部队等提出节假日旅行计划,包括乘车日期、车次、人数、到站以及返回日期等。由于旅客对春节乘车比较关心和重视,所以,一般春节提出的旅行计划比较可靠。节假日客流调查表样式(见表5-5)由被调查单位填写,车站汇总。

节假日客流调查表 表5-5

单位________ 联系人________

总人数________ 假期(节日)自___月___日至___月___日

到达区段 乘车时间					共计人数
月　日					
月　日					
月　日					
月　日					
计					

(3)日常调查

日常调查是指车站的有关客运人员与旅客在购票、候车、乘车过程的接触中,对客流变化的各项因素进行的调查了解。日常调查比较适宜在售票厅内进行,可利用旅客排队时间进行调查。列车上的调查,时间比较充裕,旅客也愿意主动配合。调查内容一般包括旅行目的、到达地点、返回日期及该单位人数和乘车旅行情况,以便随时掌握客流变化情况,分析客流增减数量、变化原因和持续时间等。

(4)新线调查

新线调查在新线开通前进行。主要通过调查新建高速铁路沿线地区的经济条件、居民消费水平;新建高速铁路的客流吸引范围、所在地区的常驻和流动人口情况、旅客成分、出行频率、出行需求(票价、时间、舒适度等);其他交通方式的客流分担情况,为新建高速线路短期、中期、长期客流预测、旅客运输计划编制提供一定的数据和决策支撑。调查过程中,经济发展水平等基础数据资料可通过搜集相关报表获得;旅客出行特征与需求方面的资料则需采用问卷调查获得;而对于各交通方式的客流分担情况的调查则需要采用大规模现场问卷调查和观察法，对铁路、长途汽车客运枢纽、城市高速公路出入口、机场和港口等不同交通方式的关键节点旅客出行行为特征进行深入调查。其中，对于铁路运输方式，一般由铁路总公司和铁路铁路局协助，完成针对与新线开通线路并行的相关铁路客运站、有关列车上的旅客出行调查。此调查常采用问卷调查方法。

(5)专题调查

专题调查是针对客运产品、客运需求、营销策略等旅客运输组织中的某一专项内容进行的专项调查，是深入研究铁路客运市场的一项重要调查类型。根据调查目的和调查内容的不同，其调查方法存在差异。例如高速铁路某线路客运产品的满意度专题调查，意在考评出行乘客对高速铁路运输产品的满意情况，包括列车到发时刻、开行数量、运行速度、停站等能否满足旅客需求等方面的内容。此外，还有针对某一特殊需要而进行的专项调查，例如上海铁路局客运处为优化上海南站至金山卫站市郊线路列车开行方案而进行分工作日和周末为期 4 天的旅客出行意愿调查。

6. 客流调查的方法

旅客运输市场调查可采取多种多样的方法，但由于各种方法的特点不同，其适用的范围和对象也不尽相同。因此，选择适当的调查手段与方法有助于提高客流调查的效率和数据的准确性。一般的调查方法有询问法、观察法、实验法和统计分析法。

(1)询问法

①直接询问法(亦称访问法)。即调查人员与调查对象或被调查人面谈。其形式有如下两种：

a. 调查人员严格按既定的问卷项目依次提问，逐一记录。这种形式，也叫登记式访问调查。

b. 由调查人员与被调查者自由交谈，在交谈中发现所需资料。这种形式，称为自由交谈式访问调查。

另外，为了获得更多、更普遍的信息，也可采用集体座谈的形式。此法因费用较高，不宜多用。

②间接访问。有电话调查、邮寄调查、留置问卷调查、网络调查法等方法。

电话调查是调查人员以电话询问方式与被调查者交谈来取得资料的调查方法。这种方法在电话安装十分普遍的今天被作为一种常用调查方法，这与它信息传递快，调查所需时间短，回答率较高等优点有着密切关系。但要注意所提问题不宜太复杂，询问时间不宜太长，否则既不会取得理想效果，又会使调查成本过高。

邮寄调查和留置问卷调查，都是调查人员将拟订好的问卷用邮寄或留置方式交给被调查者，请其按规定要求填妥后寄回或派人取回从而取得资料的调查方法。由于调查人员与被调查者不直接接触，可以免除被调查者的心理压力，有充分的时间经过考虑来回答每一问题，可使调查资料的准确性大大提高。采用此法收集资料，首先必须解决问卷设计问题，这不仅因为各种询问调查都离不开问卷(直接访问和电话调查实际上也是按照事先拟订好的问卷来提出询问)，更主要的是设计一张完善的问卷将直接关系到调查工作的成败。

现在互联网快速发展，中国的网民越来越多。充分利用这一资源，可以在网络上对旅客进行相关调查。比如对中国铁路的意见，对高铁票价的看法等。

(2)观察法

调查人员亲临现场，从旁观察、记录，听取信息或利用摄像机等工具进行调查，此法能够比较客观地取得所需信息资料。

这种方法虽能较客观地反映事实,但常常不能较深入地说明原因,故运用范围有限。

(3)实验法

在一定条件下进行小规模的模拟实验,然后,对实验结果进行分析的调查方法,如开设动车组方式就是在小范围进行实验,然后进行推广。此法切合实际,信息资料客观,但调查时间较长,费用大。

(4)统计分析法

利用国家机关、金融服务部门、行业机构、市场调查与信息咨询机构等发表的统计数据,或发表于科研机构的研究报告、论文等资料,来分析需求发展趋势的方法。

三、客流预测

预测是一种预计和推测,即人们利用已经掌握的信息资料和手段,预先推测和判断未来或未知状况的结果。预测过程,是在调查研究和科学实验基础上的科学分析。铁路客运量预测就是指利用旅客市场调查统计资料,建立适当的运输模型,使用科学的预测方法来推测未来一段时期内,某条铁路线、某一 OD 流、某铁路局或是整个铁路系统的客运量数据。

预测一般分为近期预测、中期预测和远期预测。对铁路客运量来说,5 年以内的预测称为近期预测,5 年至 10 年的预测可视为中期预测,10 年以上称为长期预测。

1. 定性预测方法

定性的方法主要是通过社会调查,结合人们的经验加以综合分析比较做出量的直接判断和预测。其优点是简便易行,没有复杂高深的计算,易于普及采用。但往往易受预测人员经验和认识上的局限,并常有一定的主观片面性。它是目前市场预测中运用最广泛的一类方法;它也可用于历史资料不完备情况下的客运量预测。

定性预测法,主要包括运输市场调查法、德尔菲法等。

(1)运输市场调查法

通过一定时期的资料积累和周到细致的调查工作,可以掌握吸引区内运量变化的大体趋势,运输市场调查法能够得出比较符合实际的预测结果。其操作方法简便、灵活。它也称为直接归纳法。

如果吸引区范围较大,经济调查的工作量将过于繁重,遗漏和调查数据偏差的情况也难以避免。当市场因素在经济活动中所占比重越来越大的时候,无论客货运都会受很多不确定因素的影响,运输市场调查法的局限性也就比较明显。然而该方法不失为一种相当有效的预测方法,与其他适用的方法相结合,仍然发挥着重要的作用。

(2)德尔菲法

德尔菲法又称专家预测法,其预测过程需要反复地征询、归纳、修改专家的意见,最后才能汇总成基本一致的看法。

①德尔菲法具体步骤。

a. 挑选专家,人数在 20 人左右。专家不发生任何联系,只通过书信与预测人员直接发生联系。

b. 提出预测问题,要求书面答复。预测者将预测提纲,预测目标和必要的资料提交给每个专家,征询专家们的意见。

c. 收集专家意见,进行集中处理,再发给各专家,进行第二轮征询。

d. 修改原先的预测。

e. 最后预测，经过多次反复修改后，要求每位专家在前几次预测的基础上根据所提交的全部材料提出最后预测及其依据。

f. 根据各专家最后一次提出的预测值，利用平均法或中位数法确定最终的预测值。

德尔菲法操作过程，可以用图 5-5 表示。

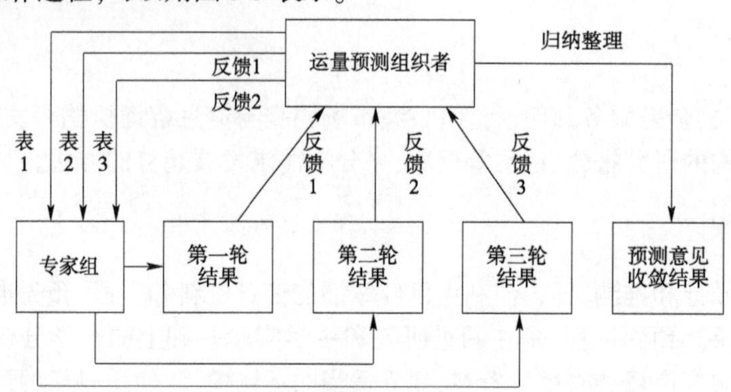

图 5-5　德尔菲法预测过程图

②德尔菲法的优点。

从德尔菲法的操作过程可以总结出其具有的一些优点：

a. 预测的匿名性。它可避免权威影响而随大流，能真正表达每一个专家的意见。

b. 预测的反复性。它能够有控制地反复多次地征询意见。

c. 预测的收敛性。它能使意见逐渐趋于一致；能做出统计评估，使定性分析同定量分析结合起来。

2. *定量预测方法*

定量预测方法是依据必要的统计资料，借用一定的数学模型，对预测对象的未来状态和性质进行测量等方法的总称。定量预测的方法主要有时间序列预测法和回归分析法等。

(1)时间序列预测法

时间序列预测法也称为趋势预测法，这种方法以过去发生的事件为基础预知未来，其基本假设条件是过去影响市场的各种因素今后仍将继续存在，唯一变化的是时间。因此客运量会随着时间的变化而发生变化。运用时间序列方法的关键是预测期内运量变化趋势的识别与拟合。根据历史客运量是呈现指数增长趋势还是线性增长趋势，常用的方法有指数趋势预测法和线性趋势预测法。

①指数趋势预测法。

a. 算术平均法。

一般在预测开通不久，缺乏历史数据的客运专线客流需求时，往往要用到过去的平均增长率。这是一种简单易行的方法，公式如下所示：

$$y = a(1 + b)^t$$

式中，a 是某年的实际旅客人数，b 是增长率，t 是预测年数。

b. 移动平均法。

从理论上讲，算术平均法所用的历史数据要足够长，以便能反映出运输量的随机波动和发展趋势。如果数据不充分且波动幅度很大，分析人员最好选用移动平均法来平滑运输量的波动，找出市场增长的规律。在分析时，一般采用 3 年(或以上)的数据，相加后计算出平均值。移动平均法期数的选择取决于分析人员，其关键是既要能消除短期的运输量波动，又不能失去市场长期的变化趋势。但是，如果数据集太小则不宜使用移动平均法，因为数据集的两端将丢失。一般来说，采用移动平均法的结果要高于算术平均法。

c. 指数平滑法。

有些专家认为，近期的历史数据比远期的历史数据更能反映未来的情况。因此，在依靠历史数据预测未来市场增长时，应赋予近期的数据更大的权重。从数学的角度来看，这种预测方法类似于移动平均法，只是对近期的数据给予了更高的权重。

②线性趋势预测法。

a. 直线趋势法。

直线趋势法的基本假设是，观察期内的运输量随时间的推移增长趋势接近于一条直线，即运输量随着时间以一个常数增长。分析人员需要将时间序列绘制成一条直线以外推预测结果，其计算一般采用最小二乘法，但也可以采用其他数学方法。按照最小二乘法的基本定律，当观测值的偏差加权平方和最小时，观测数据拟合为一条直线。有些观测值在直线之上，为正值；有些在直线之下，为负值。如果仅仅将这些偏差相加，这些数值将相互抵消，但如果使用偏差的平方相加就可以避免这一问题。

将直线 $y=a+bt$ 与时间序列数据拟合以满足最小二乘法的基本定律时，还有一个问题需要解决，即如何衡量直线对应于数据的符合程度。衡量拟合程度高低的系数成为相关系数(R)或相关系数的平方(R^2)，严格来讲，这一系数应称为“判定系数”。在实践中，R^2 的使用更为频繁。如果直线与数据拟合得非常差，则 R^2 的数值接近于零。如果两者拟合得非常好，则 R^2 的数值接近于1。运输业的经验表明，利用直线趋势法进行预测需要非常高的判定系数，R^2 至少要在0.9以上。

直线趋势法简单易用，但前提条件是数据要有一定的规律性且没有大幅的波动，但是，有些时候的运输量波动非常明显。在这种情况下，要想获得判定系数非常高的拟合曲线是很困难的，此时可以采用移动平均趋势法。

b. 移动平均趋势法。

计算一个时间序列的移动平均值并组成一个新的时间序列，可以平滑历史数据中的大起大落。新的时间序列中只剩下趋势信息，更易拟合出线性趋势线。

预测公式为：

$$y=a+bt$$

式中：t——年序数；

a、b——参数。

设一次移动平均数为 M_t^2，二次移动平均数为 M_t^2，取平均时距为($n=3$)，则

$$a=2M_t^1-M_t^2$$

$$b=M_t^1-M_t^2$$

M_t^1、M_t^2 可按下列方法求解：

设各年的实际客运量为 X_{01}、X_{02}、…、X_{14}，则

$$M_{t(03)}^1=\frac{X_{(01)}+X_{(02)}X_{(03)}}{3}$$

$$M_{t(04)}^1=\frac{X_{(02)}+X_{(03)}X_{(04)}}{3}$$

$$M_{t(05)}^{1}=\frac{X_{(03)}+X_{(04)}X_{(05)}}{3}$$

二次移动平均数 M_t^2,是一次移动平均数 M_t^1 的再一次移动平均,即

$$M_{t(05)}^{2}=(M_{t(03)}^{1}+M_{t(04)}^{1}+M_{t(05)}^{1})/3$$
$$M_{t(06)}^{2}=(M_{t(04)}^{1}+M_{t(05)}^{1}+M_{t(06)}^{1})/3$$

其余的依次类推。

时间序列法不仅可以用于年度预测,也可以用于月度预测等短期预测。只要有充分的历史数据,这种预测方法简单易用,且短期预测结果较为准确。一般来说,如果知道了今天的旅客人数,就可以很容易地预测出明天的人数;如果知道了过去几周的平均客流量,就可以方便地预测出下周的客流量。但是,如果预测周期超过了 18 个月,则由于各种外部因素的影响,时间序列预测法出现错误的风险将逐渐增大。

虽然时间序列预测法的使用非常广泛,但它有一个致命的弱点,即它假设运输量仅随时间的改变而增长。诚然,随着时间的推进,市场需求肯定会发生变化。但正如前面所述,很多外部因素同样也会影响到市场需求水平,这些因素随时处在变化之中。即使这些外部因素保持不变,但很多市场供给因素的改变,特别是运价水平,依然会对市场需求造成影响。因此,将市场需求仅与时间相联系显然过于简单,时间只能是众多市场因素中的一个。目前,解决这一问题的办法,一般首先使用时间序列预测法进行预测,然后再根据市场调研的结果和专家的判断进行调整,并形成最终的预测结果。

(2)回归分析法

回归分析是根据一个或几个自变量的变化,来预测另一个因变量变动的方向和程度。在预测铁路客运量时,影响它的因素有 GDP、人均收入等。它可以分为一元回归和多元回归分析方法。当所考虑的因素只有一个时,就叫作一元回归,否则就叫多元回归。

通常情况下,一元回归预测比较简单,适用较多,但预测精度受到限制,主要用于中、短期预测。其模型的标准形式为:

$$y=a+bx$$

式中:y——预测值,即预测对象所代表的变量;

x——影响因素,即相关变量;

a、b——回归系数。

回归系数 a、b 计算公式为:

$$a=\frac{\sum y_i-b\sum x_i}{n}$$

$$b=\frac{n\sum x_iy_i-\sum x_i\sum y_i}{n\sum x_i^2-(\sum x_i)^2}$$

式中:x_i、y_i——原始观察值;

n——原始数据项数。

上述模型建立后,必须对模型进行检验。只有经检验合格的模型,方可用于实际预测。这种检验通常经过计算相关系数 r 来进行。值越大,说明 x 与 y 线性相关程度越高。

以上介绍的几种预测方法均可用于铁路客运量的预测,有时候也需要几种方法的不同结合使用,使得预测结果更为准确。

第三节　铁路客流计划的编制

一、编制旅客运输计划的主要依据

在铁路实际工作中，编制旅客运输计划的主要依据包括客流调查资料和旅客运输统计报告资料。

1. 客流调查资料

客流调查是了解客运需求，预测客运量的过程，是编制旅客运输计划的基础。根据客流调查资料，可以掌握客运量的变化和发展情况。对于大批团体客流和节假日客流，可通过专门的客流调查直接确定流量和流向，从而为制订计划客流提供可靠的资料。

2. 旅客运输统计报告资料

旅客运输统计报告资料，是掌握旅客运输变化规律的重要资料。根据统计资料，可以分析历年来实际客流的流量、流向及其变化规律和增长率，可以查明旅客运输的季节性波动。通过分析各方向、各次列车乘车人数的统计资料，可以确定各区段列车的利用情况。旅客运输统计报告资料主要包括下列内容。

(1)各级客运部门掌握的日常统计资料

车站根据售出客票记录，分别直通、管内编制售出客票报告(月报)及退票报告(月报)等精密统计资料，报局统计部门，并根据各次列车上下车人数业务统计资料，按日、旬、月分别车次、去向统计发送旅客及中转旅客的客流量。铁路局根据车站报告可以掌握各次列车座席利用率，有计划地组织日常运输。根据统计资料的汇总比较，可以分析客流变化的规律，作为确定计划客流的参考。

(2)由统计部门编制的客流统计资料

车站和车务段根据售出客票记录，分别直通、管内编制售出客票报告(月报)、退票报告(月报)及代用票、市郊定期票据(包括乘降所上车票据)一起报局统计部门。再由统计部门根据各站的售出客票报告、退票报告和局内交换资料(输入和通过客流)编制有关统计报表，例如：

①始发旅客人数及票价收入统计表——客报1。由该表可以看出各站分直通、管内发送的客流情况，是统计实际客流的重要资料。

②旅客运输量及周转量统计表——客报2。该表系根据本局旅客发送资料和各局交换资料编制，用以表示各铁路局旅客运输数量、人公里及旅客平均行程的完成情况。

③分界站旅客输出、输入及通过人数统计表——客报3。该表表示铁路局间旅客去向及各局间分界站输出、输入和通过旅客人数。

④区段平均旅客密度统计表——客报4。该表是为了考核铁路营业线上各区段的旅客密度。根据本局和外局的资料，按直通、管内，分上下行方向编制站间密度，再汇总成区段平均密度表。

⑤旅客运送距离统计表——客报5。该表按照运行距离分段统计旅客运送量和周转量，用以了解和研究旅客行程情况。

通过客流调查，并结合客运统计报告资料的分析，既可了解吸引地区客流产生与变化的一般规律，也可为编制旅客运输计划、客流计划提供一定的原始资料。这些情况不仅是编制客运长期计划、年度计划的重要依据,而且也是编制旅客列车运行图,掌握日常客流变化和改善客运设备,进行客运设施基本建设的必要资料。

二、客流计划的编制

客流计划是旅客运输计划的重要组成部分,它是实现旅客运输计划的技术计划,又是旅客运输能力的分配计划和旅客运输组织的工作计划。在编制新运行图确定旅客列车开行方案前,一般首先要编制客流计划。

客流计划的编制工作是在铁路总公司的集中统一领导下,根据客流资料,采取上下结合集中编制的方法进行的。其步骤为:下达任务、准备资料;铁路局编制客流图和客流计划;铁路总公司汇总直通客流图和编制客流计划3个阶段。

1. 下达任务、准备资料

铁路总公司在下达编制客流图任务的同时,即公布全路直通客流区段(管内客流区段由铁路局自定)和规定的客流月。所谓客流月,指汇总全路客流时,为求统一,由铁路总公司选定的客运量中等偏上的月份,以使编制出的客流计划符合客流增长规律,具有代表意义。

所谓客流区段,是指客流的到达区段,它不同于列车运行区段和机车牵引区段,其长度按客流密度的变化情况而定。凡各大城市之间,客流密度大致相同的地段,作为一个客流区段。客流密度不同的即分为两个或几个客流区段。一般大量客流产生和消失地点,衔接几个铁路方向的大型客运站,各铁路局间的分界站,都是划分客流区段的始发站和终到站。在同一客流区段内各站间有不同的客流密度时,区段客流密度应按其中最大值计算,如图5-6所示,其区段客流密度应为360人。

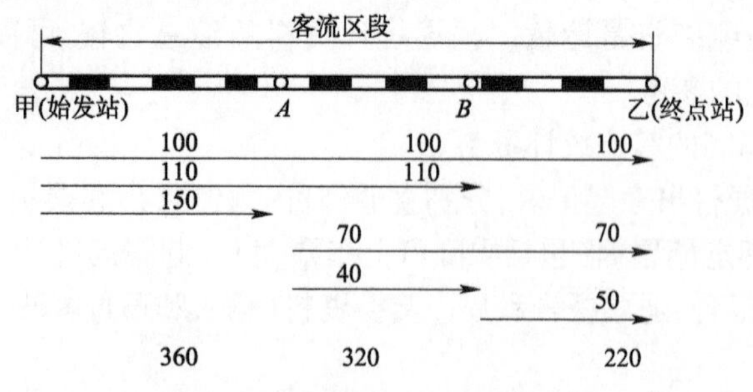

图5-6 区段内始发和到达客流图

2. 铁路局编制客流图和客流计划

各个铁路局的统计部门按《铁路客货运输统计规则》的要求,提出客流月的直通、管内分区段的发送旅客流向统计资料。客运部门根据分区段的旅客流向资料,按日平均数编制客流图。

客流图或称客流区段图,是旅客由发送地至到达地所经过的客流区段的图解表示。编制客流图的目的,是为在编制列车运行计划时,提供确定旅客列车对数和运行区段所需的计划客流量。

客流图按客流性质,可分为直通、管内客流图。

(1)直通客流图

直通客流图是由一个铁路局所属各客流区段产生的客流,经过一个或几个铁路局间分界站到达全路各铁路局的各客流区段的客流图解表示。每个铁路局都有一条或几条铁路线作为编制客流图时的始发、终到或通过区段。每条铁路线根据客流密度的不同,可分为一个或几个直通客流区段。各直通客流区段的直通客流都是由3部分组成,即输出客流、输入客流和通过客流。

①输出客流:由本局各直通客流区段内产生通过局间分界站交到外局的客流。

②输入客流:全路各铁路局的各客流区段内产生的直通客流,通过本局分界站到达本局各直通客流区段内的客流。

③通过客流:由本局的一个局间分界站接入到另一个局间分界站交到外局的客流。

各局和全路的直通客流图,只编制直通输出客流。

直通客流图的编制,是根据各局统计部门提供的各直通客流区段产生的输出客流量和流向,分线别、客流区段别进行编制,把每个客流区段产生的直通输出客流量按区段顺序,填入各客流区段,既是本区段产生的直通输出客流加通过本区段的客流,这样,最后一个客流区段的直通客流量也就是本线所产生的直通输出客流量,如图5-7所示。直通客流图应按铁路总公司公布的直通客流区段绘制。在图上表示出本局管内各客流区段的日均到达客流量,以作为全路客流汇总时的交换资料。

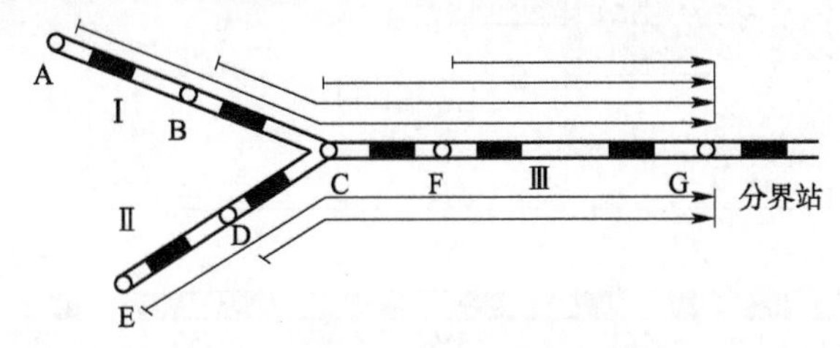

图5-7 直通输出客流图

(2)管内客流图

管内客流图是由一个铁路局管内各客流区段产生,在本铁路局管内各客流区段消失的客流图解表示。管内区段客流包括同一客流区段始发、到达和通过的客流,区段内各站段送到其他区段及本区段的客流视为区段首站发送的客流;其他区段到达本区段内各站的客流,视为到达本区段尾站的客流;由一区段接入通过本区段到另一区段的客流为通过本区段的客流。同一区段内上述三部分客流总和即为管内区段客流密度。管内客流图的编制方法与直通客流图不同,一般是先作客流斜线表,如表5-6所示,后编管内客流图。

客流斜线表

表5-6

到站 发站	距离(km)	甲	乙	丙	丁	戊	上行	下行	总计
甲	250		3545	2050	938	856	7389	—	7389
乙	263	3823		1436	770	501	2707	3823	6530
丙	350	1823	830		2622	865	3487	2653	6140
丁	450	920	900	1430		2493	2493	3250	5743
戊		780	1300	1170	1460		—	4710	4710
上行		—	3545	3486	4330	4715			16076
下行		7346	3030	2600	1460	—			14436
总计		7346	6575	6086	5790	4715	16076	14436	30512

管内客流斜线表是将各大站及管内客流区段的发到旅客人数显示于表上。将每一发站发送的客流量按到站分列在同一行的相应栏内,表示出管内客流的流量和流向。表中斜线以上为上行,斜线以下为下行。

在绘图中应将上行客流绘在站名线的下方,下行客流绘在站名线的上方,这与我们的习惯相反,原因是我国的行车组织方法是左侧行车。

为使管内客流资料更加明显、清晰,绘制管内客流图时,要用不同颜色或图案、线条代表不同管内客流区段所产生的客流,如图 5-8 所示。

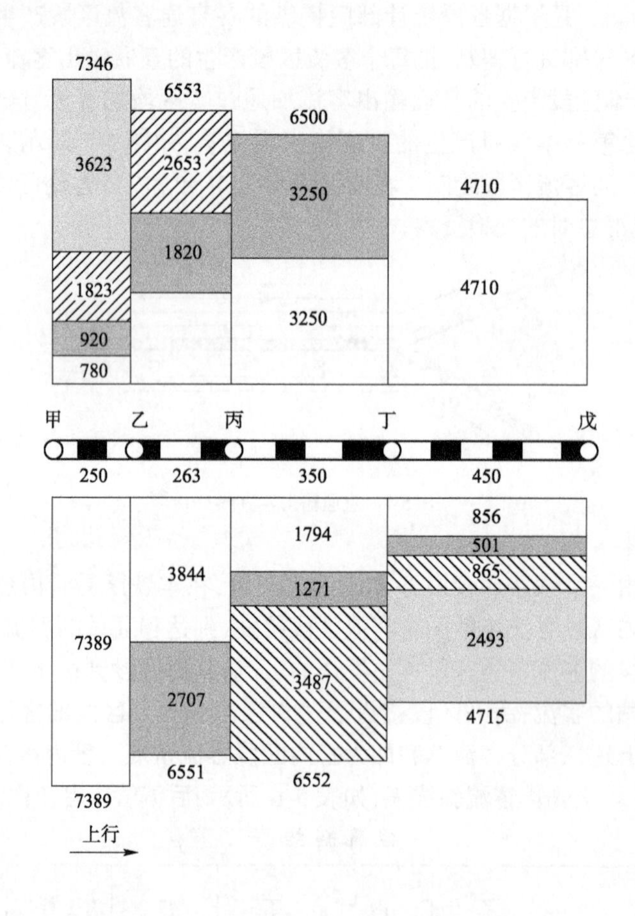

图 5-8　管内客流图

所编区段管内客流密度图,如图 5-8 所示。在图中,区段内各站发送的客流视为本区段始发站发送的客流,到达区段内各站的客流视为到达本区段终点站的客流。

3. 铁路总公司汇总直通客流图和编制客流计划

各铁路局编好直通、管内客流图后,铁路总公司组织各铁路局将所编制的输出直通客流图资料进行交换,并汇总在按局别的全国铁路直通客流图上。各局根据交换的资料,计算出直通客流区段的客流密度,连同管内一起,汇总在全国铁路区段客流密度图上;然后,各局结合客流调查和统计资料,利用各种预测方法推算出计划期内客流可能的增长率或绝对数,据以编制全部客流计划。最后,把计划客流密度与现行运行图规定的旅客列车能力进行比较,如表 5-7 所示,即可提出编制新的客车运行图所需的资料。

运行图旅客密度与客车能力比较表 表5-7

线路区段	方向	年 月			年至 年计划			现行旅客列车能力				密度与能力比较±			
		旅客密度	其中		旅客密度	其中		对数	总定员	其中:直通		与 月份		与 年	
			直通	管内		直通	管内			对数	定员	总计	直通	总计	直通
	上														
	下														
	上														
	下														
	上														
	下														
	上														
	下														
	上														
	下														

第四节 旅客运输技术计划

旅客运输技术计划是保证质量良好地完成旅客运输任务，合理使用机车车辆和其他各种技术设备的具体生产计划。

旅客运输技术计划应以客流计划为依据，解决以下问题：

(1)选择旅客列车的重量与速度。

(2)制订旅客列车的开行方案。

(3)编制旅客列车运行图。

(4)确定车底需要组数。

(5)动车组运用计划编制。

旅客运输技术计划的编制，主要是在铁路总公司和铁路局两级机构中进行，是一项细致而复杂的工作。为此，需要在铁路总公司、铁路局的统一领导下，在客运部门和其他各部门的密切配合、共同努力下，才能编制出质量较高的旅客运输技术计划。

一、旅客列车的重量、速度及开行方案

(一)旅客列车的重量和速度

旅客列车的重量和速度，决定着旅客列车编成的大小和旅客在途时间的长短，直接影响到铁路的客运能力、服务质量和客运设备的使用效率。选择旅客列车最佳重量和速度的方法，主要是针对提高旅客列车直通速度这一要求。在机车类型和线路条件一定的情况下，提高直通速度可以采取加速列车运行、压缩停站次数、缩短停站时间等措施来实现。还应从列车始发时刻、终到时间、通过大站的时刻来进行检验和修正，按这个修正后的速度计算出来

的各种旅客列车重量标准和编组辆数；最后，还要考虑沿途车站的线路有效长、站台雨棚长等各种实际因素确定。

我国对旅客列车重量标准和编组辆数规定如下：

特直快列车800～1000t，15～20辆；普通旅客列车800t，15辆，旅客列车最大编组为20辆。既有线与高速铁路动车组列车编组分为单组和重联两种，单组为8辆，重联为16辆编组；随着新型动车组的出现，编组辆数可出现弹性变化。

在旅客列车的重量标准和编组辆数确定之后，根据各种旅客列车的编组结构，可以计算出定员，在已经编制好的客流计划的基础上，就可以着手拟定旅客列车的开行方案。

（二）旅客列车的开行方案

旅客列车的开行方案，是指确定旅客列车运行区段、列车种类及开行对数的计划。旅客列车开行方案的编制是在铁路总公司列车运行图编制部门的统一领导下进行。直通旅客列车开行方案由铁路总公司研究有关铁路局的建议后确定；管内及市郊旅客列车的开行方案由各铁路局自行确定并报总公司；铁路总公司有关业务局进行综合平衡后拟定全路开行方案并提交铁路总公司列车运行图编制部门审批。

旅客列车的始发站、终到站及经由线路构成旅客列车的运行区段，列车种类可区别出列车不同的等级或性质，开行对数的多少表示行车量的大小，三者组成一个完整的旅客列车开行方案。列车开行方案是把客流变成列流的框架计划；运行图是列车开行方案的具体化。

按照列车运行的线路，可以把旅客列车开行方案分为既有铁路旅客列车开行方案、客运专线旅客列车开行方案和跨线旅客列车开行方案3种。既有铁路旅客列车开行方案，是目前我国铁路旅客列车开行方案中的主要组成部分，主要根据既有铁路的客流计划，再参考设备条件及车站所在地的政治、经济、文化情况，确定列车的运行区段、种类和对数，旅客列车都是运行在既有铁路，速度受到既有线的限制。客运专线旅客列车开行方案，是根据客运专线的客流情况和设备条件，确定客运专线高速列车和中速列车的起讫点、经由线路及对数。跨线旅客列车开行方案，是根据跨线客流的流量、流向和大量客流的产生及消失地点，为了方便跨线客流的旅行，确定出既运行在既有线，又运行在客运专线的旅客列车的运行区段、种类和对数，这类旅客列车在客运专线上以较高速度运行，而在既有线上以线路的限制速度运行。

1.旅客列车开行方案编制方法

铁路旅客列车的开行必须服从国家的政治、经济、文化、科技、国防的发展要求，加强首都与各直辖市和各省、自治区首府之间，以及各省、市、自治区主要城市之间，重点工矿企业之间，边疆、沿海和内地之间，城市和农村之间的联系。

列车开行方案的设计非常复杂，首先要符合旅客出行规律，最大限度地方便旅客，提高服务频率，减少旅客等待时间，尽可能减少换乘，提高列车上座率，还要能充分利用运输能力，合理利用客车车底，控制列车超员。但总的来讲，开行方案的制订可归纳为确定旅客列车运行区段（即起讫点和运行径路）、确定列车开行对数与种类两个过程，下面分别进行介绍。

（1）确定旅客列车运行区段

旅客列车的运行区段和行车量，基本上取决于客流计划。“按流开车”是确定旅客列车运行区段和行车量的基本原则。在根据客流计划绘制的区段客流密度图上，清楚、直观地表示出各方向上各客流区段旅客的流量、流向及客流大量发生、消失和变化较大的地点，这就为划分各种旅客列车运行区段，确定列车种类、计算开行对数的工作提供了有利的条件。

旅客列车的开行，除必须符合大量客流的需要之外，同时还要有利于铁路技术设备的合理运用。为了进行旅客列车车底的整备作业，旅客列车的始发站和终到站应选择有客车整备所的车站。为了办理机车的折返作业，列车运行区段的两端站应为机务段所在站。除此之外，还要求配属的机务段和客车车辆段提供满足需要数量的客运机车和客运车辆。在客运专线，始发和终到站要有相应的动车组运用所或动车段。

依据客流计划，先按贯穿整个方向各客流区段的最小客流密度安排开车。也就是说，为了最大限度地以直达运输吸引直通客流，一般将一个铁路方向的两端站定为旅客列车的始发站和终到站，然后再将客流密度变化幅度较大的站间定为较短的旅客列车运行区段，并且要求整个方向上旅客列车开行方案提供的客运能力与各客流区段上的客流密度相适应。

直通旅客列车的运行区段应根据列车始发站与终到站之间的直通客流量确定。跨局列车的直通客流需达到一定数量时报总公司审批方可执行。开行跨越两个铁路局的直通旅客列车其直通客流不少于600人，跨三局的不少于500人，跨四局及其以上的不少于400人。

(2)确定列车开行对数及种类

铁路需要适应市场的变化，满足不同旅客的要求，开行不同种类和档次的旅客列车，如速度不同的普客、快速、特快、直达特快、高速列车；质量不同的普通、空调、卧铺、豪华列车，提供专项服务的旅游、会议列车等。由此，充分发挥铁路的优势，提高铁路在客运市场的竞争力。

影响旅客行车量的基本因素是区段客流密度、旅客列车编组情况及各类列车的定员等。旅客列车对数定多了，浪费运能；定少了，造成旅客拥挤。在实际工作中，旅客列车开行对数既要适应客流的需要，又要使客运设备得到经济合理的利用。

①旅客列车行车量的计算

a.旅客列车行车量的计算公式

$$N=\frac{A}{a} \quad (列)$$

式中：A——总客流量；

a——列车定员人数；

N——列车数。

b.公式计算法

由于旅客列车的种类和运行距离不同，其所能吸引的客流量也不同，要求列车的编组内容也不同，因而列车定员也就不同。因此，在确定行车量时应对各种旅客列车分别进行，一般从高等级列车到低等级列车顺序计算，分别确定其列数。

特别旅客快车列数($N_{特快}$)：

$$N_{特快}=\frac{AK_{特快}}{a_{特快}} \quad (列)$$

式中：A——总客流量，人；

$K_{特快}$——乘特快旅客列车的旅客占总旅客数的百分比；

$a_{特快}$——特快旅客列车定员。

快速旅客列车列数($N_{快速}$):

$$N_{快速} = (A - a_{特快}N_{特快})K_{快速}/a_{快速} \quad (列)$$

式中:$K_{快速}$——乘快速旅客列车的旅客的百分比(除特快外);

$a_{快速}$——快速旅客列车定员。

普通旅客列车列数($N_{客}$):

$$N_{客} = (A - a_{特快}N_{特快} - a_{快速}N_{快速})/a_{客} \quad (列)$$

式中:$a_{客}$——普通旅客列车定员。

②确定各种旅客列车的行车量,还应考虑的问题

确定各种旅客列车的行车量,除按上述方法进行计算外,还应考虑:

a. 计算出的列车总数和各类列车数,往往出现不足一列的尾数,对此一般不予进整,而是采用加挂车辆或调整车型以扩大客车定员或采取超员运输办法解决。

b. 对于不足每日开行一列的长途直通旅客列车或国际旅客列车,可采用定期(如每周两次)或隔日开行的方式,以合理地运用铁路机车车辆和通过能力。

c. 如直通旅客快车在运行全程个别区段定员有余,为充分利用运能而不影响旅客服务质量,可采取在定员有余区段适当增加列车停站次数,以吸收部分管内客流,或在超员区段加挂回转车,缩减列车基本编组辆数,在超员区段再编挂上。

【例 5-1】现以甲—戊方向为例来确定旅客列车的开行方案。已知其最大客流方向的区段客流密度图,如图 5-9 所示。假设用特快列车输送的客流占总客流的百分比($K_{特快}$)为 40%,用快车输送的客流占剩余客流的百分比($K_{快速}$)为 60%,其余客流以普通旅客列车输送。列车平均定员 $a_{特快}$、$a_{快速}$、$a_{客}$分别为 800 人或 900 人、900 人或 1000 人、1050 人或 1150 人。

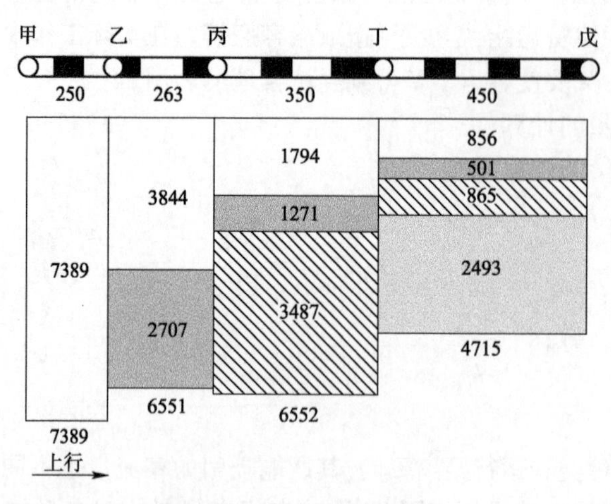

图 5-9 最大客流方向客流图

【确定过程】

从图 5-9 中不仅能清楚、直观地看出各方向上各客流区段旅客的流量、流向,而且可以看出客流大量发生、消失和变化较大的地点,为划分旅客列车运行区段、确定列车种类及开行对数的工作提供了有利条件。

确定开行区段及客流量:

甲—戊区段:4715 人;

甲—丁区段:6552 - 4715 = 1837 人;

甲—乙区段:7389 - 6552 = 837 人。

计算各种旅客列车数:

a. 甲—戊区段:

$$N_{特快} = AK_{特快}/a_{特快} = (4715 \times 40\%)/900 = 2(列\cdots\cdots余 86 人)$$

$$N_{快速} = (A - a_{特快}N_{特快})K_{快速}/a_{快速} = [(4715 - 900 \times 2) \times 60\%]/900 = 2(列\cdots\cdots欠 51 人)$$

$$N_{客} = (A - a_{特快}N_{特快} - a_{快速}N_{快速})/a_{客} = (4715 - 900 \times 2 - 900 \times 2)/1150 = 1(列\cdots\cdots欠 35 人)$$

b. 甲—丁区段:

$$N_{特快} = (1837 \times 40\%)/800 = 1(列\cdots\cdots欠 65 人)$$

由于用快车输送的客流占剩余客流的60%,按此比例求算出的快车客流有(1837 - 800) ×60% =622 人,不够开行一列快车的条件,而且剩余客流为 1037 人,正好适合由普通旅客列车进行输送。

$$N_{客} = (1837 - 800)/1050 = 1(列\cdots\cdots欠 13 人)$$

c. 甲—乙区段:

由于甲—乙区段运行距离不长,同时客流不算太大,需要用特快车输送的客流比重也不多,为此,可组织开行快速旅客列车来进行输送。

$$N_{快速} = 837/900 = 1(列\cdots\cdots欠 63 人)$$

甲—戊区段上总的行车量,见表 5-8。

各区段行车量及输送能力 表 5-8

列车行驶区段	各区段行车量			合计	输送能力(人)
	特别快车	旅客快车	普通旅客列车		
甲—戊	2	2	1	5	4750
甲—丁	1		1	2	1850
甲—乙		1		1	900
合计	3	3	2	8	7500

在实际工作中,每次编制运行图时,并不是都重新确定旅客列车的开行方案,一般是以现行运行图中已开行的旅客列车为基础。根据计划客流,确定加开的、由低等级改高等级的、短变长的旅客列车,综合形成一个新的旅客列车开行方案。但在有客运专线并行的区段,必须综合考虑客运专线与既有线的分流和平衡问题,逐渐“引流上高速”,促进分流,释放既有线能力。

所谓短变长,即延长旅客列车运行区段,其目的如下:

a. 为了节省车底需要组数。将输送短途客流的管内列车运行区段延伸加长,成为直通旅客列车,比邻接区段加开一对管内列车,可以减少车底折返时间,从而节省车底组数。

b. 解决车站设备或能力不足。如按客流需要,某站应作为旅客列车的终到站,但因设备或能力不足,该站不宜作为车底折返站时,可将车底折返站由近移远加以延长。

2. 高速铁路列车开行方案编制特点

高速铁路作为铁路的一种,与普速铁路开行方案具有很大的相似性。然而,由于高速铁路技术设备和客流特征均与普速铁路有很大不同，因此，其开行方案又有一定特殊性。

(1)高速铁路与普速铁路列车开行方案的共性

①以客流为基础，尽可能使运能安排贴近运输需求，减少运力虚糜；

②将客流需求以列车开行的形式表现出来；

③受到客流量及客流性质、铁路部门的收益、旅客的旅行时间消耗等因素的影响。

(2)高速铁路与普速铁路列车开行方案的不同

①编制列车开行方案目标不同。高速列车开行方案的编制，应以最大限度方便旅客出行、提高旅客服务质量和维持良好的列车运行秩序为目标，在此基础上，尽可能使旅客列车旅行时间最小、始发和终到时间合理、非旅客乘降作业的停站次数最少和停站时间最短、动车组使用数量最少。对于普速铁路来说，一般先确定旅客列车开行方案，后确定货物列车开行方案。货物列车与旅客列车开行方案要互相配合。

②高速铁路一般不开行夜行列车。根据旅客出行习惯及设备养护维修的需要，高速铁路列车一般白天开行。高速铁路由于需要保障高安全性，因此，对设备维护要求高，夜间需要进行4~6h的综合维修。高速铁路列车开行方案必须在天窗范围外时间内安排，在一定程度上限制了方案的制订。既有线则不存在这个问题，可以大量安排开行“夕发朝至”列车。

③列车停站方案不同。高速铁路列车的停站方案主要与客流、列车的速度等级、车站的等级等因素有关，其停站数目较少，且停站时间较短，而既有线则相对停站数目较多，停站时间相对较长。

3.高速铁路列车开行方案编制与优化方式

(1)高速铁路旅客列车开行方案的编制方法

高速铁路旅客列车开行方案的制订是高速铁路运输组织的核心问题，其制订依据主要为客流计划。高速铁路旅客列车的开行方案制订过程，实际是以客流计划为基础将客流转换为列流的过程。具体有如下3个步骤：

①开行方案制订的准备过程。铁路总公司根据各铁路局提供的客流统计数据对客流特征进行详尽的分析，总结出客流的增长情况和变化规律，选择适当的预测方法，对未来各OD点间客流进行合理的推断，下达客流计划，实现“按流开车”，这是制订高速铁路旅客列车开行方案的基础。由于我国高速铁路处于新建时期，客流历史资料相对匮乏，铁路部门只能根据各交通方式的广义出行费用来确定高速铁路上的转移客流量，再综合其趋势客流量和诱增客流量来推算未来年高速铁路各OD点间客流量。

②开行方案的制订。首先，根据以上预测客流量，结合OD点间社会政治、经济情况确定列车起、讫点；然后，根据客流实际情况，进行客流调整，结合客流周期波动、列车编组及定员、速度、客座利用率、车站及区间能力等因素建立数学模型，求解列车开行数量、停站方案等开行方案要素；最后，再根据具体情况对开行方案进行调整、优化。

③开行方案的具体实施过程，编制列车运行图。

客流预测、列车开行方案的制订、列车运行图的编制三者之间关系密切，互为因果，是一个综合的整体。因此，三者间需要综合优化。

(2)高速铁路旅客列车开行方案的编制流程

旅客列车开行方案在掌握客流计划的基础上，具体编制方法分为如下两种：

①基于区段客流密度的编制方法。这种方法虽最大限度地开行远程列车，但造成停站次数多，增加了旅客旅行时间消耗。

②基于OD间客流量的编制方法。这种方法综合考虑了各站点间的客流需求情况,可从总体上提高服务质量,最大限度满足旅客。

两种方法综合对比,故将采用第二种方法来完成高速铁路旅客列车开行方案的编制。其编制流程,如图5-10所示。

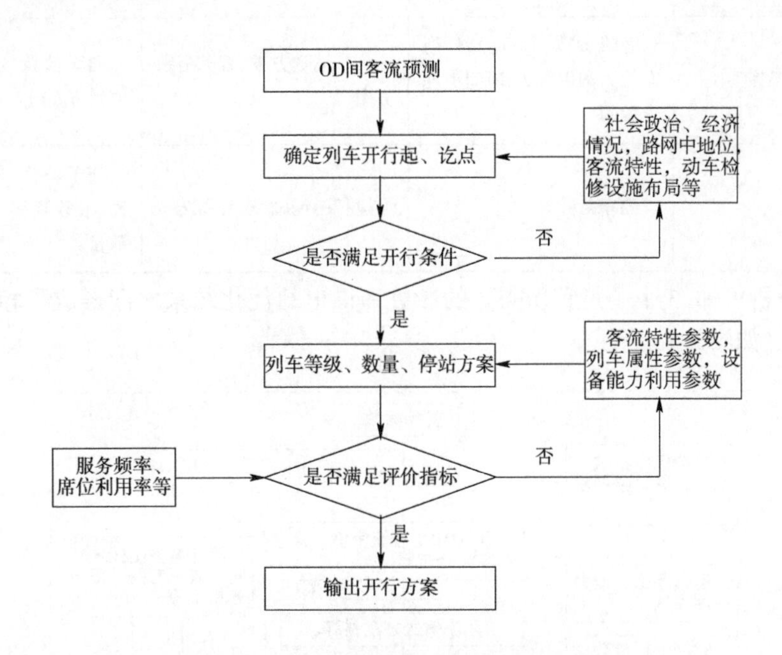

图5-10　高速铁路旅客列车开行方案编制流程

(3)高速铁路旅客列车开行方案的优化方式

列车开行方案优化的程度直接影响到开行方案的优劣。而且,优化是贯穿于方案形成的整个过程中,按照方案的形成过程,优化方式可分为以下几种情况:

①列车开行方案制订过程中的单独优化。它是指在给定的OD客流情况下,生成列车的运行特性的优化方案,它属于静态优化。目前正是以此为核心进行研究。

②列车开行方案制订与方案运行图编制两个阶段的综合优化。由于运行图是开行方案的具体实现,两者相互之间关系密切,且互为因果,因此需要进行综合优化。目前只有少量研究工作涉及该种形式。

③列车开行方案制订与OD客流生成两个阶段的综合优化。列车开行计划是以客流为依据的,而客流预测中诱发运量的生成又以列车的运行特性(起讫点、停站方案、运行径路、服务频率)为一定的基础,因此两者间存在综合优化的关系。一般在进行实际开行方案的设计时,大部分的研究工作都会进行两者的结合,但是其工作思路并不是综合优化的方式,只是一种研究路线上的延续和参数的制订。

④3个阶段的整体综合优化。这是旅客列车开行方案优化最完整的形式。

(4)高速铁路旅客列车开行方案的优化过程

在高速铁路旅客列车开行方案优化制订的过程中,开行方案所包含的各项内容是在不同的形成环节中得到的。各个形成环节相互联系,都有各自对不同数据信息的处理和计算工作,也都产生不同的参数。各个形成环节所完成的工作及得到的方案参数,如表5-9所示。

高速铁路列车开行方案优化过程及对应相关工作

表 5-9

子 过 程	需要相关参数	相关优化内容	相关优化结果
运量预测	服务属性(旅行时间、服务频率、候车时间等)	客流量预测、路网配流	客流 OD、客流密度、高峰客流分布等
客流输送方案制订	客流参数、运行径路、列车能力利用参数、时间消耗参数等	列车输送方案、客流搭乘方案	列车数量、起讫点、途中停站方案
运行图编制	列车参数等	运行图铺画、车底周转	列车旅行、停站、接续时间、服务频率、车底周转及数量

从以上分析可知,3 个子过程所需要的参数和得出的优化结果之间形成了相互联结、互为因果的链条,如图 5-11 所示。

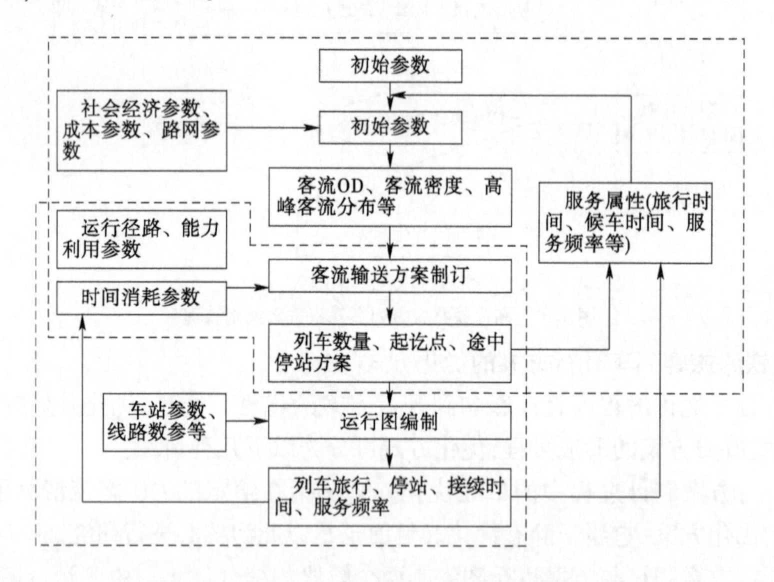

图 5-11　高速铁路旅客列车开行方案优化过程关系

①运量预测阶段需要的列车服务属性,是在客流输送方案制订后才产生的,而且是在运行图编制后才被确定。

②客流输送方案制订阶段所需要的客流参数,可通过客流预测得到。

③运行图编制阶段所需要的列车参数,要在列车输送方案优化结果的基础上得到。

从图 5-11 中也可以看出在开行方案形成的整个过程中,不同阶段相互结合进行单独和综合优化的形式。对于整个过程的综合优化表现为各个阶段顺序优化、调整参数、循环迭代的过程。

二、旅客列车运行方案

制订了旅客列车的开行方案之后,就需要为开行的每一趟列车排点铺图,以便于基层站段按图组织行车。旅客列车运行方案即是在运行图上对旅客列车运行线的铺画。列车运行图规定了各次列车占用区间的顺序,列车在每个车站的到达、出发、通过时刻及在站停留时间、列车在各区间的运行速度及运行时分、机车交路等,是旅客列车运行组织的具体计划。

各部门、各工种、各项作业之间必须协调配合，严格按照运行图的要求组织工作。

旅客列车运行图的编制，是一项非常复杂的工作，应在铁路总公司的统一领导下，由各铁路局负责编制。铁路总公司成立车、机、工、电、辆各业务局参加的运行图编制委员会，由主管运输的副部长领导。各铁路局的编图委员会由各局局长领导，各业务处参加。在集中统一的领导下，明确分工，密切配合，做到协调一致，正确处理好各方面、各环节的关系。

在编制列车运行图时，首先铺画旅客列车运行线。此时，分如下两步进行：

①编制旅客列车运行方案图，着重搭好整体框架，处理各方关系，解决全面布局的问题。

②以方案图为基础，铺画出表示每一列车在各个车站上到发通过时刻的列车运行详图。在此基础上再铺画货物列车运行线。

1. *旅客列车运行方案图和详图的编制步骤*

旅客列车运行方案是以每一方向各技术站间小时格运行图的形式表示的，所以又叫旅客列车运行方案图，简称客车方案图（见图5-12）。由于它主要是解决列车整体布局问题，最先铺画，所以它是整个列车运行图的骨架和核心。而下一步在二分格运行图上铺画的旅客列车运行线则精确具体地规定列车到发通过各站的时刻及交会待避的地点，使列车运行组织建立在切实可行、精确协调的基础之上。最后，按修正后的时刻再回归为各方向各技术站间小时格简明运行图的形式。

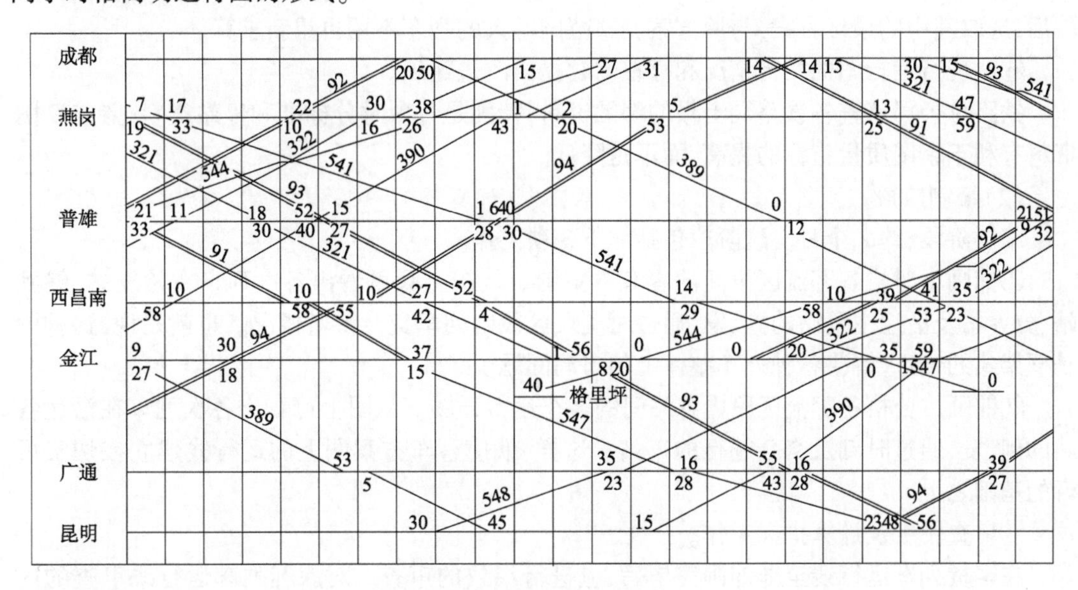

图5-12　旅客列车运行方案图

旅客列车运行方案图及详图的编制，分以下3个阶段进行。

（1）准备及审定资料阶段

准备及审定资料阶段，其主要任务有：

①审定管内各线，特别是主要干线上的客流量、客流密度及旅客列车开行方案。

②审定各种旅客列车的重量标准、编组辆数、车型、吨位、定员。

③审定各种旅客列车的停车站名及停站时分标准。

④审定各次旅客列车的区间纯运行时分、起停车附加时分、施工慢行时分，按标准填制成专门的表格，如表5-10所示。

旅客列车区段运行停站时分标准表 表5-10

			列车 区段 列车			
			运行时分			
			停站时分			
			起停车附加时分			
			慢行时分			
			计			
			运行时分			
			停站时分			
			起停车附加时分			
			慢行时分			
			计			

⑤审定各次列车在始发站的合理开车范围,以便于旅客列车在白天到发。对必须翻架子和新增加的旅客列车,一般是先求出合理开车范围,选择几个运行方案,进行技术经济比较后,选取其中的最优方案,与原方案调整范围不大的列车不用再重新求算。

⑥对现行运行图的执行情况和存在问题提出改进建议。

铁路总公司审查各铁路局上报的编图资料,特别是各项时分标准和停站资料,要求新图资料有利于新图质量指标的提高,而不是降低。

(2)编制阶段

编制阶段,约2个月。这阶段包括如下3项工作。

①铺画小时格各客流区段间的客车方案图。从图上只可看出各次列车在始发站、终到站、分界站及沿途主要站的到、发、通过时刻及区段内列车交会待避概况。也就是说,这种图是框架式的,着重解决各种列车整体上的布局问题。

②铺画二分格各客流区段内各站间的客车运行详图。从图上可看出各次列车在沿途各站的到、发、通过时刻及交会越行的车站。这样,就使客车方案图上的运行线建立在切实可行的基础之上。

③审查图纸及计算指标工作。

在客货列车运行线全部铺画完毕后,应进行细致的审查。对旅客列车运行线审查的内容如下:

a. 全部旅客列车运行线的铺画是否符合既定的方案;

b. 各次旅客列车的区间运行时分是否准确,停车站和停车时分是否符合规定的原则;

c. 旅客列车车底在始发站和折返站的停留时间是否符合规定的标准;

d. 旅客列车的会让是否合理,有无客车等会货车的不合理情况;

e. 主要客运设备能力的利用情况;

f. 客运机车及客车车底的运用是否经济合理,乘务组连续工作时间是否超过标准。

审查完毕后,应计算运行图的数量指标和质量指标,填记旅客列车指标计算表(见表5-11)和旅客列车指标汇总表。

列车运行图旅客列车指标计算表

表 5-11

列车运行区段	车次	列车公里	列车运行时分					直通速度	技术速度	速度系数	列车对数		列车编组				列车编组总公里（自局担当）	列车编组（车底）停留时间（自局担当）		记事
	下行	下行	全程总时分	其中							管内运行	自局担当	组数	辆数	其中客座车数	定员		本段	外段	
	上行	上行		停站		平均停站时分	运转时分													
				站数	时分															

列车运行图编完后，报总公司批准。

(3)实行准备阶段

实行准备阶段。约2个月。

在新图实行前，应着手以下几项准备工作，即编制旅客列车新旧交替计划。

①编制旅客列车新旧交替计划。在新图实行的这一天，要求各主要干线的旅客列车都要按新时刻表运行，那么在实行前的过渡期间，有的列车需要调整到开时刻，有的列车需要变更编组，有的列车需要增减车底，一般不允许在中途变更车次、到开时刻或列车编组。为了不致因运行图交替而打乱整个运行秩序，需要编制24小时格的旅客列车新旧运行时刻交替图。允许各种旅客列车在交替期间内可以停运、增开或提前按新时刻表运行。新旧交替计划要提前下达到各站段，并按此组织售票、乘降、列车运行调整等一系列工作，顺利过渡到新运行图全面实行。

②编制旅客列车时刻表。根据新运行图规定的车次、运行区段、停车地点、到开通过时刻及列车编组情况等事项，抄点制表，编制旅客列车时刻表。利用表格形式，把运行图的主要事项反映出来。旅客列车时刻表的格式，如表5-12所示。

旅客列车时刻表

表5-12

丙	甲	甲	丙	甲	开往	申	庚	丑	寅	戊
6537 普客	1379 普快	1315 普快	K149 快速	T5 特快	车次（↓） 站名 车次（↑）	T6 特快	K150 快速	1316 普快	1380 普快	6538 普客
∨ 8:10	8:50 58	9:22 30	14:30 38	7:12 20	戊	58 20:50	17:01 16:53	44 18:34	30 5:20	—— 18:25
14:22 33	12:45 51	13:18 26	18:44 52	10:54 11:00	丁	27 17:18	52 12:43	24 14:17	54 0:48	14 12:02
20:30 ——	15:35 46	16:47 17:00	21:16 ——	13:21 29	丙	10 15:02	10:08 ∧	23 11:13	22:07 21:58	7:30 ∧
	17:38 45	18:52 19:00		…	乙	…		26 9:17	12 20:04	
	20:31 ——	21:34 ——		17:22 ——	甲	11:02 ∧		7:05 ∧	17:52 ∧	

时刻表中常用符号的含义如下：

“…”或“↓”“↑”表示列车在该车站通过；

“＝”表示列车不经过此站；

“∧”“∨”表示列车的始发站；

“—”表示列车的终到站；

“※”或“(站名)”表示旅客乘降所。

时刻表的编制采用24h制，列车在24:00(即夜间12:00)出发时为0:00，到达时为24:00。

列车的始发，终点站均以该站的字头、字尾或省、市的简称来表示，并在开往栏内注明该列车的终点站站名。

列车的到、开时刻，凡站名左边的均为下行列车，应由上向下看，并以↓表示。凡站名右边的均为上行列车，应由下向上看，并以↑表示。如缩减版面，表中一个时刻，除终到站外，均为开车时刻。

③编制旅客列车编组表。在实行新运行图时,旅客列车编组表由铁路局根据客流性质、机车类型、列车重量、速度、车站到发线有效长度等因素确定,由铁路总公司批准并以铁总令公布执行。旅客列车编组表规定了该次列车编挂的车种、辆数、顺序及车底周转图等内容。其格式,如表5-13所示。

旅客列车编组表 表5-13

<table>
<tr><td rowspan="6">北京—哈尔滨东</td><td rowspan="2">车辆</td><td rowspan="2">乘务</td><td rowspan="2">顺序</td><td>京开</td><td>1</td><td>2</td><td>3</td><td>4</td><td>5</td><td>6</td><td>7</td><td>8</td><td>9</td><td>10</td><td>11</td><td>12</td><td>13</td><td>14</td><td>15</td><td>16</td><td>17</td><td>18</td><td>19</td><td></td><td colspan="2" rowspan="2">计</td></tr>
<tr><td>哈开</td><td>19</td><td>18</td><td>17</td><td>16</td><td>15</td><td>14</td><td>13</td><td>12</td><td>11</td><td>10</td><td>9</td><td>8</td><td>7</td><td>6</td><td>5</td><td>4</td><td>3</td><td>2</td><td>1</td><td></td></tr>
<tr><td rowspan="2">三棵树</td><td rowspan="2">哈尔滨</td><td colspan="2">车种</td><td>FD</td><td>YW</td><td>YW</td><td>YW</td><td>YW</td><td>YW</td><td>YW</td><td>RW</td><td>RW</td><td>CA</td><td>YW</td><td>YW</td><td>YW</td><td>YW</td><td>YW</td><td>YZ</td><td>YZ</td><td>YZ</td><td>XL</td><td></td><td>19</td><td>19</td></tr>
<tr><td colspan="2">定员</td><td></td><td></td><td>66</td><td>66</td><td>66</td><td>66</td><td>66</td><td>66</td><td>36</td><td>36</td><td>60</td><td>66</td><td>66</td><td>66</td><td>66</td><td>66</td><td>118</td><td>118</td><td>118</td><td></td><td>1080</td><td>1080</td></tr>
<tr><td></td><td></td><td colspan="2">吨数</td><td>69</td><td>55</td><td>55</td><td>55</td><td>55</td><td>55</td><td>55</td><td>55</td><td>55</td><td>54</td><td>55</td><td>55</td><td>55</td><td>55</td><td>55</td><td>56</td><td>56</td><td>56</td><td>61</td><td></td><td>1067</td><td>1067</td></tr>
<tr><td></td><td></td><td colspan="2">附注</td><td>广宿</td><td></td><td></td><td></td><td></td><td></td><td></td><td></td><td></td><td></td><td></td><td></td><td></td><td></td><td></td><td></td><td></td><td></td><td></td><td></td><td></td><td></td></tr>
<tr><td>特快</td><td rowspan="2">车辆</td><td rowspan="2">客运</td><td colspan="2" rowspan="2">北京</td><td colspan="22" rowspan="3">1　2　3
9:01　18:20
T18　T17
20:32　6:49</td></tr>
<tr><td rowspan="2">T17/T18次</td></tr>
<tr><td colspan="2">段担任</td><td colspan="2">哈尔滨东</td></tr>
</table>

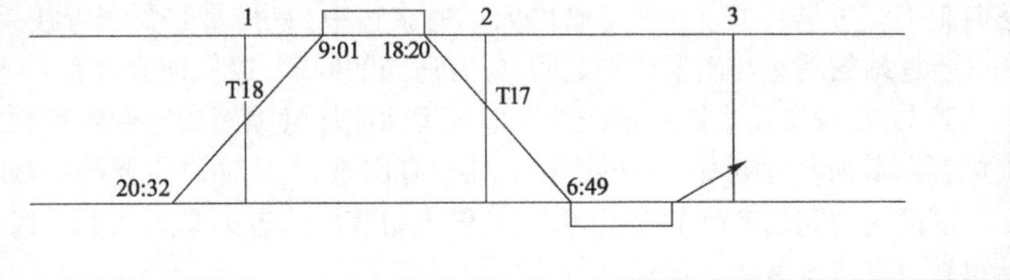

旅客列车编组表编制方法如下:

列车发到站、车次栏。列车的发到站先填下行发站,后填下行到站,对改变运行方向的列车(即一对列车4个及其以上车次时),先填担当乘务工作的铁路局的始发站。

列车性质按照动车、特快、快速、普快、普慢等分别填写。

车次一律先填下行后填上行,一对列车有4个及其以上车次时,车次的填写必须和列车的发到站相对应。

担当乘务栏。担当乘务的车辆、客运(列车)段,如名称相同,可只填写一个。

车底编组栏。列车中车厢顺序号的编定,凡北京站和上海站始发的各次特、直快列车车厢顺序号均小号在前,大号在后(北京、上海间始发和到达的列车以北京站规定顺序为准)。非北京站和上海站到发的各次特、直快列车车厢顺序号,均以担当局始发站的发车方向为准,小号在前,大号在后;两个局担当的列车由有关铁路局事先商定后报铁路总公司。但对途中某个站由于车场进路关系必须调头运行的列车,为便于确认,须在编组顺序项注明发站。

车种按统一的汉语拼音标记,定员按该种车辆的标记定员数填写。吨数填写该种车的总重,并根据车辆的用途、附属设备及其他说明,在附注项内注明"宿""茶""广""办""隔""回""空"等字样。

车底周转图栏。车底周转图,表示需用车底组数和始发、终到时刻,并由此计算车底在始发站和终点站的停留时间。

周转图上填写的始发站名顺序须和填写列车种类车次的始发终到站栏相同。不得上下颠倒。一般先填下行始发站名,运行线从担当局的始发站开始,始发和终到时间填在车站中心线与运行线相交的钝角上。

2. 旅客列车运行方案图的编制原则

(1)提高旅客列车直通速度

提高直通速度可采取加速列车运行、减少停站次数、缩短停站时间、加速技术作业过程、延长机车交路等措施来实现。还应从列车始发时刻、终到时间、通过大站的时刻即方便旅客的角度出发来进行检验和修正。对管内旅客列车，开行对数较多的区段，亦可采取分段服务的办法以提高直通速度。

(2)方便旅客旅行

列车始发、终到、通过各主要站的时刻，应方便旅客旅行。并应对有优势、有竞争力的中距离列车给予最优先考虑。

直通旅客快车最好晚间发车，但不迟于零点，终到时间在白天或早晨，但不宜早于7点，通过沿途主要城市尽可能安排在白天。直通列车通过沿途各大站的时刻亦应力求方便旅客，若不能完全满足此项要求，则只能权衡轻重，尽可能予以照顾。

管内旅客列车以运送短途旅客为主，一般运行距离较短，故以白天运行为宜。在管内列车较多的区段不可能均在白天运行时，个别列车亦可在夜间运行，但始发时刻不宜过晚，到达时刻不宜过早。由于在乘坐管内列车的旅客中，有很多需要当天往返，为满足其需要，列车在折返站的到达与出发时刻之间，应有适当的间隔，以保证旅客有一定的活动时间。

其次，在联结几个铁路方向的大型客运站应尽量缩短旅客中转换乘的停留时间，使各方向旅客列车到发时刻有良好的衔接。如确有困难时，应照顾主要的中转直通客流。

区段内中间站产生的直通客流，一般先由管内旅客列车运送到直通旅客快车停车站，然后再转由直通旅客快车运送。

到达区段内中间站的直通客流则反之。

同时，还应保证旅客列车的到发时刻与其他交通工具互相衔接、配合。这种衔接包括组织公铁、海铁、河铁、空铁联运及缩短旅客由这种运输形式换乘到另一种运输形式的等待时间。这样，不仅可以方便需要换乘其他交通工具的旅客，而且对报纸、邮件的传递也有重要意义。

(3)旅客列车与货物列车运行线应有良好的配合，做到客货兼顾，全面安排

如旅客列车运行线能适当照顾货物列车的运行，则可以减少额外扣除时间，节省线路通过能力，缩短机车折返停留时间和减少货物列车停会待避时间，从而加速机车车辆周转。不使旅客列车待避、停会货物列车，并且要尽量减少不合理的货物列车待避、停会旅客列车的次数。

(4)保证旅客列车运行与客运站技术作业过程相协调

由于要求旅客列车在大城市有比较合适的到发时刻，这就可能出现密集到发的现象。因此，要求旅客列车到发的间隔时间应与车站技术作业过程相协调，否则将不能保证车站正常接发列车，造成客运站作业的困难和设备的利用紧张状态，这种情况应尽量避免。

同方向旅客列车的始发间隔时间，也应考虑与客运组织工作配合的问题。同方向列车密集到发，会使客运站工作负荷过重，增加组织工作的难度，也应考虑旅客站舍的负担，以免造成站内拥塞。

(5)合理安排列车停站

虽然列车停站越多吸引的客流也越多，对于某些旅客的出行也比较有利。但停站多会降低列车的旅行速度，增加部分旅客尤其是中、长途旅客的在途时间，也会因此而失去一部分客流。因此，中、长途旅客列车的合理停站是优化旅客列车运行组织的重要方面。在同一线路上有两次以上的列车经过时，可适当组织交错停站。

(6)合理使用机车车辆

加速机车和客车车底的周转，是铁路运输组织工作的重要原则之一。在编制客车方案

时,如果旅客列车运行时刻安排得好,往往可以减少车底的需要数,使车底得到更经济的使用,如图5-13所示。

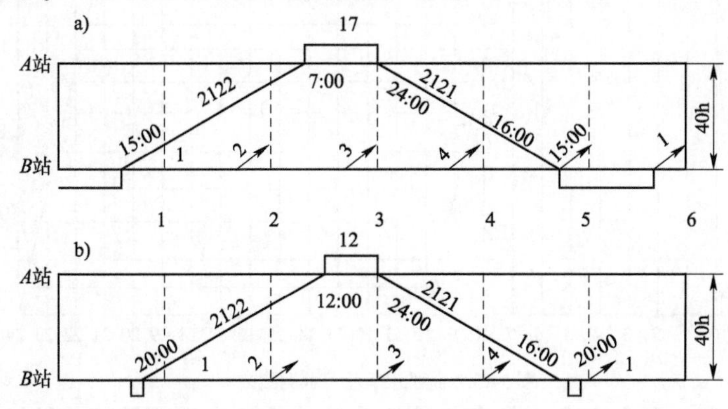

图5-13 直通旅客快车到发时刻与车底周转关系图

适当调整列车的到发时刻,也可以节省运行机车台数,如图5-14所示,由4台机车可减至3台。所以,在编制客车方案时,应同时考虑各区段的客运机车的运用。

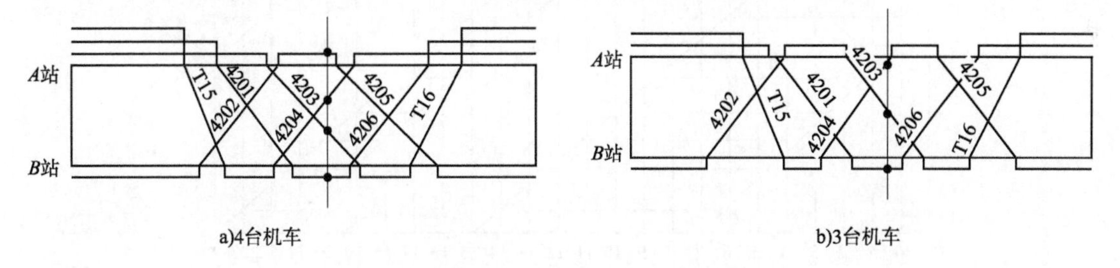

图5-14 旅客列车运行线与机车交路关系图

3. 旅客列车运行方案图的编制方法

全路列车运行图的编制工作,贯彻集中领导和分级负责相结合的原则。在铁路总公司的总体部署下,分片、分线、分工负责,密切配合,共同完成运行方案图的编制工作。

各局根据上述原则,按照先国际、后国内,先直通、后管内,先快车、后慢车的顺序进行铺画工作。

铺画旅客列车方案运行线的一般方法如下:

(1)国际联运旅客列车,按照联运会议决定的时刻从国境站开始向国内铺画。

(2)直通旅客快车,除根据原方案调整范围不大的以外,对必须翻架子的和新增加的直通旅客快车,一般是先确定合理开车范围,并从中选择几个可行方案,进行技术、经济比较,取其中最优方案,尔后从列车始发站开始向终点站顺序地铺画。如终点站的到达时刻不太合适,再作小范围的上下调整。

在具体编制方案时,不管是直通还是管内方案,大多数情况下,都是在上一届方案的基础上进行的,一般调整的范围不大。

根据方便旅客旅行的原则,直通旅客快车可规定为不晚于零点开,不早于7点到。按这个条件,每一对列车都有其合理开车范围。这个合理开车范围因始发、终到城市之间列车运行时间的不同而不同。有的列车只有一个合理开车范围,有的列车可以有两个合理开车范围,如图5-15、图5-16所示。

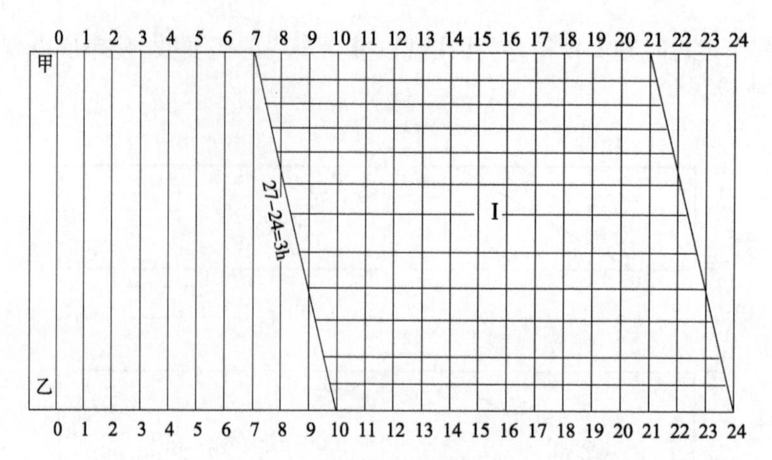

图 5-15 合理开车范围示例图之一

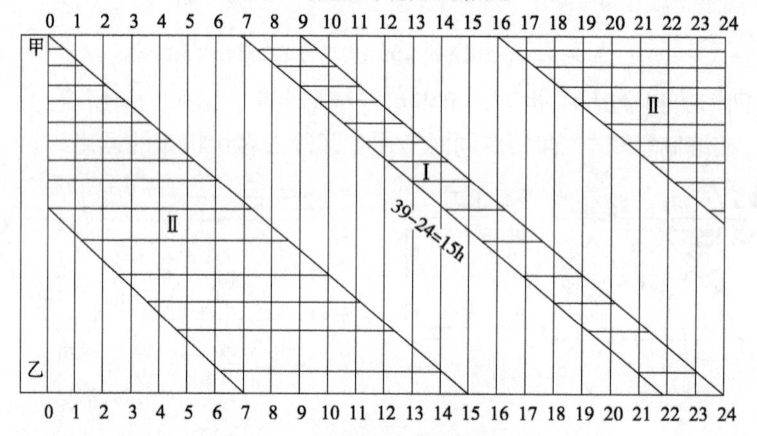

图 5-16 合理开车范围示例图之二

设直通快车的单程运行时间 $T=x+24D$，则其合理开车范围 t 可用下列分析式确定：

当 $0+24D \leqslant T<7+24D$ 时，$t=7\sim(24-x)$；

当 $7+24D \leqslant T \leqslant 17+24D$ 时，$t=7\sim(24-x)$ 和 $(24-x+7)\sim 24$；

当 $17+24D<T \leqslant 24+24D$ 时，$t=(24-x+7)\sim 24$。

根据上述分析式，可将不同的单程运行时间及其相对应的合理开车范围列于表 5-14 中。

合理开车范围表

表 5-14

T	合理开车范围	T	合理开车范围
$1+24D$	7~23	$13+24D$	7~11　18~24
$2+24D$	7~22	$14+24D$	7~10　17~24
$3+24D$	7~21	$15+24D$	7~9　16~24
$4+24D$	7~20	$16+24D$	7~8　15~24
$5+24D$	7~19	$17+24D$	7　14~24
$6+24D$	7~18	$18+24D$	13~24
$7+24D$	7~17　24	$19+24D$	12~24
$8+24D$	7~16　23~24	$20+24D$	11~24
$9+24D$	7~15　22~24	$21+24D$	10~24
$10+24D$	7~14　21~24	$22+24D$	9~24
$11+24D$	7~13　20~24	$23+24D$	8~24
$12+24D$	7~12　19~24	$24+24D$	7~24

根据表5-14的计算结果，直通快车的合理开车范围与单程运行时间的相互关系可归纳为表5-15。

单程运行时间与合理开车范围关系表 表5-15

项目		单程运行时间(h)		
		$0+24D \leqslant T<7+24D$	$7+24D \leqslant T \leqslant 17+24D$	$17+24D<T \leqslant 24+24D$
合理开车范围	个数	一个 (7~24)	两个 (7~17) (14~24)	一个 (7~24)
	比例关系	反比例	一个成反比例，另一个成正比例	正比例

从表5-15可看出，单程运行时间为$0+24D \leqslant T<7+24D$及单程运行时间为$17+24D<T \leqslant 24+24D$的直通快车，在铺画客车方案时，难度较大。因其合理开车范围小且只有一个，调整的余地不大。单程运行时间为$7+24D \leqslant T \leqslant 17+24D$的直通快车，在铺画客车方案时，比较容易，因为有两个合理开车范围，活动余地比较大。

(3)一般从列车始发站开始，向终到站顺序铺画。如终到站的能力紧张，也可从终到站开始铺画，反推出沿途各站的运行时刻和始发站的开车时刻。或者从指定的某方向的一端或中间部分开始铺画。这一方法，主要是为了解决某些关键问题才采用的。例如，为加速客车周转，缩短客车车底在外段的停留时间，可以从旅客列车的到达站开始铺画。再如，为提高线路通过能力，可以从“卡脖子”区段向两端铺画。

在铺画各种旅客列车运行方案时，应尽量避免直通快车在每天18点前的一段时间内通过局间分界站(俗称不要“封口”)。这段时间，随分界站邻接两区间运转时分不同而不同，一般约15min。因为这段时间，往往有大量货物列车由分界口排出，容易造成旅客列车晚点。

铺画方案运行线时，应注意区段内会车或越行地点的设备条件，考虑列车会让附加的时分。遇到列车会让时，应遵守低等级列车等会或待避高等级列车，短途列车等会或待避长途列车的原则，并为等会或待避的列车增加区段旅行时间。附加时分随单线、双线及信、联、闭设备的条件而有所不同。一般来说，停车会让附加10~12min，待避附加30~35min。

直通客车方案图是整个方案图的基础，一经确定后，局间分界站的到发时刻原则上不许变动，必要时铁路局仅能适当调整本局管内的运行线。各铁路局根据直通客车方案编制管内客车方案后，即可具体铺画旅客列车详图。

当旅客列车运行图确定后，为保证列车运行图的严肃性、维护铁路的声誉、方便旅客，列车运行图不得随意变动。如必须变动时，应符合下列条件，但变更直通旅客列车运行时刻，必须报铁路总公司批准。

①旅客流量发生较大幅度增减或流向发生变化而需增减客车对数时。

②技术设备发生变化时，如开通新线、双线、三线、四线和双线、二线、四线插入段，增加会让站，采用自动闭塞、调度集中或其他先进设备，提高线路允许速度等。

③工作条件发生变化时，如改变旅客列车重量标准和机车交路，调整列检布局等。

4.旅客列车运行详图的编制方法

根据旅客列车方案图和有关资料对每一区段进行编制，在二分格运行图上精确地铺画每一条运行线，确定每一趟旅客列车在每个车站的到、发、通过时刻和在区间内的运行时分。

二分格运行图由车务人员铺画。本着客货兼顾、统筹安排的原则，必要时对个别旅客列车的运行线可稍加调整。

一般来说,二分格运行图上列车的到、发时刻与客车方案运行图比较,总是有差异的。在双线上差别不是很大,在单线上有时出入较大。各次列车在各技术站的到、开、通过时刻,应按二分格运行图上的时刻进行修正,最后形成旅客列车简明运行图。

列车运行图编完后报总公司批准。

5. 高速铁路列车运行图的特点

高速铁路列车运行图和普速铁路运行图的种类和基本要素相类似。但是,在运行图线路的铺画方式和特点上,高速铁路与普速铁路的列车运行图具备一定程度的差异。总体来看,高速铁路与普速铁路列车运行图在可铺画列车运行线的时间段,列车合理的始发、终到时间等方面差异明显,下面将对其共性和差异展开介绍。

(1)高速铁路与普速铁路列车运行图的共性

①充分利用线路通过能力,合理安排各等级列车运行秩序,确定运行图各运行线的初始时刻和各站的停站时刻。

②均遵守低级列车待避高级列车、短途列车待避长途列车的原则。

③在满足各种列车作业和列车运行安全的前提下,尽可能提高列车旅行速度,减少列车停站次数和停站时间。

④在满足运输需求和列车运行安全的前提下,尽可能最少使用列车移动设备(机车、旅客车底或高速动车组)数量。

⑤追踪运行组织模式下,列车之间都有最小车站和区间间隔时间限制。

⑥运行图的铺画都要考虑乘务组连续工作时间不要超过标准劳动时间的限制。

⑦在满足移动设备的最小折返时间限制前提下,都应尽可能减少移动设备在外段的停留折返时间,缩短移动设备的周转时间。

⑧列车运行图的铺画过程都是边设定、边计算、边检查、边调整的编制过程。

(2)高速铁路与普速铁路列车运行图的差异

①运行图铺画目标不同。在借鉴国外高速铁路先进运输组织和运行图编制经验的基础上,高速运行图的编制应以最大限度方便旅客出行、提高旅客服务质量和优质的列车运行秩序为目标;在此基础上,尽可能使上线的中速列车旅行时间最小、始发和终到时间合理、非旅客乘降作业的停站次数最少和停站时间最短、动车组使用数量少。对于普速铁路来说,由于运能和运量不相匹配,反映在运行图编制上,就是挖潜提效、充分利用普速铁路通过能力,缩小列车运行间隔时间,提高列车开行对数,并使列车的旅行时间最小、货物列车接续时间最短和机车使用台数最少。

②线路上运行的列车属性和种类不同。高速铁路上主要运行的是高速旅客列车;而普速铁路基本上是客货混线,运行的是旅客列车和货物列车。根据列车等级,旅客列车和货物列车又有详细的分类。

③运行图编制顺序不同。高速线上运行的都是旅客列车,但高速列车等级高于上高速线的普速列车(特快、快速旅客列车)。因此,在考虑列车等级和运行距离的前提下,总体上应先铺画高速列车后铺画跨线普速列车,再根据普速列车在高速铁路衔接站的到发时刻,铺画普速铁路运行图上的跨线普速列车,校验列车的始发、终到时间是否合理。而在普速铁路上运行的旅客列车等级明显高于货物列车,因此,应先铺画旅客列车再铺画货物列车。

④运行图的铺画策略不同。由于高速运行图铺画是以最大方便旅客出行、提高旅客服

务质量和优质的列车运行秩序为目标,因此高速铁路应追求类似日本高速铁路的规格化运行图的铺画策略,即高速列车的开行数量、运行顺序、运行速度、越行或待避车站等都基本上相同,将定期列车、季节列车和临时列车以不同运行线铺画在基本运行图中,充分考虑不同时间段、不同出行目的的旅客要求。而普速铁路运行图在满足旅客列车开行数量和一定程度上的出行时间范围基础上,保证不同种类的货物列车运行线分布比较均匀,使编组站和区段站不同时间段作业负荷趋于合理。

⑤运行图的优化调整策略不同。高速铁路上运行的全部为旅客列车,虽然高速列车等级高于跨线普速列车,但是跨线的普速列车基本上都为普速铁路上等级很高的特快和快速优质列车,对列车始发和终到的时间范围、列车旅行速度、列车正点率等方面的要求同样很高,这就决定了高速列车和跨线普速列车的调整优先级同等重要。对于跨线普速列车的调整在考虑上述几点要求的基础上,还要照顾到该列车在普速铁路途经几个主要客运站的到达和出发时刻是否能符合票额分配的要求。普速铁路由于是客货混行,旅客列车较货物列车有很高的调整优先级,而且旅客列车的铺画也先于货物列车,因此,在保证货物列车运行线大致均衡分布和提供自动交叉疏解保证的前提下,可以优先调整旅客列车运行线,货物列车待避旅客列车。

⑥运行图可铺画运行线的时间段不同。高速铁路维修天窗的设置,使高速铁路列车运行图可用来铺画高速列车和跨线普速列车的时间带(1 天 24h 减去大约 6h 的维修天窗时间和无效时间)较普速铁路的时间带大为减少。维修天窗时间同时割裂了可循环使用的连续的运行图时间,并在其左上、左下角和右上、右下角分别形成上下行两个特殊的三角区。这四个三角区不能铺画贯穿全程的列车运行线,使上高速线的长运程跨线普速列车的始发时间范围缩短,从而使列车运行线铺画和能力利用有“长线”和“短线”之分。对于普速铁路维修(施工)天窗的设置相对比较灵活,同一区间在不同时间区域内(季节或日期),根据运输组织实际要求可以交错采用矩形天窗和 V 形天窗,而且天窗时间也较短。

6. 我国高速铁路列车运行图编制

(1)管理模式

目前,我国铁路主要采用两级编图模式:

①铁路总公司,负责确定列车运行图的编制原则、方针与任务,列车数量,审批由铁路局提报的开行方案,制订直通客车方案图,并具体组织运行图的编制工作。

②铁路局,负责拟定具体行动计划,并按时完成本局的编图工作。

(2)高速铁路列车运行图的铺画方式

列车运行图的铺画方式反映了列车的开行位置,对通过能力有较大的影响。列车运行图的铺画,应尽可能遵循如下规律:

①同类列车成组铺画。成组铺画的追踪列数越多,则每一列车占用运行图的时间越少,可铺画的总列数越多。如图 5-17 所示。

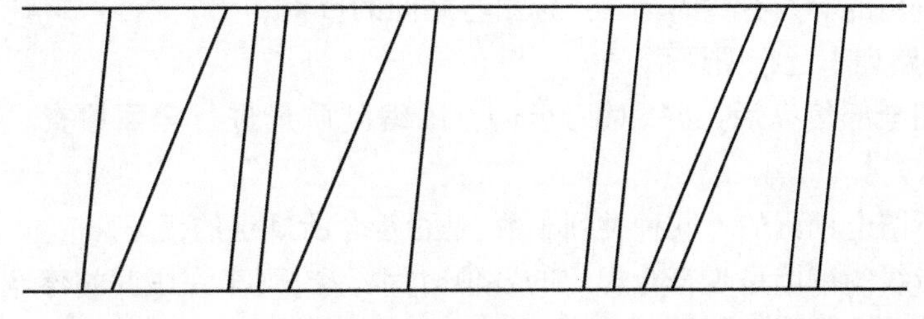

图 5-17　同类列车成组铺画对通过能力的影响

②高速列车停站方式。高速列车采取交替停站的方式,停站顺序应由远而近,即前行列车停远方站,后行列车停后方站,依次由远而近。如图5-18所示。

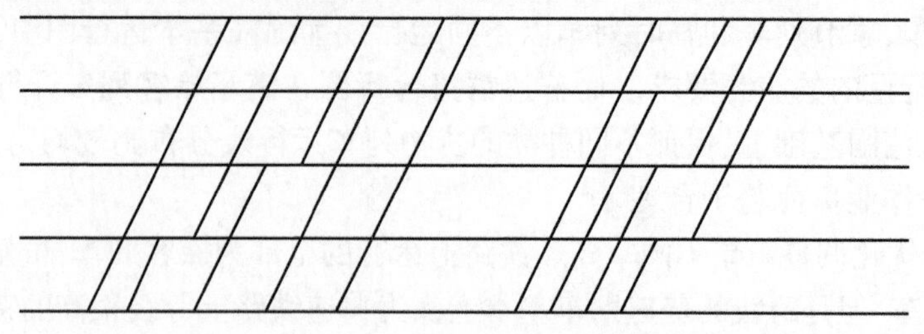

图5-18 停站方式对通过能力的影响

③减少越行与待避的次数。高等级的高速列车不越行过多的低等级的高速列车,以减少运行图的空费时间;且待避次数不宜过多,否则将严重影响高速列车的运行速度。如图5-19所示。

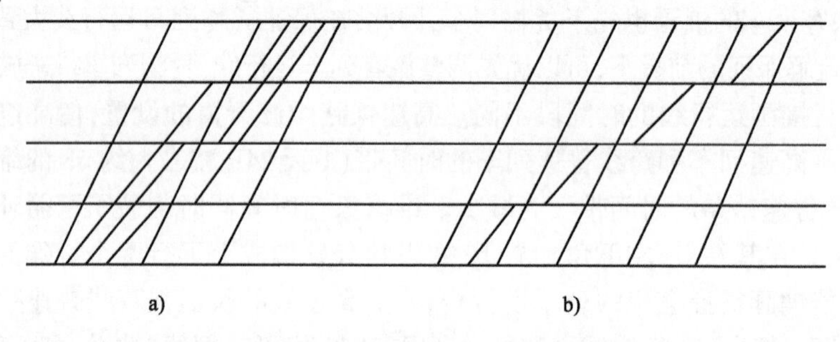

图5-19 越行与待避过多的铺画方式

(3)高速铁路列车运行图编制流程

根据高速铁路列车运行图的编制,其流程如下:

①在编图前的适当时间,各铁路局提出跨线、本线列车的开行方案建议。

②铁路总公司统一组织研究确定列车开行方案(列车开行对数和列车运行径路)。

③编制全路直通客车运行图(含客运专线跨线列车运行图)。

④编制高速铁路的基本运行图。

⑤编制相关技术设备运用技术作业图表。

⑥计算列车运行图指标。

⑦日常分析评价。

高速铁路列车运行图的编制结果,有列车时刻表、列车运行图、客车编组表、动车组运用交路图、技术站作业图表等。其中,列车时刻表以列车运行图为依据,是运行图的表格化,按使用对象和使用场合的不同,有多种形式,如供旅客使用或供铁路职工使用的,供手头翻阅用或供张贴公告用的等。有些时刻表还标出各站间的里程。

(4)高速铁路列车运行图评估

列车运行图全部编完后,必须对列车运行图编制质量进行全面检查。检查的主要内容有:

①列车运行图上铺画的不同种类列车数,是否符合所规定的任务。

②列车运行线的铺画是否符合规定的各项时间标准,列车在中间站停车会车的列车数是否超过各个站现有的到发线数。

③乘务组连续工作时间和自外段所在站的停留时间是否符合规定的时间标准。

④在列车运行图上预留的“天窗时间”是否满足“天窗”需要。

⑤列车衔接是否合适,各阶段列车到发密度是否大体均衡。

经过检查、确认运行图完全满足规定的要求后,还应计算列车运行图的评价指标,与现行列车运行图进行比较,分析各项指标提高或降低的主要原因。

列车运行图的编制质量主要通过相应的运行图指标来评价和考核,高速列车运行图的编制,应以最大限度地方便旅客出行、提高旅客服务质量和优质的列车运行秩序为目标,在保证为旅客提供安全、舒适、快捷的运输服务的同时,应使高速铁路经营者尽可能减少运输成本。

高速铁路运行图评估指标主要包括高速铁路列车运行图基本评价指标、旅客服务质量评价指标、高速铁路列车运行图均衡性评价指标、高速铁路列车运行图可调整性评价指标、高速铁路列车运行图经济评价指标和高速铁路列车运行图后评价指标6种,如图5-20所示。

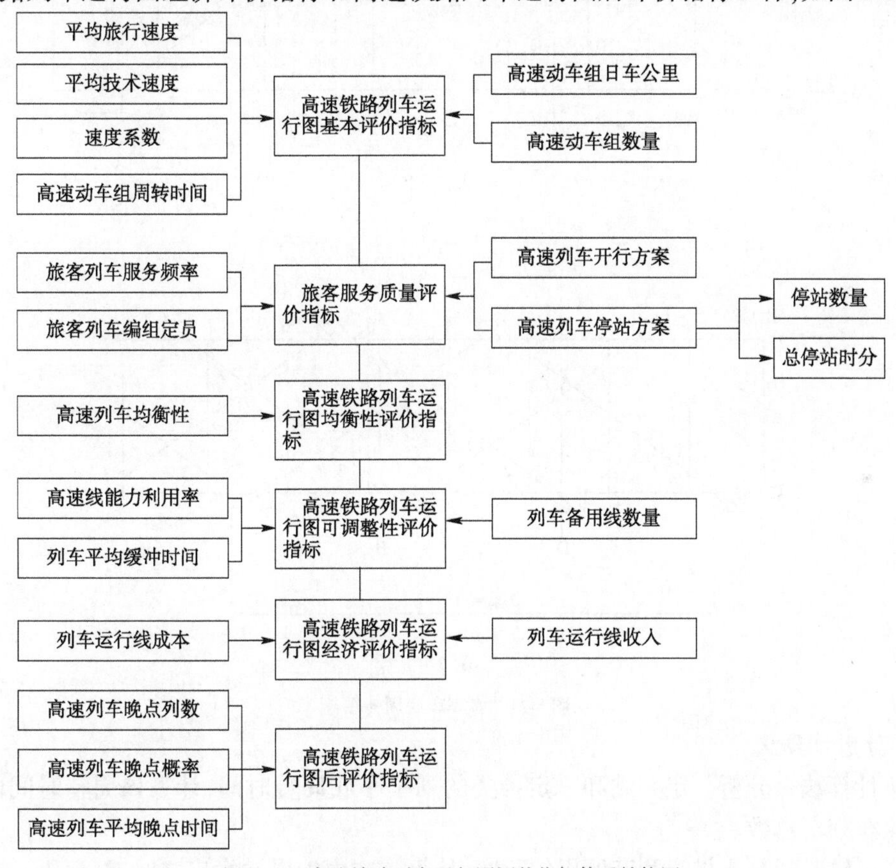

图5-20 高速铁路列车运行图评价指标体系结构图

三、铁路普通车辆运用计划编制

在编制旅客列车运行方案图的同时,应绘制客车车底周转图,以确定各次列车车底的需要数。在既有线上,旅客列车的机车和客车车底的运用与管理一般是分离的。我国客运机车由负责交路的机务段提供并指派相应的机车乘务组,由各交路的机务段和折返段负责其整备工作。一般长途旅客列车需要由其径路上若干个机务段的机车担当,每台机车只牵引列车总运程中的一部分。而客车车底和对应的列车乘务组则由该车底的配属车辆段和客运段(列车段)负责组织与管理。可见,担任牵引任务的客运机车和负责客运服务的客车车底的关系不固定,设备或人员的管理是分散的,机车周转的优化和客车车底使用的优化是分别进行的。

1. 旅客列车车底需要数

旅客列车车底需要数的计算方法有图解法和分析计算法两种。

(1)图解法

图解法是根据客车方案图绘制客车车底周转图,从周转图上直接查得需要的车底数。如图 5-21 所示。在图 a)中车底数可从客车车底周转图上的箭头直接查得;在图 b)中截取线和运行线或车底停留线的交点数即为车底的需要数。

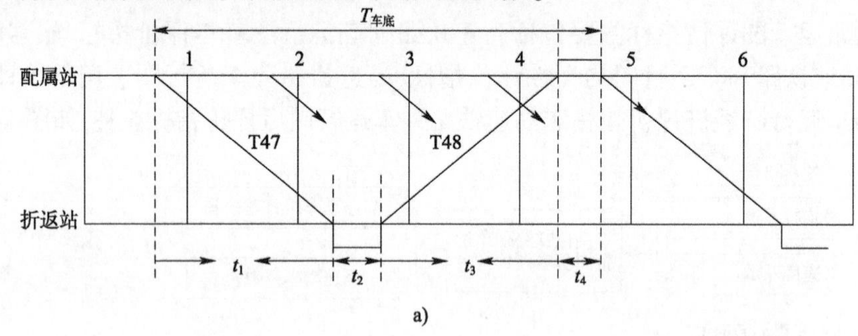

a)

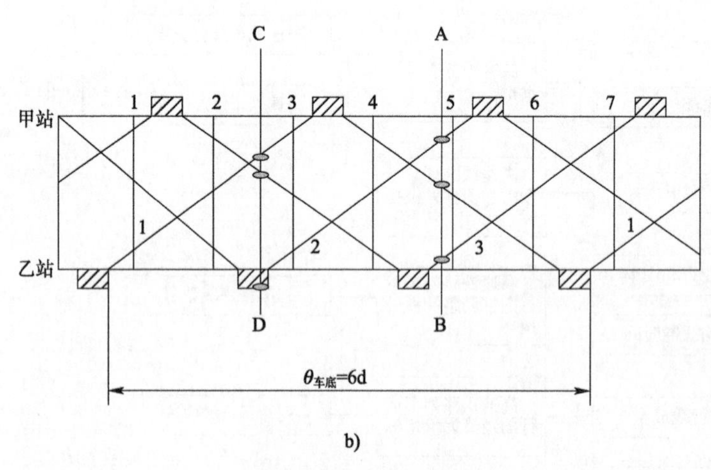

b)

图 5-21 客车车底周转图

(2)分析计算法

分析计算法是分析一定到站和一定种类的列车车底周转时间,计算该周转时间内发出的某种旅客列车总数。

车底周转时间是指旅客列车所用的车底,从第一次由配属站发出之时起,至下一次再由配属站发出之时止所经过的全部时间。车底周转时间应按每一对旅客列车分别计算,不能就全路或全局计算全部客车车底的平均周转时间。

其公式如下:

$$T_{车底} = \sum t = t_1 + t_2 + t_3 + t_4$$

如图 5-21a)所示。

式中:$T_{车底}$——车底周转时间;

t_1——车底自配属站至折返站所走行的时间;

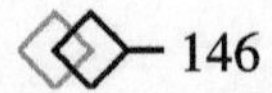

t_2——车底在折返站的停留时间；

t_3——车底从折返站返回发站的走行时间；

t_4——车底在配属站的停留时间。

车底周转时间除以24，即得车底周转天数（$\theta_{车底}$）。

$$\theta_{车底} = T_{车底}/24$$

设某到站某种旅客列车的车底周转时间为 $\theta_{车底}$，在一个周转时间内平均每天发出的列车数为 K，则该到达站该种旅客列车的车底需要数（$n_{车底}$）为：

$$n_{车底} = \theta_{车底} \cdot K$$

式中：K——平均每天开行的对数，如每日开行 $K=1$，如隔日开行则 $K=1/2$。

由于 $K=\dfrac{N}{\theta_{车底}}$，所以上式也可写成：

$$n_{车底} = \theta_{车底} \cdot \frac{N}{\theta_{车底}} = N$$

式中：N——车底周转时间内发出的该到站该种旅客列车总数。

公式表明，一定到站和种类的旅客列车车底需要数等于车底周转时间内发出的该到站该种旅客列车总数，如图5-21a）所示，车底周转时间为4d，每天开行1列，该次列车共需4组车底。

综上所述，车底数是由车底周转天数和平均每天发出列车数决定的。因此，节省车底的途径有两方面——压缩 $\theta_{车底}$ 或缩小 K 值，必须根据具体情况作具体分析。缩小 K 值是有条件的，必须客流小，可以隔日开行或数日开行才行。缩减车底需要数可采取压缩站停时间，提高技术速度，采用先进牵引动力及加强运输组织工作等措施。

2. 客车需要辆数

各区段需要的车底数确定后，即可计算车辆的需要数。

为开行某一对旅客列车所需要的运用客车数 N 客，计算公式为：

$$N_{客} = n_{车底} M_{客} \quad （列）$$

式中：$n_{车底}$——开行某一对旅客列车所需要的运用车底数；

$M_{客}$——每个车底的编成辆数，辆。

各客车车辆段需要的运用客车辆数为：

$$m_{运} = m_1 n_1 + m_2 n_2 + \cdots + m_n n_n \quad （辆）$$

式中：$m_{运}$——运用客车辆数；

m_1、m_2、…、m_n——列车中编挂的车数；

n_1、n_2、…、n_n——车底数，列。

以运用客车为基础，对于某车辆段配属车辆时，需用下列公式计算客车总数：

$$m_{总} = m_{运}(1+\gamma) \quad （辆）$$

式中：$m_{总}$——配属车辆段的客车总数，辆；

γ——检修、备用车所占运用客车的百分数。

3. 车底周转图

车底周转图应按直通和管内旅客列车分别绘制。

（1）直通旅客列车车底周转图

如图5-22所示，T12/T11次列车为直通旅客列车，第1天T12次列车从B站始发，其车底第 6 天返回配属站，周转时间为 5d，所以需要 5 组车底。

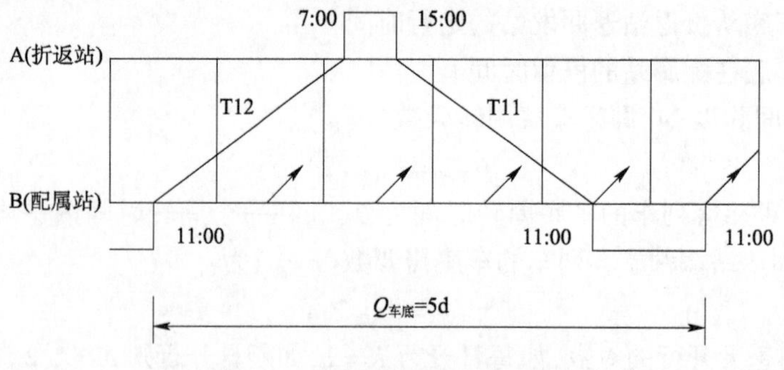

图 5-22　直通旅客列车车底周转图

(2)管内旅客列车车底周转图

如图 5-23、图 5-24 所示，管内旅客列车行程一般较短，车底可能一天周转一次或数次。

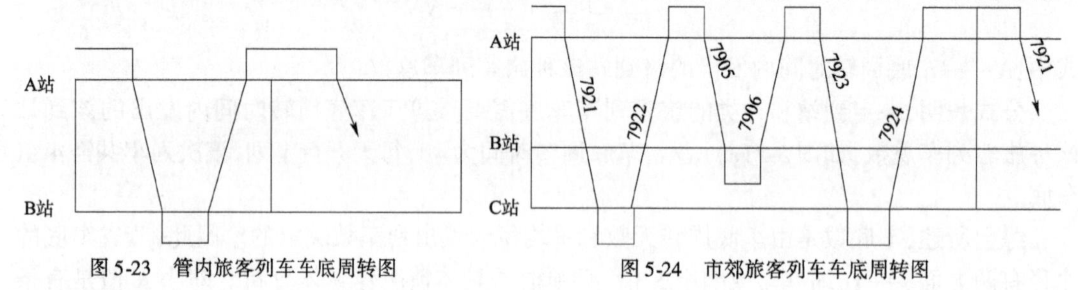

图 5-23　管内旅客列车车底周转图　　　图 5-24　市郊旅客列车车底周转图

4. 优化车底使用

在客运车辆不足、库线能力普遍紧张的情况下，积极挖掘车底使用潜力，最大限度地组织车底套用、车底外段立即折返和加挂回转车，是优化车底使用、提高客运车辆利用率的有效措施。

(1)组织车底套用

客车车底套用能实现一组车底多车次运行，既节省了车底组数，又可实现不进整备所作业，节省库线。

例如，A—B 间每日开行 T21/T22 次旅客列车，由图 5-25a)可知，需 4 组车底。B—C 间每日开行 K11/K12 次旅客列车，由图 5-25b)可知，需 2 组车底。这两对车的开行共需 6 组车底才能满足需要。如组织两对列车的车底套用，共需 5 组车底，即可以节省 1 组车底，如图 5-26 所示。

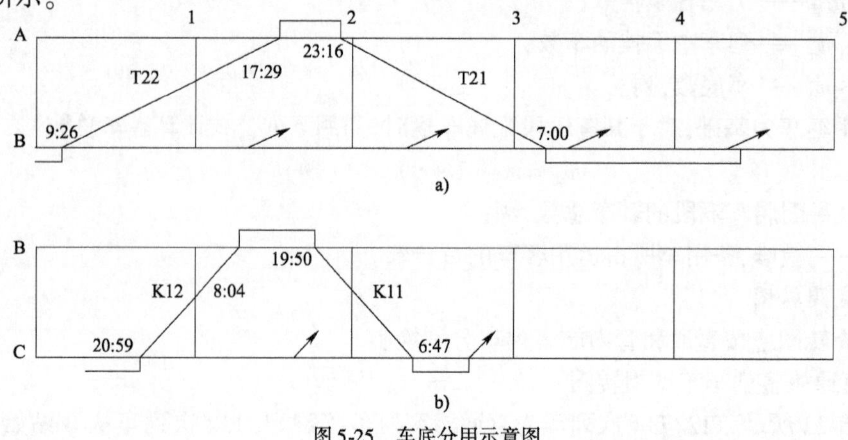

图 5-25　车底分用示意图

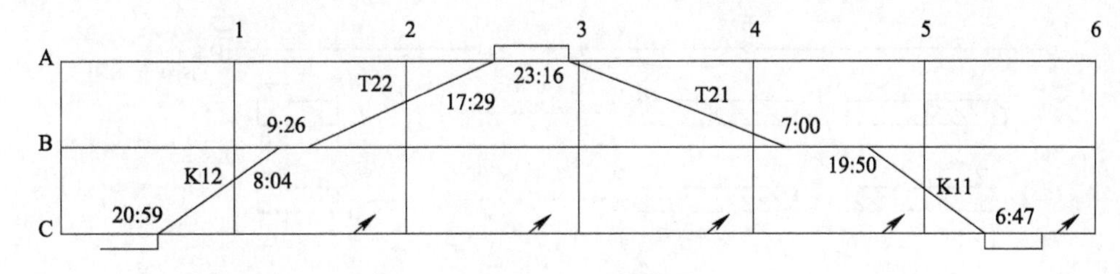

图 5-26 车底套用示意图

(2)组织车底立即折返

车底立即折返简称车底立折,是指在列车运行图中规定列车在折返站的停留时间在 3h 以内,车底在折返站不进库,只在站线上进行有关的作业。

组织外段客车车底立折主要是为缓解大型客运站和整备所能力紧张的状况而用的措施。有一些枢纽地区客运站,限制能力的不是车站到发线,而是客车整备所。

①组织车底立折后可获得的效益

组织车底立折后,可获得如下效益:

a. 提高车底利用率,加快车底周转,节省车底需要数。

b. 减少车底进出库占用咽喉道岔的时间,提高了咽喉道岔的通过能力。

c. 节省了客车整备所线路的数量。

②组织车底立折,应注意的问题

组织车底立折,除对运输组织要求更为严谨及编制运行图时限制条件增加而质量要求更高外,还应注意以下几方面的问题:

a. 车底在车站到发线上要进行旅客上下、行包装卸及简单的整备作业,一般需要 2 ~ 2.5h。

b. 因立折车底较非立折车底占用到发线的时间要长,客运站到发线要有一定的后备能力。

c. 客运站到发线应具备立折车底进行立折作业所必需的设施,如检修、整备、上水、上餐料以及进行简单洗刷作业的设备。

(3)组织加挂回转车

回转车是指在旅客列车运行全程中,只在某一固定区段加挂一辆或几辆客车。组织旅客列车加挂回转车主要是为解决某些区段客流的需要和充分利用技术设备以及运行线的可能条件所采取的扩能措施,具有与扩大旅客列车编组同样的效果。

根据需要,回转车可以由一辆或几辆客车组成,车种既可一样也可不一样;回转车组可大于也可小于基本车组。

回转车的甩挂可采用多种形式,甩挂站可以是始发站、终到站,也可以是途中站;但甩挂站都必须具有牵出线、调车机车等调车设备。

加挂回转车的主要形式有下述几种:

①始发站 A 挂,随基本车组运行到途中站 B 甩;返程时,在途中站 B 挂回始发站,如图 5-27a)所示。

②途中站 B 挂,随基本车组运行至终点站 D;返程时,在途中站 B 甩,如图 5-27b)所示。

③途中站 B 挂,随基本组运行至前方途中站 C 甩;返程时,在途中站 C 挂,随基本车组运行至 B 甩,如图 5-27c)所示。

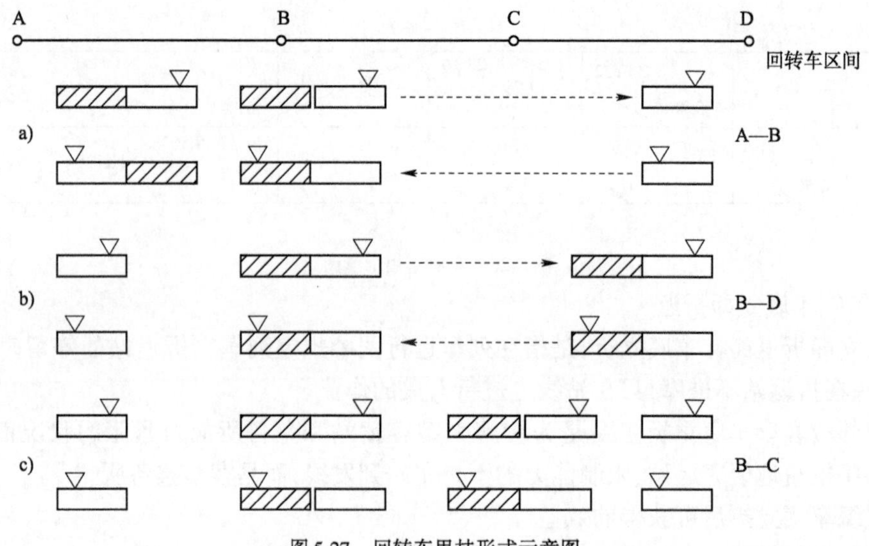

图 5-27　回转车甩挂形式示意图

四、铁路动车组运用计划编制

动车组是高速铁路进行旅客运输生产过程中最重要的移动设备。作为运送高速旅客的载体，动车组的利用效率对高速铁路客流组织、列车运行组织的质量产生直接影响。

动车组运用计划是动车组运用和维修的综合计划，即根据给定的列车运行时刻安排、动车组检修修程以及检修基地条件等，对动车组在什么时刻、哪个车站、担当哪次列车，在什么时间、什么地点、进行哪种类型的检修等做出具体安排，以确保运用的动车组状态良好。动车组运用计划是列车运行图顺利实施的关键，当列车运行图调整时，动车运用也必须重新编制。通过制订科学合理的动车组运用计划，可以减少动车组使用数量，减少运输组织的难度，并对于降低运营成本具有重要意义。

1. 动车组运用计划种类

动车组运用计划，可分为以下 4 种不同的类型：

(1)平日运用计划与假日运用计划

平日和假日旅客需求有所不同，体现在出行的时间、密度、方向等各个方面。为适应这种需求，在平日和假日分别采用不同的运行图，因此动车组运用计划也自然地被分为平日和假日运用计划。为保证动车组在平日和节假日之间过渡和检修计划的实施，应先编制平日计划；编制假日计划时，要保证假日计划的交路段内容(始发车站、终到车站及检修的种类)与平日计划的相应交路段内容一致。

(2)单基地与多基地动车组运用计划

如果列车运行图由一个基地配属的动车组担当，所编制的运用计划为单基地动车组运用计划。如果列车运行图由两个以上基地配属的动车组担当，相应的计划为多基地动车组运用计划。在编制多基地动车组运用计划时，运行图中的某一列车由哪个基地的动车组来担当，一般没有具体规定；而是由编制人员综合考虑各基地的情况、基地所属路局和动车组的运用效率来确定的。

(3)单车种和多车种动车组运用计划

列车运行图上的列车采用同一类型的动车组担当，相应的计划为单车种动车组运用计划。如果运行图上的列车由不同种类的动车组担当，相应的计划为多种类动车组运用计划。在编制多车种运用计划时，运行图中的某一列车由何种动车组担当也没有完全规定。

(4)多种类的组合运用计划

多种类的组合运用计划，即上述计划方式的各种组合，如单车种单基地平日计划、单车种单基地假日计划等。其中，单车种单基地的形式被较为广泛地采用。

2. 动车组运用计划编制

(1)动车组运用计划的影响因素

①动车组检修模式与体制的影响分析

提高动车组使用率与保持动车组良好的运行状态是矛盾的两方面，必须通过检修和维护才能安全高效地完成运输任务。选择高效检修模式对于提高动车组运用效率有着直接的影响。

根据国外动车组检修经验，动车组一般采取“预防修”和“故障修”两种方式，重点是预防修。预防修分为条件性与系统性的预防修。条件性预防修是通过检测手段来确定零部件状态，采取更换零部件方式进行的维修，也是确定动车组运用的关键。采用先进的检修设备与方法是缩短检修时间，减少检修工作量的基础。系统性预防修是由于有些零件状态不易检测，需要规定走行公里数或寿命周期更换零部件。系统性预防修的关键是检修公里数或寿命周期的确定。检修公里数过长则安全得不到保障，检修公里数过短会增加检修次数和工作量，降低动车组的运用效率。检修公里数应该由运营部门、维修部门与动车组生产部门联合确定。

②动车组配属基地设置的影响

动车段(所)是动车配属、运用、检修的基地，检修设施设备存放的场所，如果动车配属基地设置合理，将有利于编制动车组运用计划，减少动车组空车走行，迅速出入段并检修，减少动车组的使用数量，并能为动车的维修创造良好条件。

③技术作业时间标准

动车组运行周转接续是指当一套动车组完成一趟列车的牵引任务后，在满足一定条件的情况下，继续担当下一趟列车的牵引任务。编制动车组周转图，其动车组的周转接续首先应满足如表5-16所示的时间条件。

高速动车列车占用到发线时间表　　表5-16

项目	列车进站时间		车底转入时间		列车在站停站时间		列车出站时间		车底转出时间		占用时间	
	300 km/h及以上列车	250 km/h及以上列车	300 km/h及以上列车	250 km/h及以上列车	300 km/h及以上列车	250 km/h及以上列车	300 km/h及以上列车	250 km/h及以上列车	300 km/h及以上列车	250 km/h及以上列车	300 km/h及以上列车	250 km/h及以上列车
通过列车											3	3
停站列车	4	4			5	6	2	3			11	13
始发列车			3	4	7	10	2	3			12	17

续上表

项目	列车进站时间		车底转入时间		列车在站停站时间		列车出站时间		车底转出时间		占用时间	
	300 km/h 及以上列车	250 km/h 及以上列车	300 km/h 及以上列车	250 km/h 及以上列车	300 km/h 及以上列车	250 km/h 及以上列车	300 km/h 及以上列车	250 km/h 及以上列车	300 km/h 及以上列车	250 km/h 及以上列车	300 km/h 及以上列车	250 km/h 及以上列车
终到列车	4	4			6	8			2	3	12	15
立折列车	4				18		2				24	

此外,动车组的周转接续还需同时满足以下时间条件:

a. 立即折返接续。当动车组完成上一车次的牵引任务在 T_1 时刻到达终点站后,利用车站站线在规定的时间内完成上一车次和下一车次的全部旅客乘降作业后,于 T_2 时刻发车继续担当下一车次的牵引任务。这段时间应当满足旅客乘降、信号变换等作业的基本要求。

b. 回段折返接续。当动车组完成上一车次的牵引任务在 DT_1 时刻到达终点站后,受车站设计能力的限制或动车组自身能力的限制,需回动车段(包括动车所、存车场、存车线等动车设施)临时存放或进行一定的日检作业,再从动车段出发,于 DT_2 时刻发车担当下一车次的牵引任务。

④动车组修程修制

动车组在累计走行达到一定的公里数或时间后,必须入段进行检修作业。检修作业主要包括一、二、三、四、五级修。其中一级修为日检,对动车组运用计划影响尤为巨大。日检里程条件可描述为:日检作业的公里指标不能小于本次列车旅行里程、动车组上次日检作业之后的累计走行公里数、预计预留旅行里程的总和。因此,当动车组担当某次列车牵引任务时,其累计走行公里超过日检作业公里指标,特别是当该次列车的终点站不具备动车组日检作业条件时,还应预留动车组担当再下一车次的旅行里程。当本次列车的终点站具备动车组日检作业条件时,预计预留旅行里程可忽略。其各类型动车组检修周期规定,如表 5-17 所示。

中国高速铁路主型动车组检修周期暂行规定 表 5-17

检修等级	检修周期			
	CRH1	CRH2	CRH3	CRH5
一级检查(例行检查)	运行里程 4000km 或 48h	运行里程 4000km 或 48h	运行里程 4000km 或 48h	运行里程 4000km 或 48h
二级检查(重点检查)	15d	3 万 km 或 30d	暂定 2 万 km	6 万 km
三级检查(重点分解检查)	120 万 km	45 万 km 或 1 年	120 万 km	120 万 km
四级检查(系统分解检查)	240 万 km	90 万 km 或 3 年	240 万 km	240 万 km
五级检查(整车分解检查)	480 万 km	180 万 km 或 6 年	480 万 km	480 万 km

我国引进的四种动车组虽然分属不同制造企业，但从检修角度看是基本接近的。其一致性主要表现在如下 4 个方面：

a. 动车组的构造原理基本一致，车顶、车端、车内和车下布置相近。

b. 不同动车组虽然检修周期存在差异，但在对应修程下的检修范围一致。

c. 检修基地采用的检修方式基本相同，从而决定了动车组的检修流程基本相似。

d. 目前考察过的国外动车组检修基地，其平面布置基本相近。经过比较分析，可以认为动车组检修基地的设施基本可以兼容。

此外，应注意到不同动车组的检测与试验存在某些方法和参数上的差异，部分设备和机具应根据需要分别配置。

我国的动车组的检修按走行公里(或时间)的长短，分为五个级别的修程，由铁路总公司统一规定检修周期、作业项目及检修工艺。其中一、二级修为运用检修，三、四、五级修为高级检修。各级检修的基本内容，如表 5-18 所示。

我国高速铁路动车组检修内容 表 5-18

修程	主要内容
一级检修	在运行整备状态下，完成消耗部件的更换、调整和补充等，通过人工目视和车载故障诊断系统对动车组主要技术状态和部分技术性能进行例行检查检测
二级检修	在一级检修的基础上，增加部分检修项目，同时提高检修程度，并通过车载故障诊断系统对车上所有设备进行检测和性能试验。相应检修周期，进行车轴超声波探伤、踏面修型、电气回路绝缘检测、牵引电机绝缘检测和车下电气过滤器类部件清扫除尘等专项检修
三级检修	在完成二级检修项目的基础上，更换转向架，并对更换下来的转向架及其主要零部件分解检修
四级检修	在完成三级检修项目的基础上，更换转向架，并对更换下来的转向架及其主要零部件分解检修
五级检修	在完成四级检修项目的基础上，对动车组全车进行分解检修，较大范围地更新零部件，并进行车体的涂漆

(2)动车组运用的交路方案

动车组既有一般列车的牵引动力装置(相当于机车)，也有一般列车的载客装置(相当于客车车底)，因而具备机车和客车车底双重性质。所以，动车组交路和运转制度都不同于一般的机车或车辆，需要根据动车组自身的技术特点，设置与之相适应的使用方式和检修体制，从而提高动车组使用效率。

动车组运行区段(即交路)是指担当运输任务的动车组的运行周期区段，即动车组从动车段所在站(即配属站)出发到折返站之间往返运行的线路区段。

根据高速铁路动车组运用与整备、维修一体化的思想，高速动车组的运用方案主要有以下 3 种类型：

①固定运行区段使用方案

固定运行区段使用方案(简称固定使用方案)，与普速铁路客车车底的运用方案一致，高速动车组只在固定的区段内往返运行。固定方案又分为站间固定周转方式和两区段套跑周转方式，如图 5-28 所示。

图 5-28a)表示站间固定周转方式，表明动车组始终在配属站 A 站和折返站 B 站之间往

返运行;图5-28b)表示两区段套跑固定周转方式,表明动车组从配属站A站出发到达折返站B站(A—B属于第一个区段)后,继续前行进入第二个区段(B—C)抵到C站后,折返回B站,再返回A站,即动车组在A—B区段和B—C区段往返运行。

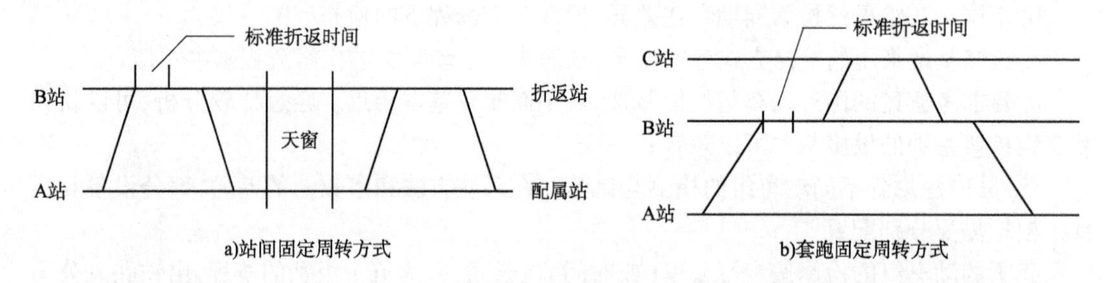

图5-28　动车组固定使用方案图

在固定方案下,各动车组在固定区段内运行,有利于动车组的管理,并可根据客流变化采用不同的车辆编组方案,动车组的运用组织比较简单。这种方式的缺点是动车组利用率较低,动车组需要量较大。我国京沪高速铁路动车组运用方案的研究表明,当动车组运用和整备、维修计划统一编制时,按不同时期的需要能力确定高速列车的行车量,采用固定使用方案所需的动车组数量,要比不固定使用方案多31.7%~60.7%。固定使用的另一个缺点是不利于高速动车组的检修,一方面,在动车组检修期间需要有一定数量的备用车组来替代,如果备用车组由各区段分布配备,则全线总备用车组数量较大且利用率不高;另一方面,由于高速动车组的维修技术复杂,检修设备昂贵,只能集中配置,因此通常将所有动车组的维修作业集中在维修中心(基地)进行。所以,对与维修中心不邻接的区段,需要检修的动车组必须专程送检,事后又需专程回送。

②不固定运行区段使用方案

不固定运行区段使用方案(简称不固定使用方案)以全线为系统,统筹考虑动车组的使用与维修来安排动车组的应用。所谓不固定区段使用是指在假定各动车组之间没有差别的情况下,动车组完成一次列车任务后,下一次所担当列车的运行区段没有限制,一列动车组可多车次套用,原则上长短编组独立套用。也就是说,在假定各动车组无差别的前提下,不固定各动车组的运行区段,而是根据需要和可能,可以在任何高速区段之间运行,如图5-29所示。

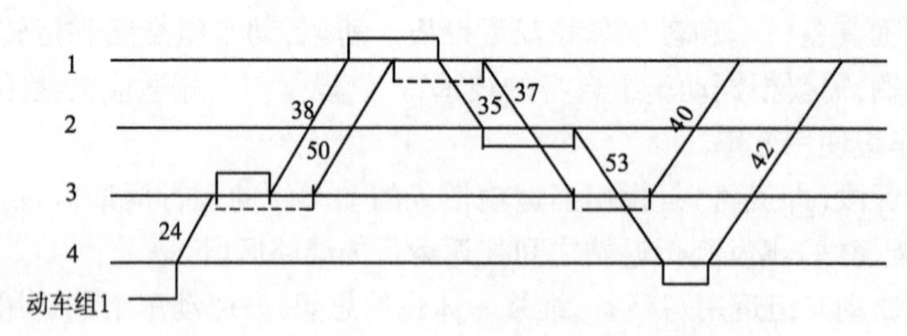

图5-29　动车组不固定使用方案图

在图5-29中,位于第4站的动车组1可根据需要运行编号为24、38、35、53、42等5条运行线;也可根据需要运行编号为24、50、37、40等运行线,可以运行的区段没有限制。动车组可以连续运行不同运行线的基本原则,是满足动车组在变更车次——即担任新的运输服务时可能需要的转线(改变运行方向时)、整备作业等周转接续时间的要求。

与固定区段使用方案相比,在不固定区段使用方案下,动车组在使用过程中可以根据其运行状态，对必须进行维修作业的动车组，预先在适当时间安排一条通过维修中心的运行线，从而保证它的及时维修。因此，能比较灵活地解决运行与维修的配合问题。此外，由于动车组有多种运行线可供选择，既提高动车组的使用效率，又减少动车组的使用数量。因此，在高速铁路运营初期，动车组数量相对不足的情况下，不固定区段使用可能是动车组比较合理的使用方案。但是，该方案由于动车组周转接续安排比较周密，出现较大的随机干扰时，所受的影响也大；同时，由于假定各动车组之间无差别，动车组的编组方式也就不能根据不同区段的客流特点而加以改变，因而也可能造成输送能力的浪费。

③半固定运行区段使用方案

半固定运行区段使用方案（简称半固定使用方案），是指一些动车组采用固定使用方案，而其余动车组采用不固定使用方案，是一种介于固定使用方案和不固定使用方案之间的方案。

编制完成的动车运用计划一般以动车组周转图的形式体现，它是反映动车组车底与列车车次之间连续关系和动车组车底运用周转过程的线条图，对动车组车底运用的周转过程进行了直观体现。其示意图，如图5-30所示。

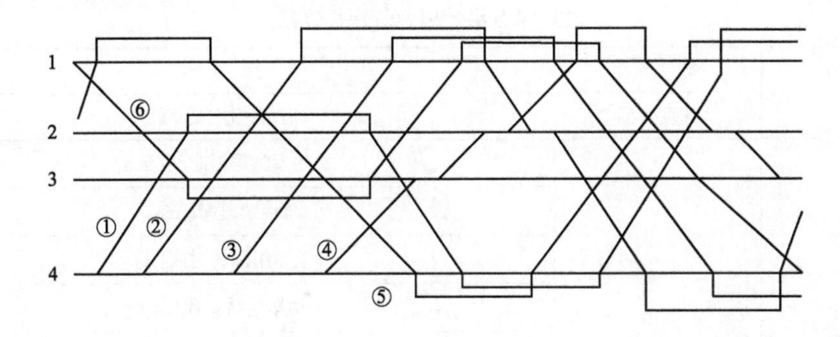

图5-30 动车组周转图示意图

（3）动车组运用计划编制流程

实际动车组运用计划编制过程受到制约较多，编制比较困难。为了便于动车组的运用和管理，必须找到动车组的运用规律，以便按照规律安排动车组的运用和检修。动车组运用计划的编制过程，主要分为下面几个阶段：

①简化运行图。在编制某一类动车组（不同种类动车组之间不能混用）运用计划时，将列车运行图中由该类动车组承担的运行线过滤出来，去掉其他的运行线，同时将实际的列车运行线简化成“航空线”（从始发站至终点站的一条直线）。

②依据动车组的运用规则（如接续时间、动车组修程等），将各运行线组合成不同的可行的动车组交路，作为最终动车组交路的备选方案。

③按照评价标准，选择比较合理的动车组交路。最终被选择的动车组交路集合，必须完全覆盖全部列车运行线，动车组交路的数量就是每日所需要的动车组数。动车组每日的工作就是完成至少一个动车组交路，在同一个交路中不能中断或更换动车组，这样就构成了可行的动车组交路计划。由于满足动车组运用规则的列车运行线之间的接续组合方案数量较多，可构成多种交路方案，最后通过综合评价指标进行比较，从中选择较优的方案。

④确定当日或后几日动车组运用计划。在动车组交路方案中，各动车组交路之间运行

里程、运用时间等一般并不均衡，如果将某些交路长期固定给一些动车组，势必造成各动车组之间工作量的不均衡。因此，动车组运用计划的最后一步是将各动车组指派给相应的交路，使各动车组之间在一段时间内的工作量相对均衡。均衡的标准是一段时间内动车组走行里程大致相等。

3. 高速铁路动车组运用计划的评价

(1)评价动车组运用计划优劣的标准

评价一个动车组运用计划优劣的标准，包括以下几个方面：

①使用的动车组数量最少。

②定期检修次数和日常检修次数尽量减少。

③回送列车的次数和回送里程尽可能缩短。

④各动车组的均衡度(包括运行里程、运用时间、接续时间等)其值越小越好。

⑤总的接续时间小。

(2)建立动车组运用计划的评价指标体系

基于上述评价标准，可建立动车组运用计划的评价指标体系，主要分为速度指标、运用指标和检修指标，如表5-19所示。

动车组运用计划评价指标体系　　表5-19

序　号	类　别	指　标
1	速度指标	旅行速度(km/h)
2	运用指标	总始发站停留时间(min)
		总接续时间(min)
		动车组周转时间(d)
		动车组需要数(组)
		动车组利用率(%)
		动车组日车公里(km)
		运行里程均衡度(km/d)
		运行时间均衡度(min)
		接续时间均衡度(min)
3	检修指标	一、二级检修次数(次)

应注意的是，各方案的指标相比较会出现一个方案某一个指标较优而另一个指标较劣的情况。精确评判各方案优劣单凭以上指标不够，还需赋予每个指标权重，以最终权值来衡量。各公司应根据公司自身情况，并依据有关车辆运用的相关规定来确定符合本公司的指标权重。

五、铁路旅客运输工作的主要指标

旅客运输指标，在一定程度上反映了客运任务完成的情况，反映了旅客运输工作质量、效率和效益。不同的旅客运输企业和主管单位均有各自的指标体系。

1. 旅客运输计划的主要指标

(1)旅客发送人数(客运发送量)

旅客发送人数，指在一定时期（日、旬、月、年）内，车站、铁路局或全路发送的旅客人数。应分别按直通、管内计算，然后加总，即：

$$A_{发}=A_{发}^{直通}+A_{发}^{管内} \qquad (人)$$

式中：$A_{发}$——旅客发送人数；

$A_{发}^{直通}$、$A_{发}^{管内}$——直通、管内发送旅客人数。

全路发送旅客人数等于全路各站发送旅客人数的总和。一个铁路局的发送旅客人数等于铁路局管内各站发送旅客人数的总和。发送旅客人数是国家规定的旅客运输任务，其完成的程度，反映全国铁路、铁路局客运工作量的大小。

（2）旅客运送人数（客运量）

旅客运送人数又称旅客运输量（简称客运量），指在一定时期（日、旬、月、年）内，全路或铁路局运送的全部旅客人数，即：

$$A_{运}=A_{发}+A_{到达}^{接入}+A_{通过}^{接入} \qquad (人)$$

式中：　　$A_{运}$——旅客运送人数；

$A_{发}$、$A_{到达}^{接入}$、$A_{通过}^{接入}$——发送、接入到达和接入通过的旅客人数。

对一个铁路局而言，发送旅客人数不能全部反映其工作量；运送旅客人数才能反映总的旅客运输量。

全路的运送旅客人数等于全路发送旅客人数、国际联运铁路及新建临管线接运的旅客人数之和，即：

$$A_{运}=A_{发}+A_{国际}+A_{临管} \qquad (人)$$

（3）旅客周转量

旅客周转量指在一定的时间（日、旬、月、年）内全路、铁路局计划或完成的旅客人公里数。旅客周转量应分别按直通、管内客流统计计算，然后加总。

由于旅客发送人数不能代表各铁路局的全部客运工作量，因此计算周转量应以旅客运送人数为准。

旅客周转量能较全面反映铁路的旅客运输量，是铁路客运工作中最重要的指标之一，又是各局分配客运收入、计算和分析运输成本、劳动生产率的依据。

$$\sum AL=A_{运}^{直}L^{直}+A_{运}^{管}L^{管} \qquad (人·km)$$

式中：$\sum AL$——旅客周转量；

$A_{运}^{直}$、$A_{运}^{管}$——运送直通、管内旅客人数；

$L^{直}$、$L^{管}$——旅客相应的乘车行程，km。

（4）旅客平均运距

旅客平均运输距离（简称旅客平均运距）是指每位旅客被平均运送的距离，分别按直通、管内统计计算，然后加总取平均值，即：

$$L_{平均}=\frac{\sum AL}{A_{运}} \qquad (km)$$

式中：$L_{平均}$——旅客平均运距。

（5）旅客运输密度

旅客运输密度（简称客运密度），是指在一定时期内，某一区段、铁路局或全路平均每公里线路所承担的旅客周转量，即：

$$\varepsilon_{客}^{区段} = \frac{AL_{区段}}{L_{区段}} \qquad (人 \cdot km/km)$$

式中：$AL_{区段}$——通过该区段的旅客周转量，人·km；

$L_{区段}$——该区段线路长度，km。

$$\varepsilon_{客} = \frac{\sum AL}{L_{营业}}(km/km) \qquad (人 \cdot km/km)$$

式中：$\varepsilon_{客}$——全路、铁路局客运密度；

$\sum AL$——全路、铁路局旅客周转量；

$L_{营业}$——全路、铁路局营业里程。

2. 旅客列车开行方案相关指标

(1)输送能力指标

列车开行对数 N：是指方案中为完成预测的旅客运输量而开行的旅客列车对数。该指标值可由开行方案直接给出，分为 $N_{本线}$、$N_{跨线}$。

列车席位数 $Q_{座席}$：是指在开行方案中，其所能提供的席位数，即各次列车定员数之和。

列车席位公里：是指所有列车席位周转量之和。

(2)客座利用率

客座利用率是指方案中所有列车运行区段旅客周转量和客座公里数比值的平均值。客座利用率的计算公式如下：

$$\lambda = \frac{Q_{周转量}}{\sum_{i=1}^{n} E_i A_i}$$

式中：λ——客座利用率；

$Q_{周转量}$——开行方案运输的总人公里；

n——列车数；

E_i——列车 i 的走行里程；

A_i——列车 i 的定员。

分区段客座利用率即为不同区段的客座利用率，通过此指标可以直观地观察到各个区段客座利用率的高低，以便进行优化调整，使开行方案更加适应市场需求。

(3)通达性

OD 直接通达率 $\lambda_{OD通达}$：是指开行方案中有直接通达列车的 OD 对数与所有 OD 对数的比值。计算公式如下：

$$\lambda_{OD通达} = \frac{\sum_{i}^{s} \sum_{j}^{s} conn(i,j)}{s(s-1)}$$

式中：s——车站总数；

i、j——车站 i 和 j，且 $i \neq j$；

$conn(i,j)$——车站 i 和 j 间的通达参数，有直通车则为 1，否则为 0。

(4)服务频率

各车站服务次数 S_i：开行方案中，在车站 i 设置停站(含始发停站和终到停站)的列车数之和，见表 5-20。

车站服务频率 表 5-20

车站序号	车站名称	服务次数
1	A站	S_a
2	B站	S_b
…	…	…

OD 服务频率,即各车站间服务次数 S_{ij}:开行方案中,在车站 i 和车站 j 均设置停站(含始发停站和终到停站)的列车数之和,见表 5-21。

OD 服务频率 表 5-21

上车站\下车站	A站	B站	…
A站	—	S_{ab}	…
B站	S_{ba}	—	…
…	…	…	—

3. 旅客列车运行图主要指标

旅客列车运行图编制完毕后,为了检测、分析和评价旅客列车运行图的编制质量,应计算运行图的数量指标和质量指标。

(1)数量指标

①运输能力,即指运行图规定的全路、铁路局在一定时期内(日、月、年)始发和运行的各种旅客列车的总定员数,即:

$$A_{总} = A_{直} + A_{管} \quad (人)$$

式中:$A_{总}$——各种旅客列车的总定员数;

$A_{直}$、$A_{管}$——直通、管内等旅客列车的定员数。

运输能力是考核铁路完成国家规定的旅客运输任务情况的指标之一,运输能力的大小,反映一个路局和全路的客运工作量。

②列车对数,即指全路、铁路局由各站始发列车的总和,应分别直通、管内列车统计并加总计算,即:

$$n_{总} = n_{直} + n_{管} \quad (对)$$

式中:$n_{总}$——各种旅客列车开行的总对数;

$n_{直}$、$n_{管}$——直通、管内等旅客列车的开行对数。

列车对数是旅客列车运行图中很重要的指标,因为运输能力必须由相应的列车对数来保证,列车对数的多少在一定意义上表示运输能力的大小。

③列车公里,即指全路、铁路局由各站始发的列车和其运行距离乘积的总和,即:

$$nL = n_{直}L_{直} + n_{管}L_{管}$$

$$n_{直}L_{直} = n_{直1}L_{直1} + n_{直2}L_{直2} + \cdots + n_{直n}L_{直n}$$

式中: nL——列车公里;

$n_{直}L_{直}$、$n_{管}L_{管}$——直通、管内等客车的列车公里;

$n_{直1}$、$n_{直2}$、…、$n_{直n}$——各种不同运行区段的直通列车数;

$L_{直1}$、$L_{直2}$、…、$L_{直n}$——各种不同运行区段的里程数。

管内客车的列车公里,可按直通客车列车公里同理求得。

在有几种牵引方式时,还应对内燃、电力牵引等分别计算列车公里。

列车公里是表示全路或铁路局客运机车车辆工作量的指标。在客运机车车辆类型、数量一定的条件下，列车公里愈大，表明客运机车车辆的运用效率愈高。

④车底在配属站的停留时间，即指车底在列车由折返站返回到达配属站之时起，至车底下一次由配属站出发之时止的全部时间，即：

$$t_{配站}^{客} = t_{到}^{客} + t_{送}^{客} + t_{作}^{客} + t_{取}^{客} + t_{发}^{客} + t_{等}^{客} \quad (h)$$

有些管内旅客列车车底到达配属站后不送配属段时，则上述公式将简化。

式中：$t_{配站}^{客}$——车底在配属站停留时间，h；

$t_{到}^{客}$、$t_{发}^{客}$、$t_{等}^{客}$——车底在配属站的到达作业、出发作业、等待出发的时间，h；

$t_{送}^{客}$、$t_{取}^{客}$——向客车配属段调送、调取车底的时间，h；

$t_{作}^{客}$——车底在配属段的作业时间，h。

⑤车底在折返站的停留时间，即指车底在列车中从到达折返站时起，至车底在列车中从折返站出发返回之时止的全部时间。

车底在折返站的停留时间所包含的各项因素和计算公式与上述配属站停留时间相同，只不过是各项因素的内容繁简和时间长短有所不同而已，故不另列。

⑥旅客列车停站次数、平均停站时分、平均停站距离，该三项数值应分别不同列车种类进行统计。其计算公式如下：

$$n_{停}^{总} = \sum n_{停} \quad (次)$$

$$t_{停}^{平均} = \sum t_{停} / \sum n_{停} \quad (min)$$

$$L_{停}^{平均} = \sum L_{运} / \sum n_{停} \quad (km)$$

式中：$n_{停}^{总}$——停站总次数；

$t_{停}^{平均}$——平均停站时分，min；

$L_{停}^{平均}$——平均停站距离；

$\sum n_{停}$——停站次数总和；

$\sum t_{停}$——停站时分总和；

$\sum L_{运}$——运行距离总和。

(2)质量指标

①旅客列车直通速度，即指旅客列车平均每小时所运行的公里数，应将直通、管内旅客列车两项分别计算，即：

旅客列车直通速度：

$$V_{直} = L / (\sum t_{运行} + \sum t_{停站} + \sum t_{起停} + \sum t_{慢行}) \quad (km/h)$$

铁路局旅客列车平均直通速度：

$$V_{直}^{局} = \sum nL / (\sum nt_{运行} + \sum nt_{停站} + \sum nt_{起停} + \sum nt_{慢行})$$

式中：L——旅客列车运行距离；

$\sum nL$——旅客列车公里总和；

$t_{运行}$、$t_{停站}$、$t_{起停}$、$t_{慢行}$——分别为旅客列车的运行时分、停站时分、起停附加时分和慢行时分。

旅客列车的直通速度愈大愈好。提高直通速度的主要途径是压缩旅客列车在途运行、停站、起停附加和慢行时间。

②旅客列车技术速度，即指不包括停站时分在内的旅客列车平均每小时的运行公里数，应和直通速度一样分别直通、管内旅客列车进行计算，即：

旅客列车技术速度：

$$V_{技} = L/(\sum t_{运行} + \sum t_{起停} + \sum t_{慢行}) \qquad (km/h)$$

铁路局旅客列车平均技术速度：

$$V_{技}^{局} = \sum nL/(\sum nt_{运行} + \sum nt_{起停} + \sum nt_{慢行}) \qquad (km/h)$$

旅客列车的技术速度愈大愈好。提高旅客列车技术速度的主要途径是压缩列车在各区间的运行时间，加强运输组织工作和调度指挥水平。

③直通速度系数，指直通速度和技术速度的比值，即：

$$\beta = v_{直}/v_{技}$$

从上述对直通速度和技术速度的分析说明可知：在一般情况下，列车的直通速度总是小于技术速度，即速度系数小于1。但应当通过加强运输组织工作来缩小两者之间的差距，比值愈接近1，说明旅客运输效率愈高。

④列车车底日车公里，即指某一车底或平均每一车底在一昼夜内所运行的公里数，即：

$$S_{车底} = 2L/\theta_{车底} \qquad [km/(车底 \cdot d)]$$

$$S_{车底} = \sum NL/\sum N_{车底}\theta_{车底} \qquad [km/(车底 \cdot d)]$$

式中：$S_{车底}$——列车车底日车公里；

L——列车运行区段里程；

$\theta_{车底}$——车底周转天数；

$\sum NL$——全部车底运行公里总和；

$\sum N_{车底}$——车底总数。

列车车底日车公里是表示全路或各铁路局客车车底运用的工作量指标。列车车底日车公里和车底的全程运行里程成正比，和车底周转天数或车底数成反比。即无论是一个车底的车底日车公里，还是全部运用车底的平均日车公里，当车底周转越慢或运用车底总数越多时，车底日车公里就越低，表明车底的运用效率就越低；反之，车底周转越快或运用车底总数越少时，车底日车公里就越高，表明车底的运用效率越高。因此，加速车底周转和压缩运用车底总数是提高列车车底公里的重要途径。

第五节　旅客运输日常计划

旅客运输日常计划是旅客运输计划的组成部分。它是为保证计划年度任务的完成而编制的。由于旅客运输在节假日、季节及日常时有波动，为指导日常运输工作、保证合理运用技术设备和及时输送旅客，必须编制旅客运输日常计划。

就铁路旅客列车本身而言，个别列车可能发生始发、运行晚点，临时加挂车辆或加开列车，车底中车辆定期检修或临时故障等情况，都会影响到发线的使用，机车交路及旅客乘车组织工作的变更。所有这些，也需要通过日常计划由客运调度进行组织调整，使站车互相配合，组织好均衡运输以提高客运服务质量。

一、票额分配

票额分配是旅客运输计划的重要组成部分。只有合理地分配票额，才能正确地、科学地提高和加强旅客运输计划的质量，均衡运送旅客。票额分配计划于每次新运行图实行前编制,还要根据客流变化情况每年定期进行调整。直通列车的票额分配方案由铁路总公司与有关铁路局共同编制(跨三个铁路局以上的旅客列车由铁路总公司负责,跨两个铁路局的旅客列车由两局协商解决);管内旅客列车的票额分配方案由铁路局组织编制。

1. 分配依据

(1)指定月份的管内和直通客流图及主要站间旅客交流表等资料。

(2)列车的旅客密度表,分别车次整理的软卧、硬卧和硬座实际人数,各次列车虚糜和超员情况的分析。

(3)主要站分别车次、区段的上车人数和分车次的下车人数。

2. 分配原则

(1)首先满足始发局(站)到达最后一个区段长途旅客的需要。

(2)适当分配给中途局(站),特别是对省会、直辖市、自治区政府所在地(包括铁路局所在地)和旅行集中地的车站给予照顾。

(3)最后一个铁路局原则上不分配,各停车站可根据上、下车规律数组织售票。

3. 列车定员的计算

票额是基于旅客列车能力(席位)的,列车能力即列车席位的数量,也叫列车定员。在实际工作中,主要的列车定员指标包括:

(1)列车软座、卧铺定员。软卧(座)定员为车厢标记定员;硬卧定员(宿营车除外)为硬卧车厢标记定员的总和减去3个机班便乘铺位。

(2)列车硬座定员:

①列车硬座标记定员:各硬座车厢标记定员的总和,即:

$$A_{标记} = \sum a_{标记}$$

式中:$A_{标记}$——列车硬座标记定员;

$\sum a_{标记}$——硬座车厢标记定员之和。如代用客车,定员按如下规定换算:棚车代用客车时,每吨位按1.5人计算;软卧车代用软座车时,每一下铺按3人计算;硬卧车代用硬座车时,每一下铺按4人计算,不再加超员率,同时上、中铺禁止出售,中铺吊起。

②列车硬座实际定员:硬座车厢总标记定员减去其他用途占用的座位,即:

$$A_{实际} = A_{标记} - 10$$

式中:$A_{实际}$——列车硬座实际定员;

10——其他用途占用座位(供办公、售货等用;新型车标记定员不包括办公席在内者,其实际定员即为标记定员,则不减10)。

③硬座超成定员:列车硬座实际定员与列车实际定员乘以规定超员率之和,即:

$$A_{超成} = A_{实际}(1 + K_{超员})$$

式中:$A_{超成}$——列车硬座超成定员;

$K_{超员}$——规定的超员率(代用车辆除外,不再加超员率)。

在保证安全、正点的前提下,允许非全程对号旅客列车硬座车厢超员运输:特快始发不超员,途中准超员20%;直通快车始发不超员,途中准超员30%;直通旅客列车始发准超员10%,途中准超员40%;管内旅客列车超员限度比照上述相同等级旅客列车办理。春运、暑运期间按铁路总公司发文、电为准。

时速300km及以上的动车组列车不得超员;时速200~250km动车组列车商务座、特等、一等座不得超员；铁路局管内短途一等座车不得超员，二等座车最高超员率为15%。

4. *分配方法*

(1)硬座票额

认真贯彻先中转、后始发，保证重点的运输原则，做到长、短途列车合理分工，确保长途旅客乘坐长途车、短途旅客乘坐短途车。

①硬座票额的分配数量以列车硬座实际定员为基础，按各等级列车规定的超员率分配，优质优价列车不得超员。为防止非优质优价全程对号列车虚糜，在始发站(或指定中途站)每个硬座车厢增加10个无座号。

②直通快车票额按列车限售区段分配，首先保证始发站至终到站或限售区段以远长途客流的需要，途中各停车站的票额按限售区段以远长途客流量依次分配。途中各停车站分配的票额由始发站套用，途中站不再套用短途票额。限售区段以远长途各站如有下车规律数量，可按规律数分配。

(2)软、硬卧铺，软座票额

软、硬卧铺票额，首先考虑列车始发站长途旅客的需要，同时根据列车沿途车站客流情况适当兼顾中途站。对途中省、市、自治区，铁路局所在地和较大城市所在站，适当分配一定数量的票额。

①软、硬卧铺，软座票额的分配数量为软、硬卧车，软座车的标记定员。

②根据长、短途列车合理分工的运输组织原则，首先满足始发长途客流的需要，中间站凡有同方向、同终到站的始发快车时，所经过的列车要严格掌握，根据沿途客流情况分配少量票额。

③列车夜间运行途中，开车时刻超过零点的车站原则上不分配软、硬卧和软座票额。列车运行到最后一昼夜前的车站如有长途旅客下车时，可根据下车规律数分配一定数量的票额。

④软、硬卧铺的限售区段，原则上比照硬座限售区段办理，如不能满足长途客流需要时，必须延长限售区段。中途站对第二天白天到达终点站的列车，必须限售到终点站，以减少因白天运行不易利用造成的空费。列车运行第一个白天的中间站，分配预留的票额要尽量减少，以避免始发站到预留站全部是白天，不利套用。单程白天运行的列车，软卧可代用软座，硬卧应尽量发售卧铺，减少代用。

⑤在不浪费动能的情况下，要尽可能保证党和国家机要交通使用卧铺的需要。在分配新运行图票额前，有关铁路局要事先与机要部门联系，共同协商机要占用票额事宜，并报铁路总公司审批。

票额分配方案确定以后，以表格形式公布执行，见表5-22和表5-23。

______年新图直通旅客列车票额限售区段 表5-22

序号	新图车次	旧图车次	运行区段	限售区段

______次列车票额分配方案　　表5-23

软卧　　辆　　定员：　　硬卧　　辆　　定员：　　硬座　　辆　　定员：

______开机次：　　担当：　　运行区间：______

车号	1	2	3	4	5	6	7	8	9	10	11	12	13	14	15	16	17	18	19		计
车种																					
定员(上)																					
定员(上)																					
附注																					

席别 站名	到达	发车	软卧			软座			硬卧			硬座		
	时刻	时刻	数量	车位	铺号	数量	车位	座号	数量	车位	组号	数量	车位	座号
合计														

备注：

5. 旅客列车票额共用、席位复用

(1)票额共用的概念

票额共用是指列车票额被列车行经前方的一个或若干个车站共用，实现票额的发售共享。票额共用分为管内票额共用、全程票额共用和指定车次、指定车站票额共用3种形式。

①管内票额共用，是指在铁路局管内规定的车站，在规定的时间内可发售本次列车的票额。如果管内有票额的车站票额未发售完，列车对剩余票额在列车驶出本局后根据《乘车人数通知单》的附表可以发售剩余的席位。

②全程票额共用，是指在铁路总公司规定时间内沿途车站可发售本次列车的票额叫作全程票额共用。这种情况下列车上全程不允许发售空余的席位。

③指定车次、指定车站票额共用，是指铁路局对指定车次、指定车站实行的票额共用。

票额的共用是系统对票额分配之后，该票额除了在分配之后其所属站可以使用；在一定情况下，该票额还可被线路上其他前方车站所使用。这个方式在一定程度上减少了车站对客流的运输上的限制，保证了运能的充分利用，加大列车售票效率，确保客运的收益。票额共用主要解决票额分配不均匀的问题。如一个车站票额有大量的盈余,而前方站发生票额短缺甚至没有票可以卖,这个时候票额共用可以解决客流运输的问题,保证了列车运输能力,提高了客运收益。要实现票额共用,必须是离终点站更远的后方站的归属票额对离终点站更近的前方站才能实现共用。

(2)席位复用的概念

席位复用,是指除始发站以外的沿途各站对发站所售旅客到站后的席位实行复用。

席位复用分为一次复用和全程复用。一次复用是指对席位复用一次后产生的新席位不再复用。全程复用是指对列车运行区间中的剩余区段进行多次复用。换句话说全程席位复用就是指一个席位可以全程多个车站多次重复使用。只有是复用站的车站才有席位复用的权利,不是复用站的车站席位不能复用。

复用站是指始发和有票额的车站发售至旅客的到站,该站就是复用站。

当票额预分后,该车票售出时车票显示从始发站到某一中间站,智能客运系统就会编出从该中间站到线路上最后站点的车票,该中间站下次售出车票不是到最后站点的票额,则反复重复这个步骤直到该席位的到站是线路上最后站点的票额为止。席位复用保证了客座利用率,减少了客座浮空,防止长票短卖的现象,加大运用区间运输能力。

(3)动车组列车席位共用、复用的规定

动车组列车实行票额共用。直通动车组列车票额共用时间由始发局根据客流情况确定,报铁路总公司批准。管内动车组列车票额共用时间由铁路局自定,报铁路总公司备案。

动车组列车实行全程席位复用,时间为售出后即时复用。

动车组列车上不办理有座席补票。

席位复用和票额共用这两种售票组织方式突破了原有列车票额分配相对固定的限制,对减少列车席位虚糜,提高票额利用率和满足旅客出行需求具有重要意义。然而,在实际售票组织过程中难于把握的是如何最合理地设定票额共用时间。过早地实行票额共用,可能致使过多票额被中途站发售,使始发站票额不足,导致长票短卖,不利于效益最大化;过晚地票额共用,中途站旅客购票需求可能得不到及时满足,而始发站却票额过剩,列车席位出现虚糜。在如下两种极端情况下票额共用时间是容易确定的:

①列车运能特别紧张,此时票额共用可缩至最短时间。

②列车运能特别充足,此时可始终实行预售期内票额全程共用。

但在更多情况下,需动态优化票额共用策略,才能既保证始发站旅客的出行需求,又尽可能多地将剩余票额供中途站发售。

二、旅客输送日计划

旅客输送日计划必须从全局出发,按照长短途列车合理分工的原则进行编制;特别要注意运输能力在时间上和空间上的均衡使用。同时,通过计划来指导售票和其他服务的组织工作。为此,三等及其以上或客流量较大的车站要设专职客运计划员(三等以下的车站未设客运计划员的,应由客运值班员负责),根据各次列车运输能力的使用情况及票额分配计划,在客运副站长(或客运主任)领导下,进行编制。

1. 旅客输送日计划的编制依据

(1)各次旅客列车的票额分配计划。

(2)近日来各次旅客列车上车人数和中转换乘旅客的实况及其规律。

(3)节假日与平时客流差异情况及其规律。

(4)近几天内天气情况及过去天气变化对客流影响的规律。

(5)有无团体预约和到达本站的团体(对后者应调查其回程日期和拟乘车次)。

(6)临时加开旅客列车及固定列车变更编组情况。

(7)各次列车预售车票数量。

(8)其他因素对客流的影响。

2. 旅客输送日计划的内容

旅客输送日计划的内容有下述几点:

(1)分线别(分方向别)的旅客列车车次、运行区间、开车时刻。

(2)分线别的管内、直通区段。

(3)分车次、分区段的软、硬卧和软、硬座票额。

(4)分车次、分区段的软、硬卧和软、硬座预售,当日售、剩余数量,中转、乘车证人数。

(5)车辆的甩挂计划。

(6)分车次的计划硬座合计数。

(7)分车次、区段的硬座实际上车人数及合计数。

(8)分车次的硬座计划兑现率。

(9)全站硬座日计划兑现率。

(10)铁路局客运调度调整数。

(11)其他。

旅客输送日计划格式,见表5-24。

旅客输送日计划 表5-24

铁路局:

车站: 日期: 天气: 班次: 计划员: 审批命令号: 签字:

方向	车次	运行区间	发点	图定运能					扩编					减编					中转				增加运能					上车情况												下车人数
				硬座	软座	硬卧	软卧	小计	硬座	软座	硬卧	软卧	小计	硬座	软座	硬卧	软卧	小计	硬座	软座	硬卧	软卧	硬座	软座	硬卧	软卧	小计	无座	计划数	管内合计	直通	座席发送人数	中转	公免	上车人数	其中	其中	兑现率	
方向合计																																							
方向合计																																							
方向合计																																							
总合计																																							

3. 旅客输送日计划的编制、审批与执行

(1) 日计划的编制

车站旅客输送日计划,按0:00至24:00编制,分管内、直通列车,分车次并按客流区段进行,时间以列车的开车时间为标准。车站的发送、中转旅客都要统一纳入日计划。

对有票额分配计划的列车,按固定票额分配计划、限售区段及有关客运调度(票管所)命令来编制;对无票额分配计划的列车,按平日上车规律数执行。同时,考虑影响客流变化的各种因素。遇有客流发生变化时,车站应将变化数量及其流向上报客运调度,必要时提出加挂车辆或加开临客的请求。

节假日日计划的编制方法与平时有些不同。节假日期间客流量大,波动性大,时间集中,且常为单方向客流,需请示增开临客和加挂车辆来弥补图定列车运输能力不足。

旅客输送日计划的编制,除了客运计划员积极努力、高度负责和具备科学态度之外,还要与客运值班员、售票员和客运员等密切合作,广泛听取他们的意见,以提高日计划的编制质量。

(2) 日计划的审批

旅客运输日计划编制完毕后,须经客运副站长(或客运主任)审查。无调整需求时,则不再每日上报审批;有调整需求的,则铁路局直管站直接上报路局客票中心进行审批,段管站由车务段汇总后上报路局客票中心进行审批,由客运调度(票管所)平衡调整后,以调度命令的方式于前一天下达执行。

(3) 日计划的执行

客运计划员接到批准的旅客输送日计划,应将预售及预订团体旅客人数和中转签证的规律数从调整后的计划人数中减去,即可得出本站次日可以发售的票额;再由客运计划员下达给售票处进行发售。

同时,在日计划的执行中,还应注意处理好以下几个问题:

①长短途列车的分工和中转换乘优先。长途列车必须组织长途旅客乘坐,如果发售短途票必然积压长途旅客,给长途旅客带来很多困难。换乘优先是指在同等条件下,换乘旅客优先于始发旅客乘车。

②大站照顾小站、始发站照顾中途站。大站是指特、一、二等站,这些车站客流量大,停站列车多,分配票额多,有的还有始发列车,客流便于组织调整。中间小站停站列车少,有的一昼夜内只有1~2趟列车停站。如大站不按计划票额发售或超售,不照顾中间小站,则小站就无法组织旅客上车;始发站与中途站的关系也如此,始发站必须根据计划票额发售,不得超区段,否则将造成中途站旅客买好了票上不了车,使列车"吊客晚点",打乱列车运行秩序。

③满足一般,保证重点。一般来说,首长、外宾、华侨、记者、机要人员、老弱病残和其他有特殊困难的旅客,应较一般旅客优先安排;在票额紧张、运能不足时,更应根据具体情况,实事求是地处理好。

④严格掌握"热门车",有计划地组织"冷门车"。某些列车由于运行点好,旅客乘车方便,就形成了热门车。有的车就相对地成为"冷门车"。为此,必须有计划地组织,把"热门车"的票额掌握得严一些;对"冷门车"则应加强组织。大站应组织客流乘坐"冷门车",因为大城市市内交通比较方便,而且同方向行驶的旅客列车停靠次数也较多。让小站旅客乘坐"热门车",这样就更能满足不同旅客的需要。

客运计划员对日计划及票额分配执行情况应经常督促检查。为了分析旅客运输计划的编制质量,车站应对每一车次统计其实际上车人数(分软、硬座和软、硬卧),并和旅客输送日计划相核对,从而查明超员或欠员情况。通过经常的统计分析,积累资料,就能逐步提高日计划编制的质量。

(4)日计划的考核

车站旅客输送日计划编制质量的高低,主要是通过兑现率进行考核,根据铁路总公司的要求,每趟列车计划兑现率与日计划兑现率,都要分别达到95%以上。

①每趟列车兑现率。每趟列车兑现率,应根据实际大小分别求算,其计算公式为:

实际大于计划时:

$$y = \left(1 - \frac{A_{实际} - A_{计划}}{A_{计划}}\right) \times 100\%$$

式中:$A_{实际}$、$A_{计划}$——每趟列车实际、计划上车人数。

实际小于计划时:

$$y = \frac{A_{实际}}{A_{计划}} \times 100\%$$

②车站日计划兑现率。将全天各次列车的兑现率加总后除以列车次数,其计算公式为:

$$\beta = \frac{\sum y}{N}$$

式中:β——车站日计划兑现率;

N——列车数;

$\sum y$——每趟列车兑现率的总和。

三、站、车客流信息传报工作

站、车客流信息传报工作,是指办理客运业务的车站按规定区段或停车站正确、及时地向旅客列车提报确切的乘车人数;同时旅客列车如遇客流高峰、造成严重超员时,列车长应及时向有关车站拍发超员电报的相互通报工作。

建立站、车客流信息传报制度,是合理组织旅客乘车、控制列车超员、弥补列车席位虚糜、实现旅客计划运输的主要措施之一;同时也是实现车站旅客输送日计划的重要环节。站、车客流信息传报工作和车站旅客输送日计划的结合,可使客运调度及时了解和掌握各次列车的旅客密度,使始发站和中间停车站的客流得到及时输送,列车前方停车站能有预见性地组织旅客乘车,以保证旅客的均衡运输。

通过站、车客流信息传报,还可为列车提供良好的服务条件,对车站合理地组织售票,维护站、车秩序,保证旅客列车安全正点运行起着重要作用。

1. 乘车人数通知单

乘车人数通知单,简称"一单"。它是车站统计各次列车上车人数,积累客流资料的原始记录,是列车填写旅客密度表的依据;也是车站考核日计划兑现率、检查售票、签票执行日计划情况的依据。

凡办理客运业务的停车站都必须按到站或规定的区段,正确地统计旅客上车人数,做到真实可靠,正确率达到95%以上,并及时向列车提交"乘车人数通知单"。

2. 列车旅客密度表

列车旅客密度表,简称"一表"。列车旅客密度表积累各站上下车人数资料,为编制旅客列车运行图,调整列车停站和票额分配计划提供准确的依据。列车旅客密度表是列车长及时掌握旅客流量流向变化,合理安排列车统一作业过程,为旅客提供优质服务的基础。

列车旅客密度表为梯形表格,分硬座及软、硬卧两个梯形表格。每一竖格的垂直累计数为各站上车人数,每一横格水平累计数为各站下车人数。

列车长必须亲自填写列车旅客密度表。列车始发前要填写好列车车次、始发日期、始发站名,终到站名,担当段名、组名、列车长姓名,列车编组辆数;填写列车硬座标记、实际、超成定员数及软、硬卧定员数。按列车办理客运业务停车站站序填记站名(区段),并留出核实栏空格。"固定票额"栏用红笔填写各站的票额分配数(或根据上级命令填记调整后的数字)。软、硬卧梯形图中"固定票额"栏内斜线上方填写软卧票额,下方填写硬卧票额;遇有甩挂车辆时,则应填好甩挂车辆数、车种及到站。

第六节　铁路客运调度工作

一、客运调度的任务和职责

1. 客运调度的基本任务

客运调度(简称客调)是铁路旅客运输日常工作的组织者和指挥者,在保证旅客列车按运行图行车,加强旅客计划运输组织工作,完成旅客及行包运输任务等方面起着重要作用。各级客调受同级客运主管部门领导。其基本任务是正确编制和执行客运工作日常计划,有预见地组织客流,经济合理地使用客车和客运设备,协调各客运部门工作,保质保量地完成客运任务。

2. 客运调度的职责

(1)铁路总公司客运调度员职责:

①督促检查各局客调工作完成情况。

②掌握全路客车配属及各局客车运用情况;调用各铁路局的客车;组织掌握路用车的跨局使用。

③掌握全路客流变化情况,根据需要临时调整运能,提出处理旅客列车的停运、加开和变更编组方案,组织各铁路局有计划地、均衡地输送旅客;分析各铁路局、主要站客流波动及旅客列车超员情况。

④加强计划运输、控制列车严重超员;防止全程对号列车虚糜,掌握特、直快列车的利用和交口情况。

⑤掌握国际旅客列车和直通旅客快车的运行情况,遇有晚点时,组织有关局采取措施,恢复正点运行。

⑥遇有灾害或事故中断行车时,及时请示汇报;处理跨局旅客快车的停运、加开、折返、保留和变更径路等事宜。

⑦组织掌握外宾、华侨,以及我国港、澳、台同胞和国际联运旅客的运输。

⑧组织掌握专包及重点任务的挂车计划,并掌握运行情况。

⑨有计划地组织掌握春运、暑运临客开行及其他节假日大批团体旅客和行包的运输;组织掌握新老兵及有关军事运输工作。

⑩收取各铁路局客运报表等有关资料、站车的好坏典型事例和旅客、行包运输安全等

情况。

⑪处理日常客运工作中的有关事宜。

⑫有计划地组织各级客调人员深入现场调查研究，了解客运工作情况，召开各种专题会议、解决有关问题。

⑬在特殊情况下，报客运主管部门批准后下达特、直快列车在不停车站临时停车的命令。

(2)局客运调度员职责：

①监督检查各站、段客运工作完成情况。

②编制、审批日班计划，根据客流需要，及时调整运能，组织掌握管内旅客列车的停运、加开和加挂车辆，并检查执行情况。

③加强计划运输，控制列车严重超员，防止全程对号列车虚糜，收报特、直快列车交口人数。

④监督组织旅客列车按运行图安全正点运行，努力使晚点列车恢复正点；在特殊情况下，报客运主管部门批准后下达局管内的旅客列车临时停车的命令。

⑤有计划地组织掌握春运、暑运临客开行及其他节假日大批团体旅客和行李包裹(简称行包)的运输；组织掌握新老兵及有关军事运输工作。

⑥认真掌握客车设备及动态；调用各段的客车；组织好出入厂、段客车的回送；及时收报、核对客车编组、备用车、检修车及运用客车外出情况。

⑦铁路局管内发生重大、大事故或自然灾害中断行车时，及时汇报有关领导，采取措施，并提出有关客车停运、加开、折返、保留、变更径路等方案。

⑧收集站、车旅客伤亡、火灾等事故概况，并及时报告上级客调和有关领导。

⑨加强与邻局联系，正确及时交换调度命令；认真核对分界站客车出入、留轴、挂车情况，掌握跨局客车运行情况。

⑩及时转发铁路总公司(铁路局)客调命令，对站、段发布有关客运工作的调度命令。

⑪及时正确收集客运工作概况并上报按日、按月积累各项资料、节日客流分析。

⑫深入车站和旅客列车进行调查研究、检查指导，不断改进客运工作，提高调度指挥水平。

二、客运调度员的日常工作

1. 正确组织旅客及行李、包裹运输

各级客运调度员是旅客和行包运输工作的指挥者，在日常工作中应分别做好以下工作：

铁路总公司客调要经常分析各铁路局、主要站发送旅客人数的波动情况，并及时提出决策意见；经常检查各铁路局直通旅客、行李、包裹的运送情况，掌握旅客列车编组调整及车辆调拨；对节假日和大批旅客、行李、包裹的运送，做到有计划地安排车辆和加开临时旅客列车。

铁路局客调要按日、旬、月对局管内的发送旅客及行包变动情况，做好分析、总结工作，向铁路总公司汇报跨三局以上的旅客列车利用情况，并提出修改意见；协商处理跨两局的旅客列车的利用情况并报总公司备案；处理局管内旅客列车的停运、加开或增、减车辆，对停运、增开的旅客列车应向铁路总公司报告；对大批管内旅客、行包的输送(包括节假日)应采取组织分批乘坐正常旅客列车，加开临时客车和增加车辆，套用客车底等办法。督促检查各站做好计划运输工作；严格按批准的票额或规律数售票，如客流发生变化，应调整票额和运能，下达到各站执行；对始发、终到时刻适宜、客流集中的列车应重点掌握；按日、旬、月对自局管内发送旅客人数及行包变动情况做好分析、总结工作；掌握日常及节假日旅客和行包变化，制订旅客和行包输送日计划，组织各站按计划均衡输送；及时安排支农、抢险救灾和团体旅客、行包的输送计划，并进行登记和报告；掌握各次列车的区段客流密度、分界站报告，严格控制超员率，组织管内旅客的均衡运输。

2. 经济合理地使用客车

按客车运用规则规定，全路的客车都是固定地配属给各局的有关车辆段，并由其负责日常维修保养。因此，各铁路局客调都应组织好本局配属客车的使用，掌握客车动态。其中，包括建立专门的报表，用以了解和掌握客车运用情况，分析旅客列车晚点原因等，并辅以车牌及客车动态提示板，用以掌握车辆动态。

客调应随时掌握各次列车人数的波动情况，根据乘车人数和区段密度，及时发布调度命令，调整“旅客列车编组表”规定的编组，增减或换挂车辆。本局管内旅客列车凭调度命令，由铁路局自行处理，跨及两局的旅客列车，由两局协商以调度命令办理。跨及两局以上的旅客列车及直通快车在自局管内增挂车辆时，如不影响列车正点及原编组顺序，以调度命令自行办理跨局增挂车辆时，除国际列车、软卧车及公务车外，一般与有关局取得联系后，亦凭调度命令办理。

铁路局客调应根据客运量自行调剂客车使用，解决不了时，及时报告铁路总公司联系借用或调拨外局客车。借用外局客车，使用后应及时派检车人员送回，并认真办理交接手续，中途不得扣留使用，以严肃调度纪律。铁路总公司调拨车辆时，接车局应派检车人员接车，保证车内设备完整。

3. 监督旅客列车按运行图行车

旅客列车如果运行晚点，不仅打乱整个运行图，而且给旅客带来不便。因此，客调在监督旅客列车按运行图运行的日常指挥、组织工作中应做好下列工作：

（1）了解和掌握旅客列车运行情况，摸规律，抓关键列车、车站，发现问题及时解决。

（2）对始发的旅客列车，应及时检查客车底的整备及取送情况，督促车站及时取送；检查机车交路，了解机车运用和整备情况，发现问题及时通过有关部门联系解决；检查和督促车站安全迅速地组织旅客乘降及行包装卸工作，保证旅客始发。

（3）加强与邻局的联系，遇接入晚点旅客列车时，应及时与行车调度员联系，调整列车运行，并事先了解列车行包件数，以便组织前方有关车站提前做好卸车准备，及时采取措施恢复列车正点运行。

监督旅客列车按运行图运行是各级客调的重要职责。铁路总公司客调应加强对国际联运列车和重点布置的临时旅客列车运行情况的掌握；应每日收录各局旅客列车运行情况，并进行全面分析，找出主要晚点原因，提出改进意见。

铁路局客调应收录旅客列车运行情况，并与有关列车调度员建立必要的联系制度，保证旅客列车按运行图行车，对列车运行情况进行全面分析，找出主要晚点原因，向上级领导汇报并提出改进意见；对晚点列车督促采取措施，使其恢复正点运行；对国际联运旅客列车始发及运行情况每 3h 向铁路总公司汇报一次。检查旅客列车编组和取送情况，停靠站台、车辆技术检查和整备状态，及时组织旅客迅速乘降和行包的快速装卸，联系站、车工作人员在安全的基础上，加速作业，压缩列车停站时间，恢复列车正点运行。

4. 客运调度工作的分析

为了提高客运工作计划质量,改进客运组织工作,铁路总公司、铁路局的客运调度工作必须建立、健全各种报表和客流分析制度,认真考核客运组织工作情况,系统地对客运工作进行分析研究。分析工作由各级主任客运调度员负责,分析的主要内容包括:

(1)旅客列车晚点情况及其原因分析。

(2)客流的情况及其波动规律。

(3)客车运用及检修车的完成情况。

5. 客运调度报告制度

为准确掌握客运工作情况,及时处理发生的问题,站、车、路局客调必须加强报告制度,除按规定上报的有关资料外,凡发生下列情况时,必须及时逐级向客调报告:

(1)发生自然灾害和行车特别重大、重大、大事故中断行车。

(2)发生旅客、路内客运职工伤亡事故。

(3)车站和旅客列车发生火情、火灾。

(4)因机车、车辆发生事故造成甩车、长时间修理造成始发和运行晚点。

(5)由于站车设备损坏或其他原因造成人员伤亡。

(6)车站和列车票款、票据被抢、被盗。

(7)进京上访人员乘车。

(8)站、车之间发生纠纷或其他原因影响旅客列车严重晚点。

(9)站、车发生意外情况,工作人员不能正常作业。

(10)其他需要及时上报的有关客运工作事项。

复习思考题

1. 简述铁路旅客运输计划的分类及内容。
2. 试说明旅客列车的分类及其车次编定的情况。
3. 旅客出行方式选择理论的两个基本观点是什么?
4. 什么是客流?客流是如何分类的?
5. 客流调查有哪些方法?
6. 什么是客运量预测?预测方法有哪几种?
7. 铁路旅客运输计划的编制依据是什么?
8. 什么是客流图?为什么要编制客流图?客流图有哪几种?
9. 什么是客流区段?客流区段分哪几种?如何确定?
10. 试分析运行图旅客密度与客车能力比较表的信息构成。
11. 旅客列车的运行区段和行车量是怎样确定的?
12. 应如何确定直通快车的合理开车范围?
13. 如何编制旅客列车运行方案图和旅客列车运行详图?
14. 如何确定旅客列车车底需要数?如何绘制车底周转图?
15. 什么是车底周转时间?缩短车底周转时间应采取哪些措施?
16. 动车组有哪几种运用方式?
17. 旅客运输工作的主要指标有哪些?如何进行计算?
18. 什么是票额分配?票额分配的依据是什么?如何分配?

19. 应如何进行列车定员的计算？

20. 编制旅客输送日计划有何作用？编制的依据是什么？

21. 什么是站车客流信息传报？

22. 客运调度的日常工作有哪些？

23. 已知某直通快车的单程运行时间 $T_{单} = 19h$，试用图解法或计算法求出其合理开车范围。

24. K441 次从配属站(南昌站)于第一天 14:59 开出，于第二天 05:24 到达折返站(广州东站)，并于当日 17:43 折返 K442 次至第三天 08:10 到达配属站(南昌站)，于当日 14:59 再由配属站(南昌站)开出(该列车每日开行)。

要求：

(1)用图解法绘画出车底需要数。

(2)用分析法计算出车底需要数。

(3)列车车底日车公里数。

第六章　站车工作组织

本章内容简介

本章主要介绍铁路客运设施设备，客运站流线组织，客运站工作组织以及旅客列车乘务工作组织的内容。重点了解客运站的作业；熟悉客运站的主要设施设备；掌握铁路客运站的流线及其疏解，并对铁路客运机车车辆、客车整备所、动车检修基地有一定的了解；了解客运站售票工作，客运服务工作，行包运输工作的组织方法；掌握旅客列车乘务工作包含的内容，了解乘务制度、工作制度和作业流程；掌握列车乘务组需要数量的计算方法。

第一节　铁路客运设施设备

铁路客运技术设施设备是办理铁路旅客运输的基础条件。这些设施设备主要包括固定设备、移动设备以及其他一切为客运服务的设施设备。固定设备主要包括客运站设备、客运服务设备，客车整备所、动车段、线路与信号设备等；移动设备主要包括客运机车、客运车辆、动车组。

一、铁路客运站设施设备

(一)概述

铁路客运站是铁路旅客运输的基层生产单位，其主要作用是组织旅客安全乘降和迅速集散，保证旅客能迅速方便地办理一切旅行手续，并为旅客提供舒适的候车环境和良好的文化生活服务。同时，客运站应及时地组织旅客列车的到达、出发，办理行李包裹(简称行包)业务以及客车车底的取送作业。

纵观国内外铁路的发展史，铁路客运站从功能、规模到建筑形态的演变，都取决于旅客运输需求的发展变化，取决于城市的发展变化和相关交通方式的发展变化。铁路客运站建筑随着所在国家和地区的经济和铁路的发展而发展，体现出明显的时代特征和地域风格。国外铁路客运站建设先后经历了快速发展期、繁荣期、衰落期、复苏期4个阶段。到目前为止，铁路客运车站具有很大的开放性，它已开始超越单纯的铁路客运站的含义，其功能已由传统的单一旅客运输功能，向多种复合功能转变。在原有旅客运输功能的基础上，突出强调城市内外交通枢纽和综合旅行服务的功能。

1.客运站的分类

客运站的分类与等级有多种划分方法，每种方法对旅客车站的规划设计与建设都有其特定的内涵。从铁路客运站的基本功能出发，可按基本用途、客运量大小等不同方法进行划分。

(1)按基本用途划分

①长途客运车站。它主要用于办理长途旅客列车,如国际、国内旅客特别快车,直通旅客快车,管内旅客快车的始发、终到和通过作业,输送各大、中城市间的客流。按需要也可办理少量的市郊旅客作业。如北京站、北京西站、上海站、天津站、汉口站等。

②短途旅客车站。它主要办理管内或少量的直通旅客列车始发、终到和通过作业,如北京北站(原西直门站)等。

③旅游旅客车站。它设在游览地点,主要办理旅游列车的始发终到作业,其运量主要发生在旅游季节,如八达岭站和五台山站。

④国境(口岸)站。它设在国家边境上,主要办理国际旅客列车的通过、换装和联检作业。因这类车站不是国际(出入境)旅客大量集散的车站,通常按客货混合站设置,如丹东站、满洲里站和阿拉山口站等。

按基本用途划分旅客车站的类别,主要是根据该站旅客的旅行需求划分。不同的旅客群体,对旅客车站的运输设备和各项服务设施的需求有不同的特点。

(2)按客运量和技术作业量大小,并考虑在铁路网上的地位等条件划分

按客运量和技术作业量大小,并考虑在铁路网上的地位等条件划分,可将客运站分为特等站、一等站、二等站;三等以下客运站通常为客货混合站。

(3)按所衔接铁路线的运输性质分

①客货共线铁路客运站。它设在客货共线运行的铁路线上,主要办理客运技术作业和客运业务。

②客运专线铁路客运站。它设在客运专线铁路线上,专门办理客运技术作业和客运业务。

(4)按客运站布置图分

①尽端式客运站。其站场线路为尽头式。

②通过式客运站。其站场线路为通过式,两端咽喉均连通正线。

③混合式客运站。部分站场线路为通过式,部分线路为尽头式。

2.客运站的作业及其设施设备

(1)客运站的作业

客运站的作业主要分为下列3类:

①客运服务作业。它包括旅客上下车、候车、问询、小件行李寄存,以及对旅客文化生活、饮食、卫生方面的服务等。

②客运业务。它包括客票发售,行包的承运、装卸、保管和交付、邮件装卸等。

③技术作业。按列车种类不同,办理下列作业:

a.始发、终到列车。列车到发、机车摘挂、列车技术检查、车底取送、个别车辆摘挂以及餐车整备等。

b.通过列车。列车到发、机车摘挂或整备、列车技术检查、客车上水等。在个别情况下,还进行个别车辆的摘挂、变更列车运行方向、餐车供应及上燃料等作业。

c.市郊(通勤)列车。列车到发、机车摘挂、列车技术检查及车底取送等。

d.在某些客运站上还进行少量货物列车的到发作业。

在始发、终到列车数量很大的客运站上,还设有独立的客车整备所,对客车进行洗刷、检

查、修理和整备作业。

(2)客运站的设施设备

客运站的设施设备由下列3部分组成:

①站房。它是客运站的主体,包括为旅客服务的各种房屋、运营管理工作所需要的各种技术办公房屋及办理行包、邮件的房屋。

②站场。它是进行客运技术作业的场所,包括线路(到发线、机走线、机待线、车辆停留线)、站台、雨棚、跨线设施设备等。

③站前广场。它是客运站与城市联系的“纽带”,包括车行道、停车场和旅客活动地带等。

3. 客运站布置图

客运站布置图分为通过式、尽端式和混合式3种。

(1)通过式客运站

通过式客运站(图6-1)的旅客到发线均为贯通线,站房设在正线一侧,基本站台与中间站台用地道或天桥等跨线设备相连,客运站与客车整备所、机务段纵列设置。

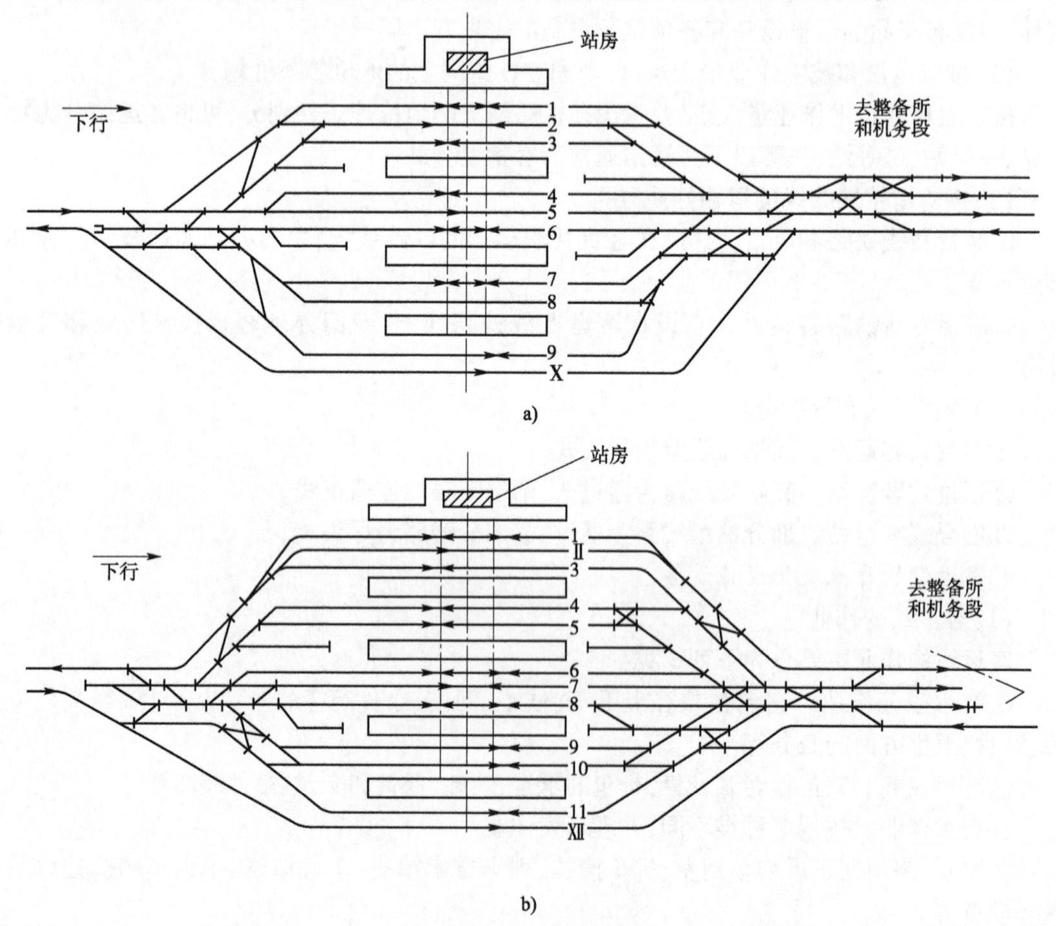

图6-1　通过式客运站布置图

通过式客运站的优点是:车站有两个咽喉区,能分别办理接发车作业,减少了旅客列车到发与车底取送、机车出入段的交叉干扰,因此通过能力大;通过的旅客列车不必改变运行方向;到发线可供各种列车使用,机动灵活,互换性大;便于组织旅客进出站和行包搬运,流线交叉干扰少,故新建客运站一般应优先采用通过式站型。它的缺点是:进站线路穿过城市与城市交通道路交叉干扰大，一般不易深入市区；由于有两个咽喉，站坪较尽端式客运站布置长。

(2)尽端式客运站

尽端式客运站(图6-2)的旅客列车到发线均为尽头线，站房设在到发线一端或一侧，中间站台用分配站台连接，机务段和客车整备所与客运站纵列布置。

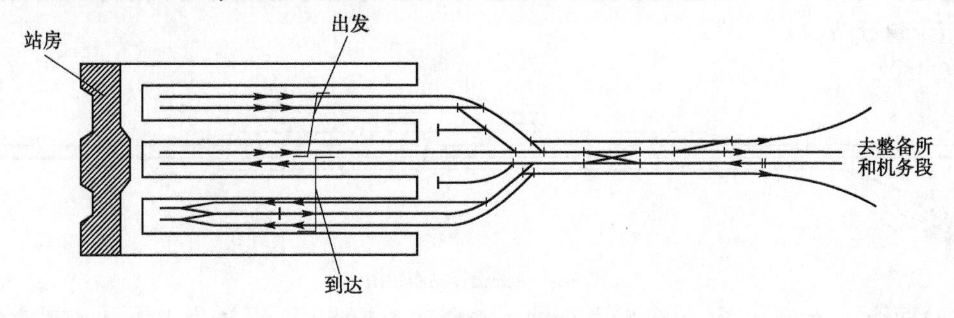

图6-2　尽端式客运站布置图

尽端式客运站的优点是：由于只有一个咽喉，进站线路与城市道路交叉干扰少，车站易深入市区，旅客乘车方便；站坪较短，占地少，旅客出入站可不跨越线路。它的缺点较多，主要有：车站作业集中在一端咽喉区进行，交叉干扰大，通过能力小；对通过的列车要变更运行方向，作业不方便；列车接入尽端线时，进站速度低，占用咽喉时间过长；旅客进出站和行包搬运均需通过分配站台，交叉严重，走行距离也较长。当列车密集到发时，上述缺点尤为严重。因此，一般新建客运站不宜采用，仅以始发、终到列车为主的客运站或采用通过式站型将引起巨大工程、当地条件不允许时，方可采用。

(3)混合式客运站

混合式客运站(图6-3)的特点是：一部分线路为通过式，另一部分线路为尽端式，通过式线路供接发长途旅客列车用，尽端式线路供接发市郊列车用。

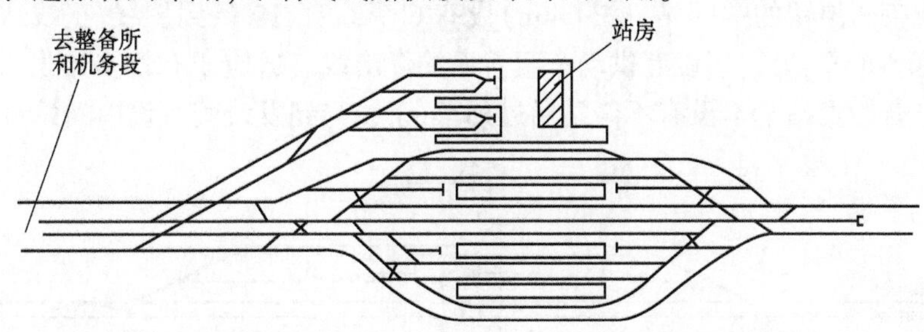

图6-3　混合式客运站布置图

这种布置图的优点是：当某个方向的市郊列车对数较多时，设置部分尽端线路，可节省投资和用地；市郊旅客进出站便捷且与长途旅客流线分开，互不干扰。其缺点是：到发线使用不灵活，利用率低；由于市郊列车到发线单独设置，在进出站咽喉区产生了长途与市郊旅客列车到发交叉，尤其是二者共用一个整备所时，其交叉尤为严重。因此，此种布置图仅在改建或扩建客运站时为了充分利用既有设备，方可考虑采用。

4. 高速铁路客运站

高速铁路客运站在设计上不同于既有铁路车站，其要求在“以人为本”设计理念下充分体现“系统性、功能性、先进性、经济性、文化性”，于是它在车站设计、功能分类、站线设备等方面有其自身特点。

高速铁路的车站一般只办理客运业务而不办理货运业务，因此站场布局通常线条简洁，咽喉区也相对简化。站型一般与车站的规模、性质、业务需求、地势环境、运营模式等综合条件有关。高速车站根据其到发线与站台的数量及相互位置,平面布置图有以下几种:

(1)两线布置图(图6-4)。即设置两条到发线的布置图,其中正线Ⅰ、Ⅱ办理速度较快列车通过,到发线3、4办理速度较慢列车待避。由于不办理客运业务,原则上不设站台。一般适应于越行站。

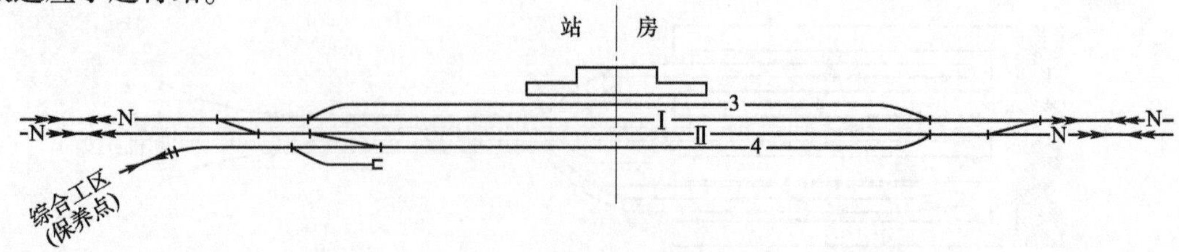

图6-4 两线高速站布置图

(2)两线、两台布置图(图6-5)。即两个站台夹4条线,Ⅰ、Ⅱ道为正线,3.4道为到发线。考虑到办理四交会的可能,故设两条停车待避用的到发线。这种布置图的优点是站台不靠近正线,高速列车自正线通过时,不影响站台上旅客的安全,站台不必加宽。如果客运量较大或某个方向需办理2列停站待避列车时,可增加1条到发线,如图中虚线所示。

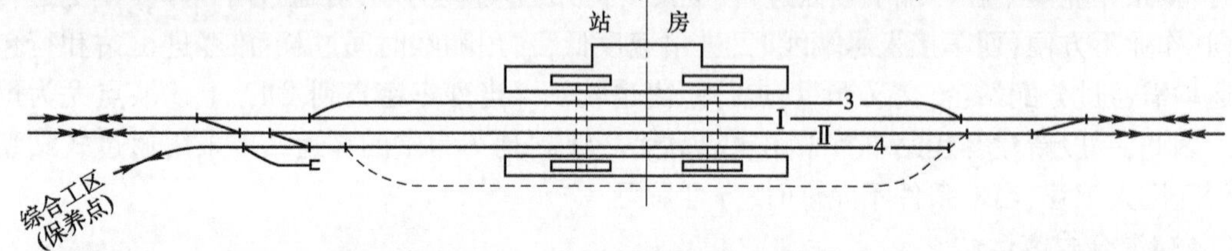

图6-5 两台、两线高速站布置图

(3)多线多台的布置图。图6-6a)设有4~5条到发线和两个中间站台,适应于有少量动车组折返或夜间停留的中间站。图6-6b)设有6个站台、10条到发线,正线从中间穿过,车站一端设有动车段,另一端设有供动车组折返的牵出线。适应于有许多始发、终到列车作业的始发站。若始发站基本没有不停站通过列车,正线与到发线间可设中间站台。

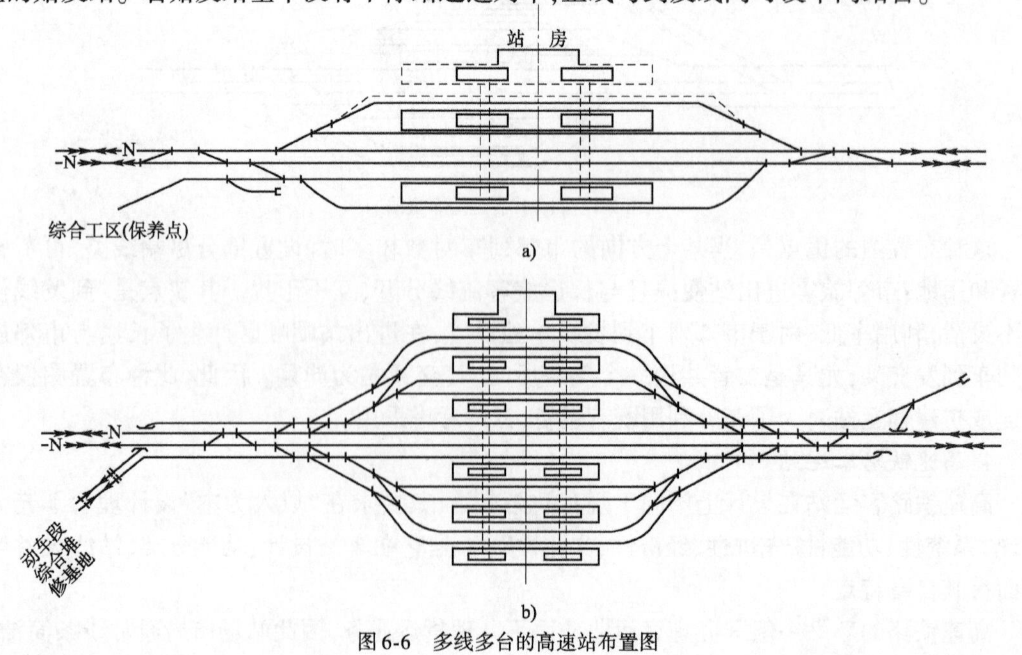

图6-6 多线多台的高速站布置图

(4)衔接两条客运专线的高速站布置图。图6-7衔接两条客运专线,设有两个车场,两条正线从各自的车场中穿过,车场间有联络线相通,设有共用的动车段,适应于有两条客运专线交汇,并有部分高速列车通过的高速站。

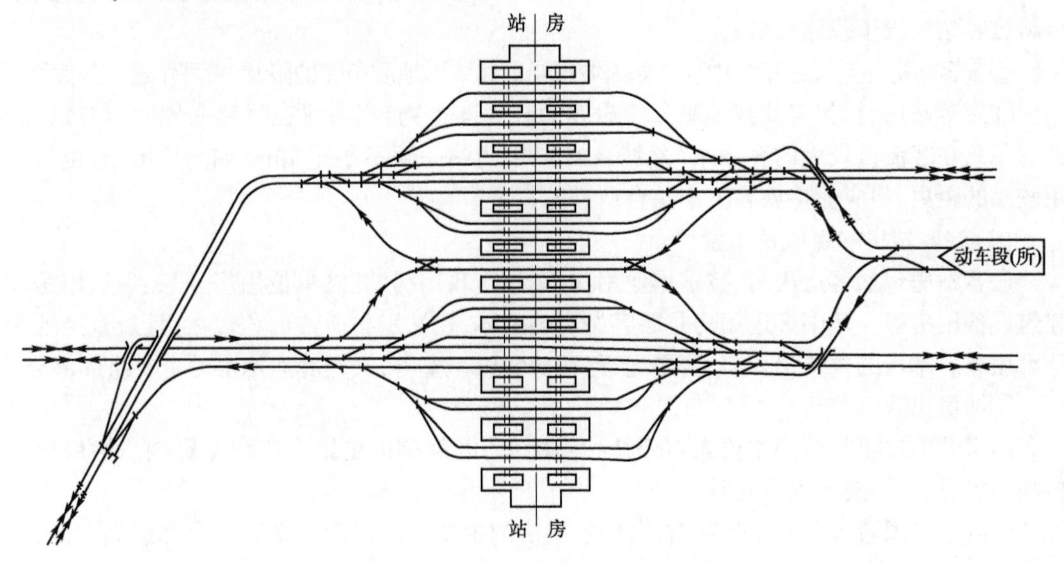

图6-7 有两条客运专线交汇的高速站布置图

(二)铁路客运站设施设备

1.旅客站房

站房是客运站的主体,站房的设计,应按照客流量的大小、客流特点、线路布置、地形高度、地质条件及城市规划等因素,合理组织各种流线,并力求减少旅客的多余走行。为旅客服务的各项设施,应布置紧凑、合理、避免干扰。

(1)旅客站房的分类

旅客站房的建筑规模主要根据设计年度的旅客最高聚集人数(或日均旅客发送量)来设计(见表6-1)。

铁路旅客车站建筑规模的划分 表6-1

铁路旅客车站建筑规模	普速铁路车站	客运专线车站
	最高聚集人数 H(人)	日均旅客发送量 C(人)
特大型	$H \geqslant 10000$	$C \geqslant 100000$
大型	$3000 \leqslant H < 10000$	$50000 \leqslant C < 100000$
中型	$600 < H < 3000$	$10000 \leqslant C < 50000$
小型	$100 \leqslant H \leqslant 600$	$C < 10000$

旅客最高聚集人数是铁路客运站全年上车旅客最多的月份中,一昼夜在候车室内瞬时(8~10min)出现的最大候车(含送客)人数的平均值。

从目前铁路的发展情况看,站房规模确定还应考虑效率等因素。因此,现代铁路客运站建筑规模,应根据旅客最高聚集人数(或日均旅客发送量)和高峰小时乘降量(高峰小时客流量)共同确定。高峰小时乘降量(高峰小时客流量)是在节假日或上下班高峰时段客运站每小时到发旅客量。

(2)旅客站房的位置

旅客站房是旅客办理购票、托取行包以及候车的场所,是站前广场与站场相连接的中枢。在设计和布置客运站房的各项设备时要满足下列要求：

①旅客站房的位置应与城镇规划、车站总体布置相结合。通过式客运站的旅客站房一般应设于线路靠居民区的一侧。尽端式客运站的旅客站房一般设于站线尽端；有条件时，亦可将旅客站房设于线路一侧。

②旅客站房尽量设在车站中部。如因城市规划和地形地质条件的限制时，可作适当的偏移。

③旅客站房、行包房及其他服务于旅客的较大建筑物，当布置在线路一侧时，与最近线路的距离在客流量较大的客运站，为20～25m，中间站一般不小于15m；如地形困难，也可采用较小的距离，但应保持旅客基本站台所需的宽度。

(3)旅客站房的组成及布置

旅客站房包括客运用房、技术作业用房、车站行政用房、驻站单位用房、职工生活用房和建筑设备用房等。其中客运用房是旅客站房的主体，在站房中所占面积较大，且最直接地为旅客服务。站房的主要出入口、售票处、行包房和候车室等，又是客运用房的主要组成部分。

①站房出入口

站房的出口要与站房主要入口保持一定距离，以避免进出站人流相互影响。站房出入口的布置形式，一般有以下几种：

a. 由于我国城市车辆靠公路右侧行驶，站房的主要入口多设于在站房中部或偏右部，出口多设于在站房左侧或偏左部，如图6-8a)、b)所示。

b. 站内车场按衔接方向分别使用时，尽端式客运站可结合城市交通组织和站前广场设计，在站房的正面或侧面分设两个出站口，如图6-4c)所示，以减少旅客在站房内外的走行流程，并减少进出站旅客流向的相互干扰。

c. 特大型客运站可结合主、副站房和主、副广场的设计，在站房中部和左侧设置两个出站口和两个入站口，如图6-4d)所示。

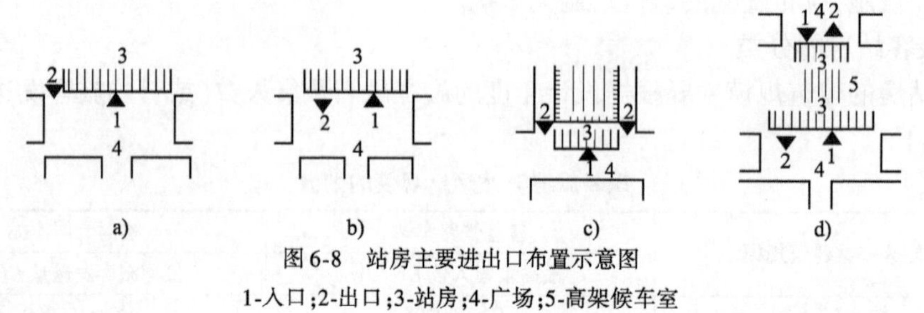

图6-8 站房主要进出口布置示意图

1-入口；2-出口；3-站房；4-广场；5-高架候车室

②检票口

检票口是进出站旅客必经之路，设置足够数量的检票口是疏导客流的主要环节，旅客进出站检票口的最少数量应根据车站最高聚集人数、单人(机)检票能力、旅客行进速度、检票规定时间等因素确定，见表6-2。

检票口最少数量 表6-2

最高聚集人数(人)	进站检票口(个)	出站检票口(个)
≥8000	18	14
4000～7000	14	10
2000～3000	12	
1000～1800	8	6
600～800	6	

续上表

最高聚集人数(人)	进站检票口(个)	出站检票口(个)
300～500	4	4
50～200	2	2

③站房进站广厅

进站广厅是旅客进入客运站的入口大厅,起到分配进站客流的站内平面和竖向交通枢纽作用。同时广厅也可兼有问讯、办理票务及各种服务、临时聚集等候等功用。对旅客携带行李中的危险品检测(安检)通常设在这里。广厅要求是一个开敞明亮、视线通透的大空间,一般布置在站房的中心位置,有条件时应上下贯通,让旅客的视线直达各候车空间甚至站台,使旅客在心理上克服焦虑感;在结构处理时可采取无柱或少柱的大跨度设计解决。

进站广厅由于与站舍运输功能用房的不同组合,有如下3种空间组合形式:

a.综合候车厅形式——进站广厅与候车、售票、行包托取厅混成一体,通常在小型客运站舍中采用。

b.综合营业厅形式——进站广厅与售票、行包托取厅混成一体,通常在中、小型客运站舍中采用。

c.进站广厅,独立设置的旅客交通疏解空间,但与候车厅和售票厅紧密连接,起到分配客流的作用,通常在大型以上客运站舍中采用。

铁路客运站中的安全检测设备,设于传统站房进站广厅的入口处。

④站房出站广厅

出站广厅是铁路到达旅客(出站旅客)换乘其他交通工具的分配空间,与进站广厅具有同等重要的地位。

铁路客运站通道采用“上进下出”和“下进下出”的流线方式,出站厅一般位于底层或地下,所以与进站广厅相比,设计时先天条件不足,比较难设置空透明亮的大跨度空间,而这里却是客运站内部人流最集中、方向最复杂的位置。因此,设计时应利用各种方法加强通过性和导向性,尤以引进自然光线为最佳。出站厅应设置旅客厕所,检票口处应设足够面积的接客缓冲区域。

⑤售票处

售票处的位置,主要根据普通进站旅客流线的流程来确定,通常要求将售票处设在旅客进站流线中最前面且明显易找的地方。它的布置形式,一般有以下几种:

a.售票室直接向综合候车室开设窗口的布置形式。如图6-9a)、b)所示。

这种布置形式的特点是:售票处明显易找,在空间使用上也具备较大的灵活性、机动性,旅客流线行程短。但购票对候车旅客影响较大。因此,当旅客候车时间较短和在客运量较小的设有中型旅客站房的车站上,可采用这种布置形式。

b.在营业广厅或在靠近主要入口处设置专门的售票厅。如图6-9c)、d)、e)所示。

这种布置形式的特点是:旅客购票活动与候车等其他活动不相干扰,如图6-9c)的布置形式尚需注意厅内人流(主要是指购票旅客与直接进站旅客和直接进入候车室的旅客)之间的相互影响。

c.在站房之外单独设置售票室。如图6-9f)所示。这种布置形式适用于旅客最高聚集人数大于8000人的大型站;采用这种布置形式时,宜用廊道把售票室与站房连接起来,以免旅客有露天行程。

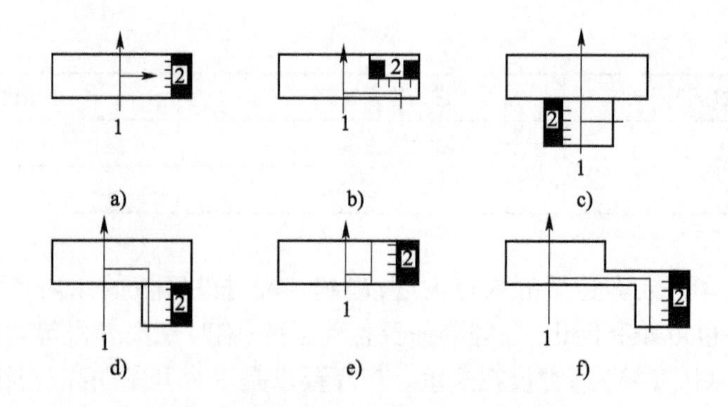

图 6-9　售票处在站房中的位置示意图

1-旅客进站流线;2-售票处

随着售票方式多样化,集中售票大厅已不是客运站建筑的必需内容。客运专线和城际铁路客运站可考虑代之以分散在站内各处的人工售票点和设置在进站流线上的自动售票机。

⑥行包房

整个站房布局中,行包房的位置是否妥当,对旅客进出站流线与行包流线和车辆流线交叉与否,工作人员管理是否方便,有很大影响。因此行包房的位置应与站房的其他客运用房和站台、广场密切联系,与跨线设备及运输方式密切配合。行包房的布置形式主要包括:

a. 只设一个行包房,兼办行包的托运和提取业务;

b. 分别设置发送行包房和到达行包房于站房的左侧和右侧。

⑦候车室

候车室除要求有适宜的候车环境之外,还需与站房的主要入口及检票口有比较便捷的联系,并尽可能靠近站台,以减少旅客检票后的步行距离。候车室的布置形式视站房的规模、客流繁简和布局的需要而定。具体可分为以下几种:

a. 集中候车的方式,如图 6-10a)所示。这种布置方式的候车室使用机动灵活,利用率高。但当客流量较大、旅客性质复杂时,旅客候车秩序较难维持,将影响旅客候车质量,甚至会造成旅客误上其他列车的现象。

b. 分线候车的方式,如图 6-10b)、c)所示。其特点与集中候车的布置方式正好相反。因此,在客流量较大,客流性质复杂时,宜采用这种布置方式。分线候车方式,可分为纵向分线和横向分线候车布置形式。纵向分线候车方式,见图 6-10c)。这种布置形式的特点是旅客走行距离较短,旅客在候车室内无须往返行走,秩序也易维持。横向分线候车方式,见图 6-10b)。这种其布置形式的旅客走行距离较长,靠近广场一侧候车室的旅客上车时走行距离也较长,缺点较多。在选择这两种布置形式时,尚应结合站房造型统筹考虑。

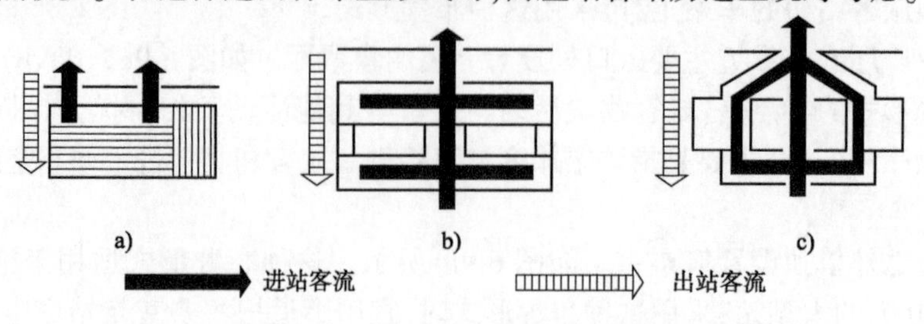

图 6-10　集中与分线候车示意图

在较大规模的客运站上，特殊类别的旅客人数较多，为适应不同旅客对候车环境和条件的不同需求，应设置普通、母婴、软席、军人、团体及老弱病残候车室。各类候车室计算人数占最高聚集人数的百分率，宜符合表6-3的规定。

各类候车室计算人数占最高聚集人数的百分率(%)　　表6-3

最高聚集人数H（人）	候车室					
	普通	母婴	软席	贵宾	军人(团体)	老弱病残
$H \geq 4000$	89.5	3.0	2.5	0.5	3.5	1.0
$4000 > H \geq 1000$	94~94.5	3.0	2.5	0.5	—	—
$H < 1000$	99.5~100.0	—	—	0.5	—	—

随着现代客运技术发展、客运组织方式的变化，旅客对候车室的候车功能需求逐渐淡化，随之带来现代客运站候车室设计的变化。

(4)高速铁路客运站服务设施设备

高速铁路客运站为旅客提供的服务设施设备，主要包括票务服务设备、乘降引导服务设备、候车服务设备、信息服务设备以及为特需旅客提供的服务设备等。

①票务服务设备

高速铁路客运站在旅客进出站流线上设置自动售票机，并辅之分散在站内各处的窗口售票向旅客提供更加便捷的票务服务。高速铁路票务服务设备主要有：自动售票机、自动充值机、自助发票打印机、客运站售票终端窗口机及管理机。

②乘降服务设备

乘降服务的自助性和便捷性决定了高速铁路客运站乘降通道的独立性和乘降引导标志的全面性、系统性。所谓乘降通道的独立性，即客运站要为高速铁路旅客提供专用的活动通道，保证旅客流线的顺畅便利，避免与其他旅客流线交叉干扰。乘降引导标志的全面性和系统性，即要求保证旅客能在站内随时清楚自己的方位和去向方位。

a.乘降通道设施设备

乘降通道主要指旅客在客运站乘车过程中所经过的各种活动路线和场所。这些设施设备突出了"以旅客为本"的设计思想。乘降通道主要包括旅客进站、站内通行、检票上车通道和下车出站通道。

• 检票通道。高速铁路客票种类多，可采用自动检票和人工检票相结合的方式完成检票过程。我国客运专线将采用的自动检票机按旅客流动方向分为进站检票机、出站检票机和宽通道检票机(残疾人专用)等，其可支持身份证储值卡、非接触式卡或磁卡等票的检票作业。

• 站台通道。站台通道主要包括站台雨棚和跨线设备。站台空间是客运站最重要、最富有感染力的空间。高速铁路客运站、特大型和大型客运站以及一些重要的客运站，应采用无站台柱雨棚覆盖，以适应旅客流线的发展趋势，体现"以人为本"的原则。同时，各站台雨棚应设置：站名牌、×站台牌号、时钟、照明、扩音器等设备。

高速铁路客运站的跨线设施设备，包括天桥、地道和平过道。跨线设施设备的配置应根据客运站站型和客流大小、客流性质以及站台、站房及站前广场的相互位置等因素综合考虑，达到合理的流线组织和不同流线的相互独立。

• 出站通道。旅客出站通道是客运站内人流最集中、方向最复杂的位置；客运站应该在出站检票口设置足够面积的旅客缓冲区域，加强旅客的通过性和导向性。

b. 乘降引导设施设备

乘降引导设施设备，主要是指辅助乘降服务的引导标志。引导标志是定向信号媒体牌，它用于指示客运站服务和交通方式；并使客运站的信号指示一致，包括标志说明图、平面布置图、综合导向标志、导向标志、指示标志、流程标志、非流程标志等。

③候车服务设施设备

高速铁路客运站候车服务设施设备，主要指客运站为向旅客提供旅行生活服务、旅行业务办理服务、餐饮购物娱乐服务等设施设备。

a. 旅行生活设施设备

旅行生活设施设备，主要是为提供旅行生活服务而配备的设施设备。它主要包括生活供给、工作或学习设施设备以及废弃物回收设施设备。

b. 旅行业务办理设施设备

旅行业务办理设施设备，是客运站为旅客提供旅行业务办理服务而配备的设施设备。它主要包括旅客物品寄存处、行包代办业务处以及综合旅行服务处等。

c. 餐饮、购物、娱乐设施设备

餐饮、购物、娱乐设施设备，是客运站为旅客提供餐饮、购物、娱乐等服务而配备的设施设备。它主要包括旅行餐饮及购物设施设备、旅行娱乐及休息设施设备等。

d. 应急求助设施设备。

应急求助设施设备，是为了处理站内突发的紧急事件，维护站内良好的秩序而设置的设施设备。它包括应急电话、应急售票窗、医药箱、应急中心、求助电话、信息终端、失物招领处、求助台、服务台等。

④信息服务设施设备

高速铁路客运站信息服务设施设备，主要指车站为向旅客提供信息服务而配备的设施设备。它主要包括综合信息发布设备、综合信息咨询或查询设备、时钟系统以及广告牌、展台等设施设备。

2. 站场

站场是列车通过和停靠的场地，也是旅客和行包的集散地点，场站内应设置站线、旅客站台、跨线设备和检票口等设施。站场的布置应能满足旅客安全上下车、行包的运送和装卸的需要，并能合理地组织旅客和行包两大流线。

(1)站线

根据作业要求，客运站需设正线、列车到发线、机走线、机待线等。

①正线

在双线区间客运站上，当客车整备所与客运站纵列布置切位于靠站房一侧时，应将下行正线布置在二三站台之间，上行正线布置在站房对面最外侧。这样，一方面保证了下行货物列车通过正线顺直，运行平顺；另一方面也可使下行客车车底的取送不与正线交叉，第一、二站台旅客上下车和行包、邮件装卸等作业都较为安全。当客车整备所与客运站纵列且位于两正线之间时，应将下行正线布置在第一、二站台间，上行正线布置在站房对面的最外侧。这样，可使列车到达、通过与机车出入段、客车车底取送交叉干扰最小，咽喉通过能力也相应增加。

单线区间的通过式客运站，为了使客车车底取送及客机出入段与货物列车在通过正线时不发生交叉干扰，其正线位置宜设置在站房对面的车场的最外侧。

尽端式客运站的正线，一般固定在自区间直接引入车站的某一股或两股站台线。

②列车到发线

a. 旅客列车到发线。它的有效长度应按照远期旅客列车长度并结合站台布置要求确定。客运站到发线长度不应小于600m。改建、扩建既有客运站，在特别困难条件下且有充分依据时，个别到发线有效长度可采用500m。仅服务于短途旅客列车的到发线有效长度，应按短途旅客列车的长度确定，其中部分到发线的有效长度，尚应根据有无混合列车、节日代用客车和货物列车的停留确定。旅客列车到发线的数量应根据旅客列车对数及其性质、引入线路数量以及车站技术作业过程等因素确定。

b. 货物列车到发线。客运站一般不办理货物列车的技术作业，货物列车沿正线通过车站。当客运站有干、支线接轨或因区间距离长，根据区间通过能力的需要，货物列车在客运站上要办理列车会让、越行或办理其他技术作业时，则必须设置货物列车到发线。旅客列车到发线有效长度满足货物列车所需有效长度，在旅客列车到发线和机走线有富余能力时，可考虑利用部分旅客列车到发线、机走线或正线兼作货物列车到发线用。当上述线路的有效长度满足不了停留列车所需要的长度，而延长其长度又要增加较大的工程量；或线路行车密度较大，货物列车在客运站停留次数较多时，可考虑单独设置货物列车到发线。其设置位置宜远离站房，以减少对客运作业的干扰。

在单线或双线客运站上需单独设置货物列车到发线时，一般设一股；当作业量较大和有两个方向以上线路引入时，其股道数量可根据作业需要确定。

③机走线和机待线

a. 通过式客运站机走线和机待线的设置。在单线客运站上，客车对数一般为10对左右，且很少出现客车三交会情况，因此一般可不设机走线和机待线，利用正线或空闲的到发线走行或停留。

在双线和客货列车对数较多的单线客运站上，机车出入段和调机走行次数较多，且由于客车多集中在早晚密集到发，为保证旅客列车正点运行，一般应设置机走线或机待线。但在初期客货列车对数不多，到发线能力有富余时，也可以不设或缓设机走线。

b. 尽端式客运站机待线的设置。在尽端式客运站上，一般可不设机待线。但当旅客列车对数较多，减少调机转线对咽喉作业的影响时，可考虑设置机待线。

机待线的有效长度，一般情况下应为两台机车长度加10m的安全距离。

(2)旅客站台

为保证旅客上下车的安全和便利，加快旅客的乘降速度，缩短行包邮件的装卸时间，提高客运站的通过能力，在办理旅客乘降的车站及旅客乘降所在的旅客列车到发线旁，均应设置旅客站台。旅客站台的布置形式随客运站站型的不同而不同。

①站台的数量及位置

站台的数量及位置应与站房、旅客列车到发线的布置相适应。站台与线路的相互位置，见图6-12；每两站台之间设一条到发线，见图6-11a)、b)。这样就能保证旅客由一个站台下车的同时另一个站台的旅客上车，加快旅客上、下车时间。但当旅客到发线较多时，站台增多，占地面积大，对列车检修(简称列检)作业及更换枕木不方便，站台利用率也低，只适用于采用动车组的市郊列车车站。每两站台之间设两条到发线，见图6-11c)、d)，可克服上述缺点，是一种最广泛的布置形式。两站台间布置三条到发线，见图6-11e)、f)，在通过式客运站上，中间一条用作列车通过或机车走行，在尽端式客运站上，中间一条仅用作机车走行。

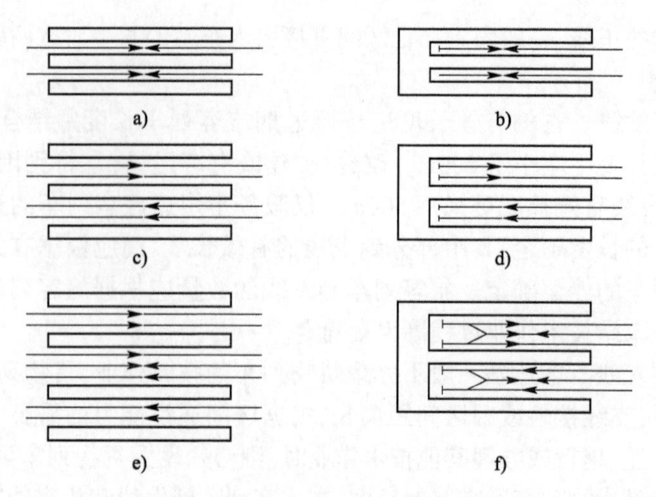

图6-11 旅客站台与到发线相互位置图

②旅客站台的长度设计

客运站的旅客站台长度应按550m设置；特殊困难条件下、有充分依据时，个别站台长度可采用400m。仅服务于短途和市郊旅客列车的旅客站台长度，应按短途和市郊旅客列车的实际长度确定。尽端式客运站的旅客站台长度，应较上述规定增加机车及供机车出入的必要长度。其他车站的旅客站台长度，应按近期客流量和具体情况确定，但不得小于300m。在人烟稀少地区或客流量较小的车站，站台长度可适当缩短。

③旅客站台的宽度设计

旅客基本站台的宽度：在旅客站房和其他较大建筑物范围以内，由房屋突出部分的外墙面至站台边缘，客运站站台宽度宜采用20～25m；其他站站台宽度宜采用8～20m。在困难条件下，中间站可采用较小的宽度，但不应小于6m；在旅客站房和其他较大建筑物范围以外，不应小于4m。

旅客中间站台的宽度：设有天桥、地道并采用双面斜道时，不应小于8m；采用单面斜道时，不应小于9m。不设天桥地道和雨棚时，单线铁路中间站不应小于4m；双线铁路中间站不应小于5m。旧站改建困难时，可根据具体情况确定。通常在专用的铁路旅客车站，考虑到地道的必要宽度和行包、邮件、牵引车的回转半径等因素，一般都采用12m。如图6-12所示。

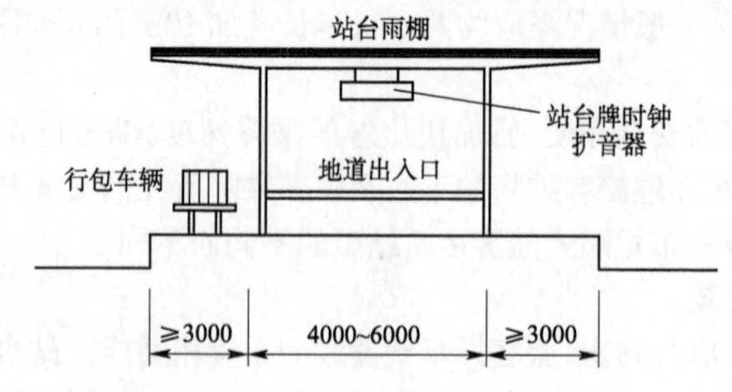

图6-12 中间站台横断面(尺寸单位：mm)

旅客站台上如设有天桥或地道的出入口、房屋和其他建筑物时，站台边缘至建筑物边缘的距离，客运站上不应小于3m，其他站上不应小于2.5m。

④旅客站台的高度设计

旅客站台按站台面高出相邻线路轨面的高度，分为低站台、一般站台和高站台3种，见图6-13。

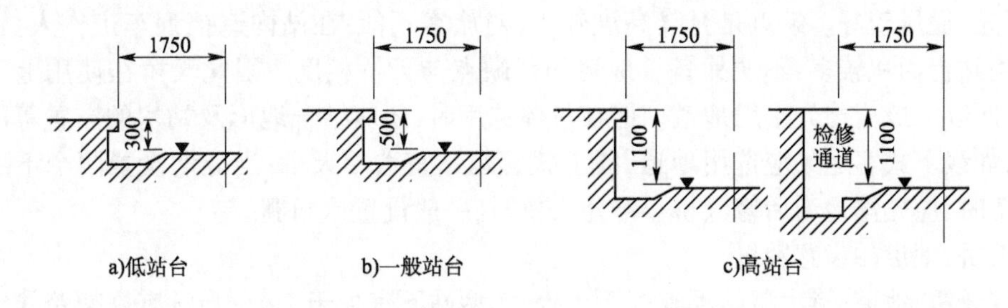

图 6-13 旅客站台高度示意图(尺寸单位:mm)

低站台是指站台面高出相邻线路轨面 300mm。

一般站台是指站台面高出相邻线路轨面 500mm,与客车车厢阶梯最低的踏步基本相平。旅客上下车和行包装卸方便,受线路养护时抬道的影响较少。但邻靠此种站台的线路不能通行超限货物列车,因此,在邻靠正线及通行超限货物列车到发线的旅客站台应采用低站台。

普通铁路高站台是指站台面高出相邻线路轨面 1100mm,高速铁路高站台是指站台面高出相邻线路轨面 1250mm,客车车厢底面与站台面基本等高,便于旅客上下车,不便于列检作业。邻靠高站台的线路不能通行超限货物列车,旅客列车也不能高速通过,故仅在特大型客运站或有动车组行驶的车站上采用。站台面一般采用 1% ~3% 的坡度向站台边倾斜。

⑤站台雨棚设置

为使旅客和行包不受日晒和雨淋,并保证旅客安全、方便地在站台上行走和旅客乘降,在多雨地区、客运量较大的旅客车站上,需要设置站台雨棚、天桥走廊雨棚、连接进出站检票口的雨棚。地道出入口无论在任何情况下,都应设置雨棚。

站台雨棚设置长度的一般标准为:特大、大型旅客站不小于 550m,且与站台等长;中型站不小于 300m;小型站不小于 200m。站台雨棚的宽度与站台宽度一致;站台雨棚的高度、檐口高度必须符合现行的《标准轨距铁路建筑界限》规定;雨棚内的悬挂物下缘至站台面的高度,不应小于 2.8m;在二等及以上客运站和新建客运站站台雨棚设置将采用无站台柱风雨棚,以适应旅客流线的发展趋势,体现"以人为本"的原则。

(3)跨线设施设备

跨线设施设备的类型、数量和位置对站场内的流线组织起着重要的作用,尤其在大量旅客下车出站时,跨线设备就成为人流疏散过程中的控制地段。

跨线设施设备按其与站内线路的交叉关系,可分为天桥、地道和平过道;按其用途又可分为供旅客使用的跨线设施设备和供行包搬运使用的跨线设施设备。

跨线设施设备的配置应根据客运站站型和客流大小、客流性质,以及站台、站房及站前广场的相互位置等因素综合考虑,以达到合理的流线组织,保证旅客通行、上下车的安全与便利,和行包、邮件搬运、装卸作业的安全与便利。

①天桥和地道

天桥和地道是站房或基本站台与中间站台的便捷通道;天桥和地道的设置应使旅客通行流畅,行包、邮件搬运便利和减少跨线交叉干扰。

a. 天桥或地道的选择

天桥的优点是造价经济,修建时受水文地质条件影响较少、扩建方便,对行车干扰较少;

排水、采光、通风较好。缺点是升降高度较大,对旅客不便;在站内遮挡列车工作人员视线;斜道占用站台面积较多;不便战备。地道的优缺点与天桥相反。因此天桥在使用上不如地道优越,所以一般应优先采用地道。但在具体选用时,还应结合地形及站房的布置等因素综合考虑,如线下式客运站应选用地道,线上式客运站宜选用天桥;当分期设置两个不用立交设施设备时,应先修地道后修天桥。修建天桥时,一般设置风雨棚。

b. 天桥、地道的设置数量

旅客天桥、地道,特大型站不宜少于3处,大型站不宜少于2处;当没有高架跨线候车室时,出站地道或天桥不宜少于1处。最高聚集人数1000人及以上的中型站不宜少于1处。

行包地道,特大型站宜设2处,联系地道宜设1处。最高聚集人数4000人及以上的大型站宜设1处。

c. 天桥、地道的宽度和高度

天桥、地道的最小宽度和最小净高度,应符合表6-4的规定。

天桥、地道的最小宽度和最小净高度(m) 表6-4

名 称	旅客天桥、地道				行包地道
	特大型站	大型站	中型站	小型站	
最小宽度	6.0	5.0	4.0	3.0	5.2
最小净高度	2.5(3.0)				3.0

注:表中括号内的数值为封闭式天桥的尺寸。

②平过道

平过道与线路平面相交,是最简单的跨线设备。

在尽端式客运站上,应在咽喉区的站台端部设搬运行包用的平过道。由于旅客进出站及行包搬运均通过分配站台至中间站台,为减少旅客流线与行包流线交叉,一般组织出站旅客靠接车线一侧出站,进站旅客靠发车线一侧进站,行包房可设在出站检票口一边。若车站到发的行包量很大时,可在站房两端部分设到达和发送行包用的平过道。

在通过式客运站上,行包使用的平过道应布置在站台的两端。客运量较小的车站,由于上下车旅客及装卸行包数量不多,可采用平过道来跨越线路。平过道一般布置在站台中部接近出站检票口处及站台两端部,分别供旅客、行包及工作人员使用。但是平过道不管是从旅客安全还是影响通过能力方面考虑,都有很大弊端,因此在未来的发展中应该尽量避免使用平过道。

供旅客及行包搬运用的平过道,其宽度不应小于2.5m。在大中型车站,可根据行包搬运的需要,采用大于2.5m的宽度,便于两辆行包搬运车能同时通行。专为车站工作人员使用的平过道,可适当采用小于2.5m的宽度。

3. 站前广场

站前广场是客运站与城市联系的纽带,是客流、车流和货流集散的地点,是旅客活动和休息的场所。因此,正确了解站前广场的功能,广场与城市规划、站房、站场的关系,以及合理组织站前广场的交通流线,对妥善解决站前广场设计中的各种问题和合理地组织旅客和各种车辆在广场上安全、迅速地集散,具有十分重要的意义。

(1)站前广场的功能

铁路站前广场的功能,与客运站的规模及客运站的具体特点有密切的关系。一般说来,客运站的规模愈大,它的功能和组成部分就愈复杂。一般大、中型的站前广场的主要功能为：

①集散旅客。通常一列客车载客都在千人以上，因此，当列车到发时，旅客就相当集中，尤其是始发、终到列车较多的站，大量旅客的集结、疏散，需要较大的场地，站前广场首先就是为了满足上述集散要求而设置。

②为旅客提供室外活动场所。旅客除了通过广场集散之外，还利用广场进行多种活动，如短暂休息、购买物品、熟悉车站环境以及等候亲友会面接送等；也常常利用广场作为节假日客流高峰时的临时旅客候车的地方，以弥补候车室面积的不足。

③运行和停放车辆。为了集散旅客，广场需要为各种车辆，包括公共汽车、电车、出租汽车、三轮车、团体或单位专用车、自行车、运送行包的载货车，以及一些非机动车提供行驶和停放的场地。客运站规模越大，车辆就越多，所需的行车及停放场地也就越大。

④布置各种建筑服务设施。为满足旅客的需要，在建造客运站的同时，要安排旅馆、商店等建筑服务设施。从我国目前情况来看，这些建筑服务设施多数布置在广场周围，因此在设计站前广场时，必须为之提供合适的位置和足够的用地。

(2)站前广场的组成

站前广场主要由旅客活动地带、停车场和服务设施3部分组成。

①旅客活动地带：包括人行通道、交通岛、旅客活动平台、绿化带等。

②停车场：包括公共交通车、邮件行包专用车、小汽车以及非机动车辆等的停车场。

③服务设施：包括旅店、饭馆、公共汽车站等。

(3)站前广场的布置

站前广场的布置应根据客流的大小及性质、站房的规模、城市干道的布置、城市交通车辆停车场的分布等因素来考虑。一般应满足下列要求：

①结合城市发展规划、站房规模、地形等情况，合理地确定广场的面积及布局，使广场内各种设施与城市道路及站房出入口有机地结合，保证旅客安全迅速地疏散。

②充分体现“以人为本”“以流为本”的服务理念和建设原则。方便旅客第一，尽量缩短旅客进、出站的走行距离。

③合理地组织广场内各种流线，妥善地安排各种车辆的行驶路线和停车场地，尽量避免各种流线本身和相互之间的交叉干扰。

④广场上要人车分流，与站房内旅客进、出流线衔接、配合合理。

⑤广场内的各种建筑物必须统一整体规划，在建筑形式上要求既突出站房主体，又要与站房协调一致。

⑥尽量利用广场的立体空间，注意运用广场与车场的地坪高差，使广场向立体化发展。

(4)站前广场的交通组织

交通组织是站前广场规划设计中最关键的问题。要做好站前广场的交通组织，就必须对广场上交通流线的组成及其特点、影响因素等进行认真的分析；然后根据交通组织的基本要求以及客运站的地形和特点，整理出合理的方案。

①广场交通流线的组成

站前广场交通流线的组成与客运站的规模、性质有关，但任何广场的交通流线，以流向分，有进站交通流线和出站交通流线；以性质分，都包括人流和车流两大部分。只不过小型客运站广场的交通流线简单些。

进站交通流的特点是分散的各种人流、车流由城市道路陆续进入广场，然后，人流逐步汇集在站房入口处进站，其过程一般较为缓慢、持续，流量相对比较均匀；出站交通流则不同，它时断时续，有明显的脉冲性。列车到站时，短时间内有较多数量的旅客从出站口向广场、城市道路迅速疏散。人流密集，车流连续不断，对广场和城市道路的交通影响甚大；出站旅客疏散完了，出站交通流也就趋于低峰至下一次列车到达，所以，它的整个过程是一个很不均匀的、逐步分流的过程。各种人流、车流在广场的流程和流动特点是各不相同的。

②广场交通组织的基本原则与方法

a. 尽量减少或避免各种交通分流之间的相互交叉混杂。站前广场上的各种交通流线如果混杂不清，彼此交叉，必然导致它们之间相互干扰。人车运行不畅，发生交通事故的可能性也就越大，特别是当广场交通组成复杂、交通量较大时，矛盾更为突出。因此，要尽可能将各种交通流线分开，使它们各行其道，减少或避免相互的交叉干扰。这是保证广场交通安全极为重要的措施，也是交通组织首要的基本原则。

b. 把广场、站房和城市道路的交叉作为一个有机的整体，统一进行组织。旅客经由站房、广场和城市道路集散的流程，是一个连续的过程，广场只是中间的衔接部分，只有把站房、广场、城市道路3部分的交通作为一个整体来统一考虑，旅客的流线才能和谐连续，才能达到使人流、车流迅速集散的要求。为此，一定要认真研究站房的布局、流线和城市道路交通的状况。

站房的布局集中还是分散，各主要部分的位置怎样安排，站房内部的流线如何组织，都直接影响站房人流和车流出入口的位置和数量；关系到广场上人流、车流的分布，对广场交通组织影响甚大。

c. “流”与“停”要分开。“流”是指行驶的车流和活动的人流。“停”是指停放的车辆和集结逗留的人群。“流”与“停”的活动特点不同，前者有一定的流动速度和流向，在广场上呈线状分布。后者处于静止或作不规则的缓慢集散运动，成片分布在广场的若干场地上。“流”和“停”如果混在一起，会互相干扰，结果是“流”不畅通，“停”不安全。但两者又必须紧密联系，若相离过远，又会造成使用不便。为此，在组织交通时，既要使“流”与“停”分开，亦即避免交通流线穿越旅客聚集或车辆停放的场地，又要使两者接近。合理的处理方式是使“流”与“停”相切，即流线要从停车场和人流集散点的边缘通过。

d. 考虑交通的发展和某些特殊的要求，交通组织要有一定的灵活性。广场交通的发展应考虑交通量的增长及交通组织的变化。在考虑广场交通组织时，必须预计到将来问题的严重性和今后采取立交或其他组织方法的可能性。如旅客中旅游者和通勤职工的比例将会增加；车辆方面，公共交通要发展，车数将增多，旅客中有一些原来乘坐公共交通车辆的旅客，有可能改乘更为灵活方便的地铁、出租汽车或专用汽车出入广场等。

二、客运站流线组织

1. 客运站流线分析

在客运站内，旅客、行包、交通车辆的流动过程和流动路线，简称为“流线”。流线组织是否合理，不但影响客运站的作业效率和能力，同时也直接关系到客运设施设备的运用及旅客服务质量的好坏。

流线按流动方向不同，可分为进站和出站两大流线；按流动实体，可分为旅客流线（简称人流）、行包流线（简称货流）和车辆流线（简称车流）。

(1)进站流线

①旅客流线

车站的进站人流在检票前比较分散,不同旅客在不同时间内进站办理各种旅行手续,并在不同地点候车。进站旅客流线按旅客类型不同又可分为:

a. 普通旅客流线。这是进站人流中的主要流线,人数最多,候车时间较长。多数客流进站的流程是:到站→问询→购票→托运行李→候车→检票→上车。部分已预购客票的旅客和不托运行李的旅客,不全按照上述流程进行。

b. 特殊旅客流线。它包括母婴及老、弱、病、残旅客,其流程顺序与普通旅客相同;考虑其特殊性,在中型以上站房均另辟母婴候车室和专门检票口,保证他们优先、就近进站上车。此外,对团体旅客,在大的客运站也应另辟候车室,最好与普通旅客流线分开以免延长进站时间。

c. 市郊旅客流线。其特点是开车前人流密集到达车站,候车时间短,携带行李简便;持定期票的旅客无须购票,多数是来站后随即检票进站。在市郊旅客多的车站应单独设置候车室和进站口以便与普通旅客流线分开。

d. 贵宾流线。在贵宾来往频繁的客运站,为保证贵宾的安全和便利应设贵宾室,除设专用通道连通基本站台外,还应设置汽车直接驶入基本站台上车的通道。他们的出、入流线应与普通旅客流线分开。在个别情况下,为举行仪式,并创造与群众见面和夹道欢迎的条件,贵宾室要连通站房大厅。

e. 中转旅客流线。中转旅客根据换乘时间的长短,有的办理签票后即在候车室休息,随普通旅客检票进站;有的不出站在相应的站台上即换乘列车。

在进站旅客流线中,如旅客事先买好了预售票或事先托运好行李,就可在临开车前进入候车室或直接进站上车。这样,可简化旅客进站手续,减少客流交叉.减少站内旅客最高聚集人数。因此,扩大预售车票和办理行包接取、送达业务,将有利于客运站的客运组织工作。

②行包流线

发送行包流程:托运→过磅→保管→搬运→装车。这条流线应与到达行包流线分开。

中转行包流线:根据中转车次衔接情况、中转作业量的大小和有无中转行包库房等情况则有所不同,有时行包到达后暂时存放在站台上,并在相应的站台上直接换装。在某些情况下,则需预先搬运至发送仓库或中转行包仓库,再按发送行包处理。

行包托运处要接近售票房和候车室,与停车场要有方便的通道相连。大型客运站应设专门的行包地道,将客流与行包流完全分开。

(2)出站流线

①旅客流线

出站旅客流线的特点是人流集中,密度大,走行速度快。因此,在平面布置上应考虑通畅便利,使出站旅客迅速出站,并在站前广场迅速疏散。

出站旅客流线比进站旅客流线简单,旅客办理手续少,使用站房时间短。一般情况下,普通、市郊、中转旅客均在一个出站口出站。当市郊旅客多时,也可单独设置市郊旅客出站口。

②行包流线

到达行包的作业流程是:卸车→搬运→保管→提取。这条流线应尽量与发送行包流线分开。行包提取处应靠近旅客出口,大型客站应设置专用行包地道。

(3)车辆流线

车辆流线是指站前广场上的公共交通车辆、出租汽车、小汽车和邮政、行包专用车辆及非机动车辆等流线。

2. 站内流线组织原则

(1)各种流线避免互相交叉干扰

尽量将到、发客流分开,将长途与市郊客流分开,将客流与行包、邮政流分开,将到达行包与发送行包流线分开。在通勤职工较多的车站,还应考虑把通勤职工出入口与旅客出入口分开。

(2)最大限度地缩短旅客走行距离,避免流线迂回

首先,应缩短多数旅客的进站流线,尽量把站房入口与检票口之间的距离缩短;其次,要给其他活动程序不同的旅客创造灵活条件,以便他们都有可能按照自己的程序,以较短的流线进站。

3. 流线疏解的基本方式

(1)在平面上错开流线

在平面上错开流线,即站房及各种客运设施设备的布局使各种流线在同一平面上左右错开自成系统,达到疏解的目的。为配合站前广场的车流组织,通常将进站客流安排在站房右侧,出站客流安排在站房左侧,如图 6-14 所示。这种方式适用于中、小型或单层的客运站。

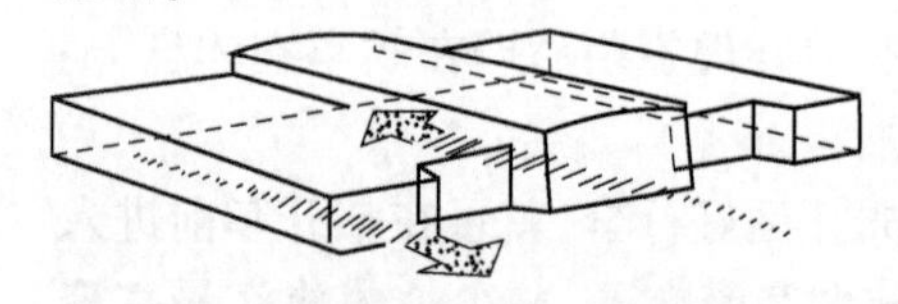

图 6-14 进出站流线在同一平面上错开示意图

(2)在空间上错开流线

在空间上错开流线,即进出站客流在空间上错开,进站客流走上层,出站客流走下层,达到疏解目的,如图 6-15 所示。此种流线疏解方式不但避免了各种进出站流线在站房内的交叉,大大方便了进出站客运组织,而且在站场内以及站前广场上各种流线的交叉也得到了很好的疏解。这种方式一般适合于线侧式大型双层客运站房。

(3)在平面和空间上错开流线

在平面和空间上错开流线是指既在平面上错开又在空间上错开。进站客流由站房右侧下层入站,经扶梯进上层候车,然后经天桥或高架交通厅(检票厅)检票上车。出站客流经地道由站房左侧下层出站。上下各层一般也设有多条平行通道,供不同去向的旅客或行包、邮件通行,如图 6-16 所示。这种方式不但流线明显分开,而且流线距离也缩短,适合于大型双层客站。特大客运站如北京、上海等站就采用这种方式达到疏解流线的目的。

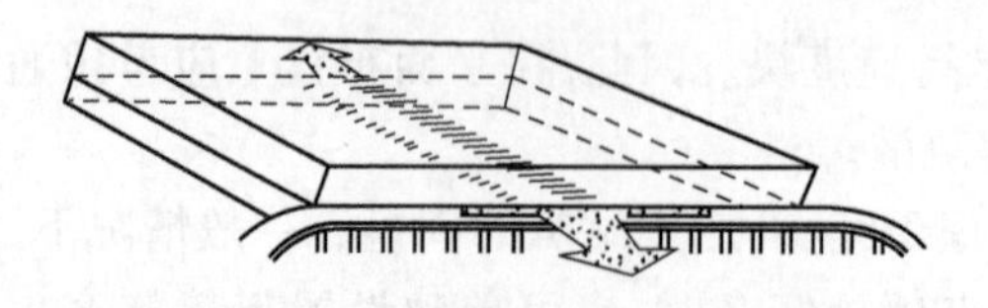

图 6-15 进出站流线利用空间错开示意图

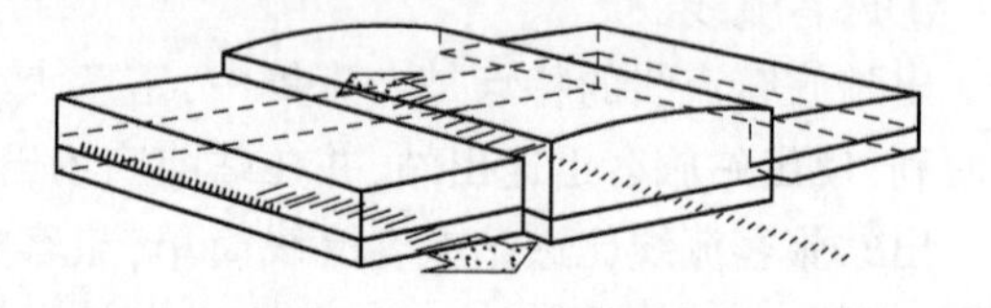

图 6-16 进出站流线在平面和空间同时错开示意图

三、铁路客运机车车辆

铁路运输部门为了运送旅客,必须备有一定数量的技术状态良好的客运机车和车辆。

（一）客运机车

机车是铁路运输的基本动力。由于铁路的车辆大都不具备动力装置，列车的运行及车辆在车站内有目的地移动均需机车牵引或推送。从原动力来看，我国铁路的客运机车分为蒸汽机车（已停用）、内燃机车以及电力机车。

1. 蒸汽机车

蒸汽机车作为客运机车已有很长历史，我国蒸汽机车的主要类型有人民型、胜利型。蒸汽机车的牵引热效率低（6% ~8%），噪声大，烟尘多，技术速度低，乘务人员的工作条件差。目前，蒸汽机车已被淘汰。

2. 内燃机车

内燃机车的主要类型有东方红型、北京型、东风型和 ND 型等。内燃机车牵引热效率高（24% ~26%），水的消耗量小，噪声小，烟尘少，对环境污染小；整备时间短，起动、制动、加速快，技术速度高。但在陡坡及长大坡道上其牵引功率不能充分发挥出来。

目前，客运内燃机车有 DF_{4D}，DF_9 和 DF_{11} 型。DF_{4D} 和 DF_{11}（客运机车）的生产，标志着我国内燃机车的生产已经进入了第 3 代。大连机车车辆厂已经着手开发以交流传动技术为主要特征的第 4 代内燃机车。对于第 4 代内燃机车的最高速度，根据我国的线路情况，客运提高到 140 ~160km/h；考虑到技术发展的可能性和国际市场的需要，还可以考虑最高速度达到 180 ~200km/h。

3. 电力机车

电力机车的主要类型有韶山型。

电力机车的牵引功率大，速度快，整备作业少，不需上水及燃料，适于长距离运行。在陡坡及长大隧道地区有一定的优势，在高寒地区工作有较好的可靠性，乘务人员的工作条件也较好。

第 3 代电力机车产品有 SS_4、SS_5、SS_6、SS_7 和 SS_8（主要用于客运）。

第 4 代电力机车产品的特征是以传动方式来确定的。前 3 代均为交直传动，第 4 代是交直交传动。1996 年我国研制出了第 1 台交流传动电力机车原型车，2000 年 6 月生产出了首批满足商业运营的交流传动高速客运电力机车。

（二）客运车辆

客运车辆是指直接运送旅客或为运送旅客服务的车辆，以及挂在旅客列车中的其他用途的车辆。按车种分，有硬卧车、硬座车、软卧车、软座车、高级包间软卧车、行李车、邮政车和餐车等；按车型分，有 21 型、22 型、23 型、25 型等单层或双层的车辆。为了满足客运量不断增长的需要，铁路运输部门必须经常保持数量足够、质量良好的客运车辆。

1. 客运车辆发展概况

新中国成立前，我国没有铁路客车的制造工业，铁路上运用的客车来自国外，数量很少，类型复杂，技术状态落后。例如 Y282 和 Y284 型木质车（钢骨架、木制外墙板）及 1 型、3 型、5 型钢质车（钢骨架、钢制外墙板）等。新中国成立后，为改变我国车辆的落后面貌，保证完成日益增长的运输任务，成立了独立的车辆部门，改变了过去只检不修或修修配配的局面，装备了一批完整的车辆检修基地。同时迅速发展了车辆制造工业，使我国铁路客车的数量和质量都发生了很大的变化，基本上满足了铁路客运任务的需要。从 1953 年开始，在旧有客车的基础上先后自行设计制造了 21 型、22 型、23 型（与 22 型大致相同）、25 型客车。

2. 目前使用的主型客车

(1)直通和管内旅客列车中的客车

在直通和管内旅客列车中,通常编挂有硬、软席座车,以及餐车、行李车、邮政车等;车体采用全钢型无中梁薄壁筒体焊接结构,有的软卧车和行李车带有中梁。

①硬座车

硬座车有两个封闭式通过台,一个温水循环取暖锅炉室,座椅按 2 + 3 排列,一共 118 ~ 128 个座位。

②硬卧车

硬卧车内壁分割成 10 ~ 11 个房间,每个房间两侧各设上、中、下三层铺位,定员 60 ~ 66 人。

③软卧车

a. RW22 型及 RW25 型软卧车。车内分别设有 8 ~ 9 个包间,每个包间两侧设有上下两层,共 4 个铺位,定员 32 ~ 36 人。车内除有两个封闭式通过台外,还设有走廊。

b. RW19 型高级包间软卧车。车内有 8 个包间,但在每个包间内只在一侧布置有上下两层软铺,在睡铺对面设有沙发椅,供上铺旅客休息,还设有衣柜。在每两相邻的包间之间设有一个合用的洗脸室,从包间各自的门能进入并可锁闭。洗脸室内除了洗脸盆外,还有淋浴设备。车辆两端设有厕所、通过台、乘务员室和有带有小开水炉的独立温水取暖锅炉室。

④餐车

餐车内设有,12 张餐桌可供 48 人同时用餐。厨房内设有炉灶、蒸饭箱、水箱、水池、冷藏柜、配菜台等。为降温,在车顶上装有天窗及排风扇,侧窗上装有百叶窗。

⑤行李车

行李车的两侧有两个宽大的双开滑门,车内一端设有行李员办公室、盥洗室、取暖用锅炉室及休息室。车内另一端为行李间,地板上铺有离水木条。

⑥空调可躺式软席客车

空调可躺式软席客车,使用于长途或城市间的短途运行,定员 68 人。因安装了短圆柱滚珠轴承,其构造速度可达 160km/h,车内座椅可任意转动以适应旅客不同要求。这种客车设有空气调节装置,无论冬夏,车内可以保持适当的温度和湿度。

(2)空调双层客车

空调双层客车设计时速为 160km,全列由 8 辆双层软座车,1 辆双层包房室软座车,1 辆双层软座行李合造车、1 辆双层餐车及 1 辆发电车组成,列车总定员为 1022 人。各车种车内设施设备齐全,装有单元式空调机组、自动电茶炉、整体玻璃钢洗脸室和厕所、电子信息显示装置、卡拉 OK 音响系统、有线及无线电话系统等。

①双层软座车

双层软座车的两端为中层,中部为上、下两层。一位端设有通过台(与一般客车相同)、配电室、茶炉室、乘务员室和储藏室;二位端设有通过台、两个厕所(一为坐式、一为蹲式)、洗脸室(开放室)和卫生洁具柜。中部上、下层为客室。上下层客室长 11700mm,其中上层内设 52 个高靠背软座椅,下层内设 48 个高靠背软座椅,中层分别设两对双人高靠背座椅。定员 108 人。上下层客室均采用整体独立灯罩灯,室内光线充足;茶炉室内设 5kW 电茶水炉。车内两端还装有信息显示仪,中层顶棚内各装有一台空调机。

②双层包房室软座车

双层包房室软座车的两端中层和下层客室布置与双层软座车相同，但上层两侧分别设有双人包房和四人包房各6间，中间为走廊。上层包房内分别设有造型别致乘坐舒适的双人和单人座椅。座椅上方间壁处装有行李架，行李架下方设阅读灯，窗台下设小茶桌。包房顶板上装有日光灯和铝格栅送风口。两端中层的顶棚内各装有一台空调机。全车定员92人。

③双层软座行李合造车

双层软座行李合造车的中层，一位端设有通过台、洗脸间、厕所、乘务员室、配电室和储藏室；二位端设有通过台、行李员室、运转车长室和行李间。中部上、下层为客室，总计定员66人。上层客室二位端部设有检乘员室和车长办公室，行李间有楼梯与上层客室联通。行李间两侧墙分别设有两个侧门，行李间载重为6.6t，车内安装一台空调机组。

④双层餐车

双层餐车一位端中层设有酒吧间、配电室、电话间和储藏室；二位端中层设有厨房和储藏室。中部上下层为餐厅，餐椅为双人固定式，可供60人同时用餐。酒吧座椅为活动圆凳式。二位端过道尽头（四位侧）开一小侧门，厨房的侧墙上也开有一个小侧门。

餐车端门为双扇摆门，酒吧、餐车的车窗均设部分应急窗。厨房内侧墙上的3个大车窗均为可部分打开的车窗，车内安装一台空调机组。

(3)市郊旅客列车中的客车

市郊旅客列车要求容量大，上下车方便，车内站席位置多，座位少。我国常用的YZ31型市郊客车的定员达240人。

（三）动车组

动车组是不同于传统客运机车、车辆的一种列车，是高速铁路、城际铁路以及有轨公交系统大力发展的一种客运列车。动车组是由动力车和拖车或全部由若干节动力车长期固定地连挂在一起组成的车组。动车组按动力装置，一般可分为内燃动车组和电力动车组两类。内燃动车组按传动方式，又分为液力传动和电力传动两种。电力动车组按电流制，又分为直流和交流两种。动车组按牵引动力的分布方式，可分为动力分散型和动力集中型。

1. 动车组的发展概况

(1)国外动车组的发展

内燃动车组是由柴油动车演变而来的。初期的柴油动车可以牵引一节或数节轻型拖车。随着柴油机功率的增大，发展到两节动车可以集中同步控制时，便有了双节或多节动车连挂以及和电力动车组一样的组成方式。

电力动车组是电力机车出现后产生的，其功率大于内燃动车组。20世纪初，英国利物浦至绍斯波特的市郊电气化铁路使用了两端各为一节440kW的电力动车、中间挂有两节拖车的直流电力动车组。1909年英国伦敦市郊电气化铁路使用了一节440kW电力动车、两节无动力又无驾驶台的拖车和一节设有驾驶台的拖车组成的交流电力动车组。

1964年在日本诞生了世界上第一条高速铁路线——东海道新干线，运行的是0系直流电力动车组，速度达210km/h。1991年开始使用300系交流电力动车组，最高运行速度达到了270km/h。1998年3月700系电力动车组正式投入东京—伯方一线运营。法国的TGV-A高速动车组自1990年5月创造了时速515.3km的世界第一速度以后，又继续研制了第三代、第四代高速动车组和部分双层车客车。为了适应高速铁路的发展，开行跨荷兰、比利时、瑞士、奥地利诸国的高速客运列车，德国新研制出ICE-3型动车组，于1988年底开始投入法国与荷兰之间的国际联运。

(2)我国动车组的发展

我国动车组的发展分为如下两个阶段。

①以自主研发为主的阶段。各机车车辆制造企业先后研发了不同类型的动车组,并在不同线路和区段上进行了实验性的运营。从1998年到2002年期间研制的动车组,见表6-5。

1998~2002年研制的动车组 表6-5

时间	名称	制造厂	编组	最高速度(km/h)
1998-05	双层内燃动车组	唐山厂	MC+2T+MC	100
1999-01	单层内燃动车组	四方厂	MC+4T+MC	140
1999-04	"春城"动车组	长客厂等	MC+2T+2M+MC	120
1999-06	"大白鲨"动车组	株机厂等	MC+5T+TC	200
1999-06	"新曙光"内燃动车组	戚厂等	MC+9T+MC	180
2000-07	"神州"内燃动车组	大连厂等	MC+9T+MC	180
2000-09	"蓝箭"内燃动车组	株机厂等	MC+5T+TC	200
2001-07	"先锋"内燃动车组	浦镇厂等	2(MC+T+M)	200
2001-09	"中华之星"动车组	株机厂等	2(MC+T+M)	160
2001-09	"中华之星"动车组	株机厂等	MC+9T+MC	270

②引进关键技术,消化吸收,创建自主品牌的阶段。我国先后从日本川崎,法国阿尔斯通、德国西门子公司分别引进了先进动车组制造技术;在此基础上创建了多种型号的动车组,为我国铁路提速和客运专线的成功运营打下了良好的基础。

CRH1系列——青岛四方庞巴迪(BST),8辆编组,定员668人,运营时速200~250km,不锈钢车体,轴重小于16t,牵引功率5300kW。

CRH2系列——青岛四方股份(川崎重工),8辆编组,定员610人,铝合金车体,最高运营时速300~350km。

CRH3系列——唐山机车车辆有限公司(西门子),8辆编组,定员557人,最高运营时速300~350km,牵引功率8800kW,铝合金车体,轴重小于17t。

CRH5系列——长客股份(阿尔斯通),8辆编组,定员622人,运营时速200~250km,牵引功率5500kW,铝合金车体,轴重小于17t。

CRH6系列——青岛四方与南京浦镇车辆公司共同研发,8辆编组,运营速度分为时速200km和160km两种。

CRH380系列——四方股份,运营时速350~380km,最高试验时速超过400km,车型有CRH380A、CRH380AL、CRH380B、CRH380BL、CRH380C、CRH380D等系列。

复兴号动车组列车——中国标准动车组,由中国铁路总公司牵头组织研制、具有完全自主知识产权、达到世界先进水平的动车组列车。2017年6月25日中国标准动车组被正式命名为"复兴号",于26日在京沪高铁正式双向首发。

复兴号动车组有三个级别CR400/300/200,数字表示最高时速,而持续时速分别对应

350、250和160，适应于高速铁路（高铁）、快速铁路（快铁）、城际铁路（城铁）。该车有CR400AF和CR400BF两种型号。字母：CR是China Railway的缩写，即中国铁路，“A”和“B”为企业标识代码，代表生产厂家，A代表蓝海豚配色、B代表金凤凰配色；F（分）为技术类型代码，表示动力分散式机车，区别于：“J”代表动力集中电动车组，“N”代表动力集中内燃动车组。

2. 高速动车组服务设施设备

高速动车组服务设施设备，是指在列车运行途中直接为旅客提供的休息、娱乐、餐饮等服务设备。它主要包括车厢服务设备、信息服务设备、“人性化”服务设施设备。

（1）车厢服务设备

旅客大部分旅行时间是在列车上度过的。高速铁路“以人为本”的服务理念决定了车厢服务必须舒适、优质。配备相应的设备，主要包括客室设备、卫生区设备和吧台餐饮设备。

①客室设备

客室主要是满足旅客在列车上休息和娱乐等需求而提供的场所，并在场所提供相应设备。它主要包括座椅、行李架、大件行李专用货架、衣服挂钩、车窗及遮阳幕和饮水机等。

a. 座椅。列车座椅类似飞机座椅，前座上可放下小桌板。座椅可以根据乘客需要进行前后调试，头顶的行李架有紧密的缝隙，抬头便可看到自己的包裹。整排座椅最大旋转角度为180°。不仅前后排乘客可以面对面交谈，座位方向也可以始终与列车运行方向一致。座椅分为一等车、二等车座椅。一等车座椅为旋转可调式，每排2座+2座；其座位主要包含织物衬套、枕头、扶手、小桌、杂志网、踏板、衣钩等。二等车座椅为旋转可调式，每排2座+3座；其座位主要包含织物衬套、小桌、杂志网、衣钩等。

b. 大件行李专用货架。在个别车厢为乘客提供了大件行李专用货架，它比车厢内行李架纵向高5倍左右。

c. 衣服挂钩。它隐藏在车体墙壁上，使用时可将挂钩抠出。

d. 车窗。客室内车窗均设置为气密构造式固定窗。一等车每列座席对应一个小窗，二等车两列座席对应一个大窗，每个车窗均设有遮阳幕与飞机上的相似；布质的窗帘固定在窗子上，可使用小把手上下调整窗帘位置。每辆车客室内四角各设置1个逃生窗，在紧急情况下，旅客可使用安全锤破窗逃生。

e. 冷热水饮水机。在车厢间，钢质材料制成的饮水机可随时提供乘客需要的冷水或热水。

此外，高速铁路客运列车内还安设了照明、空调、卫生等设备。它主要包括盥洗室、卫生间、小便间。例如，CRH2动车组在1、3、5、7号车厢各设有1个盥洗室，每个盥洗室设有2个洗面盆。洗面盆由光电传感器感应控制，自动完成出洗手液、出水、出干燥风的功能。CRH2动车组在1、3、5、7号车厢端部各设有一个小便间。卫生间厕所分蹲式和坐式两种，均为集便器厕所。各个卫生间设有感应式水龙头、洗手液存放器。

②吧台餐饮设备

餐吧车吧台服务设备，包括售货柜台、站立用餐桌、单盆水槽热水器、冷藏箱、陈列柜、微波炉、储藏柜、广播装置等。餐饮服务人员零售各类食品、饮料，并会通过手推车将物品送到乘客座位上。

（2）信息服务设备

高速铁路列车信息服务设备，主要指高速铁路列车为向旅客提供信息服务而配备的设备。它主要包括车内广播装置、信息显示器、车厢咨询台等。

①车内广播装置

动车组设有车内广播装置。它可对旅客进行车内广播以及乘务人员间联络。乘务员经常使用的广播装置主要有:

a.控制放大器,它是可进行人工语音播放(麦克风)和外部输入端的音源进行广播联络的装置。

b.用于乘务员间联络的、可呼叫的其他广播装置。

c.自动广播装置,它可进行自动语音广播(将内存的自动语音输出)和电台广播(接受FM、AM电台广播信号再输出)及预先输入的装置进行广播。

②信息显示牌

信息显示牌主要显示列车基本情况信息、列车运行动态信息、列车交通换乘信息等客运业务信息以及车厢分布指示信息等。

(3)“人性化”服务设施设备

高速铁路列车“人性化”服务设施设备,主要指列车为向特需旅客提供“人性化”服务而配备的设备。它主要包括为重点旅客、VIP、团体旅客提供的设施设备。如一等座位的厕所里有专门提供给残疾人使用的坐便器;坐便器上的垫圈能根据天气和温度变化感应控温。墙壁上有可拉下的婴儿护理台,可以将婴儿放在上面换尿片。在座便器边,还有为残疾人准备的SOS紧急呼叫设施,停车时厕所也可以使用。再如,高速铁路列车向VIP旅客提供的商务办公等还有为其他旅客提供的手机充电、返程票购买等便民服务。

此外,为了保证旅客在动车组列车发生意外事故时消防及旅客逃生或旅客发生意外伤亡事故时,能保证旅客的安全需要而配备的安全与应急设备,这是高速列车重要的服务设施设备。它主要包括灭火器、紧急破窗锤、火灾/紧急按钮、紧急用梯子或紧急用渡板、多功能室等。

四、铁路客车整备所与动车检修基地

(一)客车整备所

客车整备所是对既有线铁路上运营的普通旅客列车车底(非动车组形式)进行检查、修理、整备及停留的场所,是客车日常保养维修的重要基地。其主要任务是办理旅客列车车底的停留、洗刷、清扫、技术检查、改编、修理和整备、吸排污、消毒、卧具及餐料的准备作业等。

为了保证客车技术状态的良好,客车整备所设置在配属有大量旅客列车车底的客运始发、终到站,或有大量长途旅客列车的折返站,以及有大量市郊旅客的始发、终到站上,以便对客车进行洗刷、消毒、检查、修理和整备。

车底在整备所的各项作业采用定位作业或移位作业两种方式。

定位作业方式:车底送至整备所后,除改编作业外,一直停留在同一条整备线上进行客车整备和客运整备。客车整备包括对客车的检查与修理;客运整备包括车底外部洗刷、车内清扫、上水、更换卧具、上餐料等,并且在该线等待送往客运站。

移位作业方式:车底送至整备所后,按作业顺序分别在车底到发场进行待整备,在整备场进行库整备(客车和客运整备)。

1.客车整备所设施设备组成

客车整备所由线路、客车外部洗刷设备、客车整备库(棚)、消毒设施设备以及其他设施设备组成。

(1)线路

车底到达线办理由客运站到客车整备所的接车、车底内部的清扫和部分整备作业,以及个别车辆的改编作业。若为移位整备作业方式时,此线应单独设置。

整备线进行车底的技术检查、不摘车修理、车电检查及部分整备作业。定位作业时,还兼办车底的停留、到发作业。

备用车停留线供备用车(包括替换检修车、临时列车、公务车、卫生车、试验车等)停留之用。

车底出发线供送往客运站待发车底停留使用。按移位整备作业方式时,应单独设置或与车底到达场合并设置。

其他线路,如洗车机线、不良车停留线、临修线、消毒库线、机车走行线、调车线及牵出线等。

(2)客车外部洗刷设备

客车外部洗刷分为人工洗刷和机械洗刷两种;在较大型的客车整备所,车底洗刷采用机械化洗车机。洗车时,车底以3~5km/h的速度通过紧靠车厢侧壁高速旋转的刷子,开始时从刷子旁边的管道里向车厢喷洒洗涤液,使车壁上的污垢融化,经旋转的刷子摩擦,污垢顺车壁流下。到后面再以约0.2~4MPa的清水喷向车壁,这样就将车壁和车门洗刷干净了。一套车底的纯洗刷时间为6~10min,比人工洗刷效率高,并且大大减轻了工人的劳动强度。这种洗车机在定位作业时;宜设在整备所入口的前方;移位作业时,宜设于到达场与整备库(棚)的连接线上。

(3)客车整备库(棚)

当冬季室外计算温度在-22℃及以下时,应设客车整备库;其他地区有特殊需要时,经中国铁路总公司批准也可设整备库(棚)。库(棚)内的线路数,一般按整备线总数的50%设计。在整备库(棚)内主要完成客车的彻底清扫、上水、技术检查及不摘车修理等作业。为此,库内应设有空气管道、水管、休息车间等。库的长度应能容纳整列客车车底的作业,如图6-17所示。

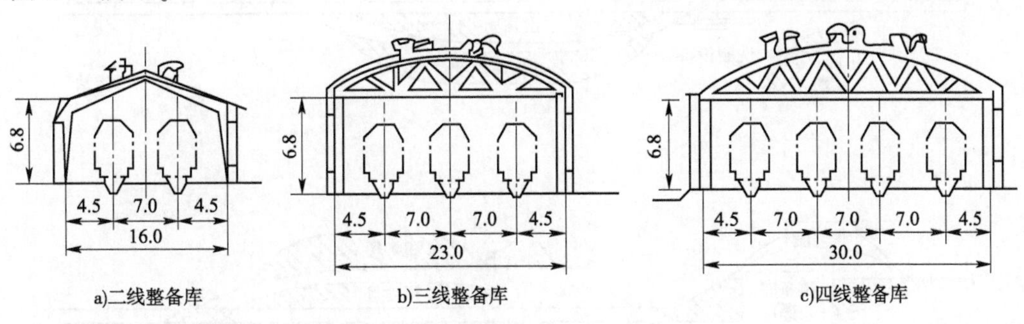

图6-17 客车整备库(尺寸单位:m)

(4)消毒设施设备

客车的消毒及杀虫可在露天消毒线上进行,有条件的应设消毒库。消毒线一般设计为尽头线,与住宅区的距离必须符合卫生标准要求,与其他线路的距离应不小50m,并应设在当地常年风向的下风方向。消毒设备应根据需要设置,不必在每个客车整备所均设置。

(5)其他设施设备

其他设施设备,包括照明、电焊线路、蓄电池充电设备、各种技术办公用房及各种风、水、气管道等。

2. 客车整备所布置图

(1)定位作业方式布置图

定位作业方式布置图,参见图6-18所示。客车车底的到发、检修、整备作业均在到发兼整备场的一条线路上进行。在到发兼整备场的一侧设置备用车停留场,洗车机设置在整备场的入口处。这种布置,对个别客车的摘挂调车作业比较方便,调车作业少,车底整备时间较短。

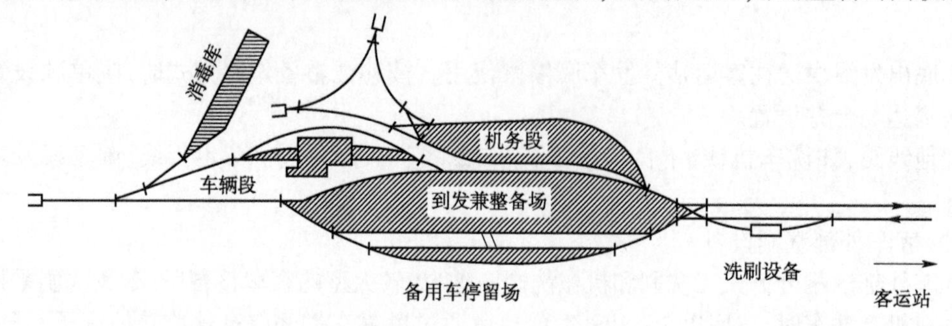

图6-18　定位作业方式布置图

(2)移位作业方式布置图

移位作业方式布置图,参见图6-19所示。客车车底的到发场与整备场纵向排列,洗车机设置在到达场整备场的连接线上。车底作业一般可按下列顺序进行:客车车底由客运站送入到达场,在到达场进行车底检查、改编和清扫;然后车底进入洗车机进行外部洗刷,再调至整备场进行库列检、车底内部擦拭及上燃料、上水、上餐料等。全部作业完成后,车底调送出发场待发,全部作业流水式进行。这种布置,对各项作业干扰较少,但调车作业多,整备时间较长。

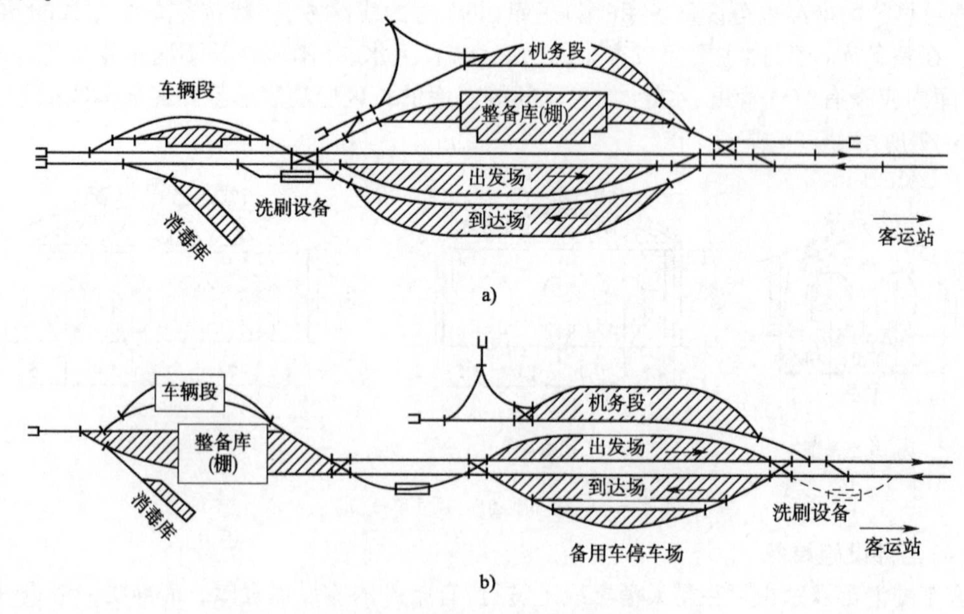

图6-19　移位作业方式布置图

(二)动车检修基地

1. 动车检修基地建设规划概况

动车组检修基地是承担动车组的运用管理、整备保养、检修调试工作,使动车组始终保持良好的运用状态的场所。它通常包括维持动车组正常运行所需要的设施和动车组故障修复所需的设施。

(1)动车组检修基地的设置原则和分类

动车组检修基地的基本设置原则是:立足干线,辐射周边,检修集中、运用分散,科学地设置规模能力,合理地配置检修资源,面向全路,服务全路,满足动车组"快速检修、安全可靠、高效运营"的检修运营要求。为此,动车组检修基地设置分为动车段、动车组运用所(简称动车所)和动车组存车场(简称存车场)共3类。

①动车段。它重点承担动车组的集中检修和运用整备工作。检修和运用整备工作,包括一级至五级各级检修。根据动车段覆盖区域动车组配属情况,检修能力要做足、做强,满足集中检修的需要,存车能力规模适度,合理控制基地规模。

②动车所。它重点承担配属动车组运用整备和存放工作。运用整备工作,包括一级至二级修程。根据动车组配属情况,整备能力要做够,存车能力满足需要,适应分散存放的要求。

③存车场。它仅承担动车组存放(含客运整备作业)。

(2)动车组检修基地布局设置

根据铁路跨越式发展战略部署,依据路网布局及发展规划,结合我国动车组投放、配属和开行方案,国家决定在北京、上海、武汉、广州、沈阳、成都、福州、西安、郑州、哈尔滨、青岛、南京建立十多个动车检修基地(动车段)。

此外,为与动车段相配套,便于日常运用和管理,我国在高速铁路沿线还设置了若干动车组运用所。

2. 动车检修基地的功能及设施

(1)动车组检修基地的功能

动车组检修基地具备以下几个方面的主要功能。

①动车组管理功能。动车组检修基地具有管理基地、连接周边、辐射全路的整体管理功能,对动车组的使用、技术整备、检修试验及运行安全进行全面管理。通过信息中心的连接作用,对动车组调度、整备、运用、维修、配件及设备进行有效管理。

②检查整备功能。动车组检查整备功能,包括整备作业及一、二级检修作业和临修作业。

a. 整备作业:主要为运用技术整备及客运整备。其作业内容包含上水、排水、润滑油脂补充、车厢内部清洁、密闭式厕所系统地面接收及处理、车体外皮清洗、车内垃圾收集及转运等。根据需要可进行上砂作业和餐饮、餐料供给。

b. 临修作业:主要是处理动车组临时故障,对动车组主要零部件进行扣车修理及动车组不落轮镟轮和各级修程以外的主要设备、零部件的更换,包括转向架、轮对、受电弓,空调设施、主变流器、主变压器等。

③检修功能。基地动车组的检修以预防为主、检查为主、换件修为主和组装调试为主;以寿命管理方式对动车组进行管理;尽量减少在修时间,提高效率、提高可靠性、提高动车组利用率。动车组换下来的零部件由专业厂商按专业化集中检修方式进行检修。

④零(配)件储备及配送功能。基地应设立大型动车组零、配件及备品储存设施,包括材料库、材料棚、备品库等。零、配件及材料备品储备采用立体储存方式,其信息管理纳入动车组信息化系统,并能根据维修信息自动进行配送管理。

⑤信息化管理功能。它包括生产调度指挥、动车组运行管理、现场作业监控、车辆配件寿命管理、车辆配件配送支持、入段检测和车载信息地面接收处理。

⑥排污处理功能。

(2)动车段的主要设施

为了满足上述6类功能,动车段主要设施有:

①检查检修库。完成动车组一级至五级修程的检修需要。

②主要零配件辅助检修设施。其设施能力满足生产需要;布局符合工艺要求。

③走行部故障诊断设施。走行线上设置轮对画面诊断装置,动车组从诊断装置通过时,自动检查出轮对画面的裂纹、磨耗和不圆度,并通过计算机网络将检测数据传输给检修库,动车组入库后进行相应检修。

④轮对探伤和不落轮镟轮加工设施设备。设置轮对检测加工设施设备,对动车组轮对空心轴进行探伤检查,对故障、尺寸和超线踏面进行不落轮检修。

⑤车体外部自动清洗设施。清洗线采用贯通式,清洗设施两端应满足停放一列车的要求。

⑥集便器排污设施。它采用固定方式,真空管道应布置在工作平台下,其长度应满足列车最大卸污要求并考虑室外排污条件。

⑦主要零(部)件配送设施。根据检修运用需要完成零部件的储备和配送。

⑧动车段信息管理。动车段信息化系统要以动车组技术管理、生产管理、物流管理、调度指挥、安全监控为主要内容,对动车组各项工作进行全面的实时的信息化管理,通过信息的分散采集、远程诊断、网络传输、集中处理,对各类信息进行实时汇总分析,使各级管理人员及时掌握动车组生产、安全、运行情况,进行有效管理,科学决策。

⑨动车组存车设施。存车场能力应满足动车组运营开行需求。

第二节　铁路客运站工作组织

客运站工作组织,包括售票、行李包裹(简称行包)运送以及客运服务工作。由于客运站的设备、条件、工作量以及客流性质各有不同,因此,具体的组织方法应根据实际情况来确定。

一、售票工作

售票工作是客运工作的重点之一,只有通过通畅的销售渠道,才能将众多的旅客按车次、方向有计划地组织起来,纳入车站旅客运送计划。

铁路局客票管理中心负责全局售票组织管理,大站设置客运计划室,配置专职客运计划员,在车务段、客运段、其他客运营业站也要根据具体情况,指定专人负责售票组织工作。

售票工作是一项细致的工作,售票员应有熟练的业务技能和良好的工作态度,售票速度要迅速,票额交易要准确无误。

1.铁路客运的主要售票方式

(1)车站窗口售票。车站售票处售票范围比较全面,以发售当日车票为主,同时也预售车票及办理电话订票、送票等业务。

客运量较大的车站,各售票窗口应昼夜不间断地发售车票;客运量较小的车站应固定售票时间,并向旅客公告。

(2)代售点售票。车票代售点通过与厂矿、企业、金融、旅行社及事业单位签订协议,代理发售车票,但要收取一定的代理服务费。代售点一般只办理售票、取票业务,不办理退票、改签业务。

(3)自动售票机售票。在客流量较大的客运站安装有自动售票机,开行车次多的城际旅客列车旅客及短途旅客较多选择这种方式。

(4)通过中国铁路客户服务中心网站(www.12306.cn)售票。2011年6月,京津城际铁路和京沪高速铁路进行了12306网络售票的试点,2011年年底在全国推行。网络售票的销售模式可以在更大的范围内、更广的层面上,以更高的效率实现资源配置,由于网络销售具有不受场地、时间限制,能自动完成交易等优势,能有效减轻车站窗口售票的压力,为旅客出行提供方便,也是如今的主要售票方式。

(5)自助语音电话订票。2011年6月,京津冀地区旅客拨打订票电话95105105,即可预订3日后至电话订票系统确定的车票预售期内各次列车的车票。电话订票可预订全票、儿童票、学生票和残疾军人车票;其他票种、当日和次日的车票不开通电话订票业务。

车上补售票由列车长完成,利用无线售票设备与地面售票系统实现动态的信息对接传输,使每个车站都能实时准确地掌握每一列车各种席位发售情况和现员情况。

正确组织售票工作,必须合理分布售票处所和安排售票作业过程,并采用多样的售票方式,便于旅客选择;同时,售票工作是铁路客运服务工作的窗口和关键点,需要在文明服务及系统完善方面同抓共管。

2. 电子售票及预定系统简介

全路目前使用的客票发售和预定系统,是一个覆盖全国的铁路计算机售票网络,实现了客票管理和发售工作的现代化,方便旅客购票和旅行,提高了铁路客运运营水平和服务水平。

(1)客票发售和预定系统的目标

①实现全国快车营业站计算机联网售票,在任一窗口可以发售任意方向和任意车次的客票,最大限度地为旅客提供方便。

②系统可预定、预售车票和发售当日车票,具有售返程、联程等异地票的功能。

③实现票额、席位、计价、结账、统计等工作的计算机管理,逐步形成统一的客票信息源,实现信息共享。

④加强客票信息管理与分析,提高信息利用率,为铁路客运组织与管理工作提供辅助决策。

(2)客票发售和预定系统的总体结构

客票发售和预定系统的总体结构,取决于业务处理、数据流程、系统功能及网络传输能力等因素,关键是席位数据库的规划与配置。

根据我国地域辽阔、铁路点多线广的特点,以及运营管理体制和通信基础设施的实际情况,我国客票发售和预定系统采用集中与分布相结合的结构。其特点是建立一个中央数据库和若干个地区数据库,席位数据按列车始发站分别存储在各地区中心数据库中。综合考虑各地区数据库所覆盖的客运量、列车数、快车营业站的均衡性及合理性,全路共建立了27个地区中心数据库。在地区中心数据库中存储本地区始发列车的座席数据。方案综合了集中式和分布式两种方案的优点,既便于异地购票、席位复用、信息共享,又相对减少了网络的开销,升级更新容易。

联网售票整体思路是在铁路局客票中心和车站分别建立席位数据库,随着网络条件和管理的改善,车站席位库逐步向地区集中。业务管理上分为铁路总公司、铁路局、车站3级。铁路局地区中心负责异地购票、席位数据处理和票额计划及调度工作,保留一部分公用的席位数据,将预分给车站的席位数据下载给售票车站;车站发售本地票的席位处理基本上仍在车站本地数据库上解决。

(3)客票发售和预定系统的使用

①票额的生成。票额根据基本计划和临时计划生成,按照铁路总公司票额集中上网的管理要求,原则上票额100%上网,车站可保留3%~5%的票额作为机动使用。这样就产生了两个票据库:中心票库和车站票库。

根据票额用途的不同,中心票库分为局网票额和路网票额。局网票额是分阶段供票额所属站和局管内各联网车站发售;路网票额分阶段供全路(第一阶段本局除外)和本局(第二阶段)发售。

②客票发售预售期的设置。它是调整售票布局的重要手段,是发挥联网售票优势的有效方法。预售期是指定义席位库中客票的最长生成日期。中心席位库中客票的最长生成日期由铁路局客票管理中心根据铁路总公司规定统一定义:车站席位库中客票的最长生成日期原则上应与中心席位库同步,但允许车站根据自己的具体情况,经局客票中心同意后自己定义。各站预售期的定义不宜过短,也不宜过长,应确定在一个适中的范围内。这样,既能通过预售期内车票预售情况摸清客流动态,又能在充裕的时间内进行运力调配、人员安排等一系列售票组织工作。

遇特殊情况和军运时,预售期由铁路局研究决定。

③预售期内票额的管理。网上票额分为局网票额和路网票额。局网、路网票额(分车站设置用途),提前由局客票中心统一生成;车站机动票额由各车站提前生成席位。

车站根据局客票中心统一生成的席位和网上票额范围、用途划分,分时间段组织售票。

路网售票时间段,第一阶段预售的车票,供非本地区中心各联网车站发售返程票、联程票;第二阶段预售的路网剩余票额,全部返回路局公共网,供全局联网车站组织发售。

热门车的局网售票时间段,第一阶段预售的车票,供票额所属车站发售;第二阶段预售的局网剩余票额,全部返回路局公共网,供全局联网车站组织发售。冷门车车票不分阶段,全部为局网公共网票额供各站发售。

④票额用途的设置。为保证各种用途票额的数量,如军运、学生、团体、公共网、站售等,车站可根据实际需要和日常业务范围对票额用途进行设置。铁路总公司规定特等站用途设置不得超过10个,一般车站用途设置均为“公共网”和“站售”两种。这样做的目的是使各个售票窗口共享票额,保证“一窗有票、窗窗有票”。网上票额用途由铁路局适当考虑车站的意见进行设置,车站票额由车站进行设置。

由于票额分别在车站和网上两个票库生成,铁路局客票中心负责对网上席位进行维护管理;车站对车站机动票额进行维护管理。

遇列车甩车、停运、空调特征变化、欠定员、列车恢复开行等调度命令时,网上席位由铁路局客票中心负责执行,车站进行核对。

3. 售票计划的编制

售票处的工作是合理组织客流,实现计划运输的重要环节。为保证旅客迅速、正确地办理乘车手续,售票处必须有周密的售票计划和良好的组织工作。

客运量较大的车站,必须制订客票发售计划,以免造成列车超员或座位虚糜现象。编制售票计划,应根据列车定员、超员率、团体预留票额、中转旅客的规律数以及近期客流的变化情况进行发售票额分配。

(1)始发列车的发售票额分配。应以客调(票管所)批准的票额总数作为发售票额分配数,减去预计中转换乘人数,余额为始发站的计划售票张数,再减去预售票数量,剩余数即为当日的发售数。

(2)过往列车的发售票额分配。有固定票额的列车,按固定票额售票和签证。无固定票额的列车,大站应按日计划向客调(票管所)提报计划乘车人数(小站应向指定站或车务段提报),经客调(票管所)批准后,按计划售票或签证。

二、行包运送工作

行包运送是旅客运输的一个组成部分。组织好行包运送既方便旅客旅行,又充分发挥了行李车的使用效率,完成了旅客急需物资的运输任务。客运行包组织工作要做到按计划承运,及时装车,保证运输安全,并方便旅客托运和领取。客运站行包组织工作分为发送作业、到达作业、中转作业和服务工作。

1. 行包的发送作业

行包的发送作业,包括其承运、保管及装车作业。

(1)承运。它是行包运输的开始,也是铁路承担运输作业的起点。车站必须做好承运工作,为安全、迅速、准确的运输行包创造必要的条件。对承运的行李应随旅客所乘列车装运或提前装运。如承运大批行包时,应事先汇报客调预留行李车容积或组织整车运输。节假日、学生和新、老兵运输及地区性大型会议等,车站可派人上门办理承运,也可设专口办理团体行包。

承运包裹时应分轻重缓急,按一、二、三、四类包裹的顺序有计划地承运,按指定日期搬入站内。包裹承运件数的确定,应根据下列公式计算:

本次列车应承运的包裹件数 = 本次列车计划装车的总数 - 本次列车行李规律数 - 中转行包件数 - 库存本次列车待装件数

行包承运作业过程如下:

①旅客托运行李应提出有效的客票和行李托运单;托运包裹时只提出填写好的包裹托运单,经安全检查后将托运物品交过磅处。

②车站应认真检查品名与托运单填写是否一致,包装是否符合运输包装标准。正确检斤并在托运单内填写重量,在标签上加盖行包票据号码并拴挂于行包的两端。如托运易碎品、流质品等性质特殊需要在运输过程中特别注意的物品时,还应在包装外部粘贴相应的安全标志。

③按规定正确、清楚地填制行李票和包裹票,计算并核收运费,将行包票的丙联(领货凭证)和丁联(报销凭证)及剩余款额交给旅客或托运人。

目前,全路各大客运站已开始使用"行包运输管理信息系统",该系统对发送行包的作业管理主要包括以下内容:

①采集旅客或托运人发送的行包信息,印制货签。

②采用电子称重,重量通过电缆和接口直接进入制票微机。

③自动查找全路各营业站的里程、营业办理限制及判断经由站名,根据品名自动判别包裹类别,自动计算运杂费,并打印行包票。

④接受行包联营点发送的行包票信息。

⑤自动结账,打印日报、旬报和月报。

(2)保管与装车:

①承运后的行包按方向、区段(到站)或车次分别堆放在发送仓库的货位上。货位的划分应以保证行包容易清点、便于装车及不易损坏为原则。一般对行包运量不大的车站,行李按区段堆放,包裹按到站堆放。对大批行包应按票堆放,便于作装车计划。行包运输报单(行包票乙页)必须与行李、包裹同行,以免发生票货分离。

②车站行李员应掌握各次列车行李车的编挂位置、车型容积、载重及车站计划装车的件数,做好计划运输和均衡运输,并严格按照铁路总公司制定的"行李、包裹运输方案"编制各次列车的装车计划,消灭不合理中转,提高行李车的利用效率及行包的运输速度。

行包计划装运数量应于前一日报铁路局客调。客调对各站的装车计划平衡后,按车次编制行包装车计划并下达各站,各站按此计划和列车预报组织装车。

③行包装车作业过程

a. 编制行包装卸交接证。计划行李员根据行李、包裹运输方案,按车次配好待装的行李票、包裹票(运输报单),装车行李员按票逐项核对现货,无误后按到站顺序编制"行李、包裹装卸交接证",一式两份,一份交列车行李员,一份经列车行李员盖章签字后留站存查。

b. 编制行包装车站顺单。为便利站、车行李员装车点件,提高装车速度,车站行李员装车前再次进行票货核对,确认无误后按先近后远的装车顺序,编制行包装车站顺单,统计装车件数。

c. 装车。站、车行李员先交换票据,先卸后装,票货核对无误后,双方分别在装卸交接证上盖章签收。车站行李员根据列车行李员的预报,及时正确地将卸车件数、剩余容积向前方站转报,必要时向铁路局客调汇报。同时,将装车、卸车的行李、包裹装卸交接证交计划行李员,以便统计发送、中转、到达的行包件数及流量、流向。

巧装满载是提高行李车利用率的有效措施。因此,必须按轻重配装的原则做好装车计划,实行中转、始发同装,沿站分装,大小套装,分别隔离。装卸员要根据列车行李员指定的货位,分方向、按站顺装车,并做到"大不压小、重不压轻、大件打底、小件放高、堆码整齐、巧装满载、便于清点"。

大型客运站采用的客运行包管理系统,能够对发送货位和中转货位进行配装,自动打印"行包装卸交接证"和"装车站顺单"。

2. 行包的到达作业

行包的到达作业,包括卸车、仓库保管和交付。

(1)卸车。

①车站行李员在列车到达前与车站行李计划员联系预报情况,确认卸车站台、预先准备好人力和搬运车辆。

②列车到达后,车站行李员接受并清点运输报单(行包票乙页)总数,确认与交接证相符后,按票点件卸车。一般采用"边卸、边点、边装搬运车"的货不落地的方法,以缩短行包进库

和搬运时间。在中转量大的车站应根据预报件数组织专人负责分拣行包,根据货签上的到站,分别中转和本站到达,边卸边分方向和分行李、包裹,以免发生卸后再挑货件的重复作业。卸车后要对所卸行包清点件数,检查包装;无误后在交接证上盖章签收,严禁信用交接。发现件数不符、行包破损或有其他异状时,经确认后应在交接证上注明现状,由站、车行李员按规定手续处理。对立即中转的行包应送至装车站台。

(2)仓库保管。

为保证到达的行包安全和完整,应及时将卸下的行包送至仓库保管。为便于查找对照,应根据作业量的大小和车站设备条件采用不同形式的分区堆放方法。

①按件分区保管。以票据尾号(0~9)为标准,再按每一尾号分为1件区、2件区、3件区、…、10件区,11件以上的多件区。这种方法适用于行包到达量大、仓库面积也较大的车站。

②按线分区保管。按线别划分为上行线区、下行线区。有三条以上线路时,分为某线区或某方向区,并分别以票据尾号(0~9)再划分货位。

③按票据尾号分区。不分件数、线别和到达日期,只按票据尾号(0~9)划分货位。

各站对到达的行包应根据具体情况堆放,不宜强求一致。对于容易破损的货件应单独存放,零星小件应存放在明显处。

行包进入仓库后,接车行李员与仓库行李员应办理交接,将到达日期、车次填记在运输报单相应栏内;再按运输报单填写到达登记簿,注明堆放货位。运输报单的整理和保管也应按上述堆放区域划分,分别整理,并在专用格子里保管以便查找。仓库行李员交接班时,凭交接簿进行票货核对,并严格执行"货动有交接、交接有手续"的安全工作制度。

(3)交付。

交付工作是行包运输过程中的最后一道工序,是铁路负责运输全过程的结束,也是全部运输过程的一个重要环节。交付后双方不再承担义务和责任。

①包裹到达后应用电话、明信片或其他方式通知收货人及时领取,防止包裹到达后长期占用仓库货位。

②旅客或收货人领取行包时,凭行李票或包裹票的丙页(领货凭证),先到车站行包房换票处换票。换票处将运输报单所记载的到达日期、车次及通知日期、时间填在行包票丙页相应栏内,并填记交付日期和货位编号,在运输报单上填记交付日期。如超过免费保管期间,应按规定核收保管费。最后将行包票乙页交收货人到仓库领取行李或包裹。

③仓库办理交付的行李员对收货人所持行包票和货签记载的票据号码、件数、发站、到站、托运人、收货人、地址核对无误后,在行包票上加盖"交付讫"戳记,将行包票连同行李和包裹交付给旅客或收货人。

大站采用的行包管理系统,通过对到达行包票据信息的录入,实现自动打印催领通知,在换票时计算各项到达作业费用。

3.行包的中转作业

行包的中转作业是指行包在中转站卸下后,再装入其他旅客列车的行李车内继续运送的作业。中转作业实际也可看成是先卸后装的作业。

为加速行包的运送,在装车时应将行包尽量以直达列车装运。没有直达列车时,应以中转次数最少的列车装运。途中有几个中转次数相同的中转站时,应将行包装到有始发列车接运的车站中转。如途中几个中转站均有始发列车接运时,原则上应由最后一个中转站中转,但其他站也应适量分担。途中几个中转站都没有始发列车时,应在最后一个中转站中转。

为缩短中转时间,站车应加强预报。中转站应按铁路总公司规定的"行李、包裹运输方案"作好中转计划;并采用快速中转的作业方法,即指定对站名较熟悉的装卸工根据装卸计划对中转的行包按货签上的到站边卸边分中装方向,分别卸在搬运车上。对能立即中转的,逐票进行核对,核对无误后送往列车停靠的站台装车。对不能立即中转的,核对票、货相符后,按方向别送中转或始发仓库加以保管。过往列车的行包中转作业应先卸后装,特别注意点件和交接,防止误卸误装。装车后应按中转方向、件数,及时向前方站预报。

在中转过程中如发现行包有破损、减量、无货签或有其他异状时,应会同有关人员采取措施进行处理,不给到站或另一中转站造成困难。

4.行包的服务工作

(1)行李、包裹的接取和送达。车站应以"人民铁路为人民"为宗旨,全面开展文明服务、礼貌待客,并扩大服务项目,办理行李、包裹的接取送达业务,做到"接货上门、送货到家"。这样可使旅客或托运人、收货人节省办理托运或领取手续的时间,免除自找运输工具的麻烦;同时,也为铁路实行计划运输提供了有利的条件,减少行包房的拥挤,提高了行包仓库的使用效率。

行李、包裹的接取和送达根据旅客或托运人、收货人的委托来办理。车站接到旅客或托运人、收货人的委托之后,即行组织接取或送达,但行包托运人必须凭接取证亲自到站办理。

送达时应收回行包票,另行填发行李、包裹送达票,交旅客或收货人作为送达后领取的凭证,并按规定核收手续费和搬运费。

办理接取、送达所使用的交通工具,有的车站自行配备,有的则由车站和市内运输部门采取联合运输的方式办理。搬运费根据规定的标准核收。

(2)包装服务。为确保行包在运输过程中的安全、完整,方便旅客和托运人,行包房应设立包装组,为旅客或托运人进行包装服务,真正做到方便托运。

三、客运服务工作

客运服务工作,要树立全心全意为旅客服务的思想,坚持全面服务、重点照顾的原则,做到"三要、四心、五主动"。

"三要"是指对旅客要文明礼貌,纠正违章态度要和蔼,处理问题要实事求是。

"四心"是指接待旅客热心,解答问题耐心,工作认真细心,接受意见虚心。

"五主动"是指主动迎送旅客,主动扶老携幼,主动解决旅客困难,主动介绍旅行常识,主动征求旅客意见。

客运服务工作包括问事处、候车室服务工作,旅客乘降工作,广播宣传工作,小件寄存和车站美化及卫生工作。

1.问事处服务工作

车站问事处的基本任务是正确、迅速、主动、热情地解答旅客旅行中提出的各种问题,使旅客在购票、托运和领取行李、上车及中转换乘等方面得到便利。问事处应根据客流动态及车站具体情况进行宣传和组织工作,尽可能使旅客在旅行中不发生错误。问事处的工作方式有口头解答和文字解答两种。

(1)口头解答。通过问事处的直接口头、电话、广播解答,口头通告回答旅客的问题。在大的客运站还设有电视问询设备。

口头解答有很大的灵活性,它可针对当时的实际情况随时解决问题,效果较好。解答问讯要耐心、热情,做到有问必答,答必正确,百问不厌,让旅客满意。

在列车到发前后或列车晚点、满员时旅客询问较多,问事处可用广播来解答旅客中带有普遍性的问题。

为正确及时地解答旅客提出的各种问题,问事处应不断收集和积累各种资料。

(2)文字解答。文字解答是让旅客通过自己的视觉来解决自己的问题。车站应在问事处、售票处、候车室等旅客经常逗留的地方,提供旅客列车时刻表、车票票价表和购票、托运行包应注意的事项说明、铁路营业站示意图、车站所在地市区交通路线图及其他临时公告等图表或文字说明。图表的内容要通俗易懂,版面要鲜明、美观,夜间应有充足的照明。

目前,在大型客运站已开始使用客运站信息查询系统。该系统是以电视问询、电话自动查询、自动应答等形式,为旅客提供大量的旅行信息。系统中包含的信息内容不仅有车次、票价、发车时间、到达时间、停靠站等,尤其可通过双音频电话,询问内容由计算机控制,用合成语音解答;还可向旅客提供与旅行有关的其他信息,如汽车、飞机、轮船以及城市公共交通的接续信息。另外,为满足旅客旅行生活的需要,可提供气象、交通、旅馆、娱乐、餐饮、购物、商业广告等信息。联网或触摸屏,该系统也已在大型客运站开始使用。

2. 候车室服务工作

候车室是旅客休息和等候乘车的场所,昼夜都有大量的旅客,而且流动性很大,车站必须为旅客创造一个良好的候车环境。候车室一般实行凭票候车的方法,对夜间下车不能回家的旅客也应允许他们在候车室休息。较大的车站可按旅客去向设置候车室或按车次、席别、客流性质设置候车室。

候车室工作人员应保证候车室有良好秩序,要主动、热情、诚恳、周到地为旅客服务。候车室工作包括以下几个方面:

(1)主动迎送旅客,凭票进入候车室,引导旅客按方向、车次顺序候车。为保证旅客安全,又保证旅客休息,应及时清理候车室内闲杂人员,保证候车室秩序良好,并对进入候车室的旅客进行安全检查。

(2)及时通告有关列车到、开和检票进站时间;加强安全、卫生及旅行常识的宣传工作。

(3)搞好清洁卫生,保洁员应做到随脏随扫外,并根据列车开、到时刻,在候车室内旅客较少时进行清扫工作,避免对旅客的干扰。在候车室内应使用空调设备,为旅客创造良好的候车环境。

(4)候车室内应满足旅客饮水、吃饭、洗脸和文娱活动的要求。

3. 旅客乘降工作

为维护乘降秩序,保证旅客安全,防止旅客乘错车,车站对进站人员持用的车票、站台票要检验。检票前要清理站台,始发列车一般在开车前40min,中间站在列车到站前20min开始检票。检票时应遵循先重点(老、弱、病、残、孕、带婴儿的旅客)、后团体、再一般的顺序进行。人工检票要确认车票的日期、车次、发到站、签证是否正确,认真执行“一看(看日期、车次)、二唱(唱到站)、三剪(加剪)”制度。对于实名制车票,还要检查乘车人的有效身份证件,票、证、人一致时,才能放行。对于持减价票的旅客,还要检查其相应的减价凭证。车站设置自动检票机检验车票时,应保证设备良好,应用自如。

站台客运员应坚守检票口、天桥口、地道口及进站通路交叉地点,组织旅客上下车,并随时做到扶老携幼、督促购物旅客及时上车，保证旅客安全。

站台上应设置进出站引导标志、列车编组情况的指向牌。在检票放客时，站台引导员应引导旅客上车。对路过列车，提前放客时，应组织旅客站在白色安全线内，并按车厢位置排队等候。对同一站台有两趟列车同时乘降作业时，应加强组织与宣传，防止旅客误乘。

对出站旅客要及时进行疏解，遇到行动不便的旅客要做好帮扶工作；车站广播室亦要通过广播来引导旅客出站，保证广大旅客方便、快速、畅通离站。并按规定查验车票，正确为旅客办理补票业务和携带品超过规定补收运费的手续。

4. 广播宣传工作

客运站的广播对客运工作人员起着指挥生产的作用，对旅客起着向导作用。通过广播，可将车站的接发车准备、进出站检票、清扫及整顿秩序等工作及时传达给工作人员，以便按照统一的作业过程，有条不紊地完成各项工作。通过广播，将列车的出发、到达时刻以及其他有关事项通知候车室、广场和站台上的旅客，组织旅客及时进出站和上下车。对广播工作的具体要求如下：

(1)认真执行党的方针政策，充分发挥广播对旅客的服务、宣传、组织作用。

(2)广播员应按照列车到、开顺序和旅客候车规律，编制广播计划，做好安全、服务、卫生和旅行常识的宣传；按时转播中央人民广播电台的新闻，适当播放文娱节目。

(3)转播时要预先确认，认真监听，严防误转错播。直播时要事先熟悉材料，做到发音准确，音量适宜，语言通俗易懂，并要积极收集资料丰富广播内容。

(4)勤与运转室联系，准确掌握列车运行情况，遇有列车晚点及作业变化及时广播通告。

(5)爱护机械设备，熟悉机械性能，精心使用，严格管理，认真执行操作规程。

为了更好地发挥广播系统的能力，减轻播音员的负担，近年来，在大型客运站采用了系统利用语音库，通过计算机语言综合代替播音员的播音系统。该系统能够根据车站调度指挥系统提供的列车运行计划和列车进站压轨信息，自动编排播音程序，选择信息源和播音区；并通过接口机柜发出的信号，控制各项设备按程序运行，从而可以在无人干预的情况下完成全天 24h 的连续播音。在特殊情况下，该系统还可利用人机对话界面，使操作人员通过键盘输入命令进行干预、修改播音程序，并可利用话筒通道进行人工广播。

5. 小件寄存处工作

寄存处是为旅客临时保管随身携带品的场所，做好寄存工作能给上车前、下车后的旅客创造便利条件。由于寄存物品体积小、重量轻，存取时间集中、紧迫，为安全、正确、迅速地完成寄存工作，应设置带格的物架，对寄存物品实行分区、分堆、分线保管。一般采用寄存票尾号对号保管。对笨重大件或集体旅客寄存的大批物品可堆放在一起分堆保管；易碎品应固定货位存放。

大型客运站采用电子技术控制的双控编码锁小件寄存柜，旅客可自己选定号码开柜，既安全又方便，为车站服务人员的管理工作创造了良好条件。

6. 车站美化及卫生工作

客运站是城市的大门，是旅客聚集的地点，做好车站的清洁卫生、站容整顿和绿化工作，既可美化站容、净化空气，又为旅客旅行提供良好的环境。对于车站站容和卫生，分别要求如下：

(1)车站站容要求达到庄重整洁，美观大方，设备齐全，标志明显，搞好绿化。栽种树以常青树为宜，并采取乔木和灌木、花树和花卉相结合的绿化方法，有规划地绿化车站。合理安排站前广场上各种车辆的停靠位置和走行通道,统一布置大型宣传广告和标语。

(2)车站卫生要求达到窗明地净,四壁无尘,内外清洁,消灭四害。为此,要保持车站卫生,必须建立日常清扫与定期突击相结合的管理制度,按班组划分清洁区,分片包干和专人负责相结合,执行检查评比制度并定期公布。

大型客运站为给旅客创造优美候车环境,还设有以下文化服务设施:

(1)书报阅览室。它设置在候车室或广厅内。阅览室内布置整洁、明亮,具有足够数量的桌椅、书报、杂志,并按期及时调换,旅客可借用报刊和文娱用品。

(2)电视厅、电影院。在较大的客运站上设有电视厅、电影院,放映时间应根据车次、客流情况而定。

(3)餐饮店、茶室。为满足旅客在饮食方面的需要应设置餐饮店;条件许可的,可增设茶室。在候车室内,应经常保持足够的供旅客饮用的开水。

(4)售货部。站台上应设有售货亭及流动售货车,候车室内应设有小卖部;在大型客运站还可开设商场,供应旅客在旅行生活中所需的商品,从而使车站转变为多功能的服务场所。

第三节　铁路旅客列车乘务工作组织

一、乘务工作的特点及任务

旅客的旅行生活大部分是在列车运行中度过的,因此做好列车乘务工作,对保障旅客安全、便利、舒适地旅行具有十分重要的意义。

旅客列车乘务组是客运部门的基层生产班组,其工作特点是车内旅客人数多、要求不一,客车设备条件有限,列车运行和停站时间有严格规定,并且列车乘务组是在运行过程中,远离领导进行工作,许多问题要及时独立处理。这就决定了旅客列车乘务组要建立相应的组织及一定的工作制度,从实际出发及时解决旅客提出的要求和处理临时发生的各种问题。

列车乘务组的主要任务如下:

(1)保证旅客上下车及旅途中的安全。

(2)及时为旅客安排座席、铺位,保持车内整洁、卫生,维护车内秩序,做好服务工作。

(3)保证行李、包裹安全、准确地到达到站。

(4)充分发挥列车各种设备的效能,爱护车辆设备。

(5)正确掌握车内旅客及行包密度、去向,及时办理预报。

(6)正确执行规章制度,维护铁路正当收入,做好餐茶供应及文化服务工作。

二、乘务组的组成及分工

1.普通旅客列车乘务组的组成及分工

旅客列车乘务组由客运乘务人员、公安乘务员和车辆乘务员组成。

客运乘务人员包括列车长、列车值班员、列车行李员、广播员、列车员及餐茶供应人员。

车辆乘务人员包括检车长、检车员(含空调检车员)、车电员。

公安乘务员包括乘警长和乘警。

这些乘务人员分别由客运段(列车段)、车辆段(客车段)、公安处领导,在一趟旅客列车上共同担当乘务工作。乘务中应在列车长领导下充分发挥“三乘一体”的作用，分工负责，共同搞好乘务工作。

客运乘务人员负责保证旅客、行包的安全，列车清洁卫生和车内设备正常使用，组织列车饮食供应，认真做好计划运输组织工作，正确填写规定的票据、报表，及时办理预报。乘务终了认真填写乘务报告，列车长应亲自向派班室和有关领导汇报工作。

检车、车电乘务人员负责客运车辆运行安全。在较大停车站检查车辆走行部分，运行中按规定的技术作业过程随时巡视，检查车内通风、给水、照明和空调等各项设备的技术状态，发现故障及时处理。

公安乘务人员协助客运乘务人员维持列车秩序，调解旅客纠纷，保证旅客安全。

2. 动车组列车乘务组的组成及分工

动车组列车乘务人员安排如下：

(1)动车组司机：实行单司机值乘制。

(2)客运列车员：按每组2人配备。

(3)列车长：每组1人。

(4)客车检车员(随车机械师)：每组1人。

(5)列车乘警：固定运行时间在5h(含5h)以内不配乘警，超过5h的每组配1人。

(6)不设运转车长。

列车上保洁、餐饮由社会专业公司承担时，其员工视同列车乘务组成员。

乘务人员预备率一般为：动车组司机(含地勤司机)16%，其他人员7%。

客运乘务组根据交路需要采用轮乘制或包乘制。实行综合计算工时制度，月平均工作时间按国家规定的标准执行。

运行图中单趟运行4h(含4h)以内的，实行单班单司机值乘；运行图中单趟运行时间超过4h的，实行双班单司机值乘。单班单司机值乘一次出乘时间(含出退勤，立折时间)不超过8h；双班单司机值乘一次出乘时间不超过12h。双班单司机在动车组上安排的随车便乘休息时间不计算为工作时间。

三、乘务组的乘务形式

旅客列车乘务组的乘务形式，按照既有利于保养车辆又合理使用劳力的原则，根据列车种类和运行距离，分别采用包乘制和轮乘制。

1. 包乘制

包乘制是指按列车行驶区段和车次由固定的列车乘务组包乘。根据车底使用情况不同，可分为包车底制和包车次制。

(1)包车底制指乘务组不仅固定区段、车次，而且固定包乘某一车底(长途列车乘务组分成两班轮流服务)。其优点是这种形式有利于车辆设备及备品的保养，可以熟悉该列车的全程运行情况，掌握沿途乘车旅客的性质和乘降规律，以便更好地安排自己的工作，从而有利于提高服务质量。其缺点是长途旅客列车需挂宿营车，乘务工时一般难以保证。我国普通旅客列车目前大都执行包车底制，不足工时可采用乘务员套跑短途列车或长途车底套跑短途列车(一车底多车次)。这样可节省车底，也可弥补乘务工时的不足。

(2)包车次制指一个车次(通常叫线路)由几个乘务组包干值乘，但不包车底。其优点是便于管理，可保证服务质量。其缺点是交接手续复杂，不利于车底保养。

2. 轮乘制

轮乘制是指在旅客列车密度较大，且列车种类和编组又基本相同的区段，为了紧凑的组织乘务交路和班次，采用乘务组互相套用，不固定乘务组服务于某一列车。其优点是乘务员单班作业，一般在本铁路局内值乘，对线路、客流及交通地理等情况熟悉，联系工作方便，乘务中也不需宿营车，从而节省了运能。其缺点是增加了交接手续，不利于车辆保养，对服务质量有所影响。

四、旅客列车乘务组的工作制度

旅客列车乘务组在列车长统一领导下，建立必要的工作制度和管理制度，以保证做好旅客、行包的安全运输及旅客服务等项工作。其主要工作制度如下：

(1)出退勤制

列车乘务员在本段出乘时，要按规定时间由列车长带队到派班室报到，听取派班员传达有关事项；听取列车长传达有关电报、命令、指示。每次乘务终了，列车长应召开班组会议，总结工作，表扬好人好事。返回本段后，列车长向派班室汇报往返乘务工作情况并提出书面乘务报告。

(2)趟计划制

列车长每次出乘前要编制趟计划，趟计划在乘务报告中显示。其主要内容为本次乘务中的重点工作安排；贯彻上级指示、命令、通知和规章所应采取的具体措施。

(3)验票制

为保证旅客安全、准确地旅行，维护铁路运输秩序和保证铁路收入，列车上应检验车票。验票由列车长负责，乘警、列车员协助，并根据客规规定决定验票次数。发现违章乘车时，按规定补收运输费用。

(4)统一作业制

列车长应根据列车乘务的运行时刻、线路、客流、换班和餐茶等情况编制统一作业过程。除上述制度外还应建立以岗位责任制为中心的各项管理制度，如安全生产，经济核算，票据、现金、备品管理及库内看车，旅客意见处理等制度。

五、动车组列车乘务工作管理

1. 动车组列车的乘务工作

动车组列车乘务人员应当接受列车长统一领导，质量良好地完成本岗位工作。特殊情况下，按规定服从司机统一指挥。

客运乘务组主要承担服务旅客、查验车票、处理票务、列车运行中卫生清洁和检查保洁工作质量，检查餐饮工作质量等工作。发生影响旅客安全问题时，客运乘务组应当立即采取有效措施，保护旅客安全。

动车组发车前，由列车长确认旅客乘降完毕后，根据不同车型要求通知司机或机械师关闭车门；动车组重联运行时，由两组列车长互相确认旅客乘降情况后，运行前方第一组的列车长负责通知司机或机械师。动车组驶出动车段到达始发站后，应将车门保持关闭状态。司机或机械师根据列车长的通知开门。其他列车工作人员不得擅自开关车门。

列车长出乘除携带电报用纸、客运记录、票务处理等必要的设备和业务资料外，其他纸质资料台账一般不携带上车。客运乘务人员须配手持电台。

2. 动车组列车的餐饮、保洁工作

列车销售的食品、饮品应为全国名优产品,并实行统一采购、统一进价、统一销售价格。

列车供餐由餐饮公司向列车配送成品。餐饮公司加工食品的场地、设备、保管、运输等应符合国家卫生法律法规的规定。车站应当对餐饮公司车辆进站送餐提供便利。

列车保洁工作由保洁公司承担。保洁作业应当爱护车辆设备,铁路运输有关部门应当对保洁工作中涉及卫生环境质量和爱护车辆设备等进行检查指导。

动车组列车实行专业化保洁,保洁内容包括始发、途中和折返全过程。列车要对保洁质量按标准进行验收。动车组列车始发保洁,要求清洁人员必须在列车放客前10min完成,并按库内清洁质量标准清洁作业;保洁人员完成始发站保洁后,应有保洁人员随车负责运行期间的保洁工作。动车组列车途中和折返保洁,要求保洁人员提前到达站台,列队站台接车;保洁人员应当在旅客下车后,经乘务人员同意后方可进入列车;保洁人员按照动车组列车始发保洁标准,开展保洁工作,在规定的时间内完成保洁工作;列车长对保洁质量进行验收合格后签字。

根据动车组列车保洁服务特点,将动车组列车保洁工作分为库内保洁、始发(折返)保洁和随车保洁3种模式。

(1)库内保洁服务。进库整备的动车组列车实行库内保洁,专业保洁人员在库内对列车进行保洁和整备,铁路保洁管理人员在库内进行验收。

(2)始发(折返)保洁服务。到站后不进库整备而准备立即折返(简称立折)的动车组列车,在始发站和折返站站内实行始发(折返)保洁服务。专业保洁人员提前到站台接车,待旅客下车完毕后5min内完成车内保洁作业,擦抹车窗玻璃上沿以下车外皮。保洁时,在开启的车门口设置"保洁中请勿登车"标记。保洁完毕后列车长进行验收。

(3)随车保洁服务。保洁公司选定专业保洁人员随车办理列车运行途中的保洁工作,保洁人员负责列车清洁工作,在乘务过程中由列车长负责管理。客运乘务员与保洁工作彻底分离。

列车送餐和保洁人员上岗前应经过安全知识培训,持证上岗并着统一服装、佩戴工牌作业。培训及考核发证由铁路局负责,车站对进站的配餐、保洁人员和车辆进行安全管理。承担乘务工作的餐饮、保洁人员体貌标准应与客运乘务人员一致。

3. 动车组列车的安全工作

列车乘务人员在列车运行中应当注意对列车安全设备的管理,制止搬动、触碰安全设备等不安全行为。严禁任何人在列车运行中打开气密窗,禁止任何人进入驾驶室。

列车车门发生故障时,应立即采取临时安全防护措施并及时通知机械师处理,列车乘务人员应手动开关车门。

列车运行中发生影响列车正常运行超过15min时,司机应当将原因及时通知列车长;列车长应当按照晚点处置有关规定向旅客说明情况,做好安全宣传,防止擅自开启车门。

列车运行中遇有旅客因伤、病必须临时停车抢救时,列车长通过司机向列车调度员报告情况请求临时停车。列车调度员接到报告后,应尽快确定临时停车站,并向司机和停车站下达调度命令。有关站、车接到命令后,应及时做好交接和救护等准备工作,列车乘务人员不下车参与处理。

列车运行中发生火灾和爆炸案件时,列车乘务人员应当立即按下紧急停车按钮或扳下紧急手柄紧急制动列车,将旅客疏散到安全车厢;有防火隔断门的,应当关闭防火隔断门,并将情况通报司机及列车长。司机和列车长应当迅速启动应急预案。

六、列车乘务组及乘务员数量计算

根据两种不同乘务制度可计算服务于某列车的乘务组数；再根据列车乘务组的编制定员数便可确定乘务员的需要数量。其计算方法有如下两种。

1.分析法

目前我国采用日8h工作和双休日制度，全年12个月，全年日历日365d，全年周末休息日104d，一年中的节假日合计11d。

$$\text{乘务员每月工作小时} = (365 - 104 - 11) \div 12 \times 8 = 166.7\text{h}$$

根据乘务员每月工作时间计算列车乘务组数。

设每对列车（往返）乘务组的工作时间（不包括在折返站的停站时间）为 $T_{往返}$，则：

$$T_{往返} = 2\left(\frac{L}{v_{直}} + t_{接} + t_{交}\right)$$

式中：L——列车始发站至终到站间的距离，km；

$v_{直}$——列车直达速度（列车自始发站至终到站包括停站时分在内的平均速度），km/h；

$t_{接}$、$t_{交}$——接收和移交列车的时间，h。

因为一个列车乘务组一个月工作时间为166.7h，则一个列车乘务组每月担当的列车回数（往返）K 为：

$$K = 166.7/T_{往返} = 166.7/2(L/v_{直} + t_{交} + t_{接})$$

设一个月为 d 日，每天开行 $N_{对}$ 列车，则一个月共需 $dN_{对}$ 列车回数。所以需要的列车乘务组数 B 为：

$$B = \frac{dN_{对}}{K} \quad (\text{组})$$

再根据列车编组及乘务组编制便可以计算乘务员的需要数。乘务人员的编制标准系根据劳动计划岗位人员编制标准确定，旅客列车单程运行时间长短决定编制人员的需要数目。如单程运行18h以上者，旅客列车乘务人员编制如下：

列车长（正、副）2人
- 列车值班员每列2人
- 列车员（包括宿营车）每辆2人
- 行李员每列2人
- 广播员每列1人
- 餐车人员：每日一餐者7人；每日二餐者8人；每日三餐者9人；单程22h以上者10人
- 供水人员：每辆茶炉车1人（如车厢设有电茶炉时，则不设供水人员）

根据列车乘务组数乘以该乘务组人员编制定员数即为所需乘务员的数量。

目前，各客运（列车）段乘务员需要量的计算，均以实际乘务工时作为计算标准。

乘务工时包括运行中值乘时间（轮班乘务员在车上休息不记工时）、出退勤时间、途中交接班时间（双班作业）、库内清扫和看车时间。

（1）运行中值乘时间。单程运行时间超过12h时，按值乘旅客列车往返一次实际运行时间一半计算（因乘务组在列车单程运行时间超过12h为双班），单程运行12h以下时按实际运行时间计算。

（2）出、退勤工时，按表6-6计算。

出、退勤工时计算标准 表 6-6

出、退勤时间	单程运行时间		
	$T_{单程}>12h$	$6h\leqslant T_{单程}\leqslant 12h$	$T_{单程}<6h$
本段出勤(min)	90	90	70
外段到达(min)	30	30	20
外段出勤(min)	70	65	60
本段到达(min)	60	30	20

(3)本、外段入库清扫工时,按表 6-7 计算。

本、外段入库清扫工时标准 表 6-7

单程运行时间	$T_{单程}>12h$	$6h\leqslant T_{单程}\leqslant 12h$	$T_{单程}<6h$
入库清扫时间(min)	360	360	180
作业人数(人)	2	1	1

(4)途中双班作业工时:每人每次按 30min 计算。

(5)车底在本、外段停留,必须派人看车。

看车人数:软硬卧、软座车每车各 1 人,餐车 2 人,硬座车 1 人(车厢是独立暖房取暖时,冬季采暖时间,硬座车每 3 辆或不足 3 辆为 1 人)。看车工时,按下列公式计算:

看车工时 =(列车停留时间 - 出退勤工时 - 库内清扫时间)× 看车人数/全车班人数

用一次往返乘务工时($T_{往返}$)除乘务员月标准工时(166.7h),得每组每月值乘次数,再除以开行列车回数,得所需包乘组数。再根据列车编组及乘务员编制,确定每组乘务员需要数。用每组乘务员数乘所需包乘组数即得乘务员总数。

2. 图解法

在旅客列车运行繁忙适宜实行轮乘制的区段,可用图解法确定列车乘务组的需要数和安排乘务组的乘务工时。以管内短途列车乘务组工作图(图 6-20)为例,图内上下行走行时间 AB 区段为 1h15min,BC 区段为 45min,列车的接收和移交时间为 5min。在本段和外段停留不足 1h,计算工作时间。为了承担图中所有列车,一昼夜必须有 7 个列车乘务组,根据列车编组就可算出乘务员总数。在确定乘务组数以后,可以编制乘务组工作日历时间表,明确每一乘务组出乘日期和乘务的车次。

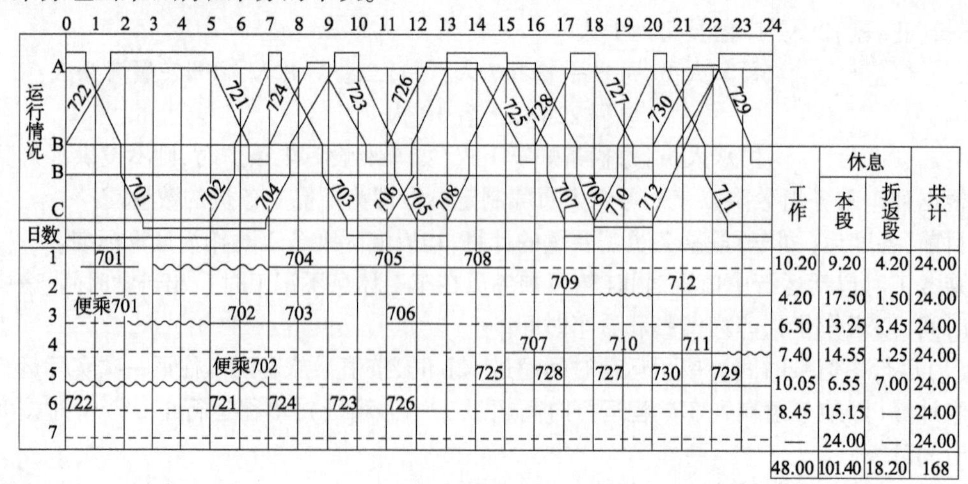

图 6-20 乘务组工作图

复习思考题

1. 简述铁路客运站的分类。
2. 简述客运站的主要作业与设备。
3. 简述客运站布置图的类型、优缺点及其适用条件。
4. 什么是流线概念？请简述站内流线组织原则及流线疏解的基本方式。
5. 站前广场由哪几部分组成？
6. 简述铁路客运机车的分类。
7. 简述动车段功能。
8. 客运站的工作组织主要包括哪些内容？
9. 车底在客车整备所要进行哪些作业？作业方式有哪两种？
10. 客运站行包工作组织包括哪些方面？
11. 旅客列车乘务组由哪些成员组成？其领导关系如何？
12. 什么是包乘制和轮乘制？各有什么优缺点？
13. 如何计算服务于某列车的乘务组数？如何确定需要的乘务员数量？

第七章 特种运输

本章内容简介

本章主要介绍特种条件下的路内运输、军事人员运输和铁路国际旅客联运的相关规定和有关费用的计算方法。重点熟悉铁路乘车证的种类；了解违章使用乘车证的处理规定；了解军事人员运输的一些基本知识；了解国际旅客联运的概念、联运站分布、国际联运旅客乘车票据以及运送费用的计算。

第一节 路内运输

路内运输是铁路内部因工作、生活需要而产生的人员和物资运输。随着铁路运输管理体制改革的不断推进，为适应铁路运输生产发展的需要，中国铁路总公司及时颁布、修改《铁路乘车证管理办法》，明确铁路乘车证的管理及使用规定。《铁路旅客运输管理规则》对路用品的携带和运送也做出了相应的规定。

一、铁路职工乘车证

1. 铁路乘车证的种类及颜色

铁路乘车证共分下述9种，均为单页。各种全年定期乘车证（除就医外）统一为横版，其他乘车证为竖版，版面颜色分3种（即浅蓝色、浅粉色和浅黄色）。

(1)硬席全年定期乘车证，浅蓝色。

(2)软席全年定期乘车证，浅粉色。

(3)硬席临时定期乘车证，浅蓝色。

(4)软席乘车证（含单程、往返、临时定期），浅粉色。

(5)硬席乘车证（含单程、往返），浅蓝色。

(6)通勤乘车证（含通学、定期），浅黄色。

(7)就医乘车证（含往返、临时定期、全年定期），浅黄色。

(8)便乘证，浅蓝色。

(9)探亲乘车证（含单程、往返），浅黄色。

购粮乘车证用就医乘车证代用。

2. 乘车证的使用范围

(1)软席、硬席全年定期乘车证。凡因工作需要，必须经常在所管辖区段内铁路沿线往返乘车的铁路职工，可使用所管辖区段内的全年定期乘车证。

(2)软席、硬席临时定期乘车证。因工作需要短期内须在一定区段内连续往返乘车或一次出差到几个地点又不顺路的,可使用一定区段内的临时定期乘车证。

(3)软席、硬席乘车证。因工作需要一次性的外出乘车、铁路职工及其供养的家属患病转院、职工疗养可以使用软席、硬席乘车证。单程或往返一次有效,除换乘外,中途下车无效。

(4)通勤(学)乘车证。职工工作地至家属居住地在300km以内,上下班有适当列车可乘,不影响出勤、工作和休息的,需通勤时,可使用通勤乘车证;铁路沿线职工供养的子、女、弟、妹,由居住地至中、小学校在50km以内,需要乘车通学时,可使用通学乘车证。有效期为一年。

(5)定期通勤乘车证。符合享受一年一次探亲待遇条件的职工,其工作地至家属居住地在600km以内(铁路局工程、大修部门流动施工的职工,在局管辖范围内可不受600km限制)能利用节假日或休班时间回家的,在不享受国家规定的探亲假的前提下,可填发定期通勤乘车证,有效期为一个历年。

(6)探亲乘车证。探亲乘车证是铁路职工及其供养的直系亲属探亲时的乘车凭证。职工供养的未满18周岁的子女随同职工或职工供养的配偶、父母探亲时,可共同使用一张探亲乘车证,但职工子女(符合4年一次探亲条件的职工的配偶)不能单独使用。

(7)便乘证。机车乘务员在规定担当乘务的区段内便乘时(不包括调车机车、小运转及出入厂取送机车),可由段、折返段乘务室、驻在所(站)值班员填发便乘证,按指定的日期和车次,一次乘车有效。

(8)调度命令乘车。事故救援与抢险救灾时,由于时间紧迫来不及填发乘车证时,可凭调度命令乘车,一次乘车有效。

除探亲、就医乘车证外,其他各种乘车证每张仅限填发一人使用。实行一人一票制。

3. 乘车证使用的规定

乘车证限乘车证上所填写的持用人,在有效期间和区间使用。

(1)准乘列车的规定

①持用全年定期、临时定期、软席、硬席乘车证,通勤、定期通勤乘车证和便乘证,准乘各种旅客列车(国际列车除外)。

②持用探亲乘车证,准乘除国际、旅游列车以外的各种旅客列车。

③持用通学、就医乘车证,准乘快车和普通旅客列车。

④持用铁路全年定期、临时定期、软席、硬席乘车证,均可乘坐空调可躺式客车。

⑤持有各种铁路乘车证的铁路职工允许乘坐动车组列车,但须办理实名签证。持软席全年定期乘车证、软席乘车证的人员,可以乘坐动车组列车卧铺和一等座席;持硬席乘车证(含全年定期、临时定期)的人员,可以乘坐动车组列车卧铺和二等座席。

(2)乘车证明的规定

持有铁路各种乘车证的职工出入车站及在列车内须与旅客一样经过检验手续;同时交验工作证、学生证、离休证、退休证、家属医疗证或家属证。任何证明均不能代替上述证件。职工持用探亲乘车证,需同时持贴有本人照片的工作证和探亲证明;职工配偶或父母、子女持贴有本人照片的家属证(医疗证)和探亲证明。任何代替工作证或家属证的证件均无效。三证俱全方为有效。

出差、探亲、驻勤、开会、入学、出校、调转赴任和搬家,还必须交验相应的证明,如职工出差证明书、人事调转命令、户口迁移证明等;医疗转院或疗养必须交验医疗机构的转院、疗养证明;机车乘务员便乘时,必须携带机务段填发的司机报单;机械保温车乘务员去外地换班乘坐旅客列车时,应交验保温段填发的交、接班证明。

(3)乘车证签证的规定

持用临时定期、软席、硬席、探亲乘车证时,须由车站签证;持用全年定期、通勤(学)、定期通勤、就医乘车证以及便乘证可免于签证。

4.路外填用乘车证的规定

为了铁路运输、建设和维护治安的需要,下列路外人员可使用以下乘车证:

(1)驻铁路局、车站军代处军事代表因公外出乘车时,可由驻地铁路局填写乘车证;副师职及其以上的领导干部(不受年龄限制)可填发软席,其他人员一律填发硬席。

(2)驻铁路沿线守护铁路桥梁、隧道的人民武装警察部队执勤人员及上级直接主管人员,在其管辖区域内执行任务时,可由驻地铁路局填发全年定期乘车证。

(3)驻铁路的兽医站及驻站检疫人员,在管辖区域范围内乘车时,可由铁路局填发临时定期或往返乘车证。

5.免费使用卧铺的规定

职工(含路外符合使用乘车证的人员)出差、驻勤、开会、调转赴任、医疗转院(含职工供养的直系亲属)、疗养、护送、出入学校,以本人开始乘坐本次列车开车时刻计算,从20:00至次日晨7:00之间,在车上过夜6h(含6h)或连续乘车超过12h(含12h)以上的,准予免费使用卧铺。

学生实习使用乘车证,不能免费使用卧铺。

使用卧铺中途不应下车。若必须下车时,不足夜间乘车6h或连续乘车不足12h的,列车长应按章核收已乘区间的卧铺票价及手续费。

符合使用卧铺规定的人员登记卧铺时,车站或指定的代办部门应查验有关证件,对有卡片的乘车证在卡片上登记;对无卡片的乘车证在乘车证背面登记,并发给卧铺号。

登记卧铺后不能按时乘车,应将卧铺号及时退回车站,车站将登记事项注销并加盖注销章。

6.其他有关规定

(1)持用通勤、探亲、就医和一次性软席、硬席乘车证,除换乘外,中途下车无效。

(2)定期通勤乘车证一个月只限使用一次,不能提前或移作下月使用。如节假日适逢月初或月末,乘车证的往返日期可跨及上月末或下月初,但起止时间不超过一周。

(3)全年定期、定期通勤、通勤和定期就医乘车证可延期使用至次年1月15日止。

(4)持用铁路乘车证,除规定的路用品外,均不能免费托运行李、搬家物品;需托运时应和持客票的旅客同样办理。

(5)铁路各部门特定在列车上工作的各种证件,如运输收入稽查证、机车登乘证、安全检查证,均不能代替乘车证,只能作为工作的凭证。

7.违章使用乘车证的处理

凡是在票面上加添、涂改、转借、超过有效期限或有效区间乘车,未持规定的有关证明、证件,超出规定使用范围的,以及持伪造证明、证件的,均为违章使用乘车证。

(1)发现违章使用乘车证时,均按无票处理。并查扣其乘车证及有关证件。

按所乘旅客列车的等级、席别、铺别、区间(单程或往返)及票面填写的人数,按照《铁路旅客运输规程》的规定补收和加收票款。

(2)下列乘车证除按无票处理外,还应按照票面记载的席别、区间加收罚款:

①定期通勤乘车证,按票面填写的乘车区间,自有效月份起至发现违章月份止,按每月一次往返的里程通算计收客票票价。

②全年定期乘车证、临时定期乘车证、通勤(通学)乘车证,自有效日期(过期的从有效期终了的次日)起至发现违章日期止,票面填写的乘车区间在一个铁路局以内的,按每日乘车50km计算票价(指普通客票票价);乘车区间跨铁路局的,按每日乘车100km计算票价(指普通客票票价),计算后低于50元的按50元核收。

③发现其他违章行为的,均按《铁路旅客运输规程》的规定做出相应处理。

(3)乘车证使用过程中,发现违章事项当时处理不了的,站、车应编制客运记录,连同查扣的乘车证及有关证件报本铁路局收入部门,由铁路局依据规定向违章职工单位发函,追补应收票款及罚款。

【例7-1】 2013年4月1日,到石家庄站的1523次(哈尔滨—石家庄新型空调)旅客出站收票时,发现衡水市电影公司刘某借用衡水站职工李某本年度衡水—太原定期通勤乘车证DTa0040037号,石家庄站处理过程如下:

(1)无票处理

衡水—石家庄122km

新空调硬座普快票价17.50元

加收50%票款:17.50×50%=9.00元

(2)罚款

衡水—太原:357×2=714km

硬座票价:40.00元

4个往返里程硬座票价:40.00×4=160.00元

手续费:2.00元

合计:17.50+9.00+160.00+2.00=188.50元

(3)查扣其乘车证,证件上报

【例7-2】 2014年3月1日,K2288次列车(长春—昆明,新型空调列车)绥中站开出后查验车票时,在硬席车厢发现1名旅客借用他人锦州—秦皇岛硬席2014年度全年定期乘车证去秦皇岛,列车应如何处理。

(1)无票处理

锦州—秦皇岛200km,新型空调硬座客快速票价29.5元

锦州—绥中119km,新型空调硬座客快速票价18.5元

50%×18.5=9.25≈9.5元

手续费:2元

(2)罚款

锦州、秦皇岛分别属沈阳、北京铁路局,跨局按每日100km客票票价6.5元,违章天数共60d。

6.5×60=390元

合计:29.5+9.5+2+390=431元

(3)查扣其乘车证,证件上报

【例 7-3】 2014 年 3 月 1 日,1342/1343 次列车(杭州—齐齐哈尔,齐齐哈尔客运段担当乘务),在乾安站开车后发现 1 名铁路职工持 2013 年度太平川经大安北至让胡路的定期通勤乘车证(DTb003658),旅客自述大安北站下车。列车对此应做如何处理?

(1)无票处理

太平川—大安北 155km,硬座客普快票价 11.50 元

太平川—乾安 100km,硬座客普快票价 7.50 元

加收 50% 票款:7.50 ×50% =3.75≈4 元

手续费:2.00 元

(2)罚款

太平川—让胡路 300km,往返里程 600km,硬座客票票价 34.00 元

违章 15 次:34.00 ×15 =510.00 元

合计:11.5 +4 +2 +510 =527.5 元

(3)查扣其乘车证,证件上报

二、路用品的运送与携带

(1)铁路电务等维修人员乘坐管内旅客列车到站检查、维修设备,凭铁路局发给携带器材乘车凭证,可携带蓄电池(6V)8 组,蓄电池和电池的电解液(装入特种容器)3 瓶,轨道焊接线火柴(铁盒密封)5 盒,焊药 40 包,防腐油 10kg,机油 1kg,煤油 1kg,变压器油 2kg,调和漆 5kg,汽油(密封)0.5kg。乘车时应服从列车长安排,将携带品放在列车尾部,保证安全,并不影响车内秩序和车长作业。

(2)铁路衡器所检修工作人员,持证明到各站检定、修理衡器时,准许随身携带小型配件、调和漆 5kg 和标准砝码 200kg。也可凭书面证明免费托运砝码和衡器配件。车站填发包裹票,在记事栏内注明“衡器检修”,收回书面证明报铁路局。

(3)为方便工务段钢轨探伤人员乘车需要,由各铁路局发给“携带钢轨探伤仪乘车证”,可携带 JGT 型钢轨探伤仪乘车;同时需出示铁路公用乘车证,准乘管内旅客列车。

(4)中国铁路文工团到铁路基层单位慰问演出,对该团演出用的服装、道具、布景准予免费运输,并按下列规定办理托运手续:

需要托运的服装、道具、布景数量较大时,可以拨给行李车;如行李车不足,也可拨给棚车代用。使用后,立即交还,不得停留占用。严禁用拨给的行李车或棚车装服装、道具和布景以外的物品。

少量的服装、道具、布景,可装在旅客列车编组中的行李车内运送,不必另拨车辆。办理此项免费运输时,必须凭“中国铁路文工团”开具的证明文件,到车站办理托运手续。如果要求拨给行李车或棚车时,应凭上述证明文件到有关铁路局办理拨车手续。

车站办理搬运时,应填写包裹票,并在运价栏划斜线,在记事栏内注明“免费”字样,同时将证明文件收回,随同包裹票报告页一并报送铁路局。

托运的服装、道具、布景由车站装卸时,应按规定核收装卸费。

(5)中国铁路文工团电视剧部到基层单位拍、放电视片,准予凭中国铁路文工团书面证明,将摄像机、录像机、放像机免费带进客车,自行看管,重量不受 20kg 限制。监视器、投影机、录音机等附属品按规定办理托运手续,免费运输。由车站负责装卸时,交给规定的装卸费。

第二节　铁路军事人员运输

一、铁路军事运输的地位、作用、特点、方针和原则

1. 铁路军事运输的地位和作用

铁路军事运输是根据军事需要，组织和利用铁路运输设备输送人员和物资的行动。铁路军事运输的地位和作用可以归纳为：

(1)它是国家运输的组成部分。

(2)它是保障部队机动和物资供应的重要手段。

(3)它是铁路运输的重要组成部分。

(4)它是我国军队综合运输的重要组成部分。

2. 铁路军事运输的特点、方针和原则

(1)铁路军事运输的特点

铁路军事运输受现代战争和国家铁路运输体制的制约，有以下主要特点：

①统一计划，集中指挥。军队所固有的高度统一性和铁路所具有的特殊性质，决定了铁路军事运输必须纳入国家统一的运输计划，由总部、军区分级管理，其运输组织实行高度集中的调度指挥。

②涉及部门多，协同工作复杂。铁路军事运输本身是一个系统工程，涉及部队、铁路和地方政府。就部队而言，上至军委作战意图，下至有装卸任务的每一个单位；在铁路系统涉及运输、机务、工务、车辆、电务和公安系统；地方政府也涉及粮食、燃料、军供和各级支前组织。由于涉及的部门多，关系复杂，组织协同就成了铁路军事运输组织工作的一项重要内容。

③紧急运输多，工作难度大。战争的突发性是现代战争的特点之一，突然袭击，先发制人是战争的惯用手段。战争的突发性使临战准备时间大为缩短；战场形势瞬息万变，使作战物资运输的时间、地点、去向均很难把握。有时为达成某一战略、战役企图，部队实施行动往往是极其隐蔽而突然的。因此，运输任务突然下达，时限紧，形成紧急运输多。另外，应付突发事件、抢险救灾、保护国家的安全和人民的生命财产，是军队义不容辞的职责，也是产生紧急运输的一个原因。要想在运输准备时间短促的情况下，迅速拟好运输计划，协调各方关系，准备大量的车辆、器材，保证输送任务的完成，其组织工作的难度是相当大的。

(2)铁路军事运输的方针和原则

现代战争对军事运输的依赖性越来越大，研究和揭示铁路军事运输方针、原则，有益于我们针对新情况、新问题采取相应对策，努力提高铁路军事运输的快速反应和综合保障能力。铁路军事运输以国家运力为依托，按照“统一计划、保障重点、迅速准确，安全保密、经济合理”的方针组织实施。铁路军事运输应当坚持为部队服务，为国防建设服务的宗旨，遵循统一组织、统筹计划、集中指挥、按级负责的原则，适应国防建设和现代战争的需要。当前，铁路改革不断深入，特别是在实行铁路局资产经营责任制新形势下，要继续把军事运输的工作摆在重要位置，认真贯彻执行军事运输的各项法规制度；加强国防教育，坚持军事运输为国防和部队建设服务的宗旨，正确处理经济效益与军事效益的关系。具体做到几个“不能变”，即自觉做到不管企业的管理体制怎么变，承担的国防义务不能变；不管经营方式怎么

变,军事运输的指令性地位不能变;不管运输组织方式怎么变,应急输送中"一切服从军事需要"的原则不能变,确保军事运输和建设的健康发展,确保迅速、准确、安全,保密地完成各项军事运输任务。

二、铁路军事运输的种类、等级

铁路军事运输中的人员运输极为重要,它是客运部门的一项重要任务。客运人员要熟练掌握军事运输规章制度,加强客运组织工作,不断提高军事运输业务水平,认真做好军事运输工作。

1. 军事运输种类

铁路军事运输按运输种类分为人员运输和物资运输;按运输性质分为战备运输和日常运输。

2. 人员运输范围

(1)部(分)队(含预备役)调动、参战民兵(工)、民兵高炮分队打靶。

(2)军队机关、院校、医院、仓库、在编军工厂的搬迁。

(3)兵员补退,伤病员后送,战俘遣送。

(4)军以上机关批准的执行其他军事任务的人员运输。

3. 军事运输等级

军事运输根据任务性质和物资品类分为特殊运输、重点运输和一般运输 3 个等级。

(1)特殊运输,是指重要的或紧急的运输,它是铁路军事运输中最高等级的运输。

(2)重点运输,是指重要的人员运输和重要的装备、物资运输,其重要程度仅次于特殊运输。

(3)一般运输,是指不属于特殊、重点运输的物资运输,其重要程度又次于重点运输。

三、新老兵运输

新老兵,是按照中华人民共和国兵役法和国务院中央军委的命令和指示,被征集入伍前往解放军和武装警察部队服现役的新兵和服役期满退出现役返乡的老兵。

新老兵运输工作是铁道、公路、水运、民航、民政和军事交通部门的一项重要任务,是直接关系到军队建设的一件大事;是搞好拥军优属,拥政爱民,密切军民关系,加强军民团结的一项重要内容。中共中央、国务院和中央军委对此十分重视,铁道部门铁路职工务必切实做好这项工作。新老兵运输工作应当遵循"集中领导、归口管理、分级负责、统筹计划、优先安排、方便部队"的原则。民政,铁道、公路、水运、民航和军队有关部门应当加强对新老兵运输工作的组织领导,按照职能分工,各司其职,各负其责,相互协作,迅速准确、安全保密地做好新老兵运输工作。

第三节 铁路国际旅客联运

铁路国际旅客联运是指两个或者两个以上国家铁路间按国际联运票据办理的旅客、行李和包裹的运送。参加旅客、行李和包裹联运的铁路间,负有相应的连带责任。为了做好国际铁路旅客、行李和包裹的直通联运,明确各国铁路的利益和责任,参加国际联运的各国铁路中央机关,缔结了《国际旅客联运协定》(简称《国际客协》)。

一、概述

1. 参加国际联运的国家

目前,采用《国际客运运价规程》(简称《国际客价》)的国家铁路有下列国家的铁路:

白俄罗斯共和国铁路　BC　(白铁);

越南社会主义共和国铁路　VZD　(越铁);

哈萨克斯坦共和国铁路　KZH　(哈铁):

中华人民共和国铁路　KZD　(中铁);

朝鲜民主主义人民共和国铁路　ZC　(朝铁);

拉脱维亚共和国铁路　LDZ　(拉铁);

立陶宛共和国铁路　LG　(立铁):

蒙古铁路　MTZ　(蒙铁);

俄罗斯联邦共和国铁路　RZD　(俄铁);

吉尔吉斯斯坦共和国铁路　KRG　(吉铁);

土库曼斯坦铁路　TRK　(土铁);

塔吉克斯坦共和国铁路　TDZ　(塔铁);

爱沙尼亚共和国铁路　EVR　(爱铁);

乌兹别克斯坦铁路　UTI　[乌(兹)铁];

乌克兰铁路　UZ　[乌(克)铁]

2. 我国铁路的国际旅客联运站

《国际客价》中规定的办理国际旅客联运的车站称之为联运站。

目前,我国铁路有30个旅客联运站:北京、北京西、大同、天津、衡阳、长沙、汉口、郑州、呼和浩特、集宁、二连浩特、沈阳、长春、丹东、哈尔滨、牡丹江、满洲里、绥芬河、桂林、南宁、崇左、凭祥、乌鲁木齐、阿拉山口、昆明北、河口、山海关、开远、宜良、昂昂溪。

我国铁路国际旅客联运站的位置分布,如图7-1所示。

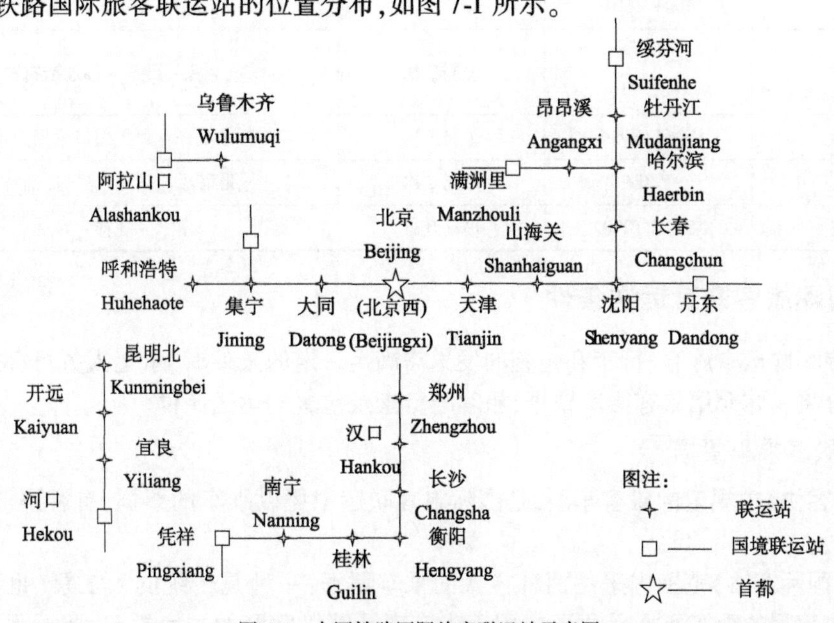

图7-1　中国铁路国际旅客联运站示意图

3. 国境站及国际旅客列车

国与国之间邻接的车站称之为国境站。我国及邻国现有的国境站,如表 7-1 所示。

我国及邻国的国境站　　表 7-1

<table>
<tr><th rowspan="2">路别</th><th colspan="2">文别</th><th rowspan="2">路别</th><th colspan="2">文别</th></tr>
<tr><th>中文</th><th>拉丁字母</th><th>中文</th><th>拉丁字母</th></tr>
<tr><td rowspan="2">中铁
朝铁</td><td>丹东</td><td>DANDONG</td><td rowspan="4">中铁
俄铁</td><td>满洲里</td><td>MANZHOULI/MANTCJURIJA</td></tr>
<tr><td>新义州</td><td>SINYDJU</td><td>绥芬河</td><td>SUIFENHE</td></tr>
<tr><td rowspan="4">中铁
越铁</td><td>凭祥</td><td>PINGXIANG</td><td>后贝加尔</td><td>ZABAIKALSK</td></tr>
<tr><td>河口</td><td>HEKOU</td><td>格罗迭科沃</td><td>GRODEKOWO</td></tr>
<tr><td>同登</td><td>DONGDANG</td><td rowspan="2">中铁
哈铁</td><td>阿拉山口</td><td>ALASHANKOU</td></tr>
<tr><td>老街</td><td>LAOKAI</td><td>多斯特克</td><td>DOSOYK</td></tr>
<tr><td rowspan="2">中铁
蒙铁</td><td>二连浩特</td><td>ERLIAN</td><td rowspan="2"></td><td></td><td></td></tr>
<tr><td>扎门乌德</td><td>DZAMYN-UDE</td><td></td><td></td></tr>
</table>

我国铁路与其他国家铁路间开行的国际旅客列车,如表 7-2 所示。

国际旅客列车　　表 7-2

<table>
<tr><th>路　别</th><th>车　次</th><th>开 行 次 数</th><th colspan="2">经　由</th></tr>
<tr><td>中、蒙、俄</td><td>K3/K4</td><td>每周一次</td><td colspan="2">北京－乌拉巴托－莫斯科</td></tr>
<tr><td>中、俄</td><td>K19/K20</td><td>每周一次</td><td colspan="2">北京－满洲里－莫斯科</td></tr>
<tr><td rowspan="2">中、俄</td><td rowspan="2">N23/N24</td><td rowspan="2">每周二次</td><td rowspan="2">哈尔滨东－绥芬河</td><td>海参崴</td></tr>
<tr><td>哈巴罗夫斯克(伯力)</td></tr>
<tr><td>中、朝</td><td>K27/K28</td><td>每周四次</td><td colspan="2">北京－丹东－平壤</td></tr>
<tr><td>中、蒙</td><td>K23/K24</td><td>每周二次</td><td colspan="2">北京－二连浩特－乌兰巴托</td></tr>
<tr><td>中、蒙</td><td>4602/4603
4604/4601</td><td>每周二次</td><td colspan="2">呼和浩特－二连浩特－乌兰巴托</td></tr>
<tr><td>中、蒙</td><td>22/684
683/21</td><td>每周二次</td><td colspan="2">乌兰巴托－二连浩特</td></tr>
<tr><td>中、哈</td><td>N955/N956</td><td>每周二次</td><td colspan="2">乌鲁木齐－阿拉山口－阿拉木图</td></tr>
<tr><td>中、越</td><td>Z5/Z6</td><td>每周二次</td><td colspan="2">北京西－凭祥－河内(嘉林)</td></tr>
<tr><td>中、越</td><td>T8701/T8702</td><td>每日开行</td><td colspan="2">南宁－凭祥－嘉林</td></tr>
</table>

二、国际旅客联运运送条件

国际旅客联运中旅客、行李和包裹的发送需满足一定的条件时,承运人方可办理运送手续。本部分将具体介绍旅客乘车票据、旅客与行李及包裹的运送条件。

(一)旅客乘车票据

《国际客协》中规定的旅客车票,是国际旅客联运中凭以乘车的票据,有客票、卧铺票和补加费收据。

目前《国际客协》范围内采用两种样式的乘车票据:一种是传统的人工票(也可称为用非自动方法填写的乘车票据),主要应用于未实现计算机联网的国家铁路,票据用圆珠笔或打字机填写；另一种是由计算机印制的电子票（可称为用自动方法办理的乘车票据），主要在独联体成员国和波罗的海三国铁路发售。两种乘车票据的根本区别在于对席位的分配和确认、票价和费用的计算等方面。前者完全由人工完成，后者由计算机网络系统自动完成。我国已经实现计算机网络售票，但在国际联运方面，目前只发售人工票，同时承认其他国家铁路发售的电子票。

1. 册页票本

国际旅客联运中使用的册页票本是旅客乘车凭据。册页票本，含票皮和票页，票页由客票、卧铺票和补加费收据组成，并按照客、卧、补的顺序装订。册页票本票皮样式，见图 7-2。

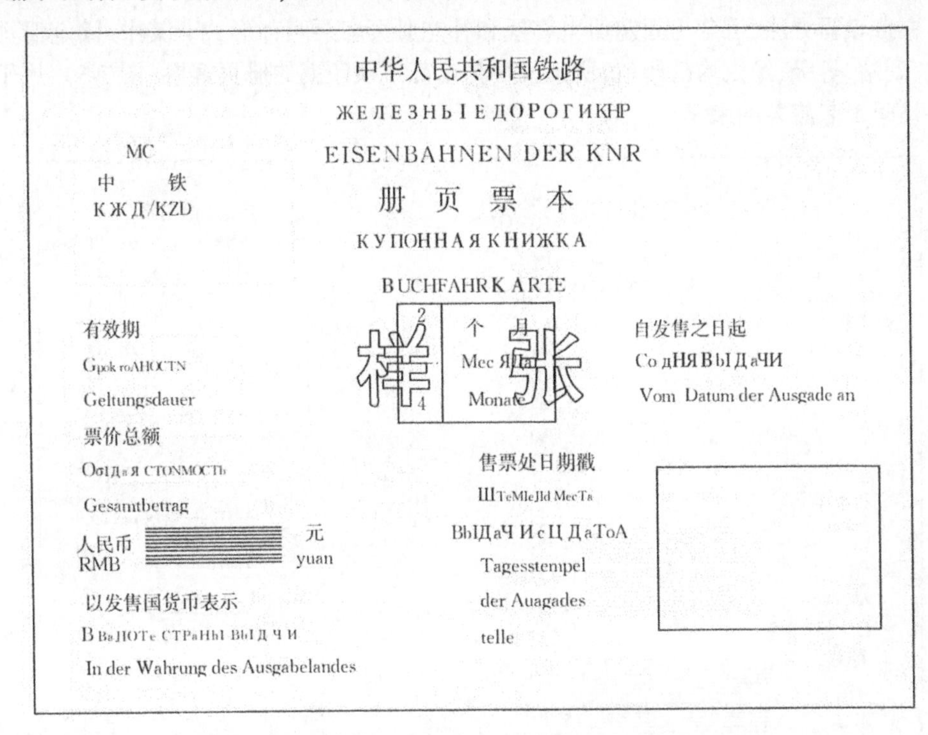
中华人民共和国铁路
ЖЕЛЕЗНЫ I Е ДОРОГИ КНР
EISENBAHNEN DER KNR
MC
中 铁
КЖД/KZD
册 页 票 本
КУПОННАЯ КНИЖКА
BUCHFAHRK ARTE
有效期
Gpok roAHOCTN
Geltungsdauer
2 个 月
Mec яц
4 Monate
自发售之日起
Со дНЯ ВЫ Д аЧИ
Vom Datum der Ausgade an
样 张
票价总额
Оơщ я CTONMOCTb
Gesamtbetrag
人民币 元
RMB yuan
以发售国货币表示
В ВаЛЮТе СТРаНЫ ВЫ Д Ч И
In der Wahrung des Ausgabelandes
售票处日期戳
ШТеМleJId MecTa
ВЫДаЧ И с Ц Д аТоА
Tagesstempel
der Auagades
telle

图 7-2 册页票本票皮

册页票本中可以没有卧铺票（当不乘坐卧车时）和补加费收据（当不发生补收费用时），但必须包括票皮和客票。缺少票皮（电子票可不带票皮）或客票的册页票本即视为无效的乘车票据，旅客无权凭以乘车。但个别国家铁路间如有协议，也可凭卡片客票和无票皮的册页票本乘车。册页票本限于按客票上记载的经路，从客票上所记载的一国铁路发站乘车到另一国铁路到站时有效。当册页客票中所有事项全部填好订入票皮后，将每张客票、卧铺票和补加费收据上的款额数相加，总数以阿拉伯数字形式填至票皮上的“票价总额”栏条状线内。在“售票处日期戳”方格内加盖乘车票据发售部门的日期戳，最后在票皮右上角填写旅客本人护照号。

2. 客票

客票是证明铁路同旅客间缔结运输合同的基本依据。

(1) 客票上应载有下列主要事项：

①发站和到站名称。

②印制的客票号码。

③经路。

④车厢等级。

⑤客票票价。

⑥客票有效期(在电子客票上)。

⑦客票发售日期。

⑧发售客票的铁路名称。

⑨人数。

(2)客票分类

客票按填写方法,可分为固定册页客票和补充册页客票两种形式。其中,固定册页客票是发站、到站、等级、经由均已印就,所以又称为全部事项印就的册页客票(图 7-3),用于客流大的各站间 1 名旅客的乘车。

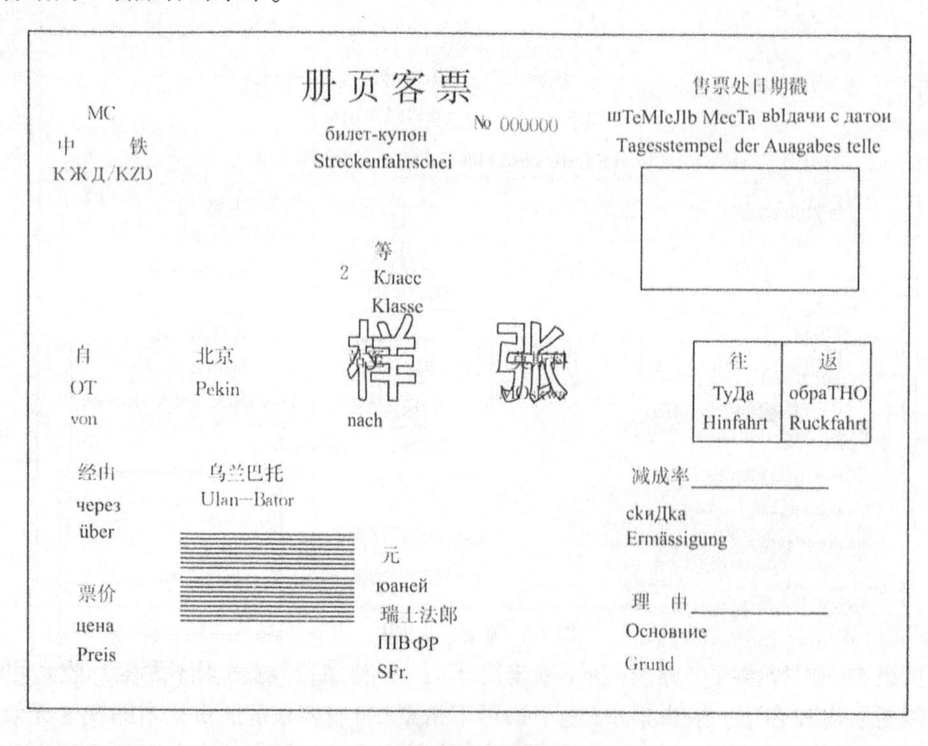
册页客票

MC
中 铁
КЖД/KZD

билет-купон
Streckenfahrschei

№ 000000

售票处日期戳
шTeMIcJIb MecTa вbIдачи с датои
Tagesstempel der Auagabes telle

等
2 Класс
Klasse

样 张

自 北京
OT Pekin
von

nach

往	返
ТуДа	обраТНО
Hinfahrt	Ruckfahrt

经由 乌兰巴托
через Ulan—Bator
über

减成率________
скиДка
Ermässigung

票价
цена
Preis

元
юаней
瑞士法郎
ПIВФР
SFr.

理 由________
Основние
Grund

图 7-3 全部事项印就的册页客票

铁路客票发售部门在发售固定册页客票时,根据旅客的需要,可分别按单程或往返发售。当旅客办理单程的固定册页客票时,应在票皮内订入一份固定册页客票,并将不使用的方向用斜线划销;当旅客办理往返用的固定册页客票时,应在票皮内订入两份固定册页客票,在用于往程乘车的固定册页客票上,划掉“返”字,在用于返程乘车的固定册页客票上,则相应的划掉“往”字。如果旅客享受减成,在“减成率”栏填写减成的百分比,并在“理由”栏按减成原因,填写相应的略语。客票的左下部为票价栏,在条状线内分别用阿拉伯数字填写相应的瑞士法郎和人民币款额数。最后,在“售票处日期戳”方格内加盖本售票处日期戳,并在客票背面加盖出发日期和车次戳记。

补充册页客票(图 7-4)是相对固定册页客票而言的,它的旅客人数、发站、到站、经由、票价等栏均为空白;售票时由发售部门复写填发,适合国际联运各站间 1 名或数名旅客的乘车。补充册页客票分为单程补充册页客票和往返补充册页客票两种。

第二联

МС 册页客票
中 铁 билеТ-КуПОН №000000
КЖД/KZD Sreckenfahrschein

售票处日期戳
шТеМIеJIb МесТа вЫдачиедатоН
Tagesstempel der Auagadestelle

供 人乘车用
ДлЯ ЧелоВек
für Reisende(n)

往程ТуДа/hinfahrt 返程ОбраТНО/ruckrahrt

自 ОТ/von			站	站
至 До nach	1	等 КЛ./Kl.	站	站
	2	等 КЛ./Kl.	站	站

样张

经 由
Через/über

减成率 СкИДка____% Ermässigung	理 由 основание____ Grund	一名旅客客票票价 ПлаТа за проезд оодного пассаЖлра/preis je Person		瑞士法郎 ШВ.ФР. SFr.
团体旅客证 КОНТРОЈЬНlе kynoHul/Kontrolikarten 自第 号至第 号 c/von Nr До/bis Nr		客票票价总额 ОбЩаЯ СТОММОСТЬ Gesamtbetrag		元 ЮаНей
				瑞士法郎 ШВ.ФР. SFr.

a)补充册页客票(单程)(中国铁路票样)

第二联

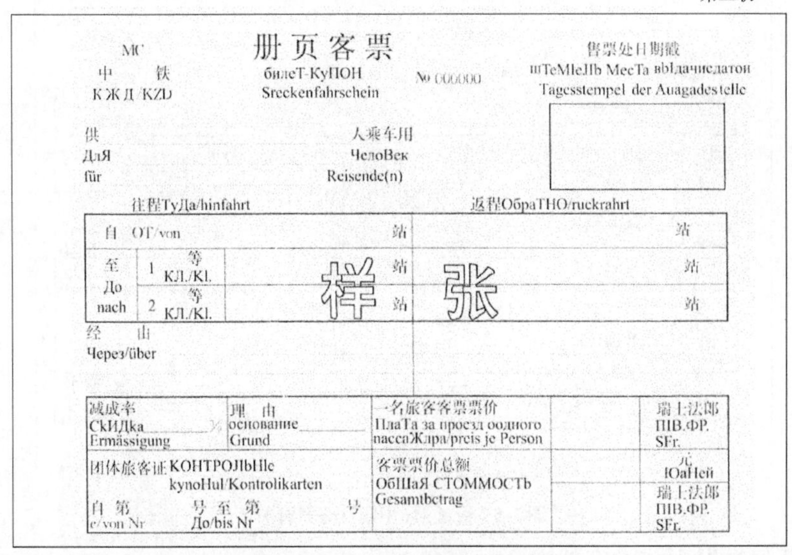
МС 册页客票
中 铁 билеТ-КуПОН №000000
КЖД/KZD Sreckenfahrschein

售票处日期戳
шТеМIеJIb МесТа вЫдачиедатоН
Tagesstempel der Auagadestelle

供 人乘车用
ДлЯ ЧелоВек
für Reisende(n)

往程ТуДа/hinfahrt 返程ОбраТНО/ruckrahrt

自 ОТ/von			站	站
至 До nach	1	等 КЛ./Kl.	站	站
	2	等 КЛ./Kl.	站	站

样张

经 由
Через/über

减成率 СкИДка____% Ermässigung	理 由 основание____ Grund	一名旅客客票票价 ПлаТа за проезд оодного пассаЖлра/preis je Person		瑞士法郎 ШВ.ФР. SFr.
团体旅客证 КОНТРОЈЬНlе kynoHul/Kontrolikarten 自第 号至第 号 c/von Nr До/bis Nr		客票票价总额 ОбЩаЯ СТОММОСТЬ Gesamtbetrag		元 ЮаНей
				瑞士法郎 ШВ.ФР. SFr.

b)补充册页客票(往返)(中国铁路票样)

图 7-4 补充册页客票

单程和往返乘车用的补充册页客票均由两联组成。第一联为存根,留在客票发售部门,以便随同客票报告提出,第二联订入册页票本票皮内交给旅客。发售往返乘车用的补充册页客票只供单程乘车使用时,不使用的相反方向各栏用斜线划销。

填写补充册页客票时,应遵循的规则有如下几点:

①旅客人数以阿拉伯数字和大写填写;

②到站名称填入应乘车厢等级栏内,不乘用的车厢等级栏用对角叉线划销;

③票价栏填写以运价货币和发售国货币表示的1名旅客的全程客票票价和票价总额;

④如果旅客享受减成,则在“减成率”栏填写减成百分比,并在“理由”栏内填写减成原因,如:“REBENOK(儿童)”“GRUPPA”(团体)等;

⑤发售盲人陪同(人或狗)补充册页客票时,在“减成率”栏注明减成数额,在“理由”栏内填写“陪同(PROVODNIK)”字样;

⑥发售散客(人数少于6人)往返补充册页客票时,在“减成率”栏内注明减成数额,在“理由”栏内填写“TUDAIOBRATNO”字样;

⑦铁路在办理团体和散客往返客票时,每一方向均使用单独的补充册页客票,在返程客票的上部注明往程册页客票的号码。

3. 卧铺票

旅客乘坐卧车或座卧车时,除客票外,还应有占用相应铺位的卧铺票。旅客凭卧铺票,不论夜间或白天,均有权使用卧铺;但乘坐座卧车时仅限在21:00至次日7:00期间使用卧铺,全部卧具使用费包含在卧铺票价中,每套卧具的使用时间为5d,超过时铁路应免费更换。

卧铺票的样式,见图7-5。

第二联

MC 中 铁 К Ж Д/KZD
卧铺票 ПЛАЦКАРТА BRTTкARTE
特别记载 Специальные укааания besondere Angaben
№ 000000
售票处日期戳 шTeMIeJIb MecTa вbIдачисдатон Tagesstempel der Auagades telle

属于第 К билету № Zum Fahrausweis
号客票 供 для für
人乘车用 до Reisende(и)

自/от/von	至/до/nach
经由/через/über	

发车日期 ___年__月__日	发车时间 __时__分	车 次 No. ______	车 厢 No. ______

铁路 Жел.дорога Eisenbahn............
等级和种类 класс и категория Klasse und Kategorie............
席 位 No. ______

一名旅客卧铺费 ПлаТа за проезд одного пасс Preis Für einen Person	瑞士法郎 ПIВ.ФР. SFr.	发售国货币(人民币) В Ва Л IОТе СТРаНhI ВbI Д а Ч И In der Warung des Ausgabelandes	元 юаней
卧铺费总额 ОбЩаЯ СТОИМОСТЬ Gesamtbetrag	瑞士法郎 ПIВ.Фр. SFr.	手续费 Комиссионьlй сбор Vormarkgebühr	元 юаней
手续费 КомиссиоНиЫй сбор Vormerkgebühr	瑞士法郎 ПIВ.ФР. SFr.	已乘坐 использована в вагопе жел.дороги Im Wagen der Eisenbahn benutzt	铁路卧车

样 张

图7-5 卧铺票(中国铁路票样)

卧铺票任何情况下均没有减成。

其中,卧铺票上的车厢等级和铺位种类按表7-3中代号填写。

卧铺车厢等级及铺位代号 表7-3

车厢等级和铺位种类代号	车厢等级和铺位种类	车厢等级和铺位种类代号	车厢等级和铺位种类
2/0	开放式硬卧	BC_6	6人包房座卧车
2/4	4人包房式硬卧	1/4	4人包房座卧车
2/3	3人包房式硬卧	1/2	2人包房式软卧
2/2	2人包房式硬卧	1/1	1人包房式软卧
BC_4	4人包房座卧车		

4. 补加费收据

补加费收据是指当变更运行径路、车厢等级以及同一径路上分乘不同等级车厢等情况时开具的乘车票据,是运输合同条件发生变更的证明。补加费收据由两联组成,复写填发。第一联为白色的存根,留在发售部门,随当月报表报送清算部门;第二联为浅蓝色底纹水印纸,待填好后订入票皮交给乘客。

在支付客票票价差额和其他运送费用时,可使用同一张补加费收据。补收卧铺费差额时,应单独开具一张补加费收据。往返乘车须补加收费时,往程和返程分别开具补加费收据。

补收携带狗的运送费用时,应在右侧最上一个空格内相应地填写“狗(SOBAKA)”。

没有使用到的各栏,沿对角线方向打叉划销,并在“售票处日期戳”方格内加盖本售票处日期戳。

补加费收据的样式,见图 7-6。

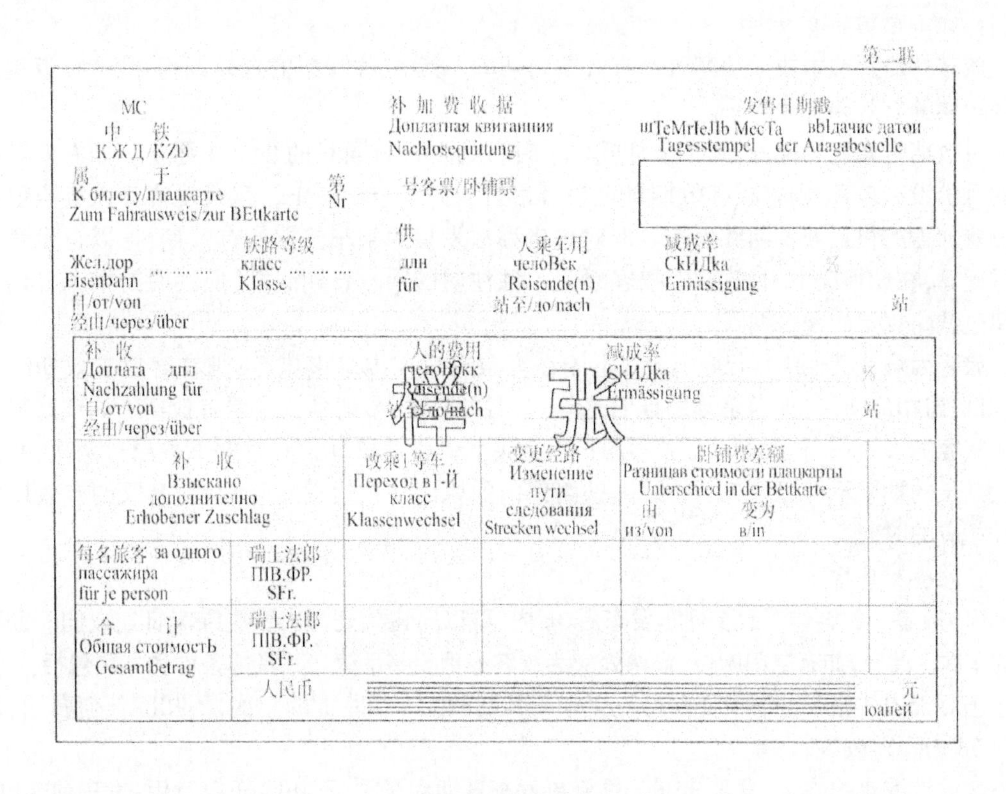

第二联

MC
中 铁
К Ж Д/KZD

补 加 费 收 据
Доплатная квитанция
Nachlosequittung

发售日期戳
шTeMrIeJIb MecTa вbIдачис датои
Tagesstempel der Auagabestelle

属 于 第 号客票/卧铺票
К билету/плацкарте Nr
Zum Fahrausweis/zur BEttkarte

铁路等级 供 人乘车用 减成率
Жел.дор ……… класс ……… для человек СкИДka %
Eisenbahn Klasse für Reisende(n) Ermässigung
自/от/von 站至/до/nach 站
经由/через/über

补 收 人的费用 减成率
Доплата для человек СкИДka %
Nachzahlung für Reisende(n) Ermässigung
自/от/von 站至/до/nach 站
经由/через/über

样 张

补 收 Взыскано дополнительно Erhobener Zuschlag		改乘1等车 Переход в1-Й класс Klassenwechsel	变更经路 Изменение пути следования Strecken wechsel	卧铺费差额 Разницав стоимости плацкарты Unterschied in der Bettkarte 由 变为 из/von в/in	
每名旅客 за одного пассажира für je person	瑞士法郎 ШВ.ФР. SFr.				
合 计 Общая стоимость Gesamtbetrag	瑞士法郎 ШВ.ФР. SFr.				
	人民币				元 юаней

图 7-6 补加费收据

5. 团体旅客证

团体旅客证是证明旅客属于持团体票的团体的凭证,连同团体票一同使用时有效。团体旅客证发给 6 人及以上的团体乘车的每一位旅客(领队除外)。领队乘车使用团体旅客乘车用的册页客票。

客票发售部门在填好册页客票号码和车厢等级之后,将团体旅客证发给旅客。对于团体旅客往返乘车时,应在团体旅客证背面加盖“往返”戳记。

团体旅客证的样式,见图 7-7。

团体旅客证

MC

中　铁

КЖД/KZD

КРТОНТРОлЪНЫЙ КуПОИ

Kontrollkarte==

等级

Класс/Klasse······

属于册页客票　　第　　号

КбилеТу-купОНТу Nr······

Zum Streckenfahrschein

a)

仅当同团体旅客册页客票使用时有效

ГолеН ТОлЪкО с билеТОМ-купоНОМ

длН группОВОй ноездки

Gultig nur in Verbindung mit dem

Streckenfahrschein fur Gruppenfahrt

b)

图 7-7　团体旅客证

除上述乘车票据外,乘车的凭证还包括国际铁路通用的免费乘车证(分公用及私用两种)及国际旅客列车(直通客车)国内段免费乘车证。

(二)旅客运送条件

1. 乘车票据的有效期

旅客持册页票本或卡片客票在有效期内乘车。其中,往程票的有效期为 2 个月,返程票和往返票的有效期为 4 个月。

有效期自发售日起算,到 2 个月或 4 个月后的发售日同日的 24:00 终止。如有效期终止的月份没有该日,则客票有效期算至该月最后一天 24:00 终止。客票发售日以客票上规定位置加盖的售票处日期戳为准。但对预售办法发售的乘车票据的有效期,可以自发售日以后起算,在此情况下,有效期应按客票上单独注明的乘车日期起算,但注明的乘车日期不得超过铁路规定的预售期限。

旅客因病或其他不得已的原因,不能在客票有效期内结束旅行,则在客票有效期终止前,可提出相应文件(如医院诊断证明书等),向铁路部门申请延长客票有效期。如铁路部门确认旅客的理由正当,应予以延长客票的有效期。一张客票延长有效期不得超过两次,并且每次延长的期限不得超过 2 个月。因铁路部门的原因导致运送发生延误,客票的有效期则延长相应的时间。

2. 改签和退票

(1)改签。旅客购票起至列车发车后 3h 内,可以向售票处提出变更乘车日期或同一径路上的车次。此时,如有空闲席位,售票处应为旅客办理改签手续。其具体条件和办法包括:

①对于团体旅客,发车 5d 前可变更乘车日期和同一径路上的车次,不扣除任何费用;发车前 5d 内不得改签。

②对持散票的旅客,发车 3d 前,可变更发车日期和车次,不扣除任何费用;发车前 3d 内 6h 前,可变更发车日期和车次,扣除卧铺费的 80% 作为退票费;发车前 6h 至发车后 3h 内,只改签相同车次的下趟列车,此时原卧铺票作废。旅客须重新购买卧铺票。

③改签时,将原在客票背面加盖的乘车日期和车次戳划销,重新盖戳;而卧铺票则须将原票收回,再重新开具一张卧铺票。

(2)退票。对于团体旅客,在发车 5d 前可办理退票,发车前 5d 内不予退票。

对于散客,发车 3d 前可以办理退票;发车前 3d 内 6h 前可办理退票,但需扣除卧铺费的 80% 作为退票费;发车前 6h 至发车后 3h 内,原卧铺票作废,只可退还客票费。

以上各种情况下,手续费均不予退还。

3. 变更席别和径路

(1)变更席别。由于铁路责任(如发售重号等)不能给旅客提供与其乘车票据相符等级列车和席别时,可将旅客安排在较高等级车厢,不再补收客票和卧铺票差额;如列车中不能为旅客提供席位,则应将旅客安置到按同一径路或其他径路开往同一到站的其他列车。持较低等级车厢乘车票据的旅客要求改乘较高等级车厢时,若列车有空余席位,可满足其要求,并向其补收相应的票价差额。其中,客票差额只能在售票处补收,卧铺票差额可在售票处或在列车上补收,收费时应向旅客开具补加费收据。

(2)变更径路。旅客在乘车开始前要求变更乘车径路时,需按照退票、重新购票流程办理。

若旅客在运行途中某一站要求变更径路:

①当新径路票价低于原径路票价时,车站在客票背面记载实际乘车径路。如变更径路后经由的国家也随之发生变化,则需给旅客开具一张补加费收据,并注明新的径路和经由的国家铁路名称。

②当新径路票价高于原径路票价时,向旅客核收票价差额并开具补加费收据。

③当变更径路只涉及接受变更申请的国家时,此时按照该国铁路国内规章办理。

4. 儿童乘车条件和各种减成的规定

(1)儿童乘车条件。当儿童乘车时,儿童的乘车票据的办理条件为:

①未满4周岁的儿童在不单独占用席位的情况下,每名成人旅客可免费携带1名;超过1名时,超出数目的儿童应购买儿童客票。单独占用席位时,每名儿童均应购买儿童客票;单独占用卧铺时,还应购买卧铺票。

②年满4周岁但不超过12周岁的儿童,不论是否单独占用席位,每名儿童均应购买儿童客票;单独占用卧铺时,还应购买卧铺票。

③12周岁以上儿童乘车条件与成人相同。

儿童年龄以乘车开始之日护照所载为准。

(2)各种减成的规定。为照顾儿童和残疾人乘车,国际旅客联运中对儿童、盲人陪同、旅行团体和往返乘车旅客,在购买客票时给予一定的优惠(卧铺票不在减成范围)。减成率由《国际客价》及各国铁路的规定来确定。

①儿童减成:儿童客票的票价为成人票价的50%。

②对于团体,单程乘车时,客票减成25%;往返乘车时,减成40%。团体旅客中,不计算持各种免费乘车证的旅客。

③往返乘车,非团体旅客往返乘车时,客票减成20%。

④盲人的1名陪同(可以是人或经过训练的狗)在陪同盲人乘车时,免付客票费。

以上各种减成,旅客只能享受其中最高的一种。

5. 中途下车

在护照和行政当局的规定允许的情况下,旅客有权在客票有效期内在途中某站下车,不限次数和时间。但中途下车不延长客票的有效期。

旅客中途下车后,应在列车到达时起3h内向车站提出票据,以便做出相应记载。

中途下车后,在客票有效期内,旅客可以在中途下车站或从客票所载乘车径路上更接近到站的任何车站,继续乘车。应向车站提出自己的客票以便轧针孔。

中途下车后,旅客从非联运站继续乘坐卧车,则应首先按国内票价,购买至最近的联运站的卧铺票。

如旅客自愿仅从中途某站占用卧铺，则未乘坐卧车区段的卧铺票不予退还。旅客在中途下车时，卧铺票即失去效力，未乘坐区间费用不退，卧铺票由卧车列车员留下。

6. 携带品

在不违反国境联检部门规定的前提下，旅客可以携带随身物品乘坐国际旅客列车和直通客车。免费携带的总重量，成人旅客每人不得超过36kg，未满12周岁的儿童每人不得超过15kg。有儿童或残疾人乘车时，属于儿童的一辆折叠式儿童手推车或属于残疾人的轮椅可以携带上车，且不计算在重量标准内。在外交信使单独占用的包房内，允许携带200kg以内的外交邮件和行李。这种情况下，超过免费携带品标准的外交邮件和行李应按手提行李办理，并按照适用的《国际客价》中规定的行李费率核收运费。

国际联运车厢内，旅客可以随身携带宠物（狗、猫、禽鸟等），但这些宠物只能带入2等车厢，且必须将其安置在单独的包房内，每个包房不得超过2只。旅客需支付包房内全部铺位的客票票价和卧铺费。若客车没有单独的包房，则禁止旅客携带宠物。

旅客应看管好随身携带的动物，对违反卫生要求负完全责任，并须适当地清扫车厢，承担因违反运送规定造成的一切损失。

为了确保旅客的乘车安全，下列物品禁止携带上车：

（1）可能损坏车厢或其他旅客携带品、污染车厢的物品；

（2）易燃、易爆物品，具有放射性、腐蚀性及毒害性的物品；

（3）装有弹药的武器；

（4）可能引起感染或具有强烈刺激性异味的物品；

（5）长、宽、高相加超过200cm的物品；

（6）海关和其他规定禁止运送的物品。

7. 乘车票据的查验

列车长或有关检查机构代表查验车票时，应注意日期、车次、到站、座别和乘车票据的完整。只有册页票本的票皮而没有册页客票或只有册页客票而没有册页票本的票皮（个别铁路间，另有协议者除外），均属于无效票据，旅客无权凭以乘车。如旅客用优惠乘车票据乘车，还应出示相应证明。

若旅客不能交验有效车票，则应根据发现无票乘车所在铁路的规章核收罚款、票款和补加费。旅客如继续乘车应购买乘车票据。

（三）行李、包裹运送条件

1. 行李运送标准和禁止按行李运送的物品

国际联运行李是旅客凭客票向铁路托运的个人物品，其发、到站必须是国际旅客联运站，并且必须位于客票所载乘车径路内。行李可以一次托运至客票所载的到站，也可以分几次从途中向到站方向托运。

凭一张客票托运的行李，总重量不能超过100kg，多名旅客凭一张客票乘车时，总重量的标准按人数相应的提高。承运外交人员的行李，没有重量限制。每件行李的重量不得少于5kg且不超过75kg，并且能够迅速和毫无困难地装入旅客列车的行李车内。

活动的单人沙发、折椅、轮椅（包括自动轮椅），婴儿车，装入包装的轻便乐器，容易装入行李车的舞台道具，长度不超过3m的测量用具和装入包装的工具，普通自行车、机械脚踏车、无斗摩托车（油箱必须排空），长度不超过3m的滑雪板和其他体育用品等物品，可以按行李运送。

下列物品禁止按行李运送：

(1)一切易燃品、自燃品、爆炸品、放射性物品、腐蚀性和毒蚀性和毒害性物品，枪支、弹药和能使其他旅客的行李或铁路设备受到损害的物品。

(2)能引起感染或具有强烈刺激性异味的物品。

(3)金、银、白金及其制品，有价证券、硬币和纸币，天然珍珠、宝石和其他贵重物品、艺术品(画、雕塑品、各种艺术制品等)。

(4)动物。但检疫规章不禁止的装在笼子或其他相应容器里的宠物(狗、猫和禽鸟)除外。托运动物时，动物的喂食和饮水由旅客负责。

(5)属于参加运送的铁路任何一国邮政专运的物品。

(6)易腐产品。

2. 准许和禁止按包裹运送的物品

在行李车中有空闲的地方且对行李和包裹的运送不会产生危害的情况下，能迅速容易地装入并放置在行李车中的物品，可以按照包裹来承运。凡准许按行李运送的物品，均可按包裹运送。

禁止按行李来运送的物品，均不能按包裹运送。

一件包裹的重量不得少于5kg，同时不能超过165kg，体积与形状不能影响装卸。

3. 行李承运

行李应预先托运。《国际客协》规定托运行李最迟不得晚于所乘列车开车前30min。在中国铁路，国际联运行李不得晚于发车前1日托运。

承运的行李一般应随旅客所乘列车发送。如无此可能，则应随最近的列车发送。

旅客托运的行李必须具有坚固的包装，能保证在运送途中不致损坏，否则铁路不予承运。如果托运的行李虽然包装不良，但在运送途中不致使本身及其他旅客的行李毁损，则发站可以在行李票正面“发站关于包装不良或行李状态的记载”栏注明包装不良的情况，然后予以承运。

旅客托运行李时，为确保其利益不受损失，可以声明价格。是否声明价格由旅客本人决定。旅客不希望声明价格时，承运的车站必须在行李票“声明价格”栏填写“本人不声明价格”字样，并由旅客签字确认。

旅客可以分别声明每件行李的价格，也可以只声明全部行李的总价格。

声明价格时，用旅客发送国货币提出，承运的车站应按本国主管部门公布的折算率，将全部行李的总价格折算为瑞士法郎，连同每件的价格一并记入行李票。

发站在承运行李时，有权检查声明价格是否与物品本身价值相符；如果不符而旅客又不同意进行修正，则这批行李只能按不声明价格托运。

铁路承运行李，应填写行李票然后交旅客核对。旅客在收到行李票时，应该核对票面记载同其所提要求是否相符。

行李票一式三联。第一联为行李票，填好后交给旅客，旅客凭此在到站领取行李；第二联为行李运行报单，随同行李运至到站；第三联为行李票存根，由发站留存并随当月报表报送上级机关。行李票和行李运行报单用绿色底纹白纸印制，行李票存根用白纸印制。

行李票用发送国文字复写填写，填写时可使用钢笔或圆珠笔，也可以用打印机打印。由《国境铁路协定》指定的国境站翻译成相应的国家文字。

旅客交运行李时，发站工作人员应首先准确确定行李的件数、单件重量及总重(kg)和包装状态；然后计算经由的每一铁路的运费和杂费(声明价格等)并填写行李票。

发站在行李票上填写的所有事项，均应相应记入行李运行报单和行李票存根。

填好行李票后，应在旅客的客票背面加盖"行李"字样的戳记。如果行李不是托运到客票所载的到站，而是某一中途站，还应在"行李"戳记旁边注明"行李托运至××站"。

4. 包裹承运

在保证旅客行李运送的前提下，如行李车中有空闲货位，发站可以承运包裹。

包裹的包装要求与行李相同。

发送人托运包裹时，必须声明价格。包裹声明价格的方法与行李相同。

发站在承运包裹时有权检查声明价格是否与物品本身价值相符。如果不符而发送人又不同意进行修正，则发站不得承运。

旅客声明价格时，铁路应按《国际客价》的规定收取声明价格费。

发送人要求托运包裹，应首先向车站提出书面申请，写明下列主要事项：

(1)发送路、发站和到达路、到站名称。

(2)发送人和收领人及其地址。

(3)运送径路(即包裹应经由的国境站)。

(4)货物名称、件数、每件的重量和包装的种类。

(5)声明价格款额。

(6)货物出口许可证号码及填发日期，并注明许可证与何时寄往哪国的哪一个海关。如果出口许可证仍在发送人手中，则发送人应该将该证附在申请书上。运送家庭用品时，如发送国国内法令允许，可不要许可证。

车站在收到申请后，应进行核对。如果缺少出口许可证或发送人不能说明许可证寄往的海关，或者出口许可证记载的国境站与发送人提出的经由国境站不符，发站应拒绝承运。对于发送人提出的其他添附文件是否正确、齐备，发站不予负责。

车站同意承运时，给发送人开具包裹票交发送人核对，并在申请书上注明承运日期和包裹票号码。包裹的承运日期以包裹票上加盖的日期戳为准。申请书由发站留存。

旅客在收到包裹票时，应核对票面记载同其所提申请书的要求是否相符。

包裹票一式三联。第一联为包裹票，填好后交给旅客；第二联为包裹运行报单，随同包裹运至到站；第三联为包裹票存根，由发站留存并随当日报表报送上级机关。包裹票和包裹运行报单用粉色底纹白纸印制，包裹票存根用白纸印制。

包裹票用发送国文字复写填写。填写时可使用钢笔或圆珠笔，也可用打印机打印，由《国境铁路协定》规定的国境站翻译成相应国家文字。

发送人交运包裹时，发站工作人员应首先准确确定包裹的件数、单件重量及总重(kg)和包装状态；然后计算经由每一铁路的运费和杂费(声明价格费等)，并填写包裹单。填写时应注意如下几点：

(1)承运属于旅客的包裹时，应在包裹票填写运送费用的空栏内记载"包裹属于持第_号客票的旅客"字样。此外，还要在旅客的客票背面加盖"包裹"字样的戳记。

(2)关于包裹出口许可证寄往哪国哪一海关的记载，应在包裹运行报单背面"其他记载"栏注明。

(3)发站应将发送人提出的全部添附文件牢固粘贴在包裹运行报单上，并在文件上加盖车站日期戳,在运行票据上列载全部添附文件的名称。

填写包裹票的其他办法和注意事项与行李票相同。

5. 行李、包裹的到达和交付

(1)行李的交付。行李一般在行李票所载的到站交付。特殊情况下,旅客可以要求在发站或中途站领取行李,但必须提前征得铁路和海关等部门的许可。在中途站交付行李后,行李员应在旅客所持的客票背面"行李"戳记下面记载"行李已在××站交付"字样。

行李到达后,到站应在行李运行报单背面"关于行李到达的记载"栏填写到达日期和车次,在"行李到达簿顺序号码"栏记录行李到达簿顺号,然后在方框内加盖车站日期戳。

旅客凭行李票领取行李。

铁路交付行李时,应将行李票同行李运行报单进行核对,无误后收回行李票。交付行李后,在行李票和行李运行报单背面"关于交付行李的记载"栏填写"已交付"字样,并在方框内加盖车站日期戳。铁路没有义务核查提出行李票的旅客是否确是行李的所有者。

车站交付行李后,将收回的行李票和行李运行报单造表上报上级主管部门。

特殊情况的交付:

①行李未到。旅客要求领取行李,但行李未到时,车站应在旅客提出的行李票背面记载"行李未到"并加盖车站日期戳。

②重量多出。交付行李时发现重量多出,应编制商务记录,但不向旅客补收多出重量部分的运费。这项费用将通过本国铁路中央机关向过磅错误的国家铁路核收。

③行李票丢失。按本国铁路国内规章处理。

(2)包裹的交付。包裹应在包裹票上记载的到站交付。

包裹到达后,到站应在包裹运行报单的背面"关于包裹到达的记载"栏填写到达日期和车次,在"包裹到达簿顺序号码"栏记录包裹到达簿顺号;然后在方框内加盖车站日期戳。到站应在包裹到达16h内,按到达国铁路国内规章规定的办法通知领货人。

包裹应交付包裹运行报单所载的领收人,也可以交付给持有领收人委托书的其他人,但其所持的委托书必须符合到达地现行国内规章的规定。领收人或其委托人不必提出包裹票,但需出示本人有效身份证件,如身份证、护照。

到站交付包裹时,应向领收人核收途中和到站发生的一切费用,由领收人在包裹运行报单背面签字。车站将领收人身份证件的号码等有关事项记入包裹运行报单背面相应栏内。凭委托书领取包裹时,车站还应填写委托书号码等有关事项,然后在包裹运行报单背面"关于包裹交付的记载"栏填写"已交付"字样,并在方框内加盖车站日期戳。

三、国际旅客联运运送费用

在国际旅客联运中,运送费用包括运费和杂费两个部分。运费指的是客票票价、卧铺费、行李及包裹运费。而杂费包括售票手续费、签票费、行包声明价格费等。国际旅客联运的运价货币是瑞士法郎。

(一)运送费用的计算原则

运送费用按照购买乘车票据当日的费率计算。行李、包裹的运送费用,按照承运行李、包裹当日的费率计算。在发售客票或填发行李票、包裹票时,应将由发站至到站的全程运送费率,按照付款当地当日的牌价折算成发送国货币核收。

国际旅客联运的运费按《国际客价》计算。《国际客价》由运送费用构成原则、里程表和票价表等部分组成。

在《国际客价》中,里程表由各国分别公布。每一国铁路的里程表应包括如下两部分,即:

(1)一国国境线至另一国国境线里程,用于计算过境运送时的运送费用。

(2)国境线至各联运站里程,用于计算始发、终到以及换乘运送时的运送费用。

在《国际客价》中,运费表包括以下内容:

(1)每一国铁路公布的本国铁路段客票票价表和本国铁路担当卧铺车的卧铺票票价表。

(2)每一国铁路公布的本国铁路段行包运费表。

(3)统一的行包声明价格费率表。

在《国际客价》中,运送费用构成的基本原则是:

(1)客票费、行包费以及声明价格费要按国际联运车厢经过的每一国家铁路里程分段,依照各国铁路分别公布的票价表计算(声明价格费按统一的费率表计算),然后加总核收。在哪一国家铁路段的客票费、行包费以及声明价格费,即归该国铁路所有。

(2)卧铺费按照提供车厢并担当乘务的国家公布的票价表,对每一不换乘区段分别计算,全程加总核收,不需按各国铁路里程分段。卧铺费全部归提供车厢并担当乘务的铁路所有。

(3)一般情况下,运费和杂费都在发站核收,然后由参加运送的国家铁路中央机关之间进行清算。

(二)旅客票价的计算

1. 客票费

计算国际联运客票费时,先根据旅客要求的乘车径路,在《国际客价》里程表中查出经由的每一国家铁路里程;然后按照旅客提出的车厢等级(1 等车或 2 等车),再根据《国际客价》客票基础票价表费率并考虑系数,分别按每一铁路的运送里程分段进行计算,然后加总。多名旅客乘车时,乘以旅客人数。旅客享受减成时,扣除减成数额。

计算客票费时,应注意以下几点:

(1)计算客票票价时,各国铁路里程均应从国境线起算,而不是从国境站算起。

(2)按旅客实际乘车径路计算。

(3)在同一国内乘车需换乘时,客票票价按总里程计算,不需分段。

如:在平壤购票到郑州,旅客需在北京换乘,这时中国铁路路段的客票票价应按丹东国境线→郑州的里程计算,而不是分别计算丹东→北京和北京→郑州的票价再加总。

(4)在计算国际联运客票票价时,只能使用《国际客价》公布的里程表,而不能使用以其他方式公布的里程表,如各国的国内客运里程表等。

(5)在对于《国际客价》里程表中没有列载,但位于国际列车运行径路上,而且可以办理旅客乘降的车站(非国际旅客联运站),旅客要求在这些车站下车时,只能发售给旅客到前方最近的一个联运站的车票,并按此计算票价。

2. 卧铺费

旅客乘坐卧车或座卧车时,需购买卧铺票。在计算卧铺费时,先要确定旅客所乘的车次和径路、途中是否需要或必须进行换乘以及换乘地点、每一不换乘区段担当车厢的铁路以及车厢的等级等;然后在里程表中查出每一不换乘区段的里程,进而计算出相应的卧铺票票价;最后将各不换乘区段卧铺费相加。多名旅客乘车时,乘以旅客人数。

计算卧铺费时应注意如下几点：

(1)计算卧铺费的里程按每一不换乘区段分段，而不按国境线分段。

(2)卧铺费没有减成。

【例 7-4】 试计算南宁→河内(经凭祥、同登)一等车的国际联运客票票价。

已知：①南宁→凭祥国境线 234km(含凭祥站至国境线 14km)；河内→同登国境线 167km(含同登站至国境线 5km)。

②客票(一等)基础票价：161 ~ 170km，9.13SFR；201 ~ 220km，11.40SFR；221 ~ 240km，12.19SFR。客票(一等)票价系数：中铁 3.81；越铁 1.7。

③1SFR = 6.79 元人民币。

④南宁→同登乘中铁担当的列车；同登→河内乘越铁担当的列车。

解：①中铁

南宁→凭祥国境线 234km

票价：$12.19 \times 3.81 = 46.4439 \approx 46.44$(SFR)

②越铁

河内→同登国境线 167km

票价：$9.13 \times 1.7 = 15.521 \approx 15.52$(SFR)

③应收全程票价

$(46.44 + 15.52) \times 6.79 = 420.7084 \approx 420.7$ 元

【例 7-5】 试计算南宁→河内(经凭祥、同登)国际联运卧铺票(1/4)的票价。

已知：①南宁→凭祥国境线 234km(含凭祥站至国境线 14km)；河内→同登国境线 167km(含同登站至国境线 5km)。

②卧铺票(1/4)基础票价：161 ~ 170km，4.02SFR；201 ~ 220km，7.17SFR；221 ~ 240km，7.17SFR。

③卧铺票(1/4)票价系数：中铁 1.13；越铁 1.5。

④1SFR = 6.79 元人民币。

⑤南宁→同登乘中铁担当的列车；同登→河内乘越铁担当的列车。

解：南宁→同登 $234 + 5 = 239$km

票价：$7.17 \times 1.13 = 8.1021 \approx 8.1$(SFR)

折人民币：$8.1 \times 6.79 = 54.999 \approx 55.0$ 元

河内→同登 $167 - 5 = 162$km

票价：$4.02 \times 1.5 = 6.03$(SFR)

折人民币：$6.03 \times 6.79 = 40.9437 \approx 40.9$ 元

(三)行李、包裹运费

计算国际联运行包运费时，先按照发送人提出的径路和到站，在《国际客价》里程表中查出经由的每一国家铁路里程；然后从各国铁路公布的行包基础运费表中查出相应里程下每 10kg 行李或包裹的运费，再乘以该批行李或包裹总重量的 10kg 倍数及计算系数；最后将各国铁路段运费加总。

计算行李、包裹运费时，应注意以下几点：

(1)对 1000kg 以内的包裹和任何重量的行李，重量尾数不足 10kg 的部分，一律进整为 10kg；对重量超过 1000kg 的包裹，重量尾数不足 100kg 的部分，进整为 100kg。

例:票据记载包裹实际重量621kg,计费重量应为630kg;票据记载行李实际重量87kg,计费重量应为90kg;票据记载包裹实际重量为1275kg,计费重量应为1300kg。

(2)每批包裹在每一国家铁路段的运费,不应低于0.6瑞士法郎,不足0.6瑞士法郎时,按0.6瑞士法郎计算。

(3)对下列特殊物品,有包装时,按实际重量收费;无包装时,按以下重量标准计算运费:

①一副滑雪板(含滑雪杖),按10kg计算;一捆若干副滑雪板,按每副10kg计算。

②自行车、儿童手推车、自摇式或手推式轮椅、转动圈椅、折椅、自动小车和长度不超过3m的体育用具,按每件20kg计算。

③装有发动机的自行车和轻便摩托车,按每辆50kg计算。

④小型摩托脚踏车,按每辆80kg计算。

⑤无斗摩托车,按每辆150kg计算。

⑥带斗摩托车,按每辆200kg计算。

【例7-6】 南宁站发往河内国际联运包裹(衣服)2件,重183kg,试计算运费。

已知:①南宁→凭祥国境线234km(含凭祥站至国境线14km);河内→同登国境线167km(含同登站至国境线5km)。

②包裹基础运费:161 ~ 170km,0.65SFR/10kg;201 ~ 220km,0.8SFR/10kg;221 ~ 240km,0.84SFR/10kg。

③运费系数:中铁1.77;越铁1.0。

④1SFR = 6.79元人民币。

解:①中铁

南宁→凭祥国境线234km

运费:$0.84 \times 190/10 \times 1.77 = 28.2492 \approx 28.25$(SFR)

②越铁

河内→同登国境线167km

运费:$0.65 \times 190/10 \times 1.0 = 12.35$(SFR)

③应收全程运费

$(28.25 + 12.35) \times 6.79 = 275.674 \approx 275.7$ 元

(四)杂费

杂费主要包括售票手续费、签票费和声明价格费等。

1.售票手续费

售票手续费包括两个部分:客票中统一包含的部分和各国铁路各自规定的部分。

《国际旅客联运和国际铁路货物联运清算规则》统一规定,将客票票价的5%作为售票处的收入。各售票处向上级机关缴款以及各国铁路中央机关相互清算时,将这一部分扣除。

除此之外,各国铁路还可以在规定的票价之外加收一定的手续费。

2.签票费

售票处在办理中转、返程票和往返票签证手续时,可以收取签票费。签票费标准由各国铁路分别确定。

3.声明价格费

行包发送人声明价格时,应支付声明价格费。声明价格费取决于运送里程和行包的声明价格款额，其费率标准在《国际客价》中统一规定。

声明价格费对经由的每一国家铁路分段计算。因此在计算声明价格费时，首先要确定经由的每一国家铁路里程。声明价格不足150瑞士法郎，可以根据每一国家铁路的运送里程直接在声明价格费率表中查找；声明价格超过150瑞士法郎时，先要将声明价格为150瑞士法郎的费率，乘以声明价格款额中所包含的150瑞士法郎的整倍数，然后再加上余数的费率。

计算声明价格时应注意：每批行李或包裹在每一国家铁路段的声明价格费，不应低于0.03瑞士法郎；不足0.03瑞士法郎时，进整至0.03瑞士法郎。

【例7-7】 一批行李（或包裹）从乌鲁木齐托运到阿拉木图，声明价格为800瑞士法郎。其计算步骤如下：

①确定该批行李（包裹）的运送径路为：乌鲁木齐→阿拉山口（中铁）/多斯特克（哈铁）→阿拉木图。

②从里程表中查出里程为：

中国铁路（中国铁路里程表第二部分，阿拉山口国境线项下）乌鲁木齐→阿拉山口国境线481km。

哈萨克斯坦铁路（哈萨克斯坦铁路里程表第二部分，多斯特克国境线项下）多斯特克国境线→阿拉木图861km。

③将声明价格款额分解成150瑞士法郎的整倍数和余数：$800 = 150 \times 5 + 50$。

④查出中、哈两国铁路段声明价格费：

中国铁路（481km）：$5 \times 0.23 + 0.09 = 1.24$（瑞士法郎）

哈萨克斯坦铁路（861km）：$5 \times 0.41 + 0.17 = 2.22$（瑞士法郎）

全程声明价格费合计：$1.24 + 2.22 = 3.46$（瑞士法郎）

复习思考题

1. 铁路乘车证有哪些种类？在使用上有哪些规定？
2. 铁路乘车证在使用卧铺上有什么规定？
3. 违章使用乘车证应如何处理？
4. 路用品的运送和携带有哪些规定？
5. 军运人员运输范围是如何规定的？
6. 军事运输计划分几个等级？人员运输分哪几个等级？
7. 什么是国际旅客联运？
8. 我国铁路目前经国家正式批准开通的铁路客运边境口岸有哪几个？
9. 国际联运中杂费主要包括哪些方面的费用？其收费标准是什么？
10. 国际联运中客票的有效期是如何规定的？
11. 国际联运中儿童乘车的乘车条件是什么？
12. 国际联运的旅客票价、行包运价如何计算核收？
13. 2017年9月1日K20次快速列车（非新型空调车），沈阳站组织旅客出站时发现一旅客借用他人硬席临时定期乘车证乘车，票面乘车区间沈阳→长春（同属沈阳局），票号YLb063641，有效期为2017年8月21日~10月20日。对此，沈阳站应如何处理？

已知：①沈阳→长春305km。

②票价表。

里程(km)	硬座客票票价(元)	快速加快票价(元)
41～50	3.50	2.00
91～100	7.00	2.00
301～320	20.00	8.00
581～610	35.00	12.00

14.2017年4月15日,天津站组织T523次(石家庄→秦皇岛,新型空调车)旅客出站收票时发现,一旅客借用他人2017年3月1日～2017年5月31日石家庄→北京的硬席临时定期乘车证,票号公YLb494228。对此,天津站应如何处理?

已知:①石家庄→天津420km。

②票价表。

里程(km)	新空硬座客快速联合票价(元)	里程(km)	新空硬座客快速联合票价(元)
381～400	55.00	431～460	65.00
401～430	63.00		

15.2017年4月17日,T152次(西宁→北京西,新型空调车)列车到达石家庄站,出站收票时发现一旅客用西宁→石家庄软席乘车证(往返)票号公RXh109136号,有效期1月1日～1月31日,将1月份涂改为4月份。对此,石家庄站应如何处理?

已知:①石家庄→西宁1815km。

②票价表。

里程(km)	新空软座客快速联合票价(元)	里程(km)	新空软座客快速联合票价(元)
1721～1780	322.00	1841～1900	342.00
1781～1840	332.00		

16.一国际联运旅客在南宁站托运行李2件重178kg至河内,试计算运费。

已知:①南宁→凭祥国境线234km(含凭祥站至国境线14km);河内→同登国境线167km(含同登站至国境线5km)。

②行李基础运费:161～170km,0.36SFR/10kg;201～220km,0.45SFR/10kg;221～240km,0.48SFR/10kg。

③运费系数:中铁1.77;越铁1.0。

④1SFR=6.79元人民币。

第八章　铁路客运安全与运输事故处理

本章内容简介

本章主要研究铁路旅客安全运输的意义和要求；突发事件应急处置；线路中断的处理；旅客人身伤害事故的处理；行李包裹运输事故的处理。重点熟悉站、车主要突发事故应急处置；熟悉旅客人身伤害事故现场处理、行包运输事故立案调查处理；了解线路中断时对旅客、行包的妥善处置。

第一节　铁路安全运输

一、旅客安全运输的意义与要求

（一）旅客安全运输的意义

铁路旅客运输事关广大旅客的根本利益，事关铁路客运发展的大局，更关系着国家的政治声誉。安全是旅客运输的必要条件，没有安全就没有一切。保证旅客运输安全，是我国铁路运输组织的基本原则，是客运职工为旅客服务的首要职责，是彰显铁路运输服务品质、树立企业良好形象、提升铁路运输企业竞争力的最有力措施。因此，铁路企业应加强职工安全知识和遵章守纪的教育，不断完善安全的全过程（计划、实施、协调、控制）、全要素（人员、设备、制度、环境）的全方位管理，抓事故苗头，挖事故根源，论事故危害，制定防止事故的措施，把握安全生产的主动性，从严治理，标本兼治，确保旅客运输安全长治久安。

（二）旅客安全运输的要求

1. 旅客安全运输秩序的要求

（1）坚持"安全第一、预防为主、综合治理"的原则。

（2）安全、消防组织健全，制度落实，有突发事件的应急处置预案。

（3）无责任行车、火灾、爆炸、行包、旅客伤亡和食物中毒事故。

（4）安全设施设备齐全，标志明显，作用良好；接发动车组列车的站台应当标明动车组停车的车门位置，便于旅客快速、有秩序排队上下。

（5）客运人员对消防器材做到知位置、知性能、会使用。

（6）按计划售票，严格执行超员率规定。

（7）做好禁止携带危险品的宣传及危险品的查堵、处置工作。

（8）客运人员在接班前，要充分休息，保持精力充沛；严禁在接班前和工作中饮酒。

（9）安全有序地组织旅客乘降、行包装卸和技术作业。

（10）做好安全宣传和防范，加强综合治理，及时清理闲杂人员，杜绝围车叫卖，做到以站保车,保持良好的治安环境。

(11)坚守岗位,加强巡视,认真交接,确保旅客财产安全。

(12)按照旅客列车运行图规定的运行时刻,组织旅客列车正点运行,无责任列车晚点。

(13)保证旅客运输的各种信息畅通、准确、及时。

(14)各运输相关部门工作协调、统一,确保旅客运输工作正常进行。

此外,列车安全生产还须做到:

(1)车门管理做到“停开、动关、出站加锁、四门检查瞭望”;临时停车坚守岗位,做好宣传,加强巡视,确保车门锁闭,严禁旅客上下车;遇有线路中断等非正常停车,按照上级主管部门的指令,做好宣传、服务工作,确保旅客生命财产安全;列车停站锁闭卧车端门;餐车走廊边门、厨房后门锁闭,有专人管理;与机车连接的客车前部端门、行李车端门锁闭;列车前、后部车厢端门及餐车后厨房边门有防护栏。

(2)锅炉室无杂物,离人锁闭。

(3)乘务员对消防器材、紧急制动阀、手制动阀做到知位置、知性能、会使用。

(4)运行中餐车炊事人员油炸食物使用前进方向的第一个灶眼,用油量不超过容器的1/3;餐车灶台、排烟罩(道)清理及时、无油垢。

(5)配电室(箱)锁闭,保持清洁干净,严禁放置物品。

(6)对软卧旅客按规定进行登记。

2.旅客安全运输的措施

(1)维护好车站作业秩序。客运工作人员要认真执行岗位责任制,经常向旅客宣传铁路安全旅行常识。车站要有秩序地组织旅客进出站、上下车,随时清理站内闲杂人员,严禁旅客钻车和横跨股道;对售票厅(处)、检票口、天桥、道口、地道、自动扶梯口要加强管理,防止旅客拥挤、对流,造成人身伤亡事故。

除指定车站作业的小型机动车限速(10km/h)行驶外,其他车辆严禁进入站内。站台严禁骑自行车穿行。

车站客运人员按列车预告上岗,检查站台有无障碍物,组织旅客排队上车。确认天桥、地道分流方向牌,引导旅客进出站,防止对流。

接送列车时,组织旅客站在安全白线内,注意防止旅客抓车、钻车和横越线路。接发动车组列车的站台应当标明动车组停车门位置,便于旅客快速、有秩序排队上下。协助列车员组织旅客有秩序的乘降,确认旅客上下完毕,待列车员锁好车门后,执行吹哨联系制度。按岗堵截站台两头,防止旅客进入线群。

(2)车站建筑物和站、车一切为旅客提供服务的设备,应经常保持良好状态。

(3)维护好列车作业秩序。列车乘务员要加强车门管理,认真执行“停开、动关、出站加锁、四门检查瞭望”的安全制度;坚持验票上车,组织旅客先下后上,严禁旅客背面下车。

列车乘务员要及时疏导旅客,照顾好老、幼、病、残、孕旅客,劝阻旅客不要在车辆连接处站立,不要手扶风挡、门缝,不要伸出窗外,以免挤伤、碰伤。

列车员值班时,要经常进行岗位(车厢)巡视。列车行李架上的物品要放置平稳牢固,铁器等尖角物品应放在座位下面。动车组内有较大行李时,应提示旅客将行李放在大件行李存放处。取送开水时,壶要加套、嘴加塞(帽),勤打招呼,稳步慢行;冲开水时,要接杯、站稳、对准、不冲过满,避免烫伤。

(4)加强防火、防爆、禁带危险品的宣传和检查。

所谓危险品是指容易引起爆炸、燃烧、腐蚀、毒害或有放射性的物品以及枪支、管制刀具等可能危害公共安全的物品。

铁路公安人员和客运人员要密切配合,共同做好检查危险品工作。实施运输安全检查时,应佩戴规定的标志。站、车对查出的危险品,应予以没收,或按规定交由铁路公安部门处理。

列车上查获的危险品由值班的乘警妥善保管,移交最近前方停车站公安派出所处理。车站未设公安派出所的,则由列车长编制客运记录交车站,再由接收站转交公安部门处理。对发令纸、鞭炮类的危险品,应立即浸水处理。对携带危险品进站上车,造成事故时,按国家有关规定处理。

(5)车站发现无人护送的精神病患者,应严禁乘车;对有人护送的,应通知列车长注意,协助护送人员防止发生意外。

二、铁路旅客运输突发事件的应急处置

突发事件,是指突然发生的,造成或者可能造成人员伤亡、财产损失、环境破坏和重大社会影响的,危及安全的事件。突发事件与突发事故既有区别又有联系,突发事件强调的是事件的不可完全预测性;突发事故比突发事件性质更为严重,通常会有人员伤亡或者财产损失,突发事故属于突发事件范畴。

铁路旅客运输的突发事件,是指在铁路旅客运输过程中突然发生的、造成或可能造成人身伤亡、财物损失、行车事故等具有社会影响、危及安全的事件。

我国铁路旅客运输突发事件主要包括:突发公共卫生事件、突发铁路治安事件、重大自然灾害及火灾事件、重大铁路交通安全事件、其他影响铁路运输安全和畅通的突发性事件。

铁路旅客运输应急处置,是指铁路运输企业为避免或减轻由于自然灾害或人为等因素引起的非正常运输秩序所发生的后果影响而需要立即采取的某些超出正常工作程序的行动。

铁路旅客运输系统中可能发生的事故是多种多样的,为了降低和控制事故风险,为旅客提供满意的服务,铁路运输企业就必须建立铁路旅客运输应急救援预案。现对站车火灾爆炸、自然灾害、卫生防疫、站车秩序、设备故障、旅客伤病等突发事件的应急处置分述如下:

(一)火灾爆炸事件

1. 车站发生火灾的应急处置

(1)车站发生火灾,首先要判明起火原因、火种性质,立即向站消防控制中心报警,并向车站领导报告。

(2)根据火势大小拨打119火警电话,讲清地点、燃烧物及火势情况,并安排人员接应119消防车及消防人员,确保消防队以最快速度进入火灾现场。车站领导、公安派出所负责人应立即赶到现场,成立临时指挥中心,实施统一指挥。

(3)迅速组织旅客沿消防通道有序疏散到地带,稳定旅客情绪,消除旅客恐慌心理。

(4)切断火源,控制火情,防止火势蔓延。

(5)根据“先控制、后灭火,救人重于救火”的原则,组织人员进行扑救。

(6)火灾扑灭后,对火灾事故现场实施防护,禁止无关人员进入或穿行;做好全面检查,防止残火复燃,配合公安、消防做好调查处理工作。

(7)积极组织抢救伤员和被困人员,根据伤员情况,及时拨打120,联系有救治能力的医

院；清点旅客损失，做好善后处理。

（8）协助公安部门调查火灾原因，收集证明材料，及做出相应处理。

2. 动车组发生初起火情时的应急处置

（1）动车组运行中火灾报警装置报警时，司机应立即确认显示报警的部位，启动紧急联络装置通知车长和乘务员到报警部位进行人工确认；乘务室值守人员发现火灾监控器报警时，应立即确认显示报警部位，启动紧急联络装置通知车长和其他乘务员或自己到报警部位进行人工确认。

（2）乘务员接到火灾确认指令或接到列车有冒烟起火情况报告后，应立即前往报警部位，就近取下并携带灭火器，寻找起火冒烟点。发现火情立即使用灭火机对准火苗根部或冒烟处喷射扑救直至扑灭为止；同时要稳定旅客情绪，组织旅客向相邻车厢疏散并用车上对讲通信电话报告司机、车长。若经仔细检查未发现火情时，检查人亦应立即用通信电话回复司机检查情况并报告车长，做好记录。

（3）司机接到确认起火信息后，应启动火灾通风模式和信道阻火门火灾自动关闭模式，停止该车正常空调和通风；用广播向冒烟车厢下达旅客疏散指令，关闭阻火门，切断该车厢非动力电源，并降低车速平稳运行，同时向前方站报告。

（4）车长、随车机械师接到报警后，应立即赶到现场判断火情，扑灭冒烟起火险情。确认已起明火，应启动动车组火灾应急处置预案，指挥组织扑救。

冒烟起火险情被扑灭后，列车长、乘警、随车机械师要对冒烟起火部位进行认真全面检查，确认火已完全熄灭不会复燃，确保安全。此时，车长应告知司机、前方站、调度等有关单位解除险情，并布置乘务员继续对冒烟起火部位进行观察直至终点站。

3. 列车发生火灾、爆炸不能立即扑灭时的应急处置

（1）立即停车。列车运行中发生爆炸或火灾，发现火情的列车乘务人员特别是本车厢或相邻车厢列车员应立即拉下紧急制动阀，迫使列车停在安全地带。

（2）疏散旅客。紧急制动后，列车乘务人员应迅速指挥旅客疏散到邻近车厢，同时向列车长、乘警长报告。

（3）迅速扑救。列车长、乘警长在接到报告后，应立即组织、指挥义务消防队和其他工作人员进行扑救；并通知各车厢乘务员封锁车厢，严禁旅客下车、跳车、串车，防止意外事故发生，为事后查明情况创造条件。

（4）切断火源。停车后，车辆、机车乘务员和运转车长要迅速将起火车厢与列车分离，切断火源，防止火势蔓延。

（5）设置防护。列车分解后，运转车长和机车乘务员要迅速设置防护。

（6）报告救援。列车长、运转车长和乘警长要尽快向行车调度员报告事故情况，请求救援。报告内容要简明扼要，车次、时间、地点、火势情况要报告清楚，并应迅速向当地政府、公安机关和驻军请求支援。

（7）抢救伤员。在疏散旅客、迅速扑救的同时，要积极地抢救伤员。

（8）保护现场。在扑救火灾时，要注意保护好现场。列车乘务人员应采取多种措施做好宣传工作，稳定群众情绪，维持秩序，以免发生混乱。

（9）协助查访。列车长、乘警长要积极协助公安机关了解情况，提供线索，帮助侦破。

（10）认真取证。公安乘务民警应尽可能了解事故情况，索取证据，以利于现场勘察、侦察线索和查明原因。

全体乘务人员在列车发生爆炸、火灾后,必须按照分工坚守岗位,不得擅离职守,要在列车长、乘警长的统一指挥下,根据实际情况灵活果断地采取得力措施,进行紧急处置。

上述每条的前4个字共有40个字是应急方案的要点,在处理突发事故时可根据实际情况同步进行。

(二)自然灾害事件

1.列车恶劣天气下客运组织的应急处置

(1)出乘准备。出乘前,接到恶劣天气信息时,向段值班室了解掌握本次列车运行区间所在地气候变化,配足应急备品。

(2)接受指令。运行途中接到调度或上级主管部门动车组列车因恶劣天气影响非正常运行的通知后,明确分工,加强巡视,掌握车厢旅客动态,为特殊重点旅客提供重点服务。并及时向客运调度或上级主管部门报告异常情况。

(3)信息沟通。与动车组司机或滞留地所在路局调度所客运调度保持联系,了解动车组列车运行情况,及时向旅客通报。

(4)加强巡视。做好重点部位的巡视和防护,加强车门口冰、雪的清除和旅客乘降时搀扶工作,防止旅客在车门口处滑倒摔伤,避免旅客伤害事故的发生。

(5)解释安抚。恶劣天气造成列车晚点时,做好宣传解释、安抚致歉、食品供餐和汇报工作。

(6)供给补充。备足餐食和饮用水,确保供应。需补充餐食和饮用水时,向滞留地所在路局调度所客运调度或通过动车组司机向列车调度员报告,补充餐食和饮用水。

(7)按章办理。恶劣天气造成列车变更径路或停运时,做好宣传解释,按规定进行站车交接,协助车站做好相关事宜。

2.列车被洪水围困时的应急处置

(1)列车立即退回安全地段(高坡、后方车站或线路所);退行办法按有关行车规定办理。

(2)必要时有组织地疏散旅客上高地或小山。

(3)设法报告上级,请求救援。

(4)通过宣传稳定秩序,组织保卫,以免发生混乱。

(5)组织照顾老、弱、病、残、孕、幼等重点旅客。

(6)联系地方居民组织饮食供应。

3.列车被塌方阻挡时的应急处置

(1)立即退回安全地带或后方车站。

(2)迅速报告上级,听候处理。

(3)坚守岗位,维持好车内秩序,禁止旅客擅自下车。

(4)必要时可利用其他交通工具有组织地绕道输送旅客,防止发生混乱。

4.车站遇极端冰雪天气时的应急处置

(1)车站备齐足够的草鞋、草袋及扫把,及时清扫站台面积雪,防止站台面结冰。应急办根据天气情况启动应急预案。启动指令下达后,各部门扫雪除冰队员主动迅速到岗到位,听候任务分配;在车站扫雪队未到达之前,各车间(站)应组织本车间(站)队员积极开展扫雪工作;在车站扫雪队到达之后配合车站扫雪队开展工作。上道清除冰雪时必须做好防护。

(2)为减少运输组织影响,雪天行车方案采用接发列车(调车)固定进路。车站值班员向路局调度申请调整列车“五固定”。

(3)遇中、大雪时,有关接发列车进路提前准备。在接发列车和调车作业空闲并下中、大雪时,车站信号员每隔10~20min对主要进路上的道岔进行一次操作。

(4)及时在容易滑倒地方放置防滑警示牌,如:大厅、中廊,南、北通廊和盥洗室等;在候车室检票口前面及各楼梯与站台交接处铺设塑胶地毯。适时利用广播、电子显示屏宣传,提醒旅客慢行注意防滑。剪票口控制上车客流流动速度,做到匀速放行。

(5)遇零度以下天气,严禁用水清洗站台、地道。各趟列车在放客作业前,客运员应将旅客行走线路检查一遍,观察是否有结冰现象,遇有结冰现象时应及时清除;清除有困难时,应铺盖草袋,并派人防护。

(6)有条件的车站可启用应急候车室。采取挂牌划区隔离排队候车的办法,提高车站候车能力,减少旅客在站外等候时间。

(7)以车底代用候车厅,车站业务科与客运段调度联系,站台客运值班员与列车长联系。始发旅客列车乘务员提前开门立岗,候车厅旅客组织组与站台旅客组织组协同动作,组织旅客提前上车候车,并采取保留一个口子收尾的方法,加快候车厅周转能力。

(三)卫生防疫事件

1.车站候车区发现有国家公布的传染病疑似症状旅客时的应急处置

(1)客运人员发现旅客中有国家公布的传染病症状的病人或疑似病人时,应立即报告当班客运值班站长;客运值班站长向车站应急办(值班干部)报告,车站应急办视影响范围向局应急办报告。

(2)客运值班员利用区内就近的房间,将病人或疑似病人进行隔离;同时组织客运人员及公安人员对该候车区进行控制,尽可能限制病人所在候车区的旅客流动。

(3)在进行现场的控制处理的同时,客运值班站长应将事件的发生地点、病人和密切接触人员简况及主要症状报告车站应急处置领导小组、铁路疾控中心、车站派出所、路局总值班室。同时做好疑似病人及接触人员的个人资料登记工作。

(4)车站应急处理领导小组接到通报后,要组织协调卫生防疫部门、疾病控制中心、医疗机构、公安民警迅速到达现场。对场所进行安全划分,疏导候车旅客、对病人进行现场医疗救治同时控制事件现场。

(5)车站应急处理领导小组根据现场具体情况,向路局总值班室及上级领导及时反馈现场信息。并根据实际需要,可以取得地方政府及(军队)的支持,共同做好疫情的控制工作。

(6)在病人(或疑似病人)被送离车站公共候车区后,应急处理领导小组应根据疾控中心对现场安全区域的划分进行现场封闭。车站值班站长及客运车间根据现场安全区域的划分情况重新制定候车区域,及时调整旅客乘降组织工作。

(7)应急处置领导小组根据现场重新划分的安全区域,应分头分别组织在场候车旅客进行清洁消毒,并视情况免费提供预防性药物或口罩等防护装备。同时,如现场传染面较大需及时疏散候车旅客时,应由应急处置领导小组确定各区域疏散指挥人,并分别选定疏散路线和方式,确定安全集结地点。并告知现场候车旅客及在场群众疏散的原因、方式和注意事项。在疏散开始前,应急处置领导小组需要协调好公安人员及应急处置人员的具体岗位,确保疏散现场秩序井然。

(8)对密切接触病人的车站工作人员,由卫生防疫部门安排进行医学观察。

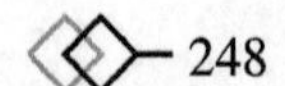

2. 列车上发生重大疫情时的应急处置

(1)列车上发现有疑似鼠疫、霍乱等重大疫情的病例或接到列车上有疑似病例通知时,列车长立即向上级主管部门报告。

(2)列车长接到在指定站停车的通知后,做好疾控人员上车和疑似病例交站等相关准备工作。

(3)列车长组织乘务人员隔离传染病人、疑似病人和密切接触者,紧急疏散其他旅客,并登记有关人员信息。

(4)列车长组织封锁已经污染或可能污染的区域。同时,做好被隔离人员的交站准备。

(5)列车长在指定停车站将传染病人、疑似病人、密切接触者和其他需要跟踪观察的旅客和相关资料移交车站、铁路疾控部门。

(6)组织乘警、乘务人员维护好车内秩序,确保区域封锁、旅客隔离、站车移交等工作正常开展。

(7)协助铁路疾控部门对已经或可能污染的区域进行消毒。铁路疾控部门确认处置完毕后,方可解除区域封锁。列车到达目的地后,由所在地铁路疾控部门对全列车进行消毒。

3. 旅客发生食物中毒时的应急处置

(1)及时报告。站车应及时向有关部门及时报告,主送所属铁路卫生防疫站或前方铁路卫生防疫站,抄送局客运、卫生处。报告内容:旅客发病的时间、地点、患者人数、餐饮实物名称,要求派员处理。

(2)安置病人。站车做好记录,将病人送当地或最近市、县医院及时抢救。保护现场,稳定旅客情绪,封存可疑食物、餐具,收集封存中毒病人吐泻物,等待卫生防疫人员到现场检验。

(3)调查取证。站、车应积极配合调查发病的原因及所餐饮的食物;提供有关线索,被取证人包括发病人、周围旅客及有关工作人员。

(4)善后处理。站、车应协助做好中毒食品或疑似中毒食品的无害处理和销毁工作。

(四)运行安全及站车秩序

1. 列车发生撞车、颠覆时的应急处置

(1)设置防护。机车乘务人员(受伤、遇难时由其他人员)和运转车长负责迅速设置防护。

(2)报告救援。尽快向行车调度员报告事故情况,请求救援,并应迅速向当地政府公安机关和驻军请求支持。

(3)抢救伤员。抢救时要先重后轻、先伤后亡;会同乘警控制现场,为查明原因提供依据。

(4)保护现场。通过宣传稳定秩序和保护现场,可依靠旅客中的军、警、干部、工人等,防止坏人乘乱作案。

2. 动车组列车晚点时的应急处置

(1)动车组列车运行晚点超过15min以上时,列车长及时联系列车运行地所在铁路局客运(客服)调度或通过动车组司机联系列车调度员,了解晚点原因和列车运行情况。

(2)列车晚点15min以上时,列车长根据调度、段值班室或车站的通报,向旅客公告列车晚点信息,说明晚点原因、时间。广播每次间隔不超过30min,可利用电子显示屏实时显示。列车工作人员加强车厢巡视,掌握旅客动态,做好宣传、解释、服务工作,稳定旅客情绪,维护好车内秩序。

(3)列车晚点1h以上且逢用餐时间,列车长提前统计车上旅客人数,通过动车组司机向列车调度员报告;列车调度员通知客运(客服)调度员,或直接向客运(客服)调度报告,由客运(客服)调度员协调安排前方停车站为列车提供饮食品(早餐8时前,正餐11时30分至13时、17时30分至19时)。

(4)遇有动车组列车晚点发生旅客情绪激动、行为过激等情况时,立即向列车运行所在铁路局客调、前方车站和段值班室汇报。因终到晚点旅客不下车时,立即通知车站予以解决。

(5)当旅客提出赔偿要求或退票时,列车根据现行法规和铁路规章进行宣传、解释和安抚工作,并按章办理。

3.铁路旅客列车晚点,造成旅客情绪不稳定时的应急处置

因旅客列车晚点而造成旅客情绪不稳定时,其应急处置包括旅客列车应急处置和车站应急处置两部分,需要站、车客运人员相互协调配合、共同完成。其应急处置预案如下:

(1)旅客列车的应急处置

①广播致歉。列车晚点时,列车长要及时通过车载电话(对讲机)与司机联系,了解晚点原因和列车运行情况。晚点15min以上,及时通过广播向旅客致歉,通报晚点原因时严格按照铁道总公司、铁路局规定的通报用语解释,每次广播致歉词间隔时间为30min。

广播的内容应该包括:列车当前晚点时间、晚点原因。发生线路中断时,还应通报预计恢复通车(继续晚点)时间和列车退行、绕行、停运等调整列车运行方案信息。

②加强巡视。列车广播致歉后,列车长不得以任何理由回避旅客,要加强对车厢的巡视,做好宣传解释工作,掌握旅客动态,平息旅客不满。

③耐心解释。列车乘务员加强车厢巡视,做好宣传解释工作,不发牢骚,不讲不利于铁路的话,不得使用服务忌语。

④主动服务。列车长要组织列车乘务员做好旅客的服务工作,通过服务弥补旅客的不满,取得旅客的谅解。

⑤报告情况。列车发生晚点,列车长要在第一时间向领导汇报。晚点超过30min的,列车长要及时与所在铁路局客调和停留站联系,报告车内情况和请求协助解决。

⑥了解需求。列车长要及时了解旅客的需求,对需中转换乘其他列车、民航航班及有紧急公务、商务的旅客,要认真、详细、准确地登记,并按规定与车站办理交接手续。

⑦反馈信息。列车长要将车内旅客动态和现场处理情况,随时与段领导保持联系;遇有新闻记者时,处理要谨慎。

⑧交站处理。当旅客提出赔偿和提出退票时,依照铁路规章做好解释工作;必要时列车长可编制客运记录交站处理。

⑨对有不同诉求的旅客,分别进行如下有针对性的安排:

a.对提出质疑的旅客:列车长要会同乘警耐心、亲自做好旅客的解释工作,说明原因,拉近感情,取得旅客的谅解。

b.对提出索赔的旅客:旅客提出因列车晚点,导致自已签订经济合同的时间被延误,或者是合同流产或者是航班延误,等等。在他们要求赔偿损失时,列车长要进行耐心解释,但列车无权给予旅客经济赔偿。

c.对要求退票的旅客:列车不办理退票。对已到达目的站的旅客,会同车站耐心做好解

释工作。如遇较大事故,长时间晚点,开车时间不能确定,中途提出终止旅行时,及时协调车站对滞留旅客进行安排,按当地车站确定的方案,组织旅客办理退票手续,列车协助做好宣传工作。

d. 特殊情况的处置:专运任务造成列车晚点,要严格保密,执行专运纪律,任何人不得向旅客透漏情况,对旅客的解释统一口径为"因前方线路故障晚点,请您谅解",列车广播致歉。旅客要求列车出具晚点证明时,原则上不出具证明。如旅客反复提出,强烈要求,列车长可做简单文字说明,内容仅限"×年×月×日,××次列车晚点×小时×分",加盖列车长名章,出具文字说明所用纸张不得使用客运记录和电报纸。

(2)车站的应急处置

根据旅客列车晚点情况,车站各科室和车间各负其责,相互配合,共同完成应急处置。

①信号楼值班员加强与列车调度员、邻站值班员联系,提高调度指挥水平,准确掌握列车运行、晚点信息,并及时通知广播室。根据列车晚点实际情况,组织晚点旅客列车赶点或恢复正点,确保车站范围内旅客列车运输平稳有序。如站内有滞留旅客列车时,车站值班员向列车长通报,同时保持与滞留旅客列车的联系,了解列车情况,及时报告和协助列车处理突发问题。

②运转车间做好车站股道运用,客运车间加强广播宣传,并在公安的协助下强化对候车室、售票厅、进出站口、地道、站台等关键部位的防控,维护车站秩序,防止发生意外安全事故。

③售票车间迅速筹集退票资金,加强退票、改签组织;必要时增加退票、改签窗口,实行24h办理。

④客运车间加强站台旅客组织,根据实际需要,做好给水送水、食品供应;运转车间配合机车、车辆做好补油组织工作。

⑤客运技术科室联系上级有关部门,指导车间、协调做好晚点旅客列车应急处置工作,分析并查找原因、制定对策。

(3)列车旅客因晚点集体拒绝下车时的处置

①车站在接到因列车晚点旅客集体拒绝下车的信息时,车站站长(副站长)及有关车间干部要立即赶到现场,了解情况,亲自指挥;立即组织部署客运、公安增加人员接车。

②公安段(派出所)在接到车站通知后,要立即组织足够人力到现场维持秩序。

③列车晚点到达后,车站应组织有关人员向旅客做耐心的解释工作,尽快组织旅客下车出站;对拒绝下车的旅客,全力做好劝说工作,请其下车到专门场所进行处置。

④列车工作人员应协助车站工作人员做好说服解释工作。

⑤因晚点造成旅客没有赶上所乘列车时,车站安排人员及时为旅客按章办理改签、退票手续。

⑥旅客因晚点集体拒绝下车事件处置的情况,车站应及时向客调汇报,处理完毕向客运处汇报。

4. 旅客列车严重超员,发生车辆弹簧压死时的应急处置

(1)车站要严格按规定售票。列车到站作业时,站、车密切配合,保证旅客乘降有序;必要时通过检票口控制或停止该次列车旅客进站上车。要注意稳定旅客情绪,做好分流疏散工作,动员旅客改乘或退票。

(2)列车长要布置设立"安全门""乘降瞭望哨",指派专人盯岗,注意旅客乘降情况,照

顾重点旅客上车。

(3)列车严重超员,车辆弹簧压死,危及行车安全,不准开车,车站应组织人员配合列车疏散车内旅客。经车辆乘务人员确认弹簧恢复正常后,保证安全的情况下,方可开车运行。

(4)车站加强接送车的安全防护,防止旅客扒车,开车后及时清理站台;对于购票未能上车的旅客,要动员其撤离站台,并将滞留旅客有秩序地引导返回候车室,做好解释工作,稳定旅客情绪,及时为旅客办理就近列车的改签手续。同时,售票处要做好准备,开辟专门窗口,为不走的旅客办理退票。

(5)列车长及时拍发严重超员电报,以便上级有关部门和前方停车站采取措施,严格控制客流。

5. 动车组列车未接入高站台时的应急处置

(1)因特殊原因,动车组列车不能接入高站台时,车站值班员应提前通知综控室,并将动车组将要接入的股道告知综控室工作人员。

(2)接车站值班员通知后,综控室工作人员立即报告客运值班站长、客运值班员、车间主任(休息日或夜间报告车间值班干部),车间主任根据可能产生的后果报告车站应急办,车站应急办视情报告路局应急办。车站应急处置小组成员应在10min内赶到现场。

(3)客运值班站长立即调集客运员到指定站台协同公安迅速进行站台清理工作。同时,将应急用梯子推到指定站台列车2~7号(重联时增加10~15号,人员也相应增加)车厢停靠处相应位置。客运外勤值班员负责组织实施,客运值班站长到站台指导。

(4)广播通报列车到达后,客运外勤值班员立即组织站台客运员接车;客运员分别站在各应急用梯子旁,保证一人接应一车。列车停稳后,客运员按前下后上(或先下后上)的原则,分别调整应急用梯子位置,将梯子对准车厢下车门。1号、8号、9号、16号车厢客运员协助列车乘务员将车上配备的应急升降梯放置在车厢下车门处。确认梯子放置安全后,客运员在上车门处立岗,有序组织旅客下车,快速引导旅客出站。

(5)到达列车为终到车时,客运外勤值班员确认旅客下车完毕后,组织客运员将应急用梯子撤回固定存放地点。到达列车为立即折返车时,客运外勤值班员确认大批旅客进入出站地道后,立即通知动车组候车室放客。

(6)到达列车为始发车时,客运外勤值班员确认列车停稳,待列车到发系统打“车底到”后,通知动车组候车室放客。

(7)接客运外勤值班员通知后,动车组候车室客运值班员按作业标准组织客运员放客。

(8)客运外勤值班员确认旅客上车完毕,通知列车长将1号、8号、9号、16号车应急升降梯收回备品室,急用梯子撤回到安全线以内。列车开出站台后,组织客运员将应急用梯子撤回固定存放地点。

(9)车站应急处置小组应根据现场需要,合理安排人力、物力,协助列车工作人员,组织旅客安全有序乘降,确保列车正点发车。

(五)设备故障

1. 候车室、售票厅、行李房夜间突然停电时的应急处置

(1)售票厅、行李房营业室立即锁闭;客运人员守住候车室出入口。

(2)客运人员立即奔赴现场,稳定旅客情绪,维护现场秩序;严禁无票人员进入候车室;提醒旅客看管好随身携带的物品,不要与家人走散;不要随意走动,防止发生混乱。

(3)启用应急照明设备,使候车室、售票厅、行包房尽快恢复照明。

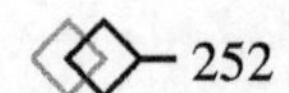

(4)及时汇报领导,联系有关部门修复。

2. 动车组列车空调失效时的应急处置

(1)安抚旅客。呼叫随车机械师到现场查看故障原因并及时修复。做好解释安抚工作,稳定旅客情绪,等待修复或救援;有条件的,将旅客疏散到空调良好的车厢。

(2)及时汇报。列车因故停车不能维持运行且空调失效超过20min不能恢复时,列车长要及时与司机、随车机械师沟通,视情况做出打开车门的决定,并通知司机转报列车调度员。空调失效超过20min不能恢复但列车能够正常运行时,列车长可视情况通知司机向列车调度员提出在前方最近客运站停车的请求;列车调度员安排列车在前方最近客运站停车,列车在停车站安装好防护网、打开部分车门。同时,列车长及时准确向段值班室报告情况。其报告内容:列车所在位置、停车股道、空调故障时间、车内旅客密度等情况。

(3)传达命令。接到上级命令,迅速向乘务员传达,并向旅客通报情况、致歉,组织乘务员做好服务工作。

(4)安全防护。在列车停车状态下进行防护网的安装。当动车组列车停稳后,需打开部分车门通风时,列车长组织列车乘务员在车厢内运行方向左侧(非会车侧)车门处(在车站停留时,为站台一侧车门)安装防护网,动车组司机、随车机械师配合。防护网安装完毕,打开车门后,由列车长组织列车工作人员值守,直到车门关闭;运行途中劝阻旅客不在连接处停留,临时停车严禁旅客下车。列车长确认防护网安装牢固、看护到位后报告司机。

(5)组织乘降。组织旅客下车或换乘其他列车时,列车向旅客通告换乘的决定,告知安全注意事项;并对列车不能如期运行给旅客出行造成的不便,列车长代表铁路部门向旅客致歉,并感谢旅客的配合,做好后续服务工作,取得旅客的支持与谅解。到达转乘站,组织旅客有序快速转乘,并按规定做好旅客到站退还票价差额时的站车交接。

(6)及时汇报。将处置经过向段值班室汇报。

3. 互联网售票故障后换票的应急处置

(1)故障发生后车站微机中心应及时向站应急办、路局客运处、信息化处报告,在路局信息技术所的技术支持及技术指导下,负责应急处置的指挥、协调,指导车站做好应急响应及应急恢复工作;站应急办视影响程度范围向局应急办报告。

(2)确认故障无法立即解决时,应及时启动电子客票应急模式。

(3)车站接到通知进入应急模式后,应打印相关列车持电子客票旅客信息,同时根据实际情况确定启用电子客票应急窗口数量。

(4)车站在应急模式下只办理乘车站为本站的电子客票换票业务。启用应急换票时,车站要通过各种渠道向旅客公布应急换票窗口,同时在应急窗口向旅客公告:“旅客办理应急换票后,不可在网上再次办理退票、改签或通过自动售票机再次换票,同时,不可持二代身份证直接进出闸机,否则将影响旅客下次购票乘车。”

(5)当车站售票业务正常时,售票员可使用售票程序中的“应急换票”功能,办理旅客换票业务。

(6)当出现其他故障时,退出售票程序,启用“应急售票”程序中的应急换票功能办理换票业务,从售票应急管理终端下载电子客票信息后,通过自动识读或手工方式录入旅客二代居民身份证号码或有效身份证件号码和订单号,系统自动查询电子客票信息。查询电子客票信息正常时,为旅客正常打印纸质车票,系统记录应急换票存根。

(7)查询电子客票信息异常或失败时,售票员可输入旅客提供的身份证件号码和订单号,或身份证件号码和购票短信中的日期、车次、到站、车厢号和席位号,打印"应急乘车凭证",系统自动记录应急换票存根。需报销的旅客可凭有效身份证件和"应急乘车凭证"在10d内到任一可办理电子客票换票的车站换取车票。

(8)接到故障恢复后的通知,车站应终止应急状态,电子客票应急窗口退出"应急售票"程序,将应急换票存根数据上传。

4.微机售票系统故障,车票无法发售时的应急处置

微机售票系统故障是指客票系统的硬件设备(包括网络)、系统软件、应用软件发生故障或系统遭受外部侵害而影响客票系统正常运行的事件。

(1)发生客票系统故障,不能进行正常的微机售票时,售票值班员须马上报告车间值班干部和信息中心机房值班人员。售票员在窗口耐心回答旅客的询问,稳定旅客的情绪,不与旅客发生冲突。

(2)机房值班人员必须及时对故障程度进行确定,对可能恢复需要的时间做出初步估计。在基本不影响售票的情况下,须尽快处理好;确认10min内不能处理完毕时,应立即向售票车间值班干部和车站值班室汇报,同时报告铁路局信息处及信息中心维护部门。

(3)售票车间值班干部接到售票系统故障报告并确认在10min内不能处理完毕时,应立即向车站值班室报告。

(4)车站值班室接到售票车间值班干部的报告后应立即向应急领导小组汇报,并向铁路局(铁路总公司)信息技术所、客运处客票管理所报告,同时启动应急预案,组织各窗口发售代用票。另布置客运等部门开通绿色通道,允许旅客上车补票。车站公安所应加强警力,维护售票系统。当客票系统中断30min还没有恢复时,车站值班室还要向公安处值班室、铁路局(铁路总公司)办公室值班室汇报。

(5)信息技术部门立即对故障现象进行分析,迅速找出故障点,分清属地区中心故障还是车站售票系统故障;及时采取有效措施,排除出现的故障;恢复客票系统正常运行。必要时报铁路总公司客票系统总体组、有关厂家和代理商进行技术支持。

(6)若涉及联网通道,则由铁路局(铁路总公司)电务处协助信息技术部门对故障现象进行排查;排查后确认是联网通道问题,须及时通知铁通公司,采取有效措施,快速排除故障,恢复联网通道畅通。

(7)当出现60min内无法恢复的重大故障,需启用应急备份方案时,车站必须报请铁路局(铁路总公司)信息技术所、客运处批准,及时通报所属公安处值班室。当铁路局(铁路总公司)中心数据库系统出现重大故障需启动应急备份方案时,必须报请铁路局(铁路总公司)主管运输副局长(副总经理)和工程师批准。

(8)停电导致客票系统中断,不能进行正常微机售票时比照办理。

(六)旅客突发急病、死亡、意外人身伤害的事件

1.旅客发生急病时的处置

(1)持有车票的旅客在车站候车期间发生急病时,车站应立即送至铁路医院急救。该地无铁路医院或距离较远时,可送地方医院进行急救。若系传染病则应送传染病医院进行救治。

(2)旅客在列车上发生急病时,列车长应填写客运记录,送交市、县所在地的车站或较大车站,转送铁路医院、地方医院或传染病医院治疗。

(3)旅客在治疗期间所需的一切费用,应由旅客自负。如本人确实无力负担,铁路局可

在“旅客保险”支出项下列支，由车站按时请领偿还医院。

2. 旅客发生死亡时的处置

(1)持有车票的旅客在车站候车期间死亡时，车站站长应会同公安部门、卫生部门共同检验，并按规定处置。若因传染病死亡的，则应根据卫生部门的指示办理。同时，车站应通知其家属或工作单位前来认领。

(2)旅客在列车上死亡时，列车长应填写客运记录，会同铁路公安人员将尸体和死者遗物交给市、县所在地的车站或较大的车站；接收站按照在车站死亡时的处置规定办理。

(3)对死者的遗物妥善保管，待死者家属或工作单位前来认领时一并交还。旅客死后所需费用，先由铁路部门垫付，事后向其家属或工作单位索还。如死者家属无力负担或无人认领，铁路可在“旅客保险”项下列支。

3. 无票人员发生急病或死亡时的处置

没有车票的人员，在站台或列车上发生急病或死亡时，由铁路部门负责处置。在候车室、广场等地发生急病或死亡时，由车站通知地方有关部门处置。在运输过程中发生的未经车站、列车同意乘车的无票人员在运输过程中发生的人身伤害，其抢救程序比照旅客人身伤害事故的抢救程序办理。

站、车工作人员在站内、车上发现无同行人的死亡人员，应立即报告乘警或车站民警并保护好现场。经警察现场勘验后，如认定属流浪乞讨人员正常死亡，站车按规定程序交接，并通知当地民政部门或救助站按规定程序进行处理。

4. 外国人死亡后的处置程序

(1)首先确定其死亡是正常死亡还是非正常死亡。因年迈或其他疾病而自然死亡的，谓正常死亡；因意外突发事件死亡的，谓非正常死亡。

已经发现外国人死亡，发现人(包括个人或单位)应立即报告当地公安局、外办，并由上述部门确认情况后通知死者所属的团、组负责人。如属正常死亡，善后处理工作由接待单位负责；没有接待单位的(包括零散游客)，则由公安机关会同有关部门共同处理。若属非正常死亡，则应保护好现场，由公安机关进行取证并处置。

(2)通知外国使、领馆及死者家属。根据《维也纳领事关系公约》或双边领事条约的规定，以及国际惯例，外国人在华死亡后应迅速通知死者家属及其所属国家驻华使、领馆。

凡属正常死亡的外国人，在通报公安部门和地方外办后，由接待或聘用单位负责通知；若死者在华无接待单位，则由公安部门负责通知。

(3)出具证明。正常死亡，由县级或县级以上医院出具“死亡证明书”。非正常死亡，由公安机关或司法机关的法医出具“死亡鉴定书”。

三、线路中断后的处理

1. 线路中断后应采取的措施

由于自然灾害、行车事故或其他原因，致使线路中断、列车不能继续运行时，应采取下列应急措施：

(1)站、车工作人员应将造成线路中断的灾害原因、灾害概况、影响程度等情况调查了解清楚，并立即向上级报告；根据上级指示迅速采取措施，确保旅客和行李、包裹的安全。

(2)站、车工作人员对掌握的灾害(事故)情况，应通过广播向旅客做好通报、解释、安抚工作，稳定旅客情绪，维护好站、车秩序。

(3)车站站长应及时召开会议,成立滞留旅客安置领导小组,妥善安置被阻旅客;列车长也应及时召开“三乘”会议,分工负责,采取措施确保旅客人身及财物安全。

(4)列车停运时,站、车工作人员应热情周到地搞好服务,安排好旅客餐茶、食品供应以及帮助特殊旅客的解困工作。必要时,向地方政府报告请求援助。短时间内不能恢复行车时,还应设法疏解被阻旅客。

(5)线路中断,预计不能及时修复通车时,灾害(事故)发生所在铁路局应向铁路总公司请求命令后,向全路发出停办到达和经过中断区段客运业务的电报。恢复通车时也应照此办理。各铁路局接到电报后,应迅速转发所辖客运站、段,车站应将停办营业和恢复营业的信息及时向旅客公告。

2. 线路中断后对旅客的安排

列车停止运行后,应按下列规定安排已购买车票的被阻旅客:

(1)在停运站或被阻列车上,在车票背面注明“原因、日期、返回××站”并加盖站名戳或列车长名章,作为旅客免费返回发站或中途站办理退票、换车或延长有效期的凭证。若在发站或某个中途站等候继续旅行的,则在通车10d内可凭原票办理签证恢复旅行。

旅客在返回途中自行下车,则运输合同终止。

(2)在发站或返回发站停止旅行时,退还全部的有效车票票价,包括在列车补购的车票票价;但手续费、加收部分的票款、携带品超过规定范围补收的费用不退,已使用至到站的车票票价也不退。

(3)在停止旅行站或中途站退票时,退还已收票价与发站至停止旅行站间票价的差额。发站至停止旅行站间不足起码里程按起码里程计算。若属铁路责任则退还全部票价。

(4)铁路组织原列车绕道运输时,旅客原票不补不退,旅客自行绕道按实际径路办理。

铁路组织已购票的被阻旅客乘原列车绕道运输时持原票有效;组织旅客换乘其他列车绕道时,车站应为旅客办理签证手续,在车票背面注明“因××原因绕道××站(线)乘车”,并加盖站名戳。绕道运输过程中发生变更座别、铺别时,补收或退还票价差额(铁路责任按铁路原因变座、变铺)。应补收票价差额时,不足起码里程按起码里程计算;应退还票价差额时,变更区间不足起码里程的票价差额不退。

绕道过程中,旅客中途下车,运输合同终止。旅客自行绕道,按变径办理。

(5)旅客索取线路中断证明时,由车站出具文字证明,加盖站名戳。

【例8-1】 某年10月12日,一旅客持甲→丁的硬座车票,票价为13元(其中甲→丁硬座基本客票票价11元,甲→丙的加快票价2元)。在列车运行至丙站后丙→丁区间因水害线路中断,该旅客要求返回乙站终止旅行。对此,该如何处理?该区段线路,如图8-1所示。

图8-1 甲→丁区段线路图

解:①在丙站应在车票背面注明“因前方水害,于10月12日返回乙站”,加盖站名戳。

②车站办理退票,退还已收票价与发站至终止旅行站间(甲→乙)票价差额,发站至终止旅行站硬座票价1.00元,加快票价已使用至到站不退。

应退11.00-1.00=10.00元,不收退票费。

收回原票,填写退票报销凭证(见表8-1)。

退票报销凭证式样　　表 8-1

×　×铁　路　局

退票报销凭证 A000000

乙站　　20××年 10 月 12 日

原票	甲站至丁站
已乘区间	甲站至乙站
已乘区间票价	3 元 0 角
退票费	/元
共计	叁元零角

（无经办人名章无效）　　经办人印　×××

3. 线路中断后对行李、包裹的安排

(1)线路中断后对行李、包裹运输应采取的措施

对发站已承运的行李、包裹应妥善保管。

①未装运的行李、包裹留在发站待运或备托运人办理取消托运。

②已装运在途被阻的行李、包裹，列车折返时由折返车所属铁路局根据具体情况指定卸在折返站或临近较大车站（列车不折返、待命继续运行的不卸）。如折返区段均为中间小站时，可与邻局协商，返回邻局较大的车站卸下保管。线路恢复后，应优先装运被阻的行李、包裹，并在票据记事栏注明被阻日数，加盖站名戳。

(2)线路中断后对行李、包裹的安排

①在发站未装运及由中途站返回发站的行李包裹取消托运时，收回行李、包裹票，在旅客页和报单页记事栏注明“线路中断、取消托运”，填写“退款证明书”退还全部运费，并将收回的行李、包裹票附在“退款证明书”报告页上报。

②旅客在发站停止旅行，行李已运至到站，要求将行李运回发站的，运费不退。在行李票报销页加盖“交付讫”戳，记事栏注明“线路中断，已运至到站的行李返回，运费不退”交旅客报销。

③在中途站领取时，收回行李、包裹票，填写“退款证明书”，退还已收运费与发站至领取站间的运费差额；不足起码里程按起码里程计算。并在行李、包裹票的旅客领取页、报单页记事栏注明“线路中断、中途提取”附在“退款证明书”报告页上报。

④旅客在发站或中途站停止旅行，要求仍将行李运至到站时，补收全程或终止旅行站至到站的行李和包裹运费差额。

⑤包裹在中途被阻，托运人要求变更到站。补收或退还已收运费与发站至新到站的运费差额；不足起码里程按起码里程计算，不收变更手续费。在“客杂”或“退款证明书”记事栏注明“因××线路中断，变更到站”。

⑥鲜活包裹在运输途中被阻，卸车站应及时与发站联系，征求托运人处理意见。要求返回发站或变更到站时，按上述办法处理。托运人要求承运人处理时，卸车站应处理，处理所得款填“客杂”上交，在记事栏注明情况，并编制客运记录写明情况，附处理单据寄送发站。处理所得款由处理站所属铁路局收入部门汇付发站所属铁路局收入部门。发站凭记录和单据填写“退款证明书”，退还已收运费与发站至处理站间（不足起码里程按起码里程计算）的运费差额和物品处理所得款。

⑦组织行李、包裹绕道运输时,应在行李、包裹票记事栏注明“线路中断,绕道运输被阻×日”并加盖站名戳,原车绕道时加盖列车行李员名章,到站根据实际运输里程加上被阻日数计算运到期限。铁路组织绕道运输时,运费不补不退。

⑧线路中断后承运包裹,经铁路局批准,按实际径路计算运费。

【例 8-2】 2016 年 5 月 26 日,托运人赵××在杭州站托运 3 箱机械零件至南昌站,重 120kg,票号 E032458。当日装运后,列车运行至上饶站时,被告知前方因山体滑坡线路中断,包裹被阻于上饶站,5 月 27 日托运人在上饶站提取。车站办理如下:

已收运费:杭州→南昌 644km

120kg 三类包裹运费:120kg×0.908 元/kg=108.96≈109.00 元

应收运费:杭州→上饶 390km

120kg 三类包裹运费:120kg×0.543 元/kg=65.16≈65.20 元

退还运费差额:109.00-65.20=43.80 元

填写退款证明书,见表 8-2。

车站退款证明书填写式样　　表 8-2

中国铁路总公司
南昌铁路局

车站退款证明书

财收---16
编号 A No:032145

填发日期　2016 年 5 月 27 日

票据种类	票据号码	填发日期	发站	到站	单位	名称及地址	赵××
包裹票	E032458	2016.5.26	杭州	南昌		开户银行及账号	

	品名	件数	包装	实重	计重	运价号	运价率	运费	违约金		合计
原记载	机械零件	3	木箱	120	120	三类		109.00			109.00
订正								65.20			

记事:		
山体滑坡线路中断,包裹在上饶站提取。	应补收	
	应退还	43.80
	净退(大写)	肆拾叁元捌角零分
	上述退款已于 5月 27 日以 现金/支票 如数退讫 丙联已随5月下旬财收—8报局收入稽查中心。 经办人:　　印	

【例 8-3】 某年 7 月 9 日,旅客张××在上海站托运行李 2 件,37kg 到向塘站,票号 A013525,因杭州→萧山段水害线路中断,旅客在杭州站中止旅行,要求将行李仍运至向塘站。车站办理如下:

已收运费:杭州→向塘 615km

37kg 行李运费:37kg×0.334 元/kg=12.358≈12.40 元

应收运费:

37kg 三类包裹运费:37kg×0.859 元/kg=31.783≈31.80 元

补收运费差额:31.80-12.40=19.40 元

填写客运运价杂费收据核收运费差额。填写式样,见表 8-3。

客运运价杂费收据填写式样　　表 8-3

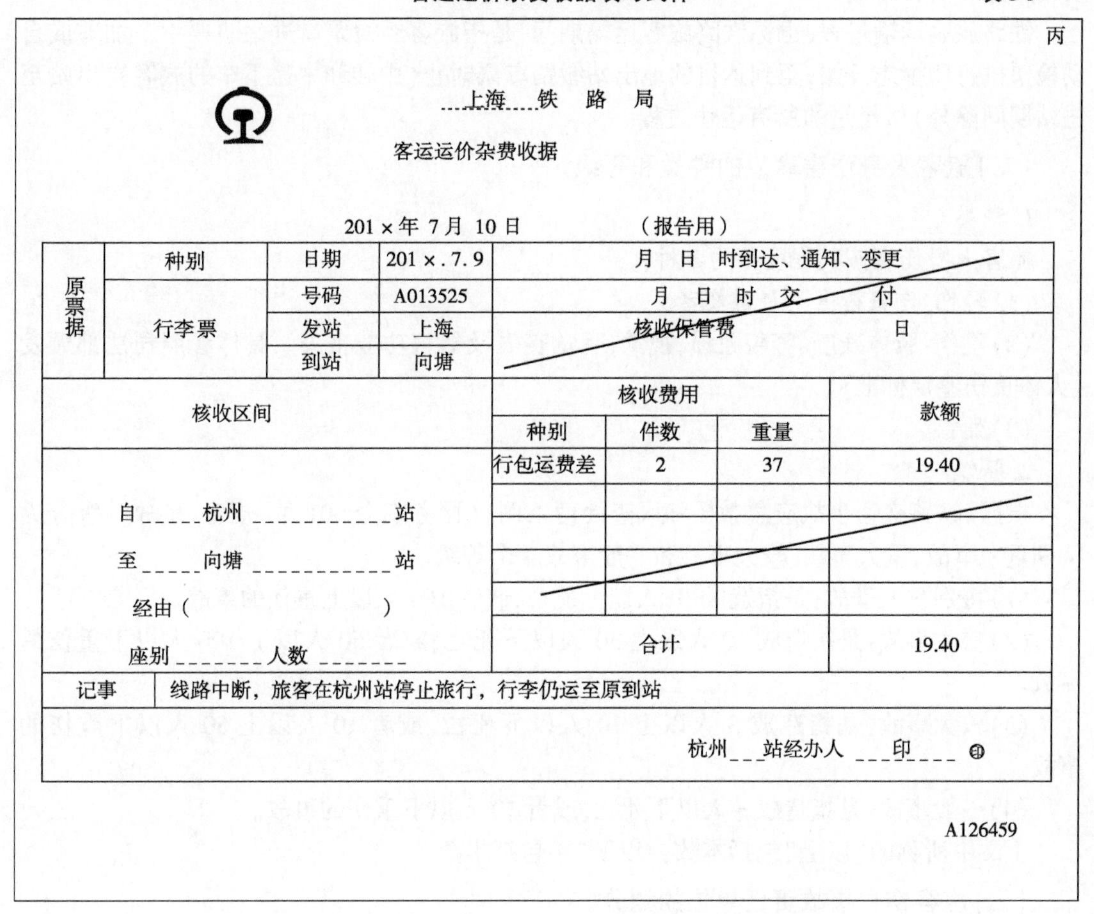
丙

上海铁路局

客运运价杂费收据

201×年 7月 10日　　（报告用）

原票据	种别	日期	201×.7.9	月 日 时到达、通知、变更		
	行李票	号码	A013525	月 日 时 交 付		
		发站	上海	核收保管费 日		
		到站	向塘			
核收区间				核收费用		款额
				种别	件数	重量	
自 杭州 站 至 向塘 站 经由（ ） 座别 人数				行包运费差	2	37	19.40
				合计			19.40
记事	线路中断，旅客在杭州站停止旅行，行李仍运至原到站						

杭州站经办人 印

A126459

第二节　旅客运输事故的处理

旅客运输事故是指在旅客运输生产过程中，由于人的不安全行为，设备的不安全状态，环境的不安全条件和管理的不安全因素等不同影响，致使铁路运输不能正常进行，旅客生命、财产受到威胁损坏、伤害和损失。造成客运事故的原因有如下几个方面：

（1）自然灾害，如水灾、雪害、冰雹、地震、泥石流等。

（2）旅客责任，如携带危险品、吸烟者乱扔烟头所引起的燃烧、爆炸等。

（3）铁路过失，如设备陈旧、失修，职工素质低、基础工作薄弱、劳动纪律松弛、列车严重超员等。

（4）其他原因，如坏人破坏、战争等。

旅客运输事故分为旅客人身伤害事故、行李包裹运输事故。

一、旅客人身伤害事故的处理

（一）旅客人身伤害事故的定义

凡持有有效车票的旅客，在铁路旅客运输过程中，遭受到外来、剧烈、明显的意外伤害事故以及承运人等原因的过错，致使旅客人身受到伤害以至死亡、残疾或丧失身体机能者，均属旅客人身伤害事故。

铁路旅客运输过程,也称铁路旅客运输期间,是指旅客经检票口进站验票手工加剪或自动检票机打印标志开始,至到达目的地出站缴销车票时止(中转和中途下车的旅客自出站至进站期间除外)所经过的所有运输过程。

(二)旅客人身伤害事故的种类和等级

1. 种类

旅客人身伤害按其程度分为3种:

(1)轻伤:伤害程度不及重伤者。

(2)重伤:肢体残废、容貌毁损,视觉、听觉丧失及器官功能丧失。具体参照司法部颁发《人体重伤鉴定标准》。

(3)死亡。

2. 等级

根据《铁路交通事故应急救援和调查处理条例》(国务院令501号)规定,事故等级分为特别重大事故、重大事故、较大事故和一般事故4个等级。

(1)特别重大事故:是指造成30人以上死亡,或者100人以上重伤的事故。

(2)重大事故:是指造成10人以上30人以下死亡,或者50人以上100人以下重伤的事故。

(3)较大事故:是指造成3人以上10人以下死亡,或者10人以上50人以下重伤的事故。

(4)一般事故:是指造成3人以下死亡,或者10人以下重伤的事故。

上文中所称的“以上”包括本数,“以下”不包括本数。

(三)旅客伤亡事故责任单位的划分

铁路旅客人身伤害事故责任,分为旅客自身责任、铁路运输企业责任、第三人责任及其他责任。

1. 旅客自身责任

旅客违反铁路安全规定,不听从铁路工作人员引导、劝阻等违法违章行为或其他自身原因造成的伤害,属于旅客自身责任。

2. 铁路运输企业责任

由于铁路运输企业人员的职务行为和设施设备的原因等造成的伤害,属于铁路运输企业责任。

铁路运输企业责任分为客运部门责任和行车等其他部门责任。客运部门责任分为车站责任和列车责任。

(1)有下列情形之一的,属于车站责任:

①旅客持票进站或下车后在出站口内因组织不当造成伤害的。

②缺乏引导标志或有关引导标志不准确而误导旅客造成伤害的。

③车站设施、设备不良造成旅客伤害的。

④车站销售的食物造成旅客食物中毒的。

⑤因误售、误剪不停车站车票造成旅客跳车的。

⑥在规定停止检票后继续检票放行或检票放行时间不足,致使旅客抢上列车造成伤

害的。

⑦因违章操作、管理不善等引起火灾、爆炸等过失，造成旅客伤害的。

⑧事故处理工作组有理由认为属于车站责任的。

(2)有下列情形之一的，属于列车责任：

①由于车门漏锁造成旅客跳车、坠车或站内背门下车造成旅客伤害的。

②因列车工作人员的过失，致使旅客在不办理乘降的车站(包括区间停车)下车造成伤害的。

③由于组织不力，旅客乘降时挤、摔造成伤害的。

④车站误售、误剪车票，列车未能妥善处理造成旅客跳车伤害的。

⑤因列车报错站名致使旅客误下车造成伤害的。

⑥因列车工作人员的过失造成旅客挤伤、烫伤的。

⑦因餐车、售货车销售的食物造成旅客食物中毒的。

⑧因违章操作、管理不善造成火灾、爆炸，发生旅客伤害的。

⑨因列车设备不良造成旅客人身伤害的。

⑩事故处理工作组有理由认为属于列车责任的。

如事故处理工作组认为两个以上单位都负有责任时，可列两个以上的责任单位。

(3)其他部门责任，即铁路运输企业的其他部门责任造成旅客伤害的。

3. 第三人责任

由于旅客和铁路运输企业合同双方以外的人给旅客造成伤害的，属第三人责任。

4. 其他责任

非上述3种责任造成的伤害，属于其他责任。如自然灾害，战争等不可抗力。

不可抗力因素造成的旅客伤害，铁路运输企业不承担责任，但承运人负有举证义务。

有下列情形之一造成的人身伤害，铁路运输企业不承担责任：

(1)因疾病、自杀、斗殴或犯罪行为。

(2)失踪者(但因车辆失事或意外事故而致失踪者不在此限)。

(3)因无票扒、跳车。

(4)有欺诈、骗保意图。

(四)旅客人身伤害事故的现场处理

1. 现场处理的基本原则

发生旅客人身伤害或急病时，站、车均应一切以旅客生命财产为重，本着对人民生命健康高度负责的精神，千方百计实施救援，尽一切可能抢救旅客生命。

事故发生后，事故发生单位和事故处理单位应当本着实事求是、依法办理的原则，积极负责地处理事故，及时向上级部门汇报，会同公安人员勘查现场，编制有关记录。

2. 现场处理的基本要求

在站内或旅客列车上发生旅客伤亡时(发现旅客在区间坠车时应停车处理)，车站客运主任(三等以下车站为站长)、客运值班员或列车长应会同公安人员做到：

(1)检查旅客伤害程度，及时采取抢救措施。

(2)勘查事故现场，检查旅客所持车票的票种、票号、发到站、车次、有效期是否加剪；检查旅客携带品，详细做成记录。

(3)收集不少于两份的受害人、同行人、见证人的证实材料。

(4)尽可能保护好事发现场,各方协调配合做好调查工作。

(5)发生事故造成旅客伤亡人数较多时,应通报地方政府和医院,请求协助抢救。

3.现场处理的具体方法

(1)列车、车站发生旅客人身伤害时,站、车工作人员应当到现场查看旅客伤害情况,报告列车长、站长及乘警或车站派出所公安人员组织救护,稳定人员情绪,维护现场秩序。

(2)列车上发生的旅客伤害需交车站处理时,应移交前方县、市所在地车站或者当地具备公共医疗条件的停车站;需要提前报告运行所在铁路局客运调度时,由客运调度通知车站做好救护准备工作。

如旅客不同意下车救治处理时,应当由旅客出具拒绝下车治疗的书面声明,并按规定收集两份及以上的证人证言。

(3)列车因旅客伤害严重需紧急停车处理或发生3人以上疑似食物中毒的,应当迅速报告运行所在铁路局客运调度。客运调度员接到报告后立即根据列车长提出的要求,通知有关车站及值班主任(列车调度员)。需要紧急停车处理的,列车长还应报告本铁路局客运处。

(4)列车发现旅客在区间坠车时,应当立即停车处理,并通知就近车站或将受伤旅客移交就近车站。列车在区间停车需要防护时,按有关规定处理。

不具备停车条件或者延迟发现的,列车长应当报告运行所在铁路局客运调度,客运调度员接到报告后立即通知值班主任,值班主任通知相关列车调度员和铁路公安局指挥中心,由列车调度员和铁路公安局指挥中心分别通知邻近车站及车站铁路公安派出所派人寻找。列车运行至前方停车站时,列车长应拍发电报,向发生地和列车担当铁路局主管部门报告。

在站内或区间线路上发现有坠车旅客时,发现或接到通知的车站应当迅速通报有关列车。有关列车接到通报后,应当立即调查。

事发列车应当按照规定收集相关证据材料或旅客携带物品,并向处理单位移交。

(5)车站对本站发生的及列车移交的伤害旅客,应当及时联系当地医疗急救机构或送就近医院抢救。

发生医疗费用时,应当根据对责任的初步判断,属于旅客自身责任或第三人责任的,由旅客或第三人支付医疗费用。

暂不能区分责任或者责任人不明、无力承担的,经处理站站长或者车务段段长批准,可用站进款垫付。动用站进款时,填写或补填“运输进款动支凭证”(财收-29),10d内由核算站或车务段财务拨款归还。

(6)受伤旅客经现场抢救无效死亡,或对站内、区间发现的旅客尸体、经医疗部门或公安部门确认死亡,公安机关现场勘查结束后,车站应当转送殡仪馆存放(在此之前,车站应将尸体转移至适当地点并派人看守),并尽快通知其家属。尸体存放原则上不超过10d。

死者身份不明且在地(市)级以上报纸刊登寻人启事后10d仍无人认领的,应当根据铁路公安机关书面意见处理尸体;系不法侵害所致的,应当根据铁路公安机关书面意见及死者家属意见处理尸体。

对死者的车票、衣物、随身携带品等应当妥善保管,并于善后处理时一并转交其继承人;死者身份不明或者家属拒绝到站处理的,按无法交付的物品处理。

外国人在铁路站车死亡的按照《关于转发(民政部、外交部、公安部关于外国人在华死亡后处理程序有关问题的实施意见)的通知》(公法)[2008]25号处理。

(7)发生旅客人身伤害,需要保护现场时,应当及时采取措施保护现场,禁止与救援、调查无关的人员进入。必要时,可请求地方政府协助。

(8)发生旅客人身伤害后,列车长、站长及铁路公安人员应当及时组织现场查验,全面搜集、梳理相关证据资料,检查旅客所持车票的票种、票号、发到站、车次、有效期及有效身份证件信息等。描绘现场旅客定位图,收集不少于两份同行人或见证人的证言及查验记录、现场照片等其他相关证据,形成比较完整的证据链。这样就能够以此证明事故发生的过程和原因,初步明确性质,并妥善保管。

证人应当具有完全民事行为能力,证人证言中应当记录证人的姓名、性别、年龄、地址、联系方式、有效身份证件信息等内容。有医务工作人员参加救治时,应当由其出具参与救治经过的证言。

涉及违法犯罪的旅客人身伤害或死亡事件,由铁路公安机关组织现场勘查。

(9)列车向车站移交受伤旅客时,列车长应当编制客运记录,并"旅客携带物品清单"一式两份:一份由列车存查,一份连同车票、相关证人证明材料等一并移交。

客运记录应载明日期、车次、旅客姓名、性别、年龄、国籍、民族、职业、单位、有效身份证件号码、联系方式、家庭住址、车票种类、号码、发站、到站、车厢、席位、事故简要和处理简况等。因时间来不及完成上述内容时,须在3d内向处理单位补齐有关材料。涉及第三人时,应将第三人同时交站。

列车向车站移交受伤旅客时,车站不得拒绝接收。

4. 通过调查分析,对旅客人身伤害明确定责

(1)在旅客人身伤害调查中,涉及旅客或第三人责任,且旅客、第三人或其代理人没有异议的,应当在有关调查报告中载明,并经其签字确认后作为善后处理的依据;旅客、第三人或其代理人不予认可的,可告知其协商解决或通过司法途径处理。

(2)铁路监管部门(铁路安全监督管理办公室)在调查中,对涉及铁路运输企业责任的,应按发生原因,铁路运输企业及各部门职责等确定责任单位;两个以上单位都负有责任时,可以列两个以上单位的责任。

发生原因基本确定,但由于发生单位或相关设施设备管理部门未及时收集或未妥善保管相关证据资料,导致不能确定责任主体时,发生单位或相关设施设备管理部门应承担相应责任。

列车需将伤病旅客交站处理,调度部门因信息处置或安排停车不及时,车站因推诿或未及时联系医疗机构影响救治的,可将调度部门、车站与责任单位共同列为责任主体。

对责任划分有争议时,铁路监管部门(铁路安全监督管理办公室)应将调查报告、案卷、处理意见等有关资料报发生、责任、处理单位共同的上级主管部门或其授权的主管部门裁决。

发现定性不准确或处理不符合规定的,上级主管部门可以责令重新审查或纠正。

确定铁路运输企业责任后,铁路监管部门(铁路安全监督管理办公室)应当及时出具"铁路旅客及携带品损失定责通知书",交善后处理工作组,并于7d内(最迟不超10d)寄送责任单位及其上级主管部门。

5. 旅客人身伤害事故速报

车站、列车发生旅客人身伤害事故时,应当立即向上级主管部门及有关铁路局主管部门拍发事故速报;条件允许时,应当先用电话报告事故概况。发生重大及以上伤亡事故时,应当逐级向上级主管部门和宣传部门报告。事故速报内容包括下述几点:

(1)事故种类。

(2)发生日期、时间、车次。

(3)发生地点、车站、区间里程。

(4)伤亡旅客姓名、性别、国籍、民族、年龄、职业、单位、住址、车票种类、发到站、票号、联系方式、有效身份证件号码。

(5)事故及伤亡简况。

在站内或区间线路上发现有坠车旅客时,发现或接到通知的车站应当迅速通报有关列车。有关列车接到通报时,应当立即调查情况,收集包括证人证言在内的证据材料和旅客携带品并在3d内向事故处理站移交。

6. 旅客人身伤害事故的调查处理

(1)成立事故处理工作组

发生旅客人身伤害事故,应当成立事故处理工作组。事故处理工作组由以下单位和人员组成:

①事故处理站(车务段)或其上级主管部门。

②事故责任单位或发生单位及其上级主管部门。

③事故处理站公安派出所。

④与事故处理有关的单位或人员。

事故处理工作组组长一般情况下由事故处理站〈车务段〉的站长(段长)担任;发生重大及以上伤亡事故时,事故发生地所在铁路局局长为组长。

(2)事故处理工作组的主要工作

事故处理工作组负责的主要工作,包括如下几点:

①办理受伤旅客就医、食宿等事宜。

②收集事故有关资料,建立案卷。事故案卷中应有:客运记录、证人证言、车票、医院证明、现场照片或图示、寻人启事、公安部门现场勘验笔录、法医鉴定结论和处理尸体意见等(影响办案时暂不纳入)。

③查实伤亡旅客身份,通知其家属或发寻人启事。

④召开事故分析会,分析事故原因,确定责任单位。

⑤处理死亡旅客尸体、遗留物品。

⑥与旅客或其继承人、代理人协商办理赔付。

⑦其他与事故处理有关的事宜。

(3)召开事故调查分析会

事故发生后,应当及时召开事故调查分析会。铁路局应派员参加重大及以上伤亡事故调查分析会;应由政府安全监督管理部门调查处理的旅客人身伤害事故,按照国家有关规定办理。

7. 事故赔偿程序及事故处理费用

(1)事故赔偿程序

①对伤亡旅客的赔偿一般应当于治疗结束或尸体处理完毕后进行。由旅客或其继承人、代理人(代理人应当出具被代理人的书面授权书)提出"铁路旅客人身伤害事故赔偿要求书",并出具治疗医院的证明,作为事故处理站办理赔偿、确定给付赔偿金数额的依据。

②事故处理工作组接到"铁路旅客人身伤害事故赔偿要求书"后,应当尽快与旅客或其

继承人、代理人协商办理赔偿。办理赔偿应当编制"铁路旅客人身伤害及携带品损失最终处理协议书",事故处理各方对协议书所载内容无异议后签字并加盖"事故处理专用章"生效。

事故处理单位开具"铁路旅客人身伤害及携带品损失赔付通知书",通知旅客或其继承人、代理人。接到通知后,旅客持本人有效身份证件及本通知于30d内到处理站领取赔偿款。如其继承人、代理人领取时,应携带领取人有效身份证件及旅客身份关系证明或授权委托书(原件)。领取后,旅客或其继承人、代理人出具收据交处理单位。

③需向事故责任或发生单位转账时,由铁路局财务部门开具"转账通知书",连同"铁路旅客人身伤害及携带品损失最终处理协议书"转送事故责任或发生单位所属铁路局财务部门。事故责任或发生单位所属铁路局财务部门应在收到"转账通知书"等资料次日起,30d内将费用转拨事故处理单位所属铁路局。超过30d时,每超过1d,按应付费用的0.5%支付滞纳金。

铁路旅客人身伤害处理程序,详见图8-2。

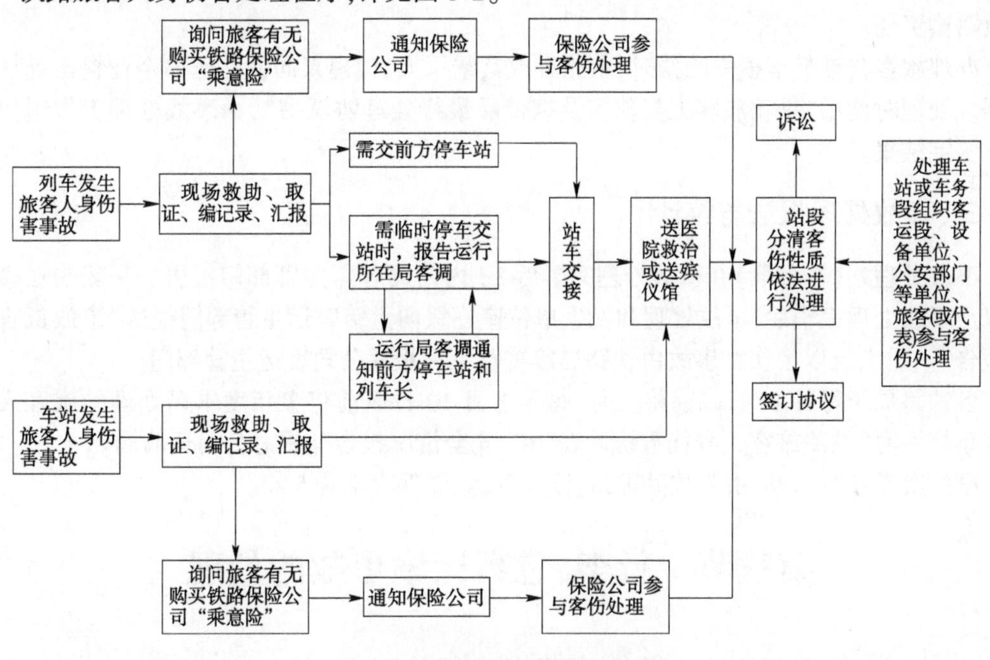

图8-2　铁路旅客人身伤害处理程序

(2)事故处理费用

①旅客受伤需治疗时,医疗费用按实际产生和后续治疗需要,凭治疗医院单据和医嘱建议核定。旅客需转院治疗时,应与处理单位协商,并经治疗医院同意。

②残疾赔偿金应根据有关鉴定机构出具的旅客人体操作残疾程度鉴定意见,或者根据旅客受伤程度,比照有关人体损伤残疾程度鉴定标准所对应的残疾,按照有关标准计算。责任旅客伤害经救治无效死亡的,应根据有关法律按规定标准计算死亡赔偿金。

③在铁路旅客运送期间发生旅客携带品损失时,承运人有过错的,应当承担损害赔偿责任;旅客出具发票(或其他有效证明)证明购买价格时,以扣除物品合理折旧、损耗后的净值赔偿或以处理单位所在地物价部门或价格评估机构确定的物品价值赔偿。

④处理旅客人身伤害事故的其他费用:包括看尸、验尸、现场勘验、寻人启事等以及善后处理直接有关的交通费、护送费、住宿费、救济费等支出,一并在事故处理费中列支并在事故处理报告上列明。

因事故产生的保险金、赔偿金、医疗费用、其他费用,有责任单位(铁路运输企业其他部门责任时,转责任单位所属铁路局)的,由处理事故铁路局将以上费用转账给责任单位;无责任单位的,转事故发生单位。

事故责任涉及两个以上单位时,其事故处理费用由责任单位共同分担;分担比例按责任轻重由事故处理工作组确定。

旅客自身责任或第三人责任造成的人身伤害,费用由责任人承担。第三人不明确或无力承担时,由铁路运输企业先行赔付后,向第三人追偿。

二、旅客携带品损失的处理

由于铁路运输企业过错造成旅客携带品损失时,铁路运输企业承担赔偿责任,但赔偿最高不超过国务院规定的赔偿限额。

铁路运输企业对旅客的货币、金银、珠宝、有价证券或者其他贵重物品所发生灭失、损坏不负赔偿责任。

办理旅客自带行李损失赔偿时,由旅客或其继承人、代理人向铁路运输企业提出确认的证据。处理时使用"铁路旅客人身伤害及携带品最终处理协议书",由事故处理工作组协商各方签字结案。

三、事故处理报告与统计

事故处理站(车务段)在事故处理完毕后 3d 内向局客运主管部门报告。一般伤亡事故及以上事故处理完毕后,事故处理和发生单位应逐级向上级客运主管部门报送"事故调查处理报告"。重大及以上伤亡事故由铁路局签署意见后报总公司客运主管部门。

各铁路局于每月 10 日以前将上月、每年 1 月 10 日以前将上年度本局处理的旅客人身伤害事故填写"铁路旅客人身伤害统计表"和"安全情况报告",报总公司运输局。

事故案卷一案一卷,由事故处理站、段保管,案卷保存期为 5 年。

第三节　行李、包裹运输事故的处理

一、行李、包裹事故的种类、等级及其处理总则

(一)行李包裹事故种类和等级

1. 行李、包裹事故的种类

(1)火灾。

(2)被盗(有被盗痕迹的)。

(3)丢失(全部未到或部分短少,无被盗痕迹的)。

(4)损坏(破损、湿损、变形等)。

(5)误交付。

(6)票货分离,票货不符,误装卸或顶件运输。

(7)其他(污染、腐坏等)。

2. 行李、包裹事故的等级

行李、包裹事故按其性质和损失程度,分为重大损失、大损失、一般损失以及轻微损失 4

个等级：

(1)重大损失(造成下列情况之一者)：

①由于承运的行李、包裹发生火灾、爆炸造成人员死亡或重伤达3人的；

②物品损失(包括其他直接损失,以下同)价值超过三万元(含三万元)的；

③尖端保密物品、放射性物品灭失。

(2)大损失(造成下列情况之一者)：

①由于承运的行李,包裹发生火灾、爆炸造成人员重伤的；

②物品损失价值一万元以上(不含一万元)至三万元的。

(3)一般损失：

①由于承运的行李、包裹发生火灾、爆炸的；

②物品损失价值二百元以上(不含二百元)至一万元的。

(4)轻微损失：

在运输行李、包裹过程中(自承运时起至交付完毕时止),造成较小损失及一般办理差错为轻微损失。轻微损失包括：

①损失轻微其价值不超过二百元(含二百元)的；

②被盗在30d内破案并追回原物,损失轻微的；

③票货分离、票货不符、误装卸及时发现纠正,未造成损失的；

④误交付及时发现并取回,未造成损失的；

⑤未按规定办理交接手续的；

⑥违反营业办理限制的。

(二)行李、包裹运输事故处理总则

(1)发生行李、包裹运输事故后,要认真调查分析,及时正确处理,明确责任,制定改进措施。处理行李、包裹事故要遵循“重合同、守信用、坚持实事求是”的原则,主动迅速地办理赔偿工作。对长期坚持安全生产和防止事故的有功人员,应给予表扬或奖励;对违章作业、工作失职造成事故者,应给予行政处分,并追究其经济甚至法律的责任;对长期安全不好的单位或损失严重的事故,要追究领导者的责任。

(2)为做好行李、包裹事故处理工作,压缩行李、包裹事故处理时间,加快赔偿速度,简化事故处理程序,对确属铁路责任的行李、包裹事故,贯彻“先赔付,后划分内部责任”、事故赔偿金专款专用的原则,维护铁路运输的信誉和托运人、收货人的正当权益。铁路运输的行李、包裹发生事故后,事故处理单位(站、段、铁路局)应代表承运人根据有关法规,首先划清承运人与托运人或收货人之间的责任界限,对属于承运人责任的事故,在赔偿手续办理完毕后再划分承运人内部责任。

车站按规定编制行李、包裹事故记录后,应将货主页及时、主动交给收货人,并告知其向承运人提出赔偿要求的权利和程序。

(3)行李、包裹事故的赔款,由事故处理站所属铁路局列销,实行定比例支出。铁路局赔款少于规定比例的剩余部分上缴铁路总公司,超出部分由铁路总公司增加清算。

二、行李、包裹事故责任的划分

1.承运人与旅客、托运人、收货人责任的划分

行李、包裹从承运时起至交付时止,铁路担负安全运输的责任,如发生灭失、损坏、短少、

变质、污染时铁路应负责赔偿,并在规定的运到期限内运至到站。

由于下列原因造成的灭失或损坏,铁路不负赔偿责任:

(1)不可抗力,如水害、风灾、冰雹、地震、泥石流等(保价物品除外)。

(2)物品本身的自然属性或合理损耗,如枯萎、死亡、水分蒸发而产生的减量,化学制品的老化干裂,放射性同位素和短寿命生物疫苗的失效等。

(3)包装方法或容器质量不良,但从外部又不能观察发现或无规定的安全标志时。

(4)在行李、包裹中夹带有规定不能按行李、包裹托运的物品。

(5)托运人自已押运或带运的物品(因铁路责任的除外)。

(6)旅客和托运人、收货人自身的过错。

由于旅客和托运人、收货人的责任给铁路造成财产损失时,应负赔偿责任。

2. 承运人内部站、车责任的划分

铁路运输行李、包裹过程中,涉及铁路内部的发送站、中转站、到达站及各次列车等单位,为了判明造成行李、包裹事故的责任者,以便追究赔偿责任,也必须进行责任划分。

(1)直接发生事故的车站和列车,应主动承担责任。

(2)在查询过程中,未按规定期限答复时(除已查明直接责任者外)事故责任列逾期答复站、段。

(3)由于违章承运行李、包裹造成事故时,事故责任列承运站。如承运不符合规定的包装技术条件的行李、包裹或应派人押运的包裹无押运人时,或规章允许可不派人押运的包裹,但未按规定在包裹票和托运单上由托运人自行签注“包装完好,内部破损,铁路免责”字样等。

(4)中途站对包装破损未加整修继续运送,造成事故时,事故责任列应整修而未整修的车站。对符合规定包装要求的行李、包裹,能够证明直接造成包装破损站、车的,发生事故时,事故责任列直接造成破损的站、段。

(5)站、车交接时,接收方不盖规定名章或印章不清无法确认,以及接收方应签收而未签收,或虽已签收但对件数、包装等情况站、车双方有异议时,而在开车后3h内(如区间列车运行超过3h不停时,为前方停车站)又未拍发电报确认的,发生事故时,责任列接收站、段。

(6)列车到达终点站后,超过1h不签收或虽未超过1h而列车入库,行李、包裹未卸完,发生事故时,列终点站责任。

(7)车站对无法运送的无主行李、包裹,逾期积压不报或顶件运送,应承担事故责任。

(8)由于装卸责任造成事故时,责任列装卸部门;但装卸与客运同属一个单位的除外。

(9)事故赔偿后又找到原来的行李、包裹,而旅客或收货人又不愿领取时(有欺诈行为除外),事故责任仍定原单位。

(10)由于行车事故造成的行李、包裹事故,由行车安全监察部门确定的责任单位负责。

(11)由于下列原因造成的行李、包裹事故,责任单位列入“其他”:

①由于列车紧急制动,造成行李、包裹损失时;

②因托运人、收货人责任给第三者的行李、包裹造成损失时;

③其他无法判明责任单位的事故。

(12)事故处理站在核定事故责任单位时,如发生站、车各方意见不一致,可将事故记录连同附件逐级上报,由上级机关仲裁核定。若站、车属一个铁路局管辖的,报铁路局;跨铁路局的,报铁路总公司。

三、行李、包裹事故的调查和立案

行李、包裹超过运到期限没有运到或发生票货分离、票货不符、误装卸时,车站必须立即先向发站拍发电报查询行李、包裹的下落。如查询无结果时,作为事故立案处理。

1. 行李、包裹事故的调查

行李、包裹超过运到期限没有运到或发生票货分离时,到站必须立即向发站拍发电报查询并抄有关铁路局。

(1)发站接到查询电报后,应立即查找核对,如不属于本站责任,应将装车日期、车次、签收情况电复到站,并抄知接收的列车主管段。列车主管段接到电报后,如不属于本段责任,应将卸车站和卸车日期、签收情况电复到站,并抄知卸车站。有关站、段按此顺序进行查找。

对用事故记录调查的,接受站、段将调查结果电复到站;同时应填写事故查复书(用货运的)附在记录上,转送接收的站、段继续查找。如系本站、段责任,则直接填写事故查复书随同事故记录寄送到站。

查询电报或事故记录(包括复电和查复书)如发、收双方在同一铁路局管内的,应抄送主管铁路局;跨局时,应抄送有关铁路局。

(2)站、段在接到查询电报或事故记录后,车站必须在3d内,段必须在15d内答复到站,不得拖延。否则,由拖延站、段承担事故责任。但对用事故记录调查的,如逾期不答复,到站可再次电报催问,受调查站、段自接到催问电报日起,再超过5d不答复时,即视作责任单位。

(3)发生火灾、被盗事故,应及时向公安部门报案,并会同调查。

(4)发生和发现重大事故的车站及列车,应立即向铁路总公司、铁路局拍发事故速报,并抄知有关单位。

行李、包裹未到的查询、调查程序,如图8-3所示。

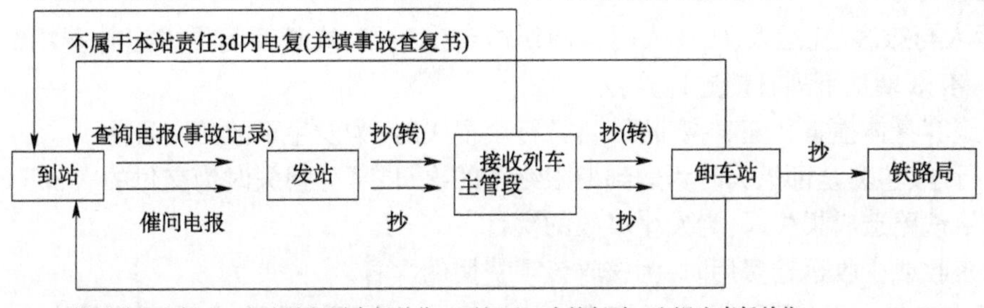

图8-3 行李、包裹未到的查询、调查程序

速报内容:

①事故种类。

②发生日期、时间、车次。

③发生地点(车站、区间、里程)。

④票号、发到站、品名。

⑤事故简要情况。

有关铁路局接到速报后,应立即派人深入现场进行调查处理。

在事故调查过程中,任何单位和个人,都不得隐瞒事故真相,弄虚作假,推卸责任;否则,一经查出,从严处理。

2. 行李、包裹事故的立案

行李、包裹发生下列情况之一者,应立案处理:

(1)行李、包裹运输发生火灾、被盗、丢失、损坏、误交付、票货分离、票货不符、误装卸或顶件运输及其他事故时。

(2)行李、包裹超过运到期限10d,鲜活包裹超过运到期限没有运到时。

(3)行李、包裹超过运到期限没有运到或发生票货分离、票货不符、误装卸时,车站向发站拍发电报查询行李、包裹的下落,查询无结果时。

事故立案和调查处理由到站办理。行李、包裹在发站装运前全部灭失、毁损时由发站办理。

事故立案时,车站应会同有关人员编制行李、包裹事故记录(用货运的)一式三份。一份留编制站存查;一份调查用(属于自站责任的留站存);一份交旅客或货主作为提出赔偿要求的凭证(经查询找到后交付时应收回)。

行李、包裹事故记录是铁路内部调查分析责任和处理事故的基本资料,是旅客或货主向铁路提出赔偿要求的依据。因此,必须严肃认真,详细填写,如实记载事故现状,不得虚构、假想、臆测,用词必须具体、准确、明了,书写应清楚;如有涂改必须由涂改人在改正处盖章,对事故责任无确切依据时不作结论。编制事故记录时应根据事故性质会同有关人员共同编制。如丢失、被盗事故应由车站负责人、公安人员、有关行李员及装卸人员共同编制。

行李、包裹在发站或运输途中,发生行李包裹事故时,有关站、车应编制客运记录一式两份,一份存查、一份随行李、包裹递送到站,作为站、车交接的凭证和到站编制事故记录的依据。如在途中全部丢失、被盗、毁损时,应将客运记录和运送票据车递挂号寄送到站。

四、行李、包裹事故赔偿

1. 赔偿时限

承运人与旅客、托运人、收货人因合同纠纷产生索赔,或相互间要求退补费用的有效期为365d。有效期从下列日期起计算:

(1)旅客身体损害和随身携带品、自带行李损失时,为发生事故的次日。

(2)行李、包裹全部灭失时为运到期限终了的次日;部分损失时为交付的次日。

(3)给铁路造成损失时,为发生事故的次日。

(4)多收或少收运输费用时,为核收该项费用的次日。

责任方自接到赔偿要求书的次日起,应在30d内向要求人作出答复并尽快办理赔偿。多收或少收时应于30d内退补完毕。

承运人责任明确的行李、包裹事故,托运人或收货人提出赔偿要求后,到站应立即受理并在规定时限内办理赔偿。

对票货分离、整件短少的行李、包裹事故,到站应立即查找;在规定期限内仍未找到时,到站应根据托运人或收货人提出的赔偿要求在规定时限内办理赔偿(新规未出,目前各局有出入)。

2. 赔偿标准

(1)按保价运输办理的行李、包裹全部灭失时,按实际损失(即指因灭失、短少、变质、污染、损坏导致行李、包裹实际价值的损失)赔偿,但最高不超过声明价格。部分损失时,按损失部分所占比例赔偿。分件保价的物品按所灭失该件的实际损失赔偿,最高不超过该件的声明价格。

(2)未按保价运输的物品按实际损失赔偿,但最高连同包装重量每千克不超过15元。如由于承运人故意或重大过失造成的不受上述赔偿限额的限制,按实际损失赔偿。

(3)行李、包裹全部灭失时,退还全部或部分运费。

行李、包裹灭失、损坏时的赔偿标准,见表8-4。

行李、包裹赔偿标准一览表 表8-4

<table>
<tr><th>项目</th><th>保价物品</th><th>不保价物品</th><th>附记</th></tr>
<tr><td>全部灭失时</td><td>按照实际赔偿,但最高不超过保价额</td><td>按照实际损失赔偿,最高不超过铁路总公司所规定的赔偿限额(含包装每千克15元),但若是铁路运输企业的故意或重大过失造成的,则不受赔偿限额的规定</td><td>退还全部运费</td></tr>
<tr><td>部分灭失、损坏时</td><td>按实际损失的比例赔偿</td><td>按照实际损失赔偿,最高不超过铁路总公司所规定的赔偿限额,但若是铁路运输企业的故意或重大过失造成的,则不受赔偿限额的规定</td><td rowspan="2">退还灭失货件重量的运费</td></tr>
<tr><td>分件保价时</td><td>按灭失的该件实际损失赔偿,最高不超过该件保价额</td><td></td></tr>
<tr><td>证明声明价格超过实际价格时</td><td>按照实际价格赔偿</td><td></td><td>多交的保价费不退</td></tr>
</table>

3. 赔偿程序

(1)行李、包裹灭失、损坏或超过运到期限30d尚未到达,旅客和托运人、收货人有权向铁路有关部门提出赔偿要求。

(2)旅客和托运人、收货人要求赔偿时,应在有效期内提出赔偿要求书(用货运的),并附下列材料:

①行李票或包裹票;

②行李、包裹事故记录;

③证明物品内容和价格的凭证。

(3)车站受理赔偿要求时,需审核赔偿要求人的要求权利、有效期限、赔偿要求书以及有关证明文件。接受赔偿要求后,应在赔偿要求书收据上加盖站名戳记和经办人规定名章,交给赔偿要求人,并抄知有关单位。

(4)铁路责任明确的,按现行规定填制"行包事故赔款通知书"办理赔偿。其中:正本为领、付款凭证交本单位财务部门或赔偿要求人,副本分别送有关单位(铁路局、站段)留存。

其中,事故赔款由处理单位填写赔款通知书,通知财务部门拨款,同时抄送有关铁路局、赔款要求人和责任单位。

(5)铁路内部责任尚未明确的,由处理单位先赔付;按有关规定确定责任单位后,由处理单位填发"行包事故定责通知书"送责任单位(站、段、铁路局各一份)和有关单位。

经铁路有关部门审核确定责任不属于铁路而不予赔偿时,处理单位应用正式文件,说明理由和依据,连同全部赔偿材料(赔偿要求书除外),退给赔偿要求人,并抄知有关单位。

赔偿要求人向法院提出的诉讼案,由诉状中所列的被告出庭答辩。

4. 赔偿批准权限

(1)赔偿(包括行李、包裹包装整修费)不超过200元(含200元)的,由处理站审核赔偿。

(2)赔款200~5000元的,由决算站、段审核赔偿,报铁路局备案。

(3)赔款5000~15000元的,由铁路局审核赔偿并备案。

(4)赔款超过15000元的,由铁路局审核赔偿,报铁路总公司备案。

5. 赔偿款额清算

(1)事故赔款额不超过200元(含200元)的及发站承运后装运前发生的行包事故赔款,由处理站所属铁路局列销。

(2)事故赔款额超过200元(不含200元)的,由处理局向中铁快运股份有限公司(以下简称"中铁快运")清算。

(3)中铁快运及所属营业部处理的行包事故赔款,由中铁快运列销。

(4)各铁路局及所属营业部处理的行包事故赔款,由处理站所属铁路局审核汇总,每份行包事故赔款通知书附一份赔款转账通知书,每月向铁路局所在地的中铁快运分公司清算一次。中铁快运自接到赔款转账通知书的次日起,须在10d内向处理局支付。中铁快运不得退回赔款通知书。逾期付款每日增加0.5%的资金占用费。

(5)列其他责任的事故赔款,由处理局列支。

(6)行李、包裹事故赔款,不论行李、包裹是否保价,均由保价周转金支付。

五、行李、包裹事故的统计及其案卷的保管

1. 行李、包裹事故的统计

行包事故按照"谁处理、谁统计"的原则进行统计。各铁路局、中铁快运对于所处理的行包事故及未构成行包事故的赔款,均须逐件统计。

各铁路局及所属车站处理的行包事故由铁路局统计;中铁快运及所属分公司、营业部处理的行包事故由中铁快运统计。其统计方法如下:

(1)事故件数以一批为1件,但在同一车站或同一列车内,同时同一原因发生的多批事故视为一批,应按1件统计。其事故等级按损失款额的总和确定。

(2)一件事故由几个单位共同承担时,事故件数由主要责任单位统计。无主要责任单位时,按发到站间的站顺,由第一个责任单位统计上报。列其他责任的,由处理单位统计上报。

(3)事故一律按结案日期统计。对报经上级仲裁的事故,按接到批复的当月统计。

(4)行李、包裹事故处理结案后,应按月逐级上报。各铁路局须于每月15日前将上月《行李、包裹事故统计报告》上报铁路总公司。

2. 行李、包裹事故案卷的保管

行包事故结案后,对行包的案卷应整理清楚,一案一卷登记入册。事故案卷材料应包括:

(1)行李票或包裹票。

(2)行李、包裹事故记录。

(3)赔偿要求书。

(4)证明物品内容和价格的凭证。

(5)查询电报(包括复电、答复书)和有关客运记录。

(6)其他有关附件。

事故案卷应由处理单位负责保管。其保管期限:赔偿案卷3年;诉讼案卷4年;事故记录2年;客运记录2年;行包交接证1年;查询电报1年;复电、查复书1年。

其他不随事故案卷保管的资料,也要保管一定时间以备查用。

注:旅客人身伤害事故及行包事故处理案例见第九章。

复习思考题

1.说明铁路旅客突发事件的定义和主要种类。

2.旅客人身伤害事故的种类与等级如何划分?旅客发生人身伤害事故应如何处理?

3.旅客在候车期间或在列车上发生急病、死亡应如何处理?

4.列车发生火灾、爆炸不能立即扑灭时的应急处置的“四十字”原则是什么?

5.线路中断、列车停止运行,对旅客运输应如何安排?

6.线路中断、列车停止运行,对行包运输应如何安排?

7.铁路旅客人身伤害事故的责任如何划分?

8.发生铁路旅客人身伤害事故时应如何处理?

9.简述行李、包裹事故的种类与等级。对其如何调查、立案及处理?

10.2016年6月6日,旅客赵××持南昌至三明票在南昌站托运行李2件,重42kg,到站三明,票号B021348。车过邵武时得知前方因水害塌方线路中断,不能继续运行,旅客返回发站退票,要求行李仍运至三明。对此,南昌站应如何办理?

11.2016年6月12日,南昌至青岛K342次旅客列车(南昌局担当乘务)上,济宁至兖州市区间两名旅客发生争执、并有肢体冲突而导致一方旅客受伤害。该受伤旅客要求铁路赔偿,试问铁路运输企业该如何处理?

12.2016年6月20日,托运人江铃汽车集团公司在南昌站托运汽车零部件一批,3件共120kg。木箱包装,包裹票号:A023981,到站长春,收货人:长春××汽车修理厂。6月25日在长春站卸车时发现短少一件35kg,6月27日长春站以缺件办理交付,经收货人确认缺件为变速器。并编客运记录交收货人。同时拍发查询电报,至7月16日查询未果,已逾期10余天,于7月16日,立案编制事故记录及填制事故查复书,进行调查。试问南昌站应如何编制相应的客运记录、电报、事故记录及事故查复书?

第九章　铁路客运记录及电报

本章内容简介

铁路旅客或行李、包裹运输过程中，会发生一些特殊情况和运输事故，站、车均要编制客运记录和拍发铁路电报，作为特殊情况或运输事故的文字纪实和向上级部门报告的书面材料。重点了解铁路客运记录、电报的编写范围和编写要求。

第一节　铁路客运记录

客运记录是指在旅客或行李、包裹运输过程中因特殊情况，承运人与旅客、托运人、收货人之间需记载某种事项或车站与列车之间办理交接的文字凭证。它具有以下作用：

(1)站车办理交接的依据。

(2)旅客发生意外伤害，介绍到与铁路有协议关系的医院抢救治疗的证明。

(3)旅客至到站或有关站退款的凭证。

(4)编制行包事故记录的凭据。

(5)有关事件纪实的材料。

(6)其他情况需要说明的依据。

一、铁路客运记录的填写规定

1.据实填写，事项齐全

编写的客运记录应内容准确、具体、详细、齐全、完整，如实反映情况；不得虚构、假想、臆测、似是而非、含糊不清。如涉及旅客车票时，应有发到站、票号；涉及行李、包裹票时，除应有发到站、票号外，还应有旅客、发(收)货人姓名、单位、物品品名、数量、重量等，不得漏项。

2.语言简练，书写清楚

记录语言要简明扼要，条理清晰，层次分析，叙事客观完整，说明问题。字迹要清楚，字体要工整，不写自造简化字。

3.应有序号，加盖名章

客运记录应有顺序编号，加盖编制人名章。客运记录一式两份，一份交接收人，另一份由接收人签字后编写方留存。对留存的应装订成册，妥善保管，以备存查。

二、铁路客运记录的编写范围

1.列车编写客运记录范围

(1)卧铺发售重号，或列车开车后卧铺仍无人使用，列车就将该铺另行出售，但持票旅客再来卧车时,列车应尽量安排同等席别的其他铺位;没有空位时,应编制客运记录交旅客,由到站退还卧铺票价,核收退票费。

(2)因承运人责任使旅客不能按票面记载的座别、铺别乘车时,列车应重新妥善安排。重新安排的列车、座席、铺位低于原票等级时,列车长应编制客运记录交旅客,作为至到站退还票价差额的凭证。

(3)发生误售、误购,应退还票价时,列车应编制客运记录交旅客,作为乘车至正当到站要求退还票价差额的凭证。

(4)旅客误乘列车或坐过了站,列车交前方停车站免费送回时。

(5)旅客丢失车票,另行购票或补票后又找到原票时,列车长应编制客运记录交旅客,作为在到站出站前向到站要求退还后补票价的依据。

(6)对无票乘车而又拒绝补票的人,列车长可责令其下车并编制客运记录交县、市所在地车站或三等以上车站处理(其到站近于上述车站时应交到站处理)时。

(7)在列车上,旅客因病不能继续旅行,列车长应编制客运记录交中途有医疗条件的车站转送医院治疗时。

(8)因铁路责任,致使旅客在中途站办理退票,退还票价差额时。

(9)发现旅客携带国家禁止或限制运输的物品、危险品乘车,移交最近前方停车站或有关车站处理时。

(10)旅客携带品超过规定范围(危险品除外),无钱或拒绝补交运费,移交旅客到站或换车站处理时。

(11)向查找站或列车终到站转送旅客遗失品,与车站办理遗失品交接手续时。

(12)旅客在列车内发生因病死亡,移交县、市所在地或较大车站处理时。

(13)列车内发现无人护送的精神病患者,移交到站或换车站时。

(14)因意外伤害(包括区间坠车),招致旅客伤亡,移交有关车站处理时。

(15)发现违章使用铁路职工乘车证,上报铁路局收入部门处理时。

(16)列车接到行、包托运人要求在发站取消托运,将行、包运回发站时。

(17)列车接到发站行李、包裹变更运输(包括行李误运)电报时,应编制客运记录,连同行李、包裹和运输报单,交前方营业站或运至新到站(需中转时,移交前方中转站继续运送)。旅客在列车上要求变更时,同样办理。

(18)列车上发现装载的行李、包裹品名不符,或实际重量与票面记载的重量不符,移交到站或前方停车站处理时。

(19)列车对已装运的无票运输行李、包裹,应编制客运记录,交到站处理。

(20)列车内发现旅客因误购、误售车票而误运行李时,如其托运的行李在本列车装运,应编制客运记录,连同行李交前方营业站或中转站向正当到站转运时。

(21)行李、包裹在运输途中发生事故,移交到站处理时。

(22)持挂失补车票乘车的旅客,经列车长确认该席位使用正常的,应编制客运记录交旅客至到站办理退票。

(23)其他应与车站办理的交接事项。

2. 车站编写客运记录范围

(1)发生误售、误购车票,在中途站、原票到站发现,向正当到站乘车,应退还票价时。

(2)将旅客遗失物品向查找站转送时。
(3)旅客在车站发生意外伤害时。
(4)车站向铁路局收入部门寄送因违章乘车所查扣的铁路乘车票证时。
(5)行李、包裹票货分离,需补送行李、包裹或票据时。
(6)行李、包裹票货分离,部分按时到达交付,部分逾期时。
(7)行李、包裹装运后,旅客或托运人要求运回发站取消托运时。
(8)行包所在站接到行包变更运输的电报时。
(9)车站发现伪报品名的行李、包裹,损坏其他行李、包裹时。
(10)在中途站,原票到站处理因误售、误购车票而误运的行李时。
(11)线路中断,列车停止运行后,鲜活包裹在途中被阻,托运人要求被阻站处理时。
(12)在发站或中途站,行李、包裹发生事故或需要说明物品现状时。
(13)行李未到,办理转运手续后,逾期到达时。

第二节　铁路电报

铁路电报是铁路部门之间处理铁路紧急公务通信联络的专用工具,也是办理紧急事务的一种公文形式。

一、铁路电报的拍发规定

(一)铁路电报的等级

铁路电报的等级按电报的性质和急缓程度分为以下6级:

(1)特急电报(T),指非常紧急的命令、指示,处理重大事故、大事故、人身伤亡事故、重大灾害及敌情的电报。

(2)急报(J),指铁路总公司、铁路总公司所属公司、铁路局的紧急命令、指示,时间紧迫的会议通知、列车改点、变更到站和收货人、车辆甩挂、超限货物运行及行车设备施工、停用、开通、限速的电报和国际公务电报及其他时间紧迫的电报。

(3)限时电报(X),指限定时间到达的电报。根据需要与可能,由用户与电报所商定,在附注栏内填记送交收电单位的时间,如限时8:30,应写“XS8:30”。

(4)列车电报(L),指处理列车业务,必须在列车到达以前或在列车到达当时送交用户的电报。

(5)银行汇款电报(K),指银行办理铁路汇款业务,按急报处理。

(6)普通电报(P),指上述5类以外的电报。

(二)铁路电报的发报权限、范围和内容限制

1. 发报权限

按照原铁路总公司电务[1991]130号文件规定,下列铁路单位和单位负责人(包括同级政工部门)有权拍发电报:

(1)总公司、总公司直属公司、铁路局及其他总公司所属单位(包括总公司内各局、司,局、院各处及同级单位)。

(2)基层单位的站、段、厂、场、院、校、队、所及同级单位和总公司、铁路局的驻在单位。

(3)出差和执行各项列车乘务工作的负责人员。

(4)与运输有直接关系的基层单位所属部门需要拍发电报时,由铁路局批准。

2. 发报范围

拍发电报只限向全路有线电报通信网能够通达的范围内:

(1)铁路总公司(包括内设各局级单位)及直属单位发报范围不限。

(2)各铁路局可发至全路各同级单位,但不得发全路各站段。

(3)其他单位只能发至本局和外局有关单位。

(4)基层单位不得向所属车间、工区、班组拍发电报;特殊情况需要拍发时,由铁路局批准。

(5)发给路外单位和铁路出差、乘务人员的电报,必须指定能够代其负责收转的铁路单位,但不得指定电报所。

3. 发报内容限制

拍发电报时,电文涉及的事项必须是工作范围的内容。如遇下列情况,不准拍发电报:

(1)处理个人私事(由组织和领导上处理个人问题不在此限)的电报。

(2)已经有文电的重复通知。

(3)挑战书、应战书、倡议书、感谢信的电报。

(4)公用乘车证丢失声明的电报。

(5)由于工作不协调,互相申告(执行列车特许任务工作的负责人,在列车运行中向上级领导汇报列车运行中发生的问题不在此限)的电报。

(6)报捷、祝贺、吊唁(铁路局及以上单位负责人不在此限)的电报。

(7)推销产品、书刊及广告类的电报。

执行列车乘务工作的负责人,在同一区段内,不得重复拍发同一内容的电报。

4. 使用铁路电报的注意事项

(1)拍发电报必须使用铁路电报纸。

(2)电报收电单位明确,并在原稿上填写拟稿人姓名和电话号码。

(3)电报稿左上角应有收、抄报单位,右下角有发报单位本部门电报编号、日期,并应加盖公章、名章或签字。

(三)列车业务电报的交接

(1)列车业务电报一般交有电报所的车站拍发。

(2)特殊情况可委托无电报所的车站代转。

(3)电报编制一式两份,一份交站,一份签收留存。

(4)电报发出后应设法向电报所索取发报的流水号。

(四)客运业务电报的拟稿要求

1. 电文须使用规定的文字、符号和记号

电文应使用规定的文字、符号、记号(即汉字及标点符号,汉语拼音字母,阿拉伯数字,规定有电报符号的记号和能用标准电码本译成四码的记号和字母)。

2. 电文须明确主送、抄送单位

(1)主送——是指具体的受理单位或主办单位。不论单位大小，主要受理单位列最前位。

(2)抄送——是指知晓、协办、督促、备案、仲裁的单位。一般先上级后下级依次排列，列车电报抄送中有本段的，本段排列最后。

3. 电文须注意下述几点具体事项

(1)电文应以报告、汇报的形式编写，禁止使用命令、指责、指示、质问的词句。

(2)电文的语句应本着实事求是的原则，做到客观、具体、准确，不应凭空猜想、臆测。电文的数据、百分比、术语名称、尺寸规格、病情、姓名、单位、时间、地点、车次、区间、站名等应当准确。

(3)电文的语句，不应出现自我推断的语言；特别是关系到事件的性质、责任的，不可妄下结论。

(4)主送、抄送单位名称要做到真实、准确；应使用单位全称或者规范的简称、统称，不能主观使用日常习惯的名称。且排列顺序正确。

(5)电文叙述简练、条理清晰、层次分明、客观说明情况。

(6)对突发事件，由于时间紧张、情况复杂、条件限制，一时无法做到完全、准确掌握情况，应在电文中声明“详情正在调查中，特此报告”字样。

(7)涉及乘警、乘检人员有关问题的事件，列车长应召集三乘一体会议，对拟出的电文进行商议，尽力取得一致意见，将看法不一致的语句修改为事件客观状况，由三乘负责人共同签字再拍发。

二、铁路电报的拍发范围

1. 列车业务电报拍发范围

旅客列车遇有下述情况时，列车长应拍发电报：

(1)因误售、误购车票而误运行李，行李又未在本列车装运，列车通知原到站向正当到站转运时。

(2)列车超员，通知有关部门和前方停车站采取控制客流措施时。

(3)列车行包满载，通知前方有关停车营业站停止装运行包时。

(4)遇有特殊情况，列车途中发生餐料不足，通知前方客运段补充餐料时。

(5)餐车电冰箱发生故障，通知前方客运段或车站协助加冰时。

(6)列车在中途站因车辆发生故障甩车或空调车故障不能修复，通知前方各停车站并汇报有关上级部门时。

(7)列车广播设备中途发生故障，通知前方广播工区派员前来处理时。

(8)专运等列车在中途站临时需要补燃料(煤、油等)，通知前方客运段补充时。

(9)列车运行中因发生意外伤害，招致旅客重伤或死亡，应立即向有关铁路局主管部门拍发事故速报时。

(10)列车发生或发现重大行包事故后，应立即向铁路总公司和有关铁路局拍发事故速报时。

(11)站、车之间办理行李、包裹交接时,接受方未按规定签收,但双方对装卸的件数、包装等情况产生异议,向当事站拍发电报声明时。

(12)列车内发生运输收入现金、客票票据丢失、被盗和短少等事故,向铁路局收入部门和公安部门报案,通知有关单位协助查扣时。

(13)列车发生爆炸、火灾及重大刑事案件等突发事件,需迅速报告上级部门处理时。

(14)列车上发生旅客食物中毒,向所属铁路局或前方铁路疾病控制部门报告时。

(15)遇其他紧急情况,需要迅速报告时。

2. 车站业务电报拍发范围

(1)车站发现少收票款时。

(2)到站发现少收票款时。

(3)线路中断列车停止运行后,向上级汇报时。

(4)因发生意外伤害,招致旅客重伤或死亡时。

(5)发生票货分离,票货不符,需查找下落时。

(6)发生票货分离,顶件运输,需声明纠正时。

(7)行李、包裹装运后,托运人要求变更到站时。

(8)行李、包裹装运后,托运人要求运回发站取消托运时。

(9)中途站发现行李、包裹中有国家禁止或限制运输的物品和危险品时。

(10)到站发现伪报一般货物品名时。

(11)到站发现重量不符,补收运费差额后,发电报通知发站和双方收入管理部门时。

(12)到站发现重量不符,需退还运费差额,发电报通知发站办理,并报告双方收入管理部门时。

(13)站、车对装卸的行李、包裹,因故未办理交接手续时。

(14)到站查询逾期行李、包裹时。

(15)车站对查询逾期行李、包裹电报的复电。

(16)发站向到站通报笨重货件装运及要求组织卸车的电报时。

(17)列车遇特殊情况在向中途站或折返站借票时、列车长应与车站办理借票手续;出借票据的车站应拍发电报向双方铁路局收入部门及有关客运段报告借票情况时。

第三节　铁路客运记录编写及电报拍发实例

一、铁路客运记录的编写实例

【例 9-1】　2016 年 6 月 13 日,新余站出站口发现旅客王××持用他人一次性往返硬席乘车证(公 YLa002221)。对此,新余站办理如下:

南昌→新余 161km

空调客特快票价:24.5 元

加收 50% 票价:12 元

手续费:2.00 元

合计:38.5 元

填写"客杂"收据,见表 9-1。

客运运价杂费收据填写式样 表 9-1

丙

南昌 铁 路 局

客运运价杂费收据

2016 年 6 月 13 日 （报告用）

原票据	种别	日期		月 日 时到达、通知、变更		
		号码		月 日 时 交 付		
		发站		核收保管费 日		
		到站				
核收区间				核收费用			款额
				种别	件数	重量	
自 南昌 站 至 新余 站 经由（ ） 座别 硬 人数 1 人				空调客特快			24.50
				加收50%			12.00
				手续费			2.00
				合计			38.50
记事	T147 次下车，借用他人一次性硬席乘车证乘车，乘车证公(YLa002221)收回上报。						

新余 站经办人 印

A126459

编制客运记录式样，见表 9-2。查扣铁路乘车证上交铁路局收入部门。

客运记录编制式样 表 9-2

南昌 铁路局

客运记录

第 029 号

记录事由：借用他人乘车证

收入稽查室：

2016 年 6 月 13 日，T147 次到我站出站时发现旅客王××持他人一次性往返硬席乘车证（公 YLa002221）。我站按照《铁路乘车证管理办法》补收票款 38.5 元，现将（公 YLa002221）乘车证上报。

注： 1. 站、车需要编制记录时适用。 2. 本记录不能作为乘车凭证。	新余 站段 编制人员 ××× （印） 站段 签收人员 （印） 2016 年 6 月 13 日编制

40215（客 31）99.7.25.29

【例9-2】 2017年3月28日,南昌客运段值乘的南昌开往宁波东的2532次列车九江开车后,1名旅客向列车长声明其南昌至宁波东站硬座客快票丢失。列车长办理如下:进入铁路购票信息系统,通过旅客身份证查询购票信息,经核查人、证信息一致,确认旅客购票属实,则办理列车挂失补,核收2元手续费。若在信息系统中没有查到相关信息,则按原票区间票价办理补票,到达终点站宁波东前该旅客又找到原票,票号A000001。此时,列车长应编制客运记录交给旅客,作为在到站出站前向到站要求退还后补票价的依据。核收退票费。

客运记录填写式样,见表9-3。

客运记录编制式样 表9-3

南昌 铁路局

客运记录

第029号

<table>
<tr><td colspan="2">记录事由:丢失车票</td></tr>
<tr><td colspan="2">宁波东站:</td></tr>
<tr><td colspan="2">2017年3月28日,2532次列车九江开车后,该旅客向列车长声明其南昌至宁波东站硬座客快票丢失,经核查</td></tr>
<tr><td colspan="2">属实。列车按章补票(九江→宁波东,票号A002255),之后运行途中该旅客又找到原票,票号A000001。请贵站凭</td></tr>
<tr><td colspan="2">原票、后补车票和本记录,按章办理退票手续。</td></tr>
<tr><td colspan="2"></td></tr>
<tr><td colspan="2"></td></tr>
<tr><td colspan="2"></td></tr>
<tr><td colspan="2"></td></tr>
<tr><td>注:
1.站、车需要编制记录时适用。
2.本记录不能作为乘车凭证。</td><td>南昌 站段 编制人员 2532次列车长 (印)
站段 签收人员 (印)
2017年3月28日编制</td></tr>
</table>

40215(客31)99.7.25.29

【例9-3】 2016年11月12日,T168次列车在许昌站接值班员通知,漯河来电话称1名旅客在漯河站下车,将一个带背带的黑色皮革旅行提包丢失在8车92号座位行李架上。列车许昌站开车后,列车长找到这个提包,交郑州站转送。

客运记录填写式样,见表9-4。

客运记录编制式样 表9-4

南昌 铁路局

客运记录

第039号

记录事由:移交遗失物品	
郑州站:	
2016年11月12日,T168次列车在许昌站接值班员通知,漯河来电话称一名旅客在漯河站下车,一个带背带的黑色皮革旅行提包丢失在8车92号座位行李架上。列车许昌站开车后,找到这个提包,现编制记录将提包交你站,请转送漯河站交还失主。	
提包内物品:1.《鸦片战争》图书一册;	
2.藏青色羊毛衫一件;	
3.洗漱包一个,内有蓝色印花毛巾1条,大宝洗面奶半瓶,半旧牙刷1支,用过的黑妹牙膏1支,大宝面霜1瓶(已开用)。	
注: ①站、车需要编制记录时适用。 ②本记录不能作为乘车凭证。	南昌 站段 编制人员 T168次列车长 (印) 站段 签收人员 (印) 2016年11月12日编制

40215(客31)99.7.25.29

二、铁路电报的编写实例

【例9-4】 卸车站发现行李短少,向发站、运送列车拍发查询电报,及装车站答复电报式样。

行李房查询电报式样,见表9-5;答复查询电报式样,见表9-6。

南昌站行李房查询电报式样 表9-5

铁路传真电报

签发 核稿 拟稿人电话

发报所	电报号码	等级	受理日	时分	受到日	时分	值机员
主送:中铁快运厦门营业部、厦门车站、福州客运段							
抄送:							
8月8日过南昌Z126次,应卸行包52件,实卸50件,查少厦门发南昌,票号077989,复退军人行李两件,重80kg,纸箱包装,收发货人王××。电请查复承运、中转、装车情况。							
南昌站行(2016)第128号 南昌站行包车间(印) 2016年8月8日							

受理 检查 总检 第1页

厦门站答复查询电报式样　　表 9-6

铁路传真电报

签发　　核稿　　拟稿人电话

发报所	电报号码	等级	受理日	时分	受到日	时分	值机员
主送:南昌站行李房							
抄送:福州客运段							
复你站行(2016)第 128 号电,8 月 8 日我站发你站 077989 号退伍行李两件,重 80kg,纸箱包装。我站当日装 Z126 运往南昌,列车行李员李××签收,此复。							
厦门站行(2016)第 128 号							
厦门站行包车间(印)							
2016 年 8 月 9 日							

受理　　检查　　总检　　第 1 页

【例 9-5】 2016 年 2 月 12 日,南昌客运段值乘的 1454 次南昌至北京西列车,九江站大批旅客乘车去北京西,致使硬座车内人数已达 1700 人。列车硬座实际定员为 936 人,列车严重超员。(1454 次九江开车后站顺为:武穴、蕲春、浠水、黄州、麻城…郓城、聊城…霸州、北京西。其中浠水站为电报所所在站),蕲春开车后列车内人数已达 1703 人,列车长编制铁路传真电报见表 9-7。

列车超员电报填写式样　　表 9-7

铁路传真电报

签发　　核稿　　拟稿人电话

发报所	电报号码	等级	受理日	时分	受到日	时分	值机员
主送:1454 黄州至霸州沿途各停靠站							
抄送:北京、济南、武汉、上海、南昌铁路局客运处、客调,南昌客运段							
2016 年 2 月 12 日,南昌开往北京西的 1454 次旅客列车,硬座实际定员 936 人,超乘定员 1217 人;蕲春开车后,列车硬座车厢内实际人数已达 1703 人,列车超员 81.9%。为维护列车正常秩序,保障运输安全,请接报各站严格控制上车人数,协助列车做好乘降组织,以确保列车安全正点。							
1454 次列车长(印)							
2016 年 2 月 12 日于浠水站							

受理　　检查　　总检　　第 1 页

三、旅客意外伤害事故记录、电报编写实例

【例 9-6】 2015 年 8 月 5 日,南昌客运段值乘的南昌开往福州 K8716 次列车东乡开车

后5分钟左右，旅客起身时不慎带倒茶杯烫伤。前方停车站鹰潭站。

列车移交意外伤害旅客客运记录，见表9-8；铁路电报填写式样，见表9-9。

列车移交意外伤害旅客客运记录 表9-8

南昌 铁路局

客运记录

第039号

记录事由：移交意外伤害旅客	
鹰潭站：	
2015年8月5日，南昌客运段值乘的南昌开往福州K8716次列车东乡开车后5min左右，因列车紧急制动，茶杯倾倒造成3车厢旅客李××（男，27岁，家住南昌市湾里区××厂宿舍，持8月5日K8716次南昌—福州客快票，票号A200131，身份证号码360……）左脚面烫伤，列车已进行简单救治。现编记录交贵站，请按章处理。	
随附同行人、对座旅客旁证材料2份。	
注： 1. 站、车需要编制记录时适用。 2. 本记录不能作为乘车凭证。	南昌 站段 编制人员 K8716次列车长 （印） 站段 签收人员 （印） 2015年8月5日编制

40215（客31）99.7.25.29

铁路电报填写式样 表9-9

铁路传真电报

签发 核稿 拟稿人电话

发报所	电报号码	等级	受理日	时分	受到日	时分	值机员
主送：南昌铁路局客运处、南昌客运段							
抄送：南昌铁路局客调、安全监察室							
2015年8月5日，K8716次列车东乡开车后5min左右，因列车紧急制动，茶杯倾倒造成3车厢旅客李××（男，27岁，家住南昌市湾里区××厂宿舍，持8月5日K8716次南昌→福州客快票，票号A200131，身份证号码360……）左脚面烫伤，列车已进行简单救治，并编客运记录（039）号交鹰潭站继续治疗。特电告知。							
K8716次列车长（印）							
2015年8月5日于鹰潭站							

受理 检查 总检 第1页

【例9-7】 2016年8月11日19时52分，南昌客运段值乘的九江开往上海南的K1186次旅客列车，运行到余江至鹰潭间，列车运行方向左侧遭石击，将4号硬座车厢15号座位旅客张某（男，45岁，九江国棉四厂工人，身份证号：××××，持九江至上海南的硬座客快票，票号 A00003)额头部左眉骨上方被玻璃划伤,伤口深约0.1cm,长约4cm,血流不止。列车上进行简单包扎。编制客运记录(见表9-10)交鹰潭站处理,并向有关部门拍发铁路电报(见表9-11)。

客运记录编制式样 表9-10

南昌 铁路局

客运记录

第039号

记录事由:飞石击伤	
鹰潭站:	
2016年8月11日19时52分,列车运行到余江至鹰潭间,列车运行方向左侧遭石击,将4号硬座车厢15号座位旅客张某(男,45岁,九江国棉四厂工人,身份证号:××××,持九江至上海南的硬座客快票,票号 A00003)额头部左眉骨上方被玻璃划伤,伤口深约0.1cm,长约4cm,血流不止。列车上进行简单包扎。现编客运记录交贵站,请按章处理。	
附:九江至上海南硬座客快车票张壹张,旅客旁证材料贰份。	
注: 1. 站、车需要编制记录时适用。 2. 本记录不能作为乘车凭证。	南昌 站段 编制人员 K1186次列车长 (印) 站段 签收人员 (印) 2016年8月11日编制

40215(客31)99.7.25.29

铁路电报填写式样 表9-11

铁路传真电报

签发 核稿 拟稿人电话

发报所	电报号码	等级	受理日	时分	受到日	时分	值机员

主送:鹰潭站、鹰潭站公安派出所

抄送:南昌铁路局客运处、公安处、安全监察室、车辆处,南昌客运段、车辆段、乘警队

2016年8月11日19时52分,列车运行到余江至鹰潭间,列车运行方向左侧遭石击,将4号硬座车厢15号座位旅客张某(男,45岁,九江国棉四厂工人,身份证号:××××,持九江至上海南的硬座客快票,票号 A00003)额头部左眉骨上方被玻璃划伤,伤口深约0.1cm,长约4cm,血流不止。列车包扎后,已编客运记录(039)号移交鹰潭站,特电告知。

K1186次列车长(印)

2016年8月11日于鹰潭站

受理 检查 总检 第1页

复习思考题

1. 试说明客运记录的含义和作用。
2. 编制客运记录有哪些要求？
3. 铁路电报的用途是什么？
4. 铁路电报的等级有哪些？
5. 客运业务电报在拟稿方面有哪些要求？

参考文献

[1] 中华人民共和国铁路总公司. 铁路旅客运输规程[S]. 北京:中国铁道出版社,2010.
[2] 中华人民共和国铁路总公司. 铁路旅客运输办理细则[M]. 北京:中国铁道出版社,2010.
[3] 中华人民共和国铁路总公司. 铁路客运运价规则[S]. 北京:中国铁道出版社,2010.
[4] 中华人民共和国铁路总公司. 铁路旅客运输管理规则[S]. 北京:中国铁道出版社,2008.
[5] 中华人民共和国铁路总公司. 铁路旅客计划运输组织工作办法[M]. 北京:中国铁道出版社,2006.
[6] 中华人民共和国铁路总公司. 铁路客运调度工作规则[S]. 北京:中国铁道出版社,1994.
[7] 贾俊芳. 铁路旅客运营管理[M]. 北京:北京交通大学出版社,2012.
[8] 谢立宏,王建军. 铁路客运组织[M]. 成都:西南交通大学出版社,2016.
[9] 彭进. 铁路客运组织[M]. 3 版. 北京:中国铁道出版社,2015.
[10] 中国铁路总公司. 高速铁路售票组织及关键技术[M]. 北京:中国铁道出版社,2014.
[11] 中国铁路总公司. 高速铁路客流组织[M]. 北京:中国铁道出版社,2014.
[12] 彭其渊,文超. 高速铁路运输组织基础[M]. 成都:西南交通大学出版社,2014.
[13] 裴瑞江. 铁路客运综合知识解答[M]. 北京:中国铁道出版社,2014.
[14] 杜五一,孟凡峰. 铁路客运业务实作模拟题例及操作技巧[M]. 北京:中国铁道出版社,2014.
[15] 裴瑞江. 铁路客运设施设备[M]. 北京:中国铁道出版社,2015.
[16] 郑州铁路局. 高速铁路客运[M]. 北京:中国铁道出版社,2012.
[17] 彭敏忠. 铁路客运组织[M]. 2 版. 成都:西南交通大学出版社,2015.
[18] 王甦男,贾俊芳. 旅客运输[M]. 3 版. 北京:中国铁道出版社,2008.
[19] 王淑霞. 铁路客运系统业务知识问答[M]. 北京:中国铁道出版社,2015.
[20] 裴瑞江. 铁路客运业务演练任务与指导[M]. 北京:中国铁道出版社,2011.
[21] 王越. 铁路客运组织[M]. 北京:人民交通出版社,2013.
[22] 朱殿萍. 铁路客运[M]. 成都:西南交通大学出版社,2009.
[23] 周平. 铁路旅客运输服务[M]. 2 版. 北京:中国铁道出版社,2011.
[24] 杜文. 旅客运输组织[M]. 2 版. 成都:西南交通大学出版社,2008.
[25] 铁路合作组织. 国际旅客联运协定[M]. 北京:中国铁道出版社,2010.
[26] 铁路合作组织. 国际旅客联运协定办事细则[M]. 北京:中国铁道出版社,2010.
[27] 铁路合作组织. 国际客运运价规程[S]. 北京:中国铁道出版社,1996.
[28] 刘澜,甘灵. 铁路运输自动化理论与技术[M]. 2 版. 成都:西南交通大学出版社,2015.